os segredos do

TARÔ

Origens, história e simbolismo

Barbara G. Walker

os segredos do TARÔ

Origens, história e simbolismo

Tradução de Verena Cavalcante

Rocco

Título original
THE SECRETS OF THE TAROT
Origins, History and Symbolism

Ilustrações: BARBARA WALKER

Agradecimentos são feitos a seguir pelo uso dos trechos de:
"The Waste Land", de *Collected Poems* 1909-1962, de T. S. Eliot, *copyright* 1936, *by* Harcourt Brace Jovanovich, Inc.; *copyright* © 1943, 1963, 1964, *by* T. S. Eliot; *copyright* 1971 *by* Esme Valerie Eliot. Reproduzido com autorização de Harcourt Brace Jovanovich, Inc. e Faber and Faber Ltd.

"The Oracles", de *Collected Poems*, de A.E. Housman. *Copyright* 1922 *by* Holt, Rinehart e Winston. Copyright 1950 *by* Barclays Bank Ltd. Reproduzido com autorização da Holt, Rinehart e Winston Publishers e The Society of Authors, como representantes literários do espólio de A.E. Housman, e Jonathan Cape Ltd., editor de *Collected Poems*.

Direitos para a língua portuguesa reservados
com exclusividade para o Brasil à
EDITORA ROCCO LTDA.
Rua Evaristo da Veiga, 65 – 11º andar
Passeio Corporate – Torre 1
20031-040 – Rio de Janeiro – RJ
Tel.: (21) 3525-2000 – Fax: (21) 3525-2001
rocco@rocco.com.br|www.rocco.com.br

Printed in Brazil/Impresso no Brasil

Preparação de originais: MARÍLIA CHAVES

CIP-BRASIL. CATALOGAÇÃO NA PUBLICAÇÃO
SINDICATO NACIONAL DOS EDITORES DE LIVROS, RJ

W178s

Walker, Barbara G.
Os segredos do tarô : origem, história e simbolismo / [texto e ilustração] Barbara G. Walker ; tradução Verena Cavalcante. - 1. ed. - Rio de Janeiro : Rocco, 2025.
il.

Tradução de: The secrets of the tarot : origins, history and symbolism
ISBN 978-65-5532-586-7
ISBN 978-65-5595-385-5 (recurso eletrônico)

1. Tarô - História. I. Cavalcante, Verena. II. Título.

CDD: 133.32424
25-99003.0 CDU: 133.5:794.45

Meri Gleice Rodrigues de Souza - Bibliotecária - CRB-7/6439

SUMÁRIO

PARTE III: *Os Pequenos Segredos*

O NAIPE DE COPAS

O NAIPE DE PAUS

O NAIPE DE OUROS

O NAIPE DE ESPADAS

PARTE I

MISTÉRIOS DA HISTÓRIA

Madame Sosostris, famosa clarividente,
Tinha um resfriado crônico, entretanto
Era considerada a mulher mais sábia da Europa,
Com um baralho amaldiçoado nas mãos. Aqui, dizia ela,
Está sua carta, o Marinheiro Fenício afogado,
(Estas pérolas um dia foram seus olhos. Veja!)
Aqui está Beladona, a Dama dos Recifes,
A senhora das situações difíceis.
Aqui está o homem dos três cajados, aqui a Roda da Fortuna,
Aqui, o mercador de um olho só, esta carta em branco,
É alguma coisa que ele carrega às costas,
A qual sou proibida de ver. Não encontro
O Enforcado. Tema a morte por afogamento.
Vejo multidões caminhando em círculo.

— T. S. Eliot, "A terra devastada"

O TARÔ SAGRADO

As cartas de Tarô podem ser consideradas as ancestrais do baralho moderno. Os naipes do Tarô — copas, paus, ouros e espadas — deram origem aos mesmos símbolos do baralho convencional. O baralho moderno, composto de cinquenta e duas cartas, é uma versão reduzida do baralho padrão de Tarô, que possui setenta e oito cartas. Dessas vinte e seis perdidas, somente uma permanece: O Coringa, ou O Louco, que geralmente não participa do jogo. Essa carta não é muito querida. Um velho ditado, por exemplo, chama qualquer coisa suspeita de "coringa no baralho". Mas por que vinte e seis cartas — um terço do baralho — foram removidas?

Essa é uma pergunta importante, pois, dessas vinte e seis cartas perdidas, vinte e duas delas costumavam ser as mais significativas do baralho. Elas eram o naipe dos trunfos maiores, chamados de Arcanos

Maiores ou Grandes Segredos. Na contemporaneidade, inclusive, ao jogarem sueca, os jogadores são obrigados a designar outros naipes como "trunfos" porque os verdadeiros trunfos foram abolidos. Mas, afinal, quem os aboliu?

Ao que parece, os primeiros inimigos das cartas dos Grandes Segredos foram os clérigos do cristianismo. Mas suas objeções se baseavam em algo maior do que uma vaga noção da frivolidade do carteado. Segundo um estudioso: "Os pregadores nunca gostaram do baralho; pode-se dizer que a história contada pelas cartas se opõe aos princípios básicos do cristianismo."[1] Logo, tratava-se de uma questão religiosa. Aparentemente, as cartas transmitiam uma mensagem herética odiada pela Igreja.

Este é o ponto de partida da nossa investigação histórica. Que mensagem herética era essa? Quem interpretava os símbolos arcanos das cartas, e como se dava essa interpretação? O que os "jogos" significavam? Por que os padres da Igreja achavam essas imagens em papelão tão ameaçadoras a ponto de fazerem as maiores tempestades eclesiásticas sobre elas?

Sem dúvida os trovões eram para valer. São Bernardino de Siena dizia que o Tarô era uma invenção do Diabo, enquanto os Arcanos Maiores, por sua vez, eram seu breviário "(...) no qual várias figuras são pintadas, assim como nos breviários de Cristo, mas com a intenção de mostrar os mistérios do mal".[2] Outro clérigo afirmou que o Diabo havia criado aquelas cartas "para que pudesse introduzir a idolatria mais facilmente entre os homens". Ao que tudo indica, as cartas de trunfo pareciam ser os "ídolos" a que se referiam; nessa época, os Arcanos Maiores eram chamados de "os degraus da escada que leva às profundezas do inferno".[3]

Em 1376, as cartas foram proibidas em Florença. Em 1378, foram banidas da Alemanha. Em 1381, foram condenadas em Marselha. Em 1397, foram proibidas nas cidades de Paris e Ulm.[4] Em 1441, a importação de cartas foi vetada em Veneza. Em 1450, um frade franciscano as denunciou no norte da Itália. Em 1452, o cardeal João Capistrano fez com que "uma enorme pilha de baralhos" fosse incendiada na praça de Nuremberg, como se fossem bruxas vivas.[5]

Um século antes, o monge João de Brefeld aparentemente teve uma interpretação bastante simpática das cartas. Mas cometeu o erro tático de escrever que, nelas, "o estado do mundo atual está excelentemente descrito e compreendido". Outros clérigos refutaram essa opinião com veemência, chamando as cartas de "livro do Diabo" e "escritura secreta dos hereges gnósticos".[6]

Quando as cartas se tornaram populares na Europa, "o estado do mundo atual" incluía muitos focos de oposição à religião estabelecida, uma desilusão generalizada com a Igreja e a tendência a buscar outras fés. A Europa estava prestes a entrar no período do Renascimento. Um afluxo de novas ideias, provenientes de terras do Oriente, estimulava a curiosidade intelectual e revivia o antigo paganismo indo-europeu, que, outrora, tinha dado, tanto ao Oriente quanto ao Ocidente, seu patrimônio linguístico, cultural e religioso. Essas novas ideias se espalharam por todos os níveis da sociedade, de modo que não apenas intelectuais, mas também camponeses iletrados começaram a questionar que direito a Igreja tinha de controlar suas mentes.

As Cruzadas, patrocinadas pela Igreja, haviam enviado muitos dos bárbaros grosseiros da Europa para os centros orientais de civilizações, naquele tempo, mais avançadas. Contudo, os cruzados não encontraram ruas pavimentadas de prata, como esperavam, e sim adversários sarracenos muito hábeis em assuntos instigantes, como arte, matemática, álgebra, alquimia, astronomia, astrologia e inúmeras filosofias místicas. Isso abalou a fé cristã dos guerreiros e peregrinos em uma igreja que continuava se autoproclamando como a única fonte legítima da "verdade" no mundo.

Os sarracenos usavam as cartas para jogos e divinação desde, pelo menos, o século VIII. A palavra espanhola para cartas, *naipes*, por exemplo, deriva do sarraceno *naib*.[7] Outro cognato era o hebraico *naibi*, de "feitiçaria".[8] "Feitiçaria" era um termo judaico-cristão muito usado para designar observâncias religiosas estrangeiras, de acordo com a regra bíblica de que todos os "deuses dos gentios" eram demônios (Deuteronômio 32:17[A]).

Aparentemente, muitos europeus acreditavam que as cartas retratavam deidades pagãs. Afinal, por muito tempo, os povos orientais utilizaram cartas de papelão ilustradas como livros sagrados não encadernados para mostrar os atributos de deusas e deuses, e ensinar de forma lúdica doutrinas

[A] Neste livro, foi utilizada como referência para as passagens bíblicas a Bíblia Sagrada Almeida Revista e Atualizada. [N. da E.]

religiosas a crianças e pessoas iletradas.[9] O mesmo princípio era bastante conhecido na Europa pré-cristã.

Os antigos *ludi*, ou "jogos sagrados", foram redefinidos pela Igreja e passaram a ser vistos como brincadeiras frívolas ou palhaçadas de Carnaval, o que deu origem à palavra *ludicrous* (ridículo); mas o propósito original de danças, máscaras, fantasias e desfiles era revelar os deuses aos seus adoradores. Um *pageant* (espetáculo ou procissão) já significou uma série de revelações místicas dentro do teatro sagrado. Seus palcos móveis — ou palcos simultâneos —, por sua vez, tornaram-se as chamadas *paginae* ou "páginas" medievais: o palco flutuava sobre estrados ou carros se movendo de um lado a outro na peça de mistério, exibindo um quadro de pessoas ou símbolos divinos. Tais peças ainda são comuns no Oriente, e demonstram a origem de muitas figuras europeias presentes nas tradicionais peças e literaturas de milagre, *commedia* e *pageant* — bem como suas antigas conotações sagradas.[10]

Porém, isso não diz respeito somente a símbolos orientais, uma vez que muito do paganismo ocidental encontrou seu caminho nos jogos renascentistas e nas cartas de Tarô. As cartas do trunfo (Arcanos Maiores), tão desprezadas pelos clérigos, receberam seu título de uma peça sagrada conhecida no mundo antigo como *triunfo*. Além disso, as procissões sacrificiais e os jogos sagrados da Roma pagã ficavam sob a responsabilidade de um alto sacerdote chamado *triumphator*.[11] Assim, a figura central do triunfo era geralmente um herói em apoteose, um rei sagrado, um imperador ou um homem personificando um deus — como Jesus na procissão anual de Jerusalém no Dia de Ramos,[B] que, originalmente, era realizada em honra à deusa Ishtar e seu consorte, Tammuz, o deus-moribundo (Ezequiel 8:14).

Em um dos rituais mais veneráveis de Roma, um desfile triunfal circundava a cidade, invocando os Lares (fantasmas ancestrais) e a Deusa, que então era chamada de várias maneiras — Ceres, Car, Carmenta ou Carna, "Criadora de Toda Carne" —, a quem Ovídio descreveu como "uma deusa do tempo antigo", e Plutarco chamou de "o Destino presidindo o nascimento humano".[12] Suas sacerdotisas, as *carmentes*, cantavam hinos conhe-

[B] Mais conhecido no Brasil como Domingo de Ramos. [N. da. T.]

cidos como *carmen*, que, em inglês antigo, eram chamados de *cyrm*, significando uma canção sagrada, e, por fim, acabaram se tornando *charm* (feitiço) — supostamente falado ou cantado pelas bruxas.[13] O grito da procissão triunfal das *carmentes* terminava com o grito de *Triumpe* (Triunfo), que se tornou *triumphi*, depois *trionfi*, em italiano, e, por fim, *trump*, em inglês.[14]

Isso mostra uma ligação específica entre as cartas dos Arcanos Maiores do Tarô e a ideia de uma procissão sagrada na qual, tradicionalmente, as divindades exibiam suas *exuviae* ou "atributos".[15] Esses espetáculos incluíam imagens, máscaras, fantasias, canções, danças e posturas estilizadas que, mais tarde, fariam parte do repertório dos palhaços de circo — não por acaso, bastante semelhantes ao Louco que liderava o desfile do Tarô. Os palhaços realizavam *antics*, uma palavra derivada do italiano *antico* e do latim *antiquus*, que significava "antigo, venerável".[16] Na Inglaterra, a dança do Louco era chamada de "Antic hey", um passo em forma de oito com base no símbolo sagrado do infinito, de significado muito peculiar no Tarô, como veremos a seguir. As canções que acompanhavam essas danças incorporavam trechos repetitivos no refrão como, por exemplo, "Hey, nonny nonny" ou "Hey, Derry-down".[C]

Em determinado momento, a deusa Carna era a deidade do Carnaval, que, até hoje, oculta vestígios da antiga religião sob uma falsa "palhaçada". Pagãos rivais do salvador cristão continuaram a ser sacrificados, encarnados em bestas ou efígies, como Jorge Verde, Baal, o Rei de Maio, o Senhor da Desordem, o Príncipe dos Tolos, o Rei do Carnaval e outros resquícios do antigo Rei dos Jogos (*rex ludorum*), que sempre era sacrificado ao final de seu reinado temporário. Ao longo dos anos, sua morte foi se tornando menos literal, mas, ainda assim, ele continuava sendo executado "de mentira" todos os anos, em seu papel de rei sagrado das festividades.[17] Se os padres cristãos percebiam a heresia presente nessas efígies penduradas "entre o céu e a terra" ou crucificadas nas árvores para depois serem enviadas ao inferno e ressuscitadas a fim de acabar com os pecados do povo, não sabemos; mas eram astutamente informados de que tudo aquilo "era apenas um jogo".

[C] Estas frases não tinham sentido literal, mas colaboravam com o ritmo da música, servindo quase como elemento instrumental. Em algumas interpretações, "nonny" podia ser lido como "bobo", "brincalhão", "travesso". [N. da T.]

Jogos de cartas, rodas e tabuleiros sempre foram meios populares de instrução religiosa no Oriente. Os adoradores de Vishnu, por exemplo, colocavam um retrato de cada uma das dez encarnações de seu deus nas cartas da corte de seus baralhos.[18] Cartas sequenciadas imitavam procissões sagradas, nas quais certas imagens divinas eram carregadas, e pessoas mascaradas e fantasiadas personificavam entidades sobrenaturais para a edificação dos fiéis. Essas cartas sequenciais também copiavam o "mural de imagens educativas" exibidas nos corredores de templos orientais que levavam ao Santo dos Santos.[19] Cada imagem simbolizava uma nova revelação no processo de iniciação. Para aqueles que não eram capazes de peregrinar até o templo, essas imagens sagradas, pintadas em cartas, podiam ser usadas para meditação privada.

Esse importante conceito oriental foi copiado pelos europeus de diversas maneiras. A versão cristianizada ficou conhecida como via-crúcis. Esses cultos misteriosos, em geral, conduziam o noviço por uma série de "estações" dentro de um templo, onde ele poderia encontrar seres sobrenaturais (simbolizados por imagens sagradas ou integrantes do templo fantasiados). Lá, ele recebia a devida instrução e repetia simbolicamente a história de vida do deus-salvador para tornar-se "uno" com ele e, portanto, ser capaz de alcançar a mesma ressurreição. No Egito, um adorador de Osíris tornava-se "um Osíris". Na Grécia, um adorador de Dioniso adquiria "graça" ou *entusiasmo*, o estado de "ter o deus dentro". A ideia da salvação dependia de fundir o eu com o deus, fosse comendo-o (em sacramento), imitando-o ou memorizando seu mito e seus ensinamentos. O cristianismo copiou essa ideia; ela pertencia aos devotos dos antigos deuses orientais — algo que, aliás, viajantes da época da Renascença acabaram por perceber.

Cruzados, comerciantes e peregrinos que voltavam da Terra Santa trouxeram mais do que ideias e mercadorias à Europa. Seus navios estavam repletos de ratos-pretos, que trouxeram consigo suas próprias pulgas, as quais, por sua vez, disseminaram a praga do século XIV: a peste bubônica. Você, leitor moderno, dificilmente pode imaginar a devastação causada por essa pestilência. Vilarejos e cidades foram totalmente destruídos. Distritos inteiros foram abandonados. As colheitas ficaram sem cuidados, e a fome seguiu o rastro da peste. Assim, no final do século, a população da Europa havia sido reduzida em pelo menos 50%.

Ao se verem sob tamanho sofrimento, muitas pessoas duvidaram abertamente da bondade de um Deus que, como o próprio papa disse em uma bula (carta papal), havia enviado esses horrores deliberadamente "para afligir o povo cristão por seus pecados". Um professor de direito certa vez, escreveu: "A hostilidade de Deus é mais forte que a hostilidade do homem."[20] A Igreja não conseguiu enfrentar a crise. Clérigos fugiram dos distritos atingidos pela peste com "medo, pânico e negligência".[21] Os mortos apodreciam nas ruas, incapazes de receberem a última unção e de serem enterrados. De acordo com as noções supersticiosas da época, a omissão dos últimos ritos condenava as vítimas da peste a uma eternidade de tortura no inferno — fosse ela merecida ou não. Os sobreviventes ressentiram-se amargamente dessa injustiça com seus familiares.

Alguns clérigos franceses cometeram o erro de divulgar o culto de São Roque como defesa certa contra a peste. Diziam que nenhuma doença poderia entrar em uma casa que tivesse as letras V. S. R. (*Vive Saint Roch*) esculpidas na porta.[22] Ironicamente, essas letras podiam ser vistas nas portas de muitas casas abandonadas, pois seus habitantes haviam todos morrido — um monumento à superstição nua e crua.

As impressões do povo sobre a indiferença eclesiástica e divina ao sofrimento humano trouxeram de volta a antiga imagem gnóstica do deus-demônio. Mil anos antes, os adeptos do maniqueísmo e de outras seitas gnósticas da igreja primitiva acreditavam que Jeová era um demiurgo maligno que havia criado o mundo material para aprisionar almas, assim como havia enviado a serpente para aprisionar Adão e Eva. Eles citavam Isaías para mostrar que o próprio Deus admitia ter criado o mal (Isaías 45:7) e argumentavam que os demônios subordinados atormentavam a humanidade apenas pela vontade e permissão d'Ele. Neste ponto, a Igreja Romana concordava com os hereges, mas nunca chegou a levar o argumento à sua conclusão lógica: que uma divindade que governava demônios só podia ser um arquidemônio. Essa visão gnóstica se tornou popular à medida que o Renascimento ganhava força.

Na prática, a verdadeira divindade da Renascença parece ter sido uma versão cristianizada da Grande Mãe, que os adoradores pagãos de Juno, Diana e Ceres costumavam chamar de Mãe de Deus, Virgem Bendita e Rainha dos Céus. Uma vez que as divindades patriarcais falharam, Maria, a nova Grande Mãe, conquistou o coração das pessoas. “Muitas vezes, a vitalidade da própria Igreja de Cristo parecia depender mais dela do que dele.” Somente ela teve misericórdia dos que sofriam. Germanus, por sua vez, disse que Maria poderia afastar a “ameaça e sentença da condenação de Deus (...) e, por isso, o povo cristão se volta confiantemente para ti, ó refúgio dos pecadores”.[23] E, segundo um franciscano:

> Quando ofendemos Cristo, devemos ir primeiro até a Rainha dos Céus e oferecer-lhe (...) orações, jejum, vigílias e esmolas; então ela, como uma mãe, se colocará entre você e Cristo, o pai que deseja nos castigar, e lançará o manto da misericórdia entre a vara do castigo e nós, suavizando a ira do rei contra nós.[24]

Antigas xilogravuras mostravam Deus, o Pai, disparando as flechas da peste, inflação e guerra contra o mundo, enquanto os humanos imploravam à Virgem para lhes reivindicar seu parentesco e salvá-los da ira de Deus.[25] Em desespero, os homens acabaram voltando àquela “forte tendência inconsciente de adoração à mãe” que pode ser discernida até mesmo em sociedades estritamente patriarcais, nas quais as manifestações da Deusa eram oficialmente negadas.[26] A própria Maria foi rejeitada pela Igreja primitiva, mas voltou a ser aceita após o quinto século, quando se tornou claro que nem mesmo os convertidos tolerariam perder sua Mãe divina. Como há fortes indícios de adoração à Deusa nas imagens femininas do Tarô, isso pode ser uma das razões para o seu sucesso.

Além da presença parcialmente suprimida da Grande Mãe, a Igreja oferecia pouco consolo. Em 1360, o papa admitiu que muitos abades e padres ricos pegavam em armas contra seus próprios rebanhos, para “participar de rapinas e despojos, e até mesmo de derramamento de sangue”.[27] São Bernardo declarou que quase todo prelado procurava esvaziar os bolsos de seus paroquianos em vez de subjugar os próprios vícios.[28] Santa Catarina de Siena, por sua vez, escreveu tão abertamente sobre os pecados dos padres que, até hoje, “a tradução publicada em inglês, sob censura romana, suprime discreta e silenciosamente muitas dessas descrições excessivamente francas”.[29] Além disso, o frade Raymond Jean declarou: “Os inimigos da fé estão entre nós. A Igreja que nos governa é simbolizada pela Grande Prostituta do Apocalipse, que persegue os pobres."[30] Ele foi queimado na fogueira.

Pierre de Bruys também foi queimado por declarar que rezar para a cruz era um procedimento inútil, pois "Deus não está mais na igreja do que no mercado", e que os padres mentiam ao afirmar que os pedaços de pão, dados às pessoas para garantir sua salvação, eram o corpo de Cristo. Em Paris, no século XIII, os reformadores acusavam os padres de denunciarem "matronas honestas" de heresia e condená-las à morte, apenas porque elas haviam se recusado a ceder às suas propostas lascivas.[31] Em Praga, boêmios queimaram publicamente bulas papais no pelourinho, após colocá-las ao redor do pescoço de uma prostituta que zombava delas com gestos obscenos.[32] Konrad de Megenburg escreveu uma sátira popular na qual a "Senhora Igreja" denunciava seus próprios padres, chamando-os de hipócritas, devassos e adoradores descarados da Senhora-da-Avareza-e-da--Vaidade.[33]

Cruzadas terríveis de extermínio foram travadas pelos Irmãos Livônios da Espada e por Cavaleiros Teutônicos contra as populações pagãs da Prússia, Livônia, Curlândia e Vendos. No século XIV, os lituanos foram "convertidos" por força militar.[34] Cada homem, mulher e criança entre os Stedingers do vale do rio Weser foi morto à espada por adorar divindades não cristãs e se consultar com mulheres sábias.[35] No entanto, mesmo após dois séculos de guerra e atrocidades, os templários ainda falharam em trazer os países dissidentes dos Balcãs para o rebanho. Até o século XVIII, por exemplo, o monge Spiridon reclamava que muitos búlgaros ainda adoravam o antigo Deus do Trovão Pyerun, em vez de Jesus.[36] Além disso, mais de um milhão de cátaros, nas cidades do Sul da França, foram massacrados por decreto papal, após contestarem a teologia oficial e se recusarem a pagar dízimos a Roma.[37] Na Idade Média, subnações inteiras, como os bascos ou o povo de Navarra, foram declaradas compostas de hereges e bruxas.[38] Inúmeras foram as seitas que se uniram para se opor à Igreja, como os Irmãos e Irmãs do Espírito Livre, os Pobres de Lyon, os Valdenses, os Hussitas, os Fraticelli, os Espirituais Franciscanos, os Dolcinianos e muitos outros que pagaram com suas vidas por manterem visões pouco ortodoxas.

Por volta do século XIII, tornava-se cada vez mais evidente que, apesar da conquista aparentemente total da Igreja — liderada pela violência —, a autoridade ortodoxa romana estava sendo desafiada de todos os lados por hereges rebeldes. Logo, ainda que o papado tivesse atingido o auge do poder mundano e os cruzados seguissem matando milhares de descrentes no próprio país e no exterior, as populações nativas da Europa resistiam teimosamente ao Deus estrangeiro que vilificava suas divindades ancestrais como demônios e condenava seus pensamentos e sentimentos naturais, qualificando-os como pecados.[39]

Os eclesiásticos aplicavam cada vez mais pressão sobre as massas rebeldes, ameaçando-as não só com a morte, mas também com a condenação a um inferno mais cruel do que qualquer outro já imaginado. Essas visões do Inferno estavam embebidas em um sadismo extraordinário. São Tomás de Aquino e outros teólogos insistiam que os justos (como eles próprios) assistiriam alegremente do Céu enquanto os condenados se retorceriam em tortura eterna — uma vez que não havia piedade para os pecadores. São Bernardino de Siena, por sua vez, disse que o Céu não poderia ser perfeito se lá não houvesse "uma pequena dose de gemidos dos condenados". Além disso, de acordo com essa teologia, a maioria da população iria para o Inferno, pois apenas alguns mereceriam o Céu. Raimundo Lúlio foi declarado herege por ter criticado a "misericórdia" de um Cristo capaz de condenar quase todas as almas humanas a tal eternidade de tormento.[40]

Em vez de fazer uma limpeza em sua própria casa, a Igreja recorreu à supressão violenta de seus críticos — e assim nasceu a Inquisição. "A Gestapo de Deus" manteve a Europa sob um reinado de terror por quase cinco séculos, tornando-se a maior perseguição já conhecida da história, superando até mesmo o Holocausto, ocorrido no século XX, na Alemanha. Na guerra contra a heresia, a Inquisição acabou por devastar toda a cristandade.[41] O historiador Charles Lea chamou o sistema inquisitorial de "uma zombaria constante da justiça — talvez a mais iníqua que a crueldade arbitrária do homem já tenha concebido".[42] A Inquisição colocou um estado policial em cada vila e aldeia do continente, exceto nos países escandinavos, que não prestaram atenção ao cristianismo até o século XI, e, posteriormente, se recusaram a aceitar os juízes e torturadores da Igreja.[43]

Em tais circunstâncias, era inevitável que religiões alternativas ou crenças místicas acabassem se escondendo por trás de códigos secretos, muito bem guardados e conhecidos apenas por iniciados confiáveis. No século XIV, o paganismo, a fé dos *pagani,* ou "povo do campo", ainda florescia, mas a ameaça de perseguição transformou seus ritos e cerimônias em *occulta*, "coisas escondidas". A palavra alemã *heiden*, por sua vez, que significa tanto "oculto" quanto "pagão", é um ótimo exemplo do disfarce usado pelo povo para adorar suas deidades.[44]

Os eclesiásticos nunca duvidaram da existência dessas divindades. "Os ortodoxos romanos acreditavam em Thor e Odin tão firmemente quanto os pagãos; a única diferença era que, para os últimos, eles eram deuses, enquanto para os primeiros, eram demônios."[45] Ainda que muitos de seus devotos tenham sido exterminados, tidos como feiticeiros ou bruxas, a população camponesa temia abandonar a religião de seus ancestrais.

As mulheres, especialmente, eram muito apegadas à antiga religião, porque ela lhes dava status espiritual como sacerdotisas da Deusa. O cristianismo, por sua vez, masculino do começo ao fim, não lhes oferecia nada. Longe de honrar as antigas leis do direito materno, os clérigos medievais culpavam as mulheres pela existência do pecado e até negavam que tivessem alma.[46]

Portanto, as mulheres mantiveram os ritos da Deusa, mãe da natureza, da lua, da terra e das águas, e continuaram fazendo-o mesmo depois de seu significado ter sido corrompido e esquecido. Martinho de Dume condenou todas as mulheres por continuarem seguindo essas cerimônias tradicionais:

> Decorar mesas, usar louros, interpretar sinais como presságios, colocar frutas e vinho na lareira e pão no poço; o que são essas coisas senão adoração ao Diabo? As mulheres invocam Minerva enquanto fiam, e escolhem sempre o dia de Vênus para os casamentos, e chamam por ela sempre que saem para a via pública; o que é isso senão adoração ao Diabo?[47]

Até o século XIV, ainda havia sacerdotisas não oficiais que "conjuravam o rio Reno" todos os anos para evitar inundações.[48]

Alguns rituais pagãos eram considerados tão essenciais para o bem-estar geral que persistiram apesar de todos os esforços para suprimi-los, e, finalmente, tiveram que ser adotados — ou pelo menos tolerados — pelos homens do clero.

> Mil anos atrás (...) velhos e jovens se reuniam nas florestas ou nas planícies para oferecer presentes a seus deuses e celebravam o festival da primavera com danças, jogos e oferendas (...) Essas celebrações receberam nomes cristãos, mas inúmeros ritos antigos e costumes pagãos ainda podem ser encontrados nelas.[49]

Entre esses ritos e costumes estão o mastro de maio; as máscaras de Halloween; o visco natalino, o azevinho, a hera, e os pinheiros e troncos de Natal; os ovos de Páscoa trazidos pela lebre da Lua; as festas de colheita; os jejuns da Quaresma; as fogueiras de festa junina; as peças de mistério; os desfiles de Carnaval; decoração de fontes e poços; e danças circulares. Alguns rituais se tornaram jogos infantis, rimas de jardim de infância, cirandas e danças de roda e de labirintos (no caso dos jardins em forma de labirinto comuns na Europa), como "Troy Town". A dança das fadas, por exemplo, que era executada em círculos *widdershins* (no sentido anti-horário) em volta da Rosa Sagrada da Deusa, contribuiu com a música "Ring-Around-A-Rosie", em inglês, e sua correspondente, "Ringel-Ringel Rosenkranz", em alemão.[50] No passado, danças envolvendo cavalos de pau e vassouras eram realizadas por adultos, e não por crianças, em homenagem à deusa Épona. Alguns símbolos pagãos também ressurgiram em jogos infantis, como "pegar maçãs" ou "colocar o rabo no burro". O jogo de "cabra-cega", na verdade, já tinha sido um ritual sacrificial.

O ensino religioso por meio de jogos e outros recursos visuais era obviamente destinado aos iletrados, já que estes não podiam estudar as Escrituras. Para essas pessoas — a esmagadora maioria na Europa medieval —, os únicos "livros" disponíveis eram ilustrações e imagens, razão pela qual as catedrais góticas eram cobertas de representações gráficas do Céu, do Inferno, do dia do juízo final, dos santos, dos demônios e de muitos outros ensinamentos sacros. Não por acaso, muitas mensagens semelhantes parecem ter sido transmitidas através das imagens presentes nas cartas.

Os baralhos eram frequentemente chamados de "livros" pelos mesmos clérigos que os denunciavam.[51] Algumas autoridades chegavam a mencionar misteriosos "livros élficos", dados pelas "fadas" àqueles que amavam e que "lhes permitiam prever eventos futuros".[52] Esses "livros élficos" eram, evidentemente, baralhos de cartas divinatórias.

O fato de as cartas de Tarô terem sido — e continuarem sendo — usadas para divinação sugere fortemente que, no passado, teriam sido consideradas sagradas. A palavra *divination* (divinação) deriva de *divine* (divino) justamente porque acreditava-se que somente objetos sagrados podiam ter poderes proféticos. Devido à sua sacralidade, muitos cristãos usavam a Bíblia para este fim. Eles abriam o livro ao acaso, tocavam algumas palavras e então faziam uma profecia a partir do que encontravam ali. Santo Agostinho, por exemplo, chegou a recomendar pessoalmente a divinação pelas Escrituras "em caso de dificuldade espiritual".[53]

Esse tipo específico de divinação exigia que a pessoa: (1) possuísse uma Bíblia; e (2) soubesse lê-la. Nenhuma das duas condições era comum no início da Renascença. Poucos europeus eram letrados. Até mesmo o clero, em sua maioria, era analfabeto. Afinal, os candidatos ao sacerdócio não eram obrigados a aprender a ler, somente a decorar os catecismos. As escolas direcionadas para a população geral só surgiram na Europa a partir do século XIX, mas, até a década de 1890, apenas um terço da população sabia ler.[54]

Como antes da Reforma Protestante a Bíblia era escrita em latim, aquele que desejasse lê-la teria que ser alfabetizado não apenas em sua própria língua, mas também em um idioma estrangeiro. E, ainda assim, a lei eclesiástica proibia que os leigos lessem a Bíblia. O papa Gregório Magno havia se certificado disso, tornando a leitura das Escrituras ilegal para que ninguém encontrasse algo capaz de contradizer a teologia oficial.[55] Até a Reforma Protestante, qualquer um que possuísse uma Bíblia escrita na língua vernacular estava sujeito a ser queimado na fogueira.[56]

Mas a Bíblia judaico-cristã era apenas uma das fontes de material sagrado da época. Havia escrituras pagãs, livros cabalísticos e tratados alquímicos que serviam, na verdade, como disfarces para a filosofia mística. Havia toda sorte de ídolos e ícones. Muitas imagens e literaturas sagradas chegaram à Europa através do Oriente e foram incorporadas aos mitos do Santo Graal, à heráldica e aos cultos do amor cortês.

Talvez as pessoas creditassem poderes ocultos às cartas justamente porque as "bíblias" do Oriente costumavam parecer pacotes de cartas, uma vez que eram compostas de páginas soltas, empilhadas umas sobre as outras e amarradas com cordões. Essas "bíblias" eram conhecidas como Livros da Vida. Na Europa, esse mesmo termo foi aplicado aos baralhos.[57] Entre os eslavos, um leitor de cartas divinatórias era chamado *Vedavica*, literalmente "aquele que lê os Vedas," referindo-se aos livros sagrados da Índia.[58]

Os sábios do Oriente nunca acharam que a ludicidade fosse incompatível com a religião. Afinal, muitas ideias religiosas foram disseminadas através de cartas, dados e jogos de tabuleiro, como o popular "Game of Rebirth" do Budismo Tântrico, um jogo de tabuleiro que ensina os princípios básicos do budismo, como carma, renascimento e iluminação.[59] De forma parecida, antigos jogos de cartas foram encontrados no Ocidente. Um dos mais antigos é o *Ombre*, que deriva do hispano-muçulmano *hombre*, "o Jogo do Homem", que se assemelhava ao jogo hindu *Ganjifa*, um jogo de noventa e seis cartas, divididas em cores e naipes, cujos temas envolvem deidades, cultura, história e religião hindu.[60] No livro *A History of Playing Cards*, o autor declara: "O 'Jogo do Homem', uma versão do antigo jogo *Primero*, de todos os jogos modernos, é o que mais se assemelha ao antigo Tarô."[61]

Outro antigo jogo de cartas é Faro, "o Jogo dos Reis", nomeado pelos povos romani em homenagem aos faraós egípcios, dos quais fingiam ser descendentes.[62] Esses povos eram chamados de "ciganos" (*'gypties* ou *gypsy*, em inglês) porque, em sua primeira aparição registrada na Alemanha, afirmaram ser nobres exilados do Egito. Os romani sabiam muito bem que os europeus se impressionavam com qualquer referência ao Egito, pois costumavam associá-lo à magia e ao mistério.

Mas a verdadeira terra natal dos ciganos era a Índia, de onde começaram a migrar para o oeste por volta do século IX, levando seus livretos hindus em forma de baralho. Por essa razão, os ciganos sempre foram associados às cartas de Tarô, uma vez que o usavam não apenas como uma fonte de renda, mas também como uma espécie de "Bíblia das crenças ocultas".[63]

Os povos romani desempenharam um papel fundamental na disseminação de crenças ocultas associadas às cartas. Muitas de suas crenças centravam-se na figura religiosa que as autoridades cristãs mais odiavam: a Grande Mãe, ainda adorada na Índia como a Deusa de Cem Nomes.[64] No Egito, por sua vez, ela era creditada como tendo mil nomes. Ela era "aquele ser poderoso (...) conhecido como Ísis, Parvati, Devaki, Kali, Bhavani, Ártemis, Atena, Minerva, Diana ou Madona, que são todas (...) *unam eandemque* (uma e a mesma)".[65]

Seu retrato ainda aparece no "último trunfo" — em uma das cartas do Arcano Maior do Tarô — como a Mãe do Mundo, ou Shakti cósmica, para quem todas as revelações anteriores apontam. Os povos romani a conheciam como Ma, Mat-ta, Laki (Lakshmi), Kali, Sara ou Tara. A última era a Mãe Primordial, deusa da terra, conhecida pelos antigos celtas pelo nome Tara ou Taranis, pelos semitas como Terah e pelos romanos como Terra Mater. Havia um festival anual em Atenas dedicado a ela que levava seu nome: Taramata, "Mãe Tara".[66] A misteriosa palavra "Tarô", cuja origem nunca foi rastreada, pode ter derivado do nome dessa deusa — uma deidade responsável por reger os destinos dos homens.

As vinte e uma encarnações da Mãe Tara ainda estão associadas a tabuleiros sagrados de divinação do Budismo Tântrico. Assim, um tabuleiro de vinte e um quadrados é chamado oficialmente de "Vinte e Uma Taras". Enquanto um tabuleiro de cinquenta e seis quadrados serve "para determinar as sucessivas regiões e graus das futuras reencarnações de uma pessoa".[67] Esses números mágicos, vinte e um e cinquenta e seis, são números dos Arcanos Maiores e dos Arcanos Menores do Tarô. Um baralho completo, por sua vez, inclui apenas uma carta a mais, O Louco (sem número), que "não conta" porque é sempre Zero.

A numeração das cartas provavelmente se originou, como as figuras do I Ching, por meio de combinações de lançamentos oraculares de varetas ou dados. Vinte e um é o número total de lançamentos possíveis com dois dados. Cinquenta e seis é o número total de lançamentos possíveis com três dados. Juntos, esses números formam setenta e sete, ou sete onzes — o número mágico dos jogos de dados.

A carta Zero, por outro lado, pode ter sido adicionada ao baralho por ocultistas com mentalidade astrológica, para completar o zodíaco, pois a soma de todos os números dos doze signos zodiacais — 1 + 2 + 3 + 4 + 5 + 6 + 7 + 8 + 9 + 10 + 11 + 12 — é igual a 78: o número de cartas de um baralho completo. Afinal, sempre se atribuiu ao Tarô certo significado astrológico. Alguns horóscopos ou calendários germânicos do século XVI, por exemplo, foram criados com imagens tiradas diretamente dos Arcanos Maiores do Tarô.[68]

Os romani estavam familiarizados com a crença tântrica de que o princípio feminino precedeu o princípio masculino e que a suprema divindade era a Deusa, não o Deus.[69] Acreditavam que o universo inteiro havia surgido de sua genitália, comumente simbolizada pelo lótus — um símbolo feminino que aparece em muitas mandalas sagradas. Os lamas tântricos da mais alta hierarquia, por sua vez, usavam um "tabuleiro de dados de lótus", que servia tanto como jogo quanto como instrumento de divinação. Cada pétala da flor de lótus tinha estampado nela um número que correspondia às profecias escritas em um manual, como os livros do I Ching, compilados por "Aquela que tudo vê" — possivelmente a própria Deusa.[70]

A primazia do princípio feminino no tantrismo talvez seja o porquê de os Arcanos Maiores do Tarô, que possuem números femininos, serem os trunfos ou Grandes Segredos do baralho, enquanto os Arcanos Menores somam um número masculino. Além disso, entre as cartas de trunfo, as figuras importantes são, em sua maioria, muito mais femininas do que masculinas — o que inclui até mesmo uma papisa.[D]

Cinquenta e seis, o número total de Arcanos Menores, por sua vez, associava-se aos deuses masculinos. Os indianos, por exemplo, adoravam um deus que personificava esse número e levava o nome de "Cinquenta e Seis".[71] Buda, aliás, compartilhava alguns atributos desse deus. Quando nasceu, o Iluminado deu cinquenta e seis passos — catorze em cada uma das quatro direções cardeais (sete para a frente e sete para trás), formando assim uma cruz.[72]

A mesma cruz pode ser formada pelos quatro naipes do Tarô, com catorze cartas cada, totalizando cinquenta e seis. Tanto no Oriente quanto no Ocidente, a cruz era geralmente associada aos deuses fálicos e ao princípio masculino. Além disso, cinquenta e seis era um número natalício do Deus-Sol nascido da Mãe Terra (Tara). Seus raios formaram uma

---

[D] Na versão moderna, esta carta mudou de nome. Outrora "The Papess", hoje ela é "The High Priestess", A Alta Sacerdotisa. [N. da T.]

cruz enquanto ele morria para reentrar seu túmulo-útero subterrâneo e nascer novamente.

O cinquenta e seis também é o número de anos na versão antiga do Ano Platônico.[E] E isso porque, nos calendários antigos, os ciclos lunares e solares coincidiam somente uma vez a cada 56 anos. Geralmente, essa ocorrência era vista de maneira mítica, como um casamento periódico entre a Deusa-Lua e o Deus Sol, representados pelos números 18 e 19 — os mesmos números atribuídos às cartas gêmeas da Lua e do Sol no Tarô. Essa ideia deriva da observação de que a lua cheia do solstício de meio de inverno levaria 18,61 anos para se mover da máxima declinação norte para a mínima declinação norte, precisando ser multiplicada por 3 para corrigir sua fração — o que resultaria em um ciclo de 56 anos. Os cinquenta e seis "Buracos de Aubrey" em Stonehenge, por sua vez, aparentemente serviam como um "computador" capaz de prever eclipses para o Ano Platônico:

> Se os sacerdotes (...) tivessem usado um simples intervalo de 19 anos, teriam estado certos por talvez dois intervalos, e então, após o terceiro, teriam errado por um ano inteiro. Um ciclo rígido de 19 anos logo teria se desviado, acarretando num erro total. A alternativa de intervalo regular, um ciclo de apenas 18 anos, teria sido duas vezes pior. A menor unidade de tempo que teria se mantido precisa por muitos anos seria a medida de intervalo triplo, 19 + 19 + 18, ou seja, um total de 56 anos (...) Os fenômenos lunares de Stonehenge se repetiam a cada 56 anos com boa uniformidade.[73]

A questão dos calendários era um problema na Idade Média. A Europa seguia, na época, dois sistemas de contagem de tempo incompatíveis. A Igreja insistia no calendário juliano — um calendário solar de 12 meses —, enquanto o povo comum mantinha o antigo calendário pagão — um calendário lunar de treze meses, com 28 dias cada, supostamente derivado dos ciclos menstruais da Deusa, que se manifestavam através das fases da lua. O conflito mútuo entre esses dois calendários pode ser notado nas duas versões diferentes da mesma canção de ninar:

(1) "Quantos meses há no ano? Há treze, eu digo"; e

(2) "Quantos meses há no ano? Há apenas doze, eu digo".

[E] Atualmente, o número deixou de ser 56 para se tornar 72. [N. da T.]

O período padrão que costuma figurar nas canções de ninar, contos de fadas, cantigas populares e outros hábitos remanescentes do paganismo é "um ano e um dia", simbolizando o ano lunar de 364 dias (treze meses de 28 dias) mais um dia extra, somando 365.

O calendário eclesiástico manteve as semanas lunares de sete dias — o motivo de não se encaixarem nos meses —, mas quebrou a décima terceira "lua" (o termo anglo-saxão *monath* significava tanto "mês" quanto "lua"). Os dias extras foram acrescentados aos outros doze meses. Em determinado momento, o número treze foi considerado um número sagrado devido às treze lunações anuais, mas os clérigos acabaram por lhe imputar maldade. Em honra da Deusa chamada "Lua Tríplice, Rainha do Destino", treze sacerdotisas costumavam dançar em direção anti-horária, seguindo o movimento retrógrado da lua na eclíptica.[74] Tal grupo passou a ser chamado de coven de bruxas, e a deusa lunar adquiriu o título de Coventina, "Mãe dos Covens".[75] A conexão entre a feminilidade e o número 13 também se reflete no Tarô: cada rainha do Tarô é a décima terceira carta de seu naipe.

Após a derrota do calendário lunar, o 13 passou a ser considerado a "dúzia do Diabo". Por essa razão, a sexta-feira 13 (*Friday the Thirteenth*, em inglês) passou a ser considerada o dia mais azarado do ano, já que combinava o número sagrado da Deusa com seu dia sagrado, nomeado em homenagem a Freya, uma de suas formas teutônicas. Em algumas línguas latinas, o dia é nomeado em homenagem a Vênus. No passado, os antigos comiam peixe às sextas-feiras porque os peixes eram o alimento sagrado da Deusa do Mar e acreditava-se que podiam despertar a paixão e o amor a partir da influência dela.

Ironicamente, a Páscoa (*Easter*, em inglês), um dos principais festivais cristãos, deriva de outro dos muitos nomes da Deusa: Eostre, uma forma saxônica de Astarte. Apesar da instituição do calendário solar, a morte e ressurreição do Salvador cristão, assim como a dos deuses pagãos, era — e continua sendo — determinada pela lua. A Páscoa é uma das "festas móveis" que seguem o sistema do calendário pré-cristão, embora os fiéis não saibam que leva o nome da Grande Deusa.[76]

Outra diferença entre o calendário cristão e o calendário pagão era que o primeiro calculava o dia solar da meia-noite à meia-noite, enquanto o segundo calculava o dia lunar do meio-dia ao meio-dia. Sendo assim, os festivais pagãos precediam seus correspondentes cristianizados por doze horas, sendo sempre celebrados no dia da lua, ou na véspera da data solar. O Dia de Maio, por exemplo, era uma adaptação cristã da antiga festa da Noite de Santa Valburga ou Walpurgisnacht (Beltane, para os celtas). O Dia de Todos os Santos, por sua vez, também era uma adaptação cristã do Hallow-Eve (Halloween), o Samhain dos celtas, a Festa dos Mortos. Até mesmo a véspera de Natal era dedicada à Deusa, e não ao Deus. Na Inglaterra medieval, ela era chamada de *Modranect* ou *Matrum Noctem*, "A Noite da Mãe".[77] O costume pagão de chamar a noite de dia ainda existia na época de Shakespeare, quando as pessoas se despediam umas das outras à noite desejando *"good den"* (*good day*, em inglês) — literalmente "bom-dia".

A tradição hindu dizia que a Deusa primeiro deu à luz ao tempo em si, e, em seguida, criou todas as maneiras de medi-lo: o ano, o mês, as estações, o dia lunar, os dias da semana, o crepúsculo, a noite e a aurora, a trindade dos éons e as formas de contar o tempo na música. Uma das maiores manifestações da Mãe Kali foi Kalanemi, a Roda do Tempo.[78] A partir de seu nome, o conceito universal indo-europeu de "*kalends*" (calendários) surgiu. Sendo assim, os calendários mais antigos eram sempre lunares e femininos.

No século X, quando os povos romani começaram a viajar para o oeste, o texto religioso mais reverenciado na Índia era o *Kalacakra tantra*, que tratava da Roda do Tempo. Esta escritura ainda representa "o ciclo tântrico mais importante no Tibete, superando até mesmo a seção tântrica do cânon sagrado".[79] Por isso, alguns dos povos romani que chegaram à Pérsia no século X se chamavam kalenderees, ou "seguidores de Kali, a Deusa do Tempo".[80]

Os romani eram adoradores tão devotos de Kali que professavam tê-la encontrado na Europa, disfarçada como a famosa Virgem Negra na cripta pré-cristã sob a catedral de Chartres. Nos tempos romanos, essa cripta dominada pela Deusa era reverenciada como o útero da Gália. Logo, os romani identificaram esta imagem antiga como sua Mãe Negra, a quem chamavam Sara-Kali ou Rainha Kali. Ignorando os cristãos, que insistiam que a imagem era de Maria, eles diziam que aquela cripta era "o útero de sua mãe (...) a origem da fonte da vida que flui sobre a raça cigana (...) a mãe, a mulher, a irmã, a rainha, a *Phuri Dai*, a fonte de todo o sangue romani".[81]

Entre os povos romani havia "casais ocultos", treinados como sacerdotes e sacerdotisas de Kali para realizar o Grande Ritual (*Maharutti*) conhecido na Índia como *maithuna*, e, no Ocidente, como *karezza* ou *coitus reservatus* — ou seja, um coito prolongado indefinidamente, sem que ocorresse o orgasmo masculino. Como os *sadhakas* de Kali, que imitavam Shiva, seu consorte divino, em união eterna com a Deusa, os homens ciganos aprendiam que "o coito oculto é um meio de aumentar os poderes psíquicos". Assim, o poder do amor gerado por este sexo tântrico era considerado necessário para o treinamento de um sábio. Segundo os ciganos: "se alguém realmente quiser possuir o poder do amor, ele deve sempre dar mais do que recebe."[82]

Eventualmente, os povos romani passaram a adorar a Virgem Maria, e faziam-no da mesma forma com que os hindus adoravam Kali. Ofereciam-lhe cabeças de aves sacrificadas, empilhando-as em frente à igreja.[83] Como se dizia de Kali, "à Deusa pertence o sangue vital de todas as criaturas — já que foi ela quem o concedeu (...) por isso, cortar a cabeça é a melhor forma de sacrifício, uma vez que o sangue escoa rapidamente das bestas decapitadas".[84] O mesmo raciocínio antigo produziu o "abate kosher" dos judeus.

De qualquer forma, Sara-Kali foi levemente cristianizada em algumas lendas, que afirmavam que ela acompanhou as Três Marias da base da cruz de Jesus em sua viagem marítima até o local de desembarque em Saintes-Maries-de-la-Mar. Outras, no entanto, diziam que Sara-Kali era uma rainha cigana que vivia na França antes da chegada das Marias.[85] Os ciganos, por sua vez, afirmavam que todas as catedrais francesas eram dispostas de forma a espelhar, na Terra, as estrelas da constelação de Virgem, lar da Rainha Kali no céu.[86]

Os povos romani compreendiam o conceito hindu da Deusa como uma trindade de Donzela, Mãe e Anciã, responsável por reger toda a criação, preservação e destruição (nascimento, vida, morte). Uma oração típica cigana fazia referência a essas funções:

> Vós destruís tudo e tudo fazes na terra; não vês nada de velho, pois a morte vive em ti. Vós dais à luz tudo o que há na terra, pois vós sois a vida (...)

Vós sois a mãe de toda criatura viva e a dona do bem; fazes de acordo com tua sabedoria ao destruir o que é inútil ou o que viveu seu tempo destinado; pela vossa sabedoria fazeis a terra regenerar tudo o que é novo (...) vós sois a benfeitora da humanidade.[87]

Os romani não acreditavam no Céu ou no Inferno. Como seus ancestrais hindus, acreditavam em reencarnações cíclicas na Eterna Roda do Tempo da Deusa.[88] Sobre sua própria morte, certa vez, um cigano disse: "Nu, retornarei ao útero de minha mãe (...) A terra é nossa mãe, assim como a mulher. O segredo da vida vem do chão."[89] Os povos romani seguiam a filosofia tântrica que via a morte como a contraparte indispensável da vida e a simbolizava na Anciã destruidora, que deveria ser tão adorada quanto a bela Virgem ou a bondosa Mãe, embora fosse uma deusa horrível — simbolizando doença e dissolução. Alguns poetas tântricos diziam que ninguém conhecia verdadeiramente a Deusa até que vislumbrasse seu aspecto de morte, em que se mostrava "desgarradora e devoradora".[90] Desse ponto de vista, a Deusa "devora toda a existência". Inclusive, no dia do juízo final, destruiria todo o universo para recriá-lo para o próximo ciclo. No final, estaria coberta de "uma massa vermelha de sangue" enquanto devorava os deuses a quem ela mesma teria dado à luz.[91]

Da mesma forma, a Deusa cigana, portadora de doenças e morte, sempre trajava vermelho. Nessa faceta, era Bibi, a Anciã, que "tem o poder de causar todos os tipos de doença, especialmente no início de um novo mês, quando a lua está cheia". Os ciganos diziam que a concepção também ocorria na lua cheia; nenhuma mulher poderia engravidar sem a ajuda da lua.[92] Esta ideia de morte e ressurreição, na qual a alma morta viajava para a lua para ser reciclada, é um dos muitos temas comuns entre as religiões misteriosas ao redor do mundo.

O Tarô, portanto, como um "compêndio da filosofia e religião cigana", expunha o conceito cíclico de vida e morte em um sistema simbólico que poderia ser lido pelos iletrados.[93] Contudo, para se comunicar através de tal sistema, um acordo geral sobre o significado dos símbolos precisava ser alcançado. Alguns psicólogos modernos afirmam que parte deste acordo é geneticamente construído na mente humana, através de arquétipos básicos encontrados em todos os tempos e culturas, assim como em sonhos e visões individuais. Assim, os intérpretes modernos do Tarô encontram no conceito arquetípico uma justificativa para derivar percepções válidas das cartas. Afinal, a linguagem do inconsciente consiste em símbolos, em vez de palavras; e o sistema simbólico das cartas é considerado capaz de guiar o pensamento para as profundezas ocultas da mente.[94]

Os sistemas simbólicos baseados em figuras arquetípicas foram usados por muitas religiões secretas, especialmente no Oriente, onde lamas eruditos ainda acreditam em um código internacional capaz de fornecer o significado das doutrinas ocultas. Certos estudiosos, por sua vez, acreditam que os hieróglifos do Egito e do México surgiram de símbolos esotéricos semelhantes. No mundo antigo, havia sociedades druídicas, pitagóricas, órficas e platônicas que transmitiam suas doutrinas por meio de figuras simbólicas.[95] Como sabemos, havia muitos caminhos simbólicos para o ensino secreto de ideias religiosas heréticas na Europa medieval: não apenas desfiles e peças de mistério, mas também jogos e fantasias de Carnaval, designs ornamentais nas *paginae* até das Bíblias, e diversas imagens incorporadas no interior das igrejas — para mencionar só alguns desses caminhos. Certamente, os ciganos, como outros grupos não cristãos, precisavam de um veículo secreto para trocar ideias sobre assuntos espirituais, em especial em uma Europa onde apenas uma religião podia ser professada abertamente, enquanto todas as outras estavam sujeitas à perseguição.

Os intérpretes do Tarô sem dúvida teriam considerado o sigilo uma vantagem, uma vez que aquele período da história estava marcado pela polícia secreta da Igreja, sempre alerta a qualquer sussurro de heresia e pronta para transformar esses sussurros em gritos com seus instrumentos de tortura. Os povos romani sofreram os horrores da Inquisição junto a outras "bruxas", sendo presos sempre que possível.[96] Eles eram conhecidos como os "Guardiões de Diana", ou "Servos da Lua", uma metáfora para "bruxos". Às vezes, eram chamados de fadas, ou *fays*, e, não por acaso, um dos sobrenomes ciganos mais comuns até hoje é Faa.[97] Em 1500, a Dieta de Augsburgo decretou que qualquer cristão poderia matar um cigano sem penalidade legal. Assim, surgiu um provérbio romani dizendo que os ciganos tinham dois inimigos: o Diabo e Cristo.[98]

Os caçadores de bruxas nunca conseguiram identificar ao certo o que havia de tão herético sobre o simbolismo do Tarô, já que as imagens não se explicam tão claramente quanto as palavras. Como a Bíblia, o Tarô passou pelas mãos de muitos intérpretes que continuaram a revisar seus significados "canônicos". O processo, aliás, continua até hoje. Afinal, parte do encanto das cartas do Tarô reside em sua adaptabilidade fluida a qualquer exposição criativa, verbal ou simbólica.

No século XIX e início do século XX, por exemplo, tornou-se moda relacionar o Tarô à Cabala judaica, vinculando seus vinte e dois Arcanos Maiores às vinte e duas letras do alfabeto sagrado hebraico e enfatizando o tetragrama, o nome secreto e mágico de Deus — *Yod-he-vau-he* (YHWH).[99] No entanto, em tempos mais antigos, o Tarô e a Cabala tinham raízes separadas, convergindo apenas na medida em que todos os sistemas místicos tendem a se sobrepor. Como os pensadores da Renascença precisavam de tais sistemas, acabaram por criar ou adaptar muitos deles: "Sob o regime autocrático do cristianismo inquisitório durante a Idade Média da Europa, o dogma cristão foi, de fato, aceito nominalmente por grandes intelectuais, mas, sem dúvida, sob coação."[100] As verdadeiras reflexões desses pensadores precisavam ser ocultas através de uma linguagem cuidadosamente velada — ou por expressão alegórica e alusiva. Não poderia haver meio mais apropriado para essa expressão do que as formas míticas antigas que quase todo o povo era capaz de entender, cada um de acordo com seu próprio contexto, percepção ou educação. Tanto os eruditos quanto os leigos conseguiam interpretar os símbolos do Tarô, assim como seus próprios sonhos. A simbologia das cartas estava firmemente baseada nos arquétipos, assim como os sonhos. Afinal, as imagens estampadas nas cartas não haviam surgido das crenças impostas ao povo, e sim das crenças que ele desejava.

Portanto, é claro que os símbolos do Tarô expressavam, de certa maneira, uma forma primordial da religião cíclica e matriarcal que o cristianismo lutava incansavelmente para erradicar. Durante os séculos XII e XIII, essa fé arquetípica, centrada na mulher e na natureza, ainda era amplamente popular no Oriente. Na Europa, ela continuava lutando por reconhecimento, embora a Igreja se empenhasse para tentar extingui-la por completo. O Tarô pode ter sido um de seus canais secretos. Em Nuremberg, cenário de algumas das piores perseguições de bruxas, os pintores de cartas eram mulheres.[101] Além disso, em Tournai, na Bélgica, as mulheres também fabricavam cartas em um famoso centro de artes e ofícios.[102]

O simbolismo do Tarô era especialmente viável, sendo de fácil aplicação e muito popular. Podia ser apreciado em muitos níveis, do mais superficial ao mais profundo. Os povos romani usavam-no para divinação, muitas vezes com a intenção de enganar os ingênuos; afinal, haviam adaptado o Tarô ao seu repertório de truques, coletivamente chamado de *hakkni panki*, que foi traduzido para o inglês como "*hanky-panky*" (charlatanice).[103] No entanto, os filósofos também o usavam, encontrando nas cartas uma forma quase extática de iluminação mística. Gérard Encausse chegou a escrever: "O jogo de cartas que os ciganos possuem, chamado Tarô, é a Bíblia das Bíblias. É o Livro de Thoth Hermes Trismegistus, o Livro de Adão, o Livro da Revelação primitiva das civilizações antigas."[104]

Assim, nos capítulos subsequentes, investigaremos inúmeras revelações do Tarô em termos de simbolismo arquetípico e os prováveis significados de uma iniciação gnóstica conforme teria sido concebida pelos povos da Renascença. Os sistemas numéricos do Tarô, os arcanos e seus layouts tradicionais apontam continuamente para a premissa de que os significados mais profundos dessas cartas eram de natureza religiosa — mas, definitivamente, não cristã. Refletir sobre seus possíveis significados pode, sem dúvida, fomentar uma nova liberdade de pensamento.

ELEMENTAIS

A mais antiga teoria difundida sobre a arte da cartomancia (divinação através das cartas) alega que o Destino, com todo seu poder místico, seria o responsável por embaralhar e distribuir as cartas, de forma que o arranjo final forneceria uma mensagem significativa, se interpretado da maneira correta. Essa mesma teoria fundamenta muitos outros tipos de práticas divinatórias. Videntes e oraculistas sempre leram padrões aparentemente aleatórios em folhas de chá, borras de café ou de vinho, entranhas de animais, ossos, pedras, sementes, areia, cinzas e jogos de dados, além das varetas do I Ching. Logo, alguns tipos de práticas divinatórias acabaram evoluindo e se tornando sistemas simbólicos altamente complexos.

Uma das justificativas divinatórias mais bem elaboradas diz respeito ao embaralhamento das cartas, que representaria o processo da própria criação: misturar e ordenar os elementos do universo. Os elementos, por sua vez, estariam ilustrados na forma dos quatro naipes combináveis.

Desde o início das civilizações, acreditava-se que a matéria orgânica e inorgânica era composta por diferentes combinações dos quatro elementos em proporções diversas: água, fogo, terra e ar. Na Suméria, a mais antiga cultura letrada conhecida, essa ideia foi muito difundida.[1] Ela também foi bastante prevalente entre chineses, hindus, astecas, indígenas americanos, egípcios, gregos, romanos e tribos bárbaras de todos os continentes.[2] Esses mesmos elementos viriam a ser representados pelos naipes do Tarô, de modo que o embaralhar das cartas passou a ser visto como a constituição de tudo que estava por vir. Além disso, alguns cartomantes derivaram seu sistema simbólico, em parte, de filósofos estoicos que veneravam e nomeavam sua doutrina de acordo com esses mesmos elementos (*stoicheia*), "cuja infinita variedade de combinações gerou todos os fenômenos perceptíveis".[3] Contudo, essa ideia já era muito mais antiga do que o estoicismo.

No Tarô, as copas representavam o elemento "feminino" da água. Os ouros, por sua vez, representavam o elemento "feminino" da terra. Esses dois naipes estavam associados a assuntos de amor e dinheiro, respectivamente — como seus equivalentes no baralho moderno (simbolizados por corações e diamantes). Os paus, por outro lado, representavam o elemento "masculino" do fogo, e, as espadas, o elemento "masculino" do ar. Esses dois naipes eram comumente associados aos assuntos de poder e morte, respectivamente — como seus equivalentes no baralho moderno. Tanto o naipe de paus quanto o de espadas remete a armas. Logo, os elementos pacíficos eram vistos como femininos e os bélicos, como masculinos.

Talvez por coincidência, as cores modernas dos naipes combinem com uma concepção tântrica imensuravelmente antiga que conecta a feminilidade ao poder ativo e criativo, qualidades frequentemente associadas, no Oriente, à cor vermelha, e a masculinidade ao poder passivo e destrutivo, qualidades associadas à cor preta. Essas ideias sobre as características masculinas e femininas, no entanto, foram deliberadamente invertidas pelo pensamento patriarcal. Contudo, essa inversão ainda é um princípio oculto da sabedoria convencional do Ocidente.[4]

De acordo com a ideia ancestral do criativo Logos (Palavra), a Deusa impôs ordem ao caos primordial formando os elementos a partir de suas sílabas mágicas: *Va*, água; *Ra*, fogo; *La*, terra; e *Ya*, ar. Elas foram unidas pela sílaba-mãe *Ma*, que significa "Inteligência" ou "a Mãe".[5] Os budistas tântricos ainda acreditam que esses elementos sejam governados por ela.[6] Os elementos viviam dentro e eram provenientes da Deusa, mesmo na condição primitiva de amorfismo, que foi transmitida para a tradição hebraica como o conceito de *tohu bohu*. Os sábios então se dirigiram a Ela: "Vós sois a Terra, Vós sois a Água, Vós sois o Fogo, Vós sois o Ar, Vós sois o Vazio (...) e Vós sois a Suprema Divindade."[7] No dia do juízo final, quando este universo chegasse ao fim, Ela retomaria sua forma escura, amórfica e infinita, até o dia em que decidisse criar mais uma vez.[8]

Kali usava um colar de caveiras ou joias, inscrito com as letras do sagrado alfabeto sânscrito, que ela própria inventou para entoar os mantras da criação. Metade das letras eram masculinas, "fogo" e "ar"; e metade eram femininas, "água" e "terra". Diz-se que os mantras com predominância de letras do elemento feminino eram benevolentes; enquanto os mantras com predominância de letras do elemento masculino eram "cruéis" — algo que ainda pode ser sugerido pelos paus e espadas.[9]

A Deusa organizou seu colar de forma que os elementos masculinos e femininos se alternassem, sem que um reinasse sobre o outro. Isso representava sua "ordem correta", que serviria de modelo para o círculo mágico (*chakra*) de seus adoradores masculinos e femininos, o que, por sua vez, também orientou muitos outros círculos, como as antigas danças sagradas praticadas pelos europeus pagãos. Embora tenham sido secularizadas, essas danças folclóricas tradicionais ainda mostram uma organização de gêneros como essa. Outra ramificação desse conceito é o clássico padrão ornamental de "ovos e dardos" presente na arquitetura greco-romana — que alternava entre símbolos femininos e masculinos — conhecido como o Friso de Vênus e Marte. Por outro lado, um precursor do que seriam os hieróglifos egípcios mostrava formas alternadas de símbolos masculinos e femininos representando, de maneira bastante evidente, as genitálias.[10]

Para os gregos, o colar da deusa também significava "ordem", *Kosmos*, uma palavra usada por Homero para designar ornamentos femininos.

A primeira manifestação de ordem na criação diz respeito a *Diakosmos*, "Ordem da Deusa". Ela desenhou formas a partir da matriz "eterna, imensa, descriada, da qual tudo nasce", isto é, ela mesma como o útero universal.[11] A Bíblia chama essa matriz de "o Abismo" — *tehom,* em hebraico, palavra derivada de Tiamate, deusa suméria; Temu, deus egípcio; e Têmis, deusa grega; todos nomes que remetem à deusa primordial. A tradição judaico--cristã, por sua vez, ocultou o gênero feminino no conceito de "o Abismo", ignorando as escrituras anteriores que diziam que o espírito que pairava sobre as águas escuras era ninguém menos que a Mãe dos Deuses.[12]

À essa altura, o conceito de útero-água já estava bem desenvolvido nas tradições órfica, pitagórica e estoica. Tales de Mileto dizia que a água era o *Arché*, o primeiro dos elementos, tendo "domínio" sobre todos os outros porque os havia trazido à vida. E, embora os europeus tendessem a dar maior ênfase aos elementos masculinos, também diziam: "Somente a Terra e a Água podem gerar uma alma viva."[13]

Os símbolos dos naipes do Tarô parecem ter vindo diretamente da imagética tântrica, na qual Kali, com seus quatro braços, exibia seu cálice elemental, cetro, anel (ou roda) e espada — as duas mãos esquerdas segurando os símbolos femininos, enquanto as duas mãos direitas seguravam os masculinos. Os gregos atribuíram suas próprias versões desses símbolos elementais à Deusa do Destino, Nêmesis, a quem até o Pai Celestial se curvava em temor. Ela, por sua vez, carregava um cálice, uma vara de madeira, uma roda e uma espada.[14]

Dessa maneira, os naipes do Tarô sempre estiveram conectados aos quatro elementos — ao menos os quatro originais, em que todo o mundo acreditava, até o século XIX, quando os verdadeiros elementos começaram a ser descobertos.

Mas por que é que se supunha, em primeiro lugar, que essas quatro substâncias, e não outras, eram os blocos fundamentais da construção de todo o universo?

Apesar da universalidade desta crença, nenhuma resposta realista foi oferecida para a pergunta. No entanto, não é difícil formular uma. O que essas quatro coisas, tão díspares entre si, teriam em comum? Que conexão é essa, que teria sido vista por todos os grupos primitivos, ao redor de todo o planeta, especialmente em um estágio tão inicial da cultura?

A conexão é a seguinte: entre os grupos primitivos, com a única exceção dos canibais, água, fogo, terra e ar representam os únicos meios possíveis de desfazer-se dos mortos. Um cadáver pode ser lançado na água, queimado, enterrado ou exposto a aves carniceiras, como era o costume na América do Norte e na antiga Pérsia (e ainda o é entre os pársis). Em cada caso, o corpo era devolvido a uma condição "elemental", preparando-se para o renascimento.

Como o mar também era muito associado à Mãe primordial, os enterros em barcos eram bastante comuns entre os povos costeiros. Os bardos galeses costumavam cantar elegias fúnebres chamadas *marwysgafen*, que significavam "devolvendo à mãe-mar", à água.[15] Os vikings, todavia, viam o mar como a Mãe de sua raça, por isso enviavam seus mortos de volta a ela. A palavra nórdica para morte, aliás, significava "voltar ao útero da Mãe".[16] Um barco funerário era *ludr*, podendo ser lido como barco, caixão ou berço — ou seja, as três possibilidades ao mesmo tempo.[17]

No Egito, os reis mortos entravam na barca solar e afundavam com ela nas águas do extremo oeste, como Osíris fez ao se tornar Pai Ra (uma possível personificação do elemento fogo em hindu, *Ra*). Osíris poderia passar pelo útero subterrâneo para o leste e renascer com o sol ao amanhecer. No mês de Athyr (Háthor), as mulheres egípcias jogavam imagens de Osíris no Nilo ou no mar, para enviá-lo ao Ma-Nu, o portal yônico[F] da Deusa no extremo oeste, simbolizado por um vaso ou um cálice de água.[18] Aqui, desde muito cedo, o elemento água foi associado aos "cálices", ou copas.

Pode ter havido uma ligação entre Ma-Nu (Mãe-Peixe) e o deus védico Manu, que se assemelhava aos heróis mesopotâmicos do dilúvio: o sumério Ziusudra, o babilônico Ut-Napishtim e o hebreu Noé. Heróis diluvianos geralmente sobrevivem à grande inundação que destrói uma criação e abre caminho para a próxima. Como Osíris, eles passam pelo útero primordial do caos dentro de um barco. A arca de Manu o colocou dentro da Mãe (Ma), de modo que ele se tornou o peixe embrionário (Nu). No entanto, o mesmo Nu, "Peixe", era tanto uma letra do alfabeto hebraico quanto a forma semítica de Noé, cuja "arca" derivava do sânscrito *argha* — o barco de Manu.

[F] No hinduísmo, yoni representa a genitália feminina e é o símbolo da deusa Shakti, o poder gerador feminino e, como uma deusa, a consorte de Shiva. [N. da T.]

Os deuses do sol, do fogo e do raio, tradicionalmente associados ao naipe de paus, eram frequentemente relacionados à deusa do abismo, já que os elementos fogo e água formavam um par masculino-feminino. Por muito tempo, existiu uma teoria que pregava que o sangue dos seres vivos era feito de água do mar infundida com fogo do céu, o que o tornava quente e vermelho, embora ainda tivesse gosto de mar. O deus do fogo perdeu a vida ao descer ao útero abissal para essa fertilização. Os sábios védicos diziam que o deus fálico "entrou" como um raio e foi "apagado" pela *yoni* onipotente da deusa — exatamente como um raio é apagado no mar.[19] Daí a crença proeminente, em especial em Roma, de que o elemento água, por ser feminino, é perigoso para os homens.[20]

A mesma magia sexual do fogo e da água passou praticamente inalterada para o ritual cristão de consagração da fonte batismal, que era chamada de "o útero imaculado de Maria", ou seja, *maria*, "os mares". Assim, mergulhava-se uma vela acesa na água da fonte, que então era declarada *igne sacro inflammata* e fecundada pelo fogo sagrado.[21] No passado, o fogo sagrado era uma metáfora comum e antiga para a paixão sexual em geral — antes de o cristianismo proclamar que o sexo não era sagrado, mas o principal meio de passar o pecado original de geração para geração.

O herói de fogo renascido das mesmas águas que o engoliram, na tradição tântrica, era Padma-sambhava, "aquele que nasce do Lótus", também conhecido como "o *vajra* nascido no lago".[22] Como o *dorje* tibetano, um *vajra* era tanto um cetro e uma varinha fálica quanto um raio.[23] Logo, o deus viril que nascera no lago prefigurava o celta Lancelote, nascido da Donzela do Lírio (Lótus Virgem) ou da Senhora do Lago. Uma versão mais antiga de seu nome era Lanceor (*lance d'or*), a Lança Dourada, que significava um raio.[24]

O outro par de elementos, terra e ar, costumava simbolizar a Mãe Terra e o Pai Céu. No Tarô, assim como na mitologia, o símbolo fálico do Pai era a espada. Enquanto isso, o símbolo da Mãe era o *omphalos*, um "monte" yônico no centro do mundo, marcado por uma pedra sagrada com um pentáculo, roda ou cruz inscrita. O ubíquo *lingam-yoni* da cultura hindu (céu-pênis na terra-vulva) tinha seu equivalente celta na famosa lenda da Espada na Pedra, que deveria ser retirada por qualquer homem aspirante a herói, como Percival, Arthur ou Galahad.

Até recentemente, a espada ainda era vista como um símbolo fálico. Nos costumes nupciais escandinavos, por exemplo, acreditava-se que enfiar uma espada na viga principal da casa era uma "prova da virilidade do noivo".[25] Jogar uma espada no elemento feminino da água, por outro lado, significava fertilização e reencarnação, o que explica o último desejo do rei Arthur — ter sua espada lançada no lago da Senhora do Lago.[26] Só então a Deusa Tríplice viria, na forma de "três rainhas das fadas", para levar Arthur na barca solar rumo ao seu paraíso no oeste.

A Mãe Terra, o par habitual do cavaleiro celestial, era representada como a doadora de todo tipo de riquezas. As tribos teutônicas, que a conheciam como Freya ou Frigg, a chamavam de Gefn, "A Doadora". Seu nome significava "riqueza".[27] A Grande Mãe dos gregos, Reia, por sua vez, também era conhecida como Pandora, "A Doadora de Tudo", ou, às vezes, como uma versão feminina de Plutão, cujo nome também significava "riqueza".[28] A Terra Mater (Mãe Terra) de Roma era a fonte de toda a riqueza *material*. Sua contraparte sabina mais antiga era Ops, cujo nome deu origem à palavra "opulência". O Pai Celestial Júpiter, por sua vez, não poderia aspirar ao título de "Senhor das Riquezas" até se tornar consorte de Ops e tomar seu nome; foi quando passou a ser Júpiter Opulentia.[29] Além disso, um nome medieval para Mãe Terra era Habondia, ou Dame Abunda, a Senhora da Abundância.[30] Os ciganos seguiam um precedente mitológico sólido na palavra usada para designar dinheiro, boa sorte ou fortuna: "terra."[31]

Essa ideia de enxergar a terra como fonte de riqueza material se reflete no Tarô, no qual o naipe de ouros sempre foi ligado às questões financeiras e à riqueza material, sob o nome de *denarii* ou "moedas", ou mesmo quando assumiu a representação visual de diamantes; etimologicamente, *Dia-mond* significa "Deusa da Terra".

De acordo com a mitologia celta, o ventre da terra às vezes era uma montanha de diamante ou cristal. Um monte funerário de Newgrange, na Irlanda, fez questão de imitar essa concepção mística, sendo parcialmente coberto com fragmentos de quartzo, para que brilhassem sob o sol como um diamante.[32] Este monte funerário era uma "tumba", do latim *tumulus*, que também significava "inchaço" ou "gravidez" — um vestígio da crença pagã no renascimento oriundo do ventre da Mãe Terra.[33] De maneira semelhante, em hebraico, a palavra *hara* significava tanto "montanha" quanto "gravidez"; evidentemente derivada de Hariti, deusa védica da terra.[34]

Os romanos acreditavam piamente na Mãe Terra. As lápides romanas traziam a frase "*Mater genuit, Mater recepit*": "A Mãe me trouxe, a Mãe me levou de volta." No século III d.C., um romano escreveu:

> Santa Deusa Terra, mãe da Natureza, que dá vida a todos e nos revive dia após dia, o alimento da vida vós nos concedestes em eterna fidelidade. E quando a alma se retira, buscamos refúgio em Ti. Tudo o que vós nos concedestes retornará de alguma forma para o Vosso ventre.

Outro devoto disse sobre a Mãe Terra: "A Deusa é o começo e o fim de toda a vida."[35]

Tácito, por sua vez, afirmou que todas as tribos bárbaras da Europa viam a Mãe Terra como "a divindade que tudo governa, a quem todas as outras estão sujeitas e a ela devem ser obedientes".[36] Além disso, orações funerárias pagãs foram copiadas até mesmo em epitáfios cristãos, como "*Suscipe Terra tuo corpus de corpora sumptum*": "Aceita, ó Terra, este corpo que foi tirado do teu corpo".[37] De maneira semelhante, sacerdotes hindus se dirigiam a um homem morto: "Vai, busca a Terra, essa mãe sábia e bondosa de todos. Ó Terra, levanta-te e não machuques os ossos dele; sê gentil e carinhosa. Ó Terra, cobre-o como uma mãe cobre seu filho com as barras da sua saia."[38]

Em todo o mundo, o sepultamento era concebido como um retorno ao mesmo ventre que outrora dera a vida. Os indígenas americanos acreditavam que todas as pessoas e os animais haviam surgido do buraco yônico da terra, "assim como uma criança nascendo do ventre de sua mãe. O lugar de renascimento é o ventre da terra".[39] Assim como os ciganos, os indígenas americanos acreditavam que, após a morte, retornariam ao corpo da Mãe e nasceriam novamente.[40]

Na Idade Média, acreditava-se em quatro tipos de espíritos elementais, raças pré-humanas surgidas havia muito tempo do ventre montanhoso da

Mãe, nos quatro rios primordiais do paraíso. Eram espíritos do fogo chamados salamandras; espíritos do ar chamados sílfides; espíritos da terra chamados gnomos; e espíritos da água chamados ondinas. O *Compendium maleficarum,* de Psellus, listava todos eles como demônios e bruxas:

> O primeiro é o de fogo, porque estes habitam no ar superior e nunca descerão (...) O segundo é o de ar, porque habitam o ar ao nosso redor (...) O terceiro é o de terra (...) pois alguns vivem nos campos e confundem os viajantes noturnos; outros habitam lugares escondidos e cavernas... O quarto é o de água, pois estes seres habitam debaixo da água em rios e lagos (...) Eles causam tempestades no mar, afundam navios no oceano e (...) são mulheres, em sua maioria.[41]

Os escritores medievais tentaram classificar diferentes nações de acordo com os espíritos elementais que veneravam, seguindo autores clássicos que afirmavam, por exemplo, que os egípcios adoravam água, e os persas, fogo, e assim por diante. No entanto, a maioria dos estudiosos concordava que os seres humanos combinavam todos os elementos em si mesmos, para que "dentro da pequena extensão de seu corpo, o homem pudesse concentrar sob os requisitos da Natureza toda a energia e substância dos elementos".[42] Podemos rastrear essa ideia e chegar até o culto de Kali, que fornecia a água para criar a corrente sanguínea, o fogo para o calor vital, a terra para a carne e o ar para a respiração.[43] Até mesmo a Bíblia concorda com esses preceitos; nela, o corpo é descrito como "barro" e a alma como "sopro" (Ezequiel 37:9). Entre os brâmanes patriarcais, o pai fingia dar à criança recém-nascida sua própria alma ao soprar três vezes em seu rosto.[44]

O conceito de "temperamento" humano, por exemplo, veio do latim "*temperare*", que significa misturar os "humores" dos elementos no corpo. A mistura nunca era totalmente equilibrada. Um excesso de sangue levaria a um temperamento *sanguíneo* ou violento; de fleuma, a um temperamento *fleumático* ou terreno; de bile, a um temperamento *melancólico* ou choroso; de éter, a um temperamento *etéreo* ou aéreo.[45] De maneira semelhante, a diversidade das cartas de Tarô presente nas leituras era considerada indicativa do caráter elemental de seu consulente. As cartas da corte, independentemente dos naipes, representavam pessoas com temperamentos apropriados. A carta da Temperança, um dos Arcanos Maiores, mostrava a deusa misturando (*temperare*) os elementos em diversos recipientes, o que também fazia alusão à noção tântrica de união sexual como uma fusão, "como a água sendo derramada na água".[46]

Em certo momento, houve uma tentativa de cristianizar os naipes do Tarô como emblemas das quatro relíquias sagradas do Graal, que foram listadas no século XII como: (1) o Santo Graal, o cálice de Cristo da Última Ceia; (2) a lança com a qual o mítico São Longinho perfurou o lado de Cristo; (3) a patena ou prato de onde os discípulos comeram o Cordeiro Pascal; e (4) a lendária Espada do Espírito de rei David. No entanto, as relíquias do Graal eram, em essência, não cristãs, tendo começado como revisões monásticas dos símbolos elementais pagãos, os Quatro Tesouros dos *Tuatha Dé Danann*, "Povo da Deusa Dana," ou seja, os colonos dinamarqueses da Irlanda na Idade do Ferro. Esses quatro tesouros eram: (1) o Caldeirão de Dagda; (2) a Lança de Lugh; (3) a Pedra de Fal (Lia Fáil), um *omphalos* no bosque sagrado de Tara; e (4) a Espada de Nuada.[47]

Os chamados sinais dos quatro evangelistas também foram roubados da simbologia pagã. A serpente representava a água, o leão representava o fogo, o touro representava a terra e a águia (ou anjo) representava o ar. No Egito, eram os quatro espíritos com cabeças de animais que guardavam os quatro cantos do templo ou túmulo e eram chamados de Os Quatro Filhos de Hórus.[48]

De forma semelhante, na Bíblia, os quatro rios do paraíso foram copiados dos fluxos que, na tradição tântrica, saíam do corpo da Deusa: (1) água, (2) vinho (ou sangue) para o fogo, (3) mel para a terra e (4) leite para o ar. Esses rios determinaram a ideia da antiga Índia sobre as cores dos elementos: azul para a água, vermelho para o fogo, amarelo para a terra, branco para o ar. Em outras palavras, as cores primárias das quais todas as outras derivam.[49] É interessante observar que a Bíblia colocou dois desses rios na Palestina, a terra "de leite e mel," enquanto os outros dois saíam do corpo do Salvador, que, quando perfurado, verteu sangue e água (João 19:34). Além disso, seu sangue também era vinho.

Os deuses védicos viviam no Monte Meru, uma pirâmide de quatro lados construída com forças elementais quando o universo ainda era jovem. A face sul da montanha era feita de lápis-lazúli ou da safira, representando o elemento água, cujo rio sagrado fluía de seu cume, o "Umbigo das Águas... guardado por uma majestosa e benéfica Deusa".[50] A face oeste era feita de rubi, e seu rio era o fogo (lava), sangue ou vinho. A face norte era de ouro, e seu rio era o mel — uma substância sagrada para a Deusa da Terra em todas as tradições antigas. Era um costume matrimonial hindu passar mel na genitália da noiva no início de sua "lua de mel".[51] Ainda chamamos aqueles que amamos de "meu doce mel", e os casamentos ainda são selados com o antigo símbolo da terra, um anel de ouro. A face leste da montanha sagrada era feita de prata, cristal ou diamante, e seu rio era o leite, o alimento dos bebês, e também dos anciãos desdentados que esperavam a chegada da morte. Aqui começou a popular ideia indo-europeia da jornada até a morte (ou paraíso) como uma subida por uma montanha de cristal até se alcançar o pináculo do renascimento (o palácio da Rainha das Fadas).[52]

Alguns acreditavam que essa montanha mágica dos deuses ficava entre os picos do Himalaia, razão pela qual os germânicos continuam a chamar essa montanha celestial de *Himmel* (paraíso).[53]

Durante séculos, os sábios do Oriente construíram um sistema simbólico relacionando os elementos e a montanha celestial às quatro fases da vida, tanto a vida individual quanto a vida do universo, que passava por quatro grandes éons chamados *yugas*. Essa foi a base para a teoria dos filósofos gregos sobre as quatro idades do mundo. Logo, os naipes do Tarô podem ter sido usados como auxiliares visuais para explicar esse antigo sistema simbólico.

Os sábios tântricos diziam que a primeira idade da vida é regida pelo elemento água (Vênus), e conhecida como *Sambhoga*, a idade do amor, do prazer e dos apegos emocionais: o período da infância, quando cada ser humano é socializado pelo afeto e contato sensorial, principalmente com a mãe. Os deuses hindus viviam na felicidade eterna "no colo da Mãe", pois sua casa-montanha tinha um gênero feminino, como a maioria dos picos himalaios ainda tem; o nome real do Monte Everest, por exemplo, é *Chomo-Lung-Ma* — Deusa-Mãe do Mundo. O sangue mágico dos deuses, que os mantinha jovens para sempre, era azul porque vinha da fonte de Sambhoga. Portanto, "de sangue azul" um dia significou "deuses", e mais tarde passou a ser sinônimo de aristocracia. Na arte, as divindades hindus ainda são comumente pintadas de azul. Porfírio, por sua vez, escreveu que o criador do mundo visível, como os deuses hindus, também tinha a pele de um tom azul-escuro.[54] Assim, a tradição tântrica continuou a influenciar os alquimistas medievais, que acreditavam em um elixir azul da imortalidade, a *quinta essentia* ou "quinto elemento".[55] Essa maravilhosa "quinta-essência" deveria controlar os outros elementos, como a Pedra Filosofal; por isso, às vezes era equiparada ao quinto naipe do Tarô, os Arcanos Maiores.

A segunda idade da vida, regida pelo elemento fogo, era *Nirmana*, o processo de construção: a atividade inquieta, o autodesenvolvimento e a busca de poder da juventude. O naipe de paus (fogo) do Tarô ainda carrega a mesma conotação de busca por poder, construção de impérios, atividade mercantil, estabelecimento de uma família e de um lugar no mundo. Acreditava-se que esse naipe era governado por Marte e identificado com o "fogo sagrado" dos impulsos sexuais.

A terceira idade da vida, regida pelo elemento terra, era *Artha*, riqueza: a mesma raiz etimológica que originou "*earth*" (terra) em outras línguas indo-europeias, deu novos nomes à Deusa, que foi chamada de Ertha, Hretha, Heartha, Urtha, Erda e assim por diante. Esta era da vida correspondia à maturidade plena, ao sucesso material, à colheita dourada, ao resplandecente outono da vida — um rio de mel simbolizava a doçura da realização. Artha tem uma conexão óbvia com o naipe de ouros do Tarô, regido pela Mãe Terra (Terra Mater), a doadora de riquezas. Cada carta do naipe estava, de algum modo, relacionada ao dinheiro e à propriedade. Possuir "terra", bens ou imóveis, era a base última de toda riqueza sob o feudalismo; portanto, a relação que os ciganos faziam entre dinheiro e terra não era nada descabida.

Nesta cosmogonia, a quarta idade da vida, regida pelo elemento ar, era *Moksha*, "Liberação", ou a "Arte de Morrer". Na velhice, o Iluminado começaria os preparativos místicos para que a alma pudesse voar alto no ar, como um pássaro.[56] Na verdade, a palavra "pássaro" costumava ser sinônimo de um ancestral falecido, razão pela qual os gregos e romanos viam tantos presságios em aves. Eles acreditavam que todos os pássaros eram fantasmas que traziam consigo mensagens do mundo espiritual. Acreditava-se que alguém que aprendesse o poder da Kundalini, o "poder da serpente", poderia entender a linguagem dos pássaros: isso era muito usado na mitologia grega e em contos de fadas medievais. Os hieróglifos egípcios davam à alma, *ba*, a forma de um pássaro, enquanto a Grande Deusa, como uma velha da morte, era retratada tal qual um abutre, carregando o chicote da autoridade.[57] Ao assumir a forma de Avó dos Deuses, ela transportava as almas para os ares superiores. Ísis, por sua vez, como abutre, exibia em cada garra o *ankh* ou a Cruz da Vida.[58] Assim, o naipe de espadas, ou "ar", governado por Júpiter, tradicionalmente falava de morte ou desastre — mas tendo como implicação a mudança ou a transformação de uma fase para outra.

Os sábios retratavam o tempo como um ciclo infinito que girava ao redor da montanha sagrada. Em escala tanto individual quanto cósmica, o fim de um ciclo era o começo do próximo. Além do ciclo da vida humana, muitos outros eram divididos em quatro partes. Havia as quatro fases da humanidade; as quatro estações; as quatro fases da lua, da terra e do zodíaco; os quatro ventos; os quatro pontos cardeais; e, por fim, os quatro naipes do Tarô.

Não é coincidência que o jogo de cartas do século XV, Triunfos, jogado pela nobreza europeia e condenado pelo clero, associasse os quatro naipes com qualidades muito semelhantes aos estágios de vida tântricos de *Sambhoga*, *Nirmana*, *Artha* e *Moksha*: ou seja, Prazeres, Virtudes, Riquezas e Purezas.[59] "Virtude", deriva do latim *vir*, "homem", logo, remete ao símbolo fálico, como o cetro e o bastão. "Pureza", por sua vez, poderia se referir à vida ascética recomendada para os sábios no período de *Moksha*.

Tais sábios acreditavam que conseguiriam adquirir *siddhi* ("poder mágico") por meio da meditação constante. Entre outras coisas, isso significava ter pleno conhecimento dos elementos e de como se combinavam e recombinavam em diferentes padrões para criar formas diferentes a partir da matéria. Um sábio completamente iluminado seria capaz não só de determinar a própria forma na próxima vida, mas também de controlar todo tipo de transformações da matéria, como converter metais básicos em ouro.[60] Esse truque teria sido realizado por lendários *mahatmas* hindus e pelo rei Midas, embora este último tenha falhado em controlá-lo adequadamente. Levando esses precedentes em consideração, os alquimistas medievais buscaram incessante e apaixonadamente pelo segredo. Porém, alguns desistiram de procurar o fato e permaneceram satisfeitos com o símbolo, tomando a Pedra Filosofal como uma metáfora para a iluminação mística.

Contudo, isso não simbolizava a "iluminação" cristã. Tratava-se do misticismo gnóstico, que fundia a doutrina estoica dos elementos com a visão tântrica da montanha sagrada, onde os princípios masculino e feminino governavam cada elemento. Ali, cada um dos quatro deuses elementais estava emparelhado com a deusa Shakti, sem a qual não poderiam agir, pois a definição de Shakti era "Poder".

Dessa maneira, os naipes do Tarô poderiam ser dispostos na formação da montanha sagrada, mostrando cada face com suas duas divindades (Rei e Rainha) no topo, sobre fileiras de três, quatro e cinco cartas. Este design "elemental" poderia ser usado para ler o futuro, mas também explicava, de forma gráfica, um sistema filosófico um tanto sutil. A compreensão desse sistema era necessária, na visão gnóstica, para a *apolytrosis*, "liberação" — uma ideia quase idêntica ao Moksha dos sábios tântricos.[61]

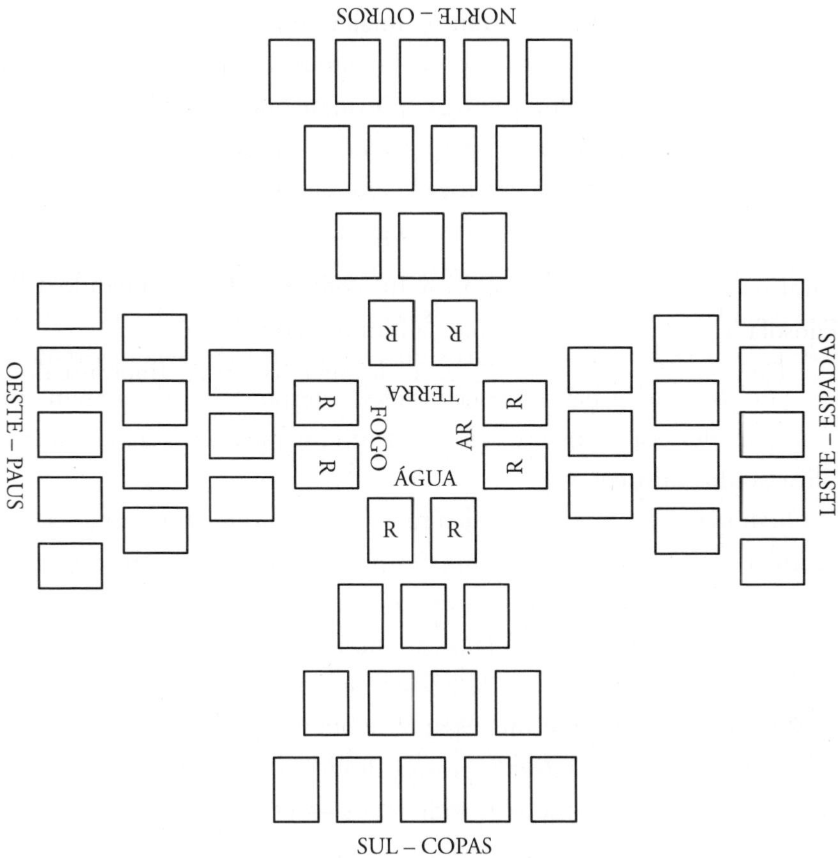

A adoração aos elementos não parou com o fim da civilização clássica. O sistema ético e as crenças místicas do estoicismo continuaram conectadas aos *stoicheia* ou "elementos", nos quais todos acreditavam, incluindo os membros da Igreja. Esses símbolos, portanto, já estavam incorporados no Tarô.

Místicos cristãos estudaram os escritores clássicos e tentaram moldar suas crenças dentro da ortodoxia contemporânea, mas essa adaptação foi muito precária. Como disse um historiador: "A ética estoica é autossuficiente; ela procede da natureza, por assim dizer, e não depende da graça; não precisa de uma doutrina de Redenção (...) Não há nada em comum entre ela e o Cristianismo, salvo os elementos que este tomou emprestado."[62] No entanto, as seitas gnósticas mantiveram as tradições pagãs, especialmente na Sicília, na Espanha e no sul da França, onde muitas relíquias gnósticas e outros objetos de culto não ortodoxos foram descobertos.

A teoria estoica sobre a dissolução final do universo em seus elementos componentes apareceu de forma proeminente nos mitos medievais do fim do mundo, que até incluíam a antiga opinião de que o juízo final seria causado pela repulsa da Deusa ao comportamento cruel e destrutivo dos homens e dos deuses. Todo o ciclo focado em Afrodite, Deusa do Amor (em alemão, *Minne*), carregava uma forte sugestão de que o descuido com seu culto traria uma catástrofe da natureza (ou do clima espiritual), simbolizada pela Terra Devastada, *La Terre Gast*. Isso já havia acontecido na árida Arábia Deserta, de acordo com os místicos do Oriente; o Islã havia desertado da Mãe, por isso a Mãe havia "desertificado" a terra. Ao se depararem com aquele país dessecado, os cruzados se sentiram inclinados a acreditar na explicação dos místicos.

Quando o culto à Deusa perdeu força, os trovadores ameaçaram a Grã-Bretanha e a Europa com o mesmo destino sombrio: "Um erro contra um ser feminino e um saque da natureza foram cometidos (...) A origem do problema foi vista como uma ofensa ao mundo das fadas, ou seja, contra a natureza."[63] Os infratores eram os cristãos que demonizavam e perseguiam religiões rivais. Portanto, é interessante, e até mesmo significativo, que a "salvação cristã" alegasse salvar as pessoas dos horrores do juízo final, embora somente um número seleto de indivíduos — já que Tomás de Aquino e outros teólogos insistiam que a maioria dos seres humanos seria condenada —, enquanto a "salvação pagã" se propunha a salvar toda a terra.[64] A velha e familiar visão pagã/estoica/gnóstica parecia muito mais generosa.

SÍMBOLOS ASSOCIADOS À MONTANHA SAGRADA

Elementos:	água (feminino)	fogo (masculino)	terra (feminino)	ar (masculino)
Faces do Monte Meru:	Sul lápis-lazúli, safira)	Oeste (rubi)	Norte (ouro)	Leste (diamante, cristal, prata)
Rios sagrados:	água	vinho, sangue	mel	leite
Cores primárias tântricas:	azul	vermelho	amarelo	branco
Estações:	primavera (semeadura)	verão (crescimento)	outono (colheita)	inverno (morte)
Fases da vida:	infância	juventude	maturidade	velhice
Estágios tântricos da vida:	Sambhoga (prazer)	Nirmana (construção)	Artha (prosperidade)	Moksha (liberação)
Áreas do Tarô:	amor	poder	prosperidade	morte
Símbolos tântricos:	cálice	cetro	anel	espada
Símbolos do Tarô:	copas	paus	ouros	espadas
Naipes do baralho comum:	copas	paus	ouros	espadas
"Triunfos":	prazeres	virtudes	riquezas	purezas
Elementais:	ondinas	salamandras	gnomos	sílfides
Deidades romanas:	Vênus	Marte	Terra Mater	Júpiter
"Tesouros" celtas:	Caldeirão de Dagda	Lança de Lugh	Pedra de Fal	Espada de Nuada
Sabás:	lua nova	lua crescente	lua cheia	lua minguante
Eras Gregas:	Idade de Ouro	Idade de Prata	Idade de Bronze	Idade de Ferro
Signos do zodíaco:	peixes câncer escorpião	áries leão sagitário	touro virgem capricórnio	gêmeos libra aquário
Componentes do corpo:	fluidos	calor	matéria	sopro
Temperamentos:	sanguíneo	fleumático	melancólico	etéreo
Sinais evangelistas:	serpente	leão	touro	águia (anjo)
Relíquias do Graal:	o Santo Graal	a Lança	a Patena	a Espada do Espírito
Festivais pagãos cristianizados:	Dia de Maio (Beltane)	Festival da Primeira Colheita Lughnasadh	Halloween (Samhain)	Festa da Candelária (Imbolc)

AS RODAS DA VIDA[G]

Qualquer pessoa que já tenha estudado matemática conhece o símbolo do infinito — um oito horizontal (composto por duas circunferências tangentes), às vezes chamado de lemniscata. Assim como o restante dos símbolos matemáticos, que são de origem árabe, ele chegou à Europa por meio do Oriente Médio, proveniente da Índia.[1] Como todos os símbolos numéricos, ele era originalmente considerado numinoso ou sagrado. Estamos familiarizados com sua conotação, até mesmo em antigas danças sagradas, nas quais se traçava um oito na terra (um "hey"), e os dançarinos se moviam em um dos círculos em sentido horário, e, no outro, em sentido anti-horário.

O símbolo do infinito tinha um significado bastante peculiar no Tarô. Apareceu pela primeira vez como um chapéu de aba larga ou

---

[G] O nome da tiragem de Tarô e também do bhavachakra, do tantrismo. [N. da T.]

um halo sobre a cabeça da carta do Mago (1), uma figura masculina que liderava o primeiro decano de cartas. Depois, ressurgiu como um chapéu de aba larga ou halo idêntico sobre a cabeça da Deusa na carta da Força (11), uma figura feminina que liderava o segundo decano de cartas. E, por fim, apareceu pela terceira vez no dois de ouros, uma carta "chave" dos Arcanos Menores, que trazia a assinatura do fabricante do baralho, assim como o ás de espadas nos baralhos modernos.

Era costume cercar o dois de ouros com o símbolo místico do mundo: duas serpentes engolindo o rabo uma da outra ou uma serpente engolindo o próprio rabo (uróboro). A direção dos corpos enrolados das serpentes indicava que um círculo deveria ser traçado no sentido Horário, e o outro, no sentido anti-horário. A palavra "*deuce*" (dois), oriunda do medieval "*dusius*", veio do latim *deus*. Logo, era de se esperar que a carta dois desse naipe, que representava a terra, transmitisse uma mensagem importante, para além do nome do fabricante.[2]

AS RODAS DA VIDA

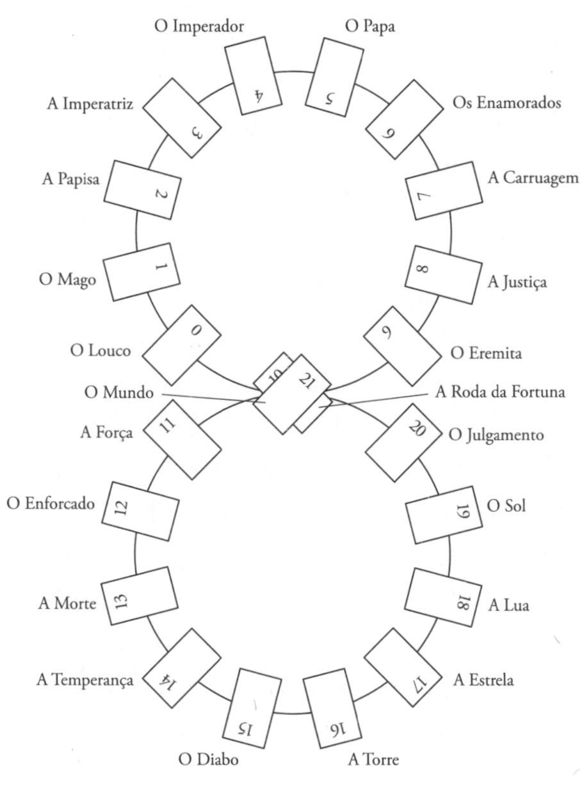

As serpentes pareciam demonstrar um conjunto de cartas disposto em dois círculos conectados: o primeiro "masculino" (O Mago) e o segundo "feminino" (A Força). Uma pista para o seu significado pode ser fornecida pelo simbolismo tântrico do infinito. O primeiro círculo, no sentido horário, seguia o sol, e representava o Caminho da Mão Direita do deus Shiva; ou seja, um mundo diurno de aparências externas. O segundo círculo, por sua vez, em sentido anti-horário, seguia a lua, como as danças circulares feitas pelas bruxas europeias, sempre em sentido contrário ao dos ponteiros do relógio. Ele representava o Caminho da Mão Esquerda da deusa Kali, a eterna amada de Shiva: um mundo noturno de mistério, destino, alma e "a essência verdadeira", também conhecido como *Vamacara*, o Caminho da Deusa.[3]

Em toda a cultura indo-europeia, aceitava-se a crença de que fazer movimentos em direção à mão direita, na direção "solar", invocava deuses masculinos, enquanto, na direção oposta, "lunar", invocavam-se manifestações da Deusa. Os egípcios acreditavam que a mão esquerda representava a Deusa Maat, Mãe da Verdade, enquanto a mão direita representava seu consorte, Thoth, o patrono dos magos. Os antigos babilônios rezavam: "Que minha Deusa fique à minha mão esquerda! Que meu Deus fique à minha mão direita!"[4] Os hindus, por sua vez, representavam a Existência como uma entidade dotada de ambos os sexos — a metade direita era masculina e a metade esquerda era feminina. Algumas imagens de Kali e Shiva também mostravam os dois deuses combinados em uma única figura.[5] Logo, o símbolo do infinito tem esse significado precisamente porque simboliza a união entre masculino e feminino, matéria e espírito, razão e inspiração, funções conscientes e inconscientes para sempre inseparáveis.

Este símbolo, que figurava três vezes nas primeiras ilustrações do Tarô, foi chamado de "a primeira chave para os segredos dos Arcanos Maiores".[6] Contudo, é importante ressaltar que alguns baralhos projetados após 1900 trocaram arbitrariamente a ordem dos Arcanos Maiores 11 e 8, de modo que A Força, com seu chapéu em forma de lemniscata, deixou de liderar o segundo círculo de cartas. Aparentemente, isso foi ideia da Ordem Hermética da Aurora Dourada, pois tinham a intenção de fazer com que os Arcanos Maiores se ajustassem a um sistema astrológico.[7] No entanto, nos designs anteriores, a portadora feminina do infinito estava sempre na posição de número 11, de onde iniciava o segundo círculo anti-horário, o da mão esquerda.

Quando as cartas do trunfo são arranjadas no formato do símbolo do infinito, as do primeiro círculo solar devem se voltar para fora, em direção ao mundo das preocupações materiais. Enquanto isso, as cartas do segundo círculo lunar devem estar voltadas para dentro, em direção ao reino espiritual dos significados interiores. Cada carta do primeiro círculo corresponde a uma carta do segundo. E a soma dos números das cartas correspondentes totaliza vinte — a quantidade de dedos das mãos e dos pés, considerada sagrada pelos numerologistas indo-arábicos.[8] Há somente uma exceção: as duas cartas que mostram mandalas arredondadas, A Roda da Fortuna e O Mundo, que se cruzam no centro da tiragem. O Mundo (21), ou Último Arcano, deve estar no topo, completando a sequência com seu 20 e com seu 1, e, portanto, sinalizando um novo nascimento.

As posições nesta tiragem revelam várias visões heréticas bastante comuns no século XIV. A figura do Papa (5) no mundo material, por exemplo, é vista como correspondente ao Diabo (15) no mundo espiritual. As duas figuras exibem poses semelhantes, e cada uma tem um par de adoradores a seus pés. Logo, é possível ver uma representação simbólica da opinião dos gnósticos: a Igreja Romana era a "Sinagoga de Satanás", e seu papa era o Anticristo.[9]

A Papisa (2), no entanto, corresponde à Lua (18) no reino espiritual, como se esta figura feminina estivesse associada à antiga religião lunar. Aliás, uma lua crescente em geral aparecia nesta carta. Os clérigos costumavam rejeitá-la imensamente; tanto que, em alguns baralhos posteriores, esta figura foi substituída pela representação da Deusa Juno ou até mesmo pela de um homem.[10] A maioria dos baralhos modernos a chama de Alta Sacerdotisa.

É preciso ter certo conhecimento do período renascentista para interpretar a conexão do Imperador (4) com o arcano 16, conhecido como A Torre ou A Casa de Deus. Isso se dá porque, na época medieval, a Igreja era às vezes conhecida como "A Torre do Orgulho". Uma profecia gnóstica muito difundida previa sua destruição por Lúcifer, cujo nome significa Portador da Luz e cuja arma era o mesmo raio empunhado pelos deuses antigos. No século XIV, dizia-se que tanto os gnósticos italianos quanto os franceses "adoravam Lúcifer e acreditavam que ele era o irmão de Deus, tendo sido expulso injustamente do Céu".[11] Sob uma teocracia opressiva, as seitas gnósticas ansiavam pela chegada prevista de uma divindade de luz que pudesse destruir a tal "Torre", como mostrado na carta. Curiosamente, esta mesma cena foi esculpida em pedra em um painel da catedral de Reims, como se tivesse sido executada por uma das sociedades gnósticas de maçons que, de maneira muito astuta, conseguiram inserir muitos conceitos pagãos nas igrejas.[12]

Tanto na carta de Tarô quanto na catedral, duas figuras eram mostradas caindo da Torre enquanto um raio a atingia. Enquanto uma delas representava o papa, a outra era o imperador, o que sugeria uma queda catastrófica, tanto da Igreja quanto do Estado. De fato, havia uma crença popular de que, em breve, uma revolução popular seria capaz de derrubar a Igreja com a ajuda de "uma grande monarquia" — presumivelmente o Sacro Império Romano.[13] Depois disso, haveria uma nova era de igualdade social e paz entre todas as classes. A chegada dessa nova era pode ter sido simbolizada no Tarô pela representação de uma deusa nua derramando suas bênçãos sobre a terra e o mar, na carta que segue a destruição da Torre: A Estrela (17). Na outra esfera, sua manifestação terrena era A Imperatriz (3).

Assim, pelo menos em parte, o simbolismo do Tarô parecia clamar por um retorno ao princípio feminino. Algo que, na verdade, já havia sido tentado no culto a Maria, que, além de A Imperatriz, também pode ser identificada na carta da Estrela, como *Stella Maris*, "Estrela do Mar". Maria também era chamada de Imperatriz e "Senhora do Mundo", além de ser uma nova versão da Deusa Tríplice, segundo o *Speculum beatae Mariae*: "Rainha dos Céus, entronizada no meio dos anjos; Rainha da Terra, onde manifesta constantemente seu poder; e Rainha dos Infernos, onde tem autoridade sobre todos os demônios."[14] Foi o culto a Maria que, por volta do século XII, introduziu o rosário no uso cristão; e, não por acaso, este foi copiado da *japamala*, a "guirlanda de rosas" de Kali, um colar usado por muitos séculos no Oriente para acompanhar orações e mantras.[15] Os rosários de Kali também formavam o símbolo do infinito, compondo uma mandala sagrada para meditação.

Embora a hostilidade dos clérigos aos Arcanos Maiores tenha relação com suas sugestões de heresia, havia mais na mensagem do Tarô do que uma simples oposição ao patriarcado cristão. O símbolo do infinito não foi inventado na Europa para irritar o clero. Em vez disso, foi criado por místicos do Oriente para representar as eternas "ciclicidades da vida" (*samsara*), governadas pelas rodas cármicas da Deusa. Nesse conceito, os caminhos do sol e da lua giram eternamente, fundindo-se um no outro, e referem-se à típica doutrina oriental de eternidade e renascimento ou transmigração das almas.

A teoria dizia que cada criatura viva passava um período no mundo diurno, na chamada esfera sublunar, e, depois, passava um período no outro mundo, esperando para nascer de novo. A crença correlata afirmava que toda carne e todo espírito são semelhantes em essência. As formas mudam, mas o material básico da vida é sempre o mesmo.

As religiões pré-cristãs geralmente apoiavam essa doutrina. Os escritos de Pitágoras, por exemplo, ensinavam: "O espírito vagueia, ora aqui, ora ali, e ocupa qualquer forma que desejar. Dos animais, passa para corpos humanos, e, dos nossos corpos, para os dos animais, mas nunca perece."[16] A *República,* de Platão, tratava de heróis gregos no submundo escolhendo que corpos usariam na próxima encarnação. O mesmo "privilégio heroico" era estendido aos "iluminados" tântricos no estado intermediário.[H] Os místicos gregos acreditavam no *kyklos geneseon*, "ciclos de transformação", tanto quanto seus equivalentes hindus. A doutrina do renascimento era bastante comum na Grécia Antiga, e um princípio filosófico elevado entre os que se iniciavam nos Mistérios.[17]

Um dos Mistérios mais populares foi o orfismo, cujo culto continuou existindo por muito tempo na Era Cristã, muitas vezes como uma alternativa aos Mistérios da Igreja. Orfeu e Cristo, por vezes, foram adorados lado a lado nas mesmas capelas.[18] Como figura salvadora, Orfeu era um *Christos* ("O ungido") mais antigo, que havia sofrido martírio, descido ao inferno, ressuscitado dos mortos e voltado à terra trazendo consigo segredos esotéricos do outro mundo para transmitir a seus seguidores iniciados. O manual órfico mais importante, *Descida de Orfeu ao Hades*, descrevia a geografia e

[H] Na escatologia cristã, acredita-se que o "estado intermediário" seja o local onde os mortos aguardam a ressurreição. [N. da T.]

os personagens do submundo, para que os Iluminados soubessem como lidar com eles ao chegarem lá e como fazer para alcançar um renascimento abençoado.[19] Assim, os iniciados participavam de um banquete de comunhão que os assimilava à própria divindade, permitindo-lhes compartilhar da ressurreição. O sacramentalismo órfico influenciou todos os cultos de Mistério posteriores, incluindo o cristianismo, que copiou seus rituais de comunhão e batismo. A verdade é que a história da religião ocidental deve muito ao orfismo, embora essa dívida nunca tenha sido reconhecida.[20]

As igrejas cristãs copiaram descaradamente seus adversários órficos antes que estes fossem finalmente subjugados e categorizados como "adoradores do Diabo". Orígenes, por exemplo, considerado um dos pais da Igreja e, por vezes, até mesmo um santo, declarou que a doutrina da metempsicose, como no templo órfico, também era um ensinamento secreto da igreja cristã; assim, teria sido transmitida a um círculo interno de iniciados cristãos, que faziam parte de um nível mais elevado, em detrimento das congregações comuns, restritas apenas aos ensinamentos esotéricos. Orígenes era reverenciado em sua época como um grande sábio e conhecedor de todos os segredos mais profundos do cristianismo. Mas, três séculos após sua morte, a teologia oficial repudiou a doutrina da metempsicose ao descobrir que a promessa do Céu e a ameaça do Inferno eram muito mais eficazes para controlar os crédulos. Em 533, o Segundo Concílio de Constantinopla decretou: "Quem quer que apoie a doutrina mítica da preexistência da alma e a consequente opinião maravilhosa de seu retorno, que seja anátema." Logo, porque suas crenças foram declaradas heréticas, Orígenes foi excomungado postumamente.[21]

No entanto, algumas sociedades secretas continuaram com suas crenças pagãs e gnósticas, incluindo a crença na transmigração das almas, até mil anos após a Igreja ter alegado sua expurgação.[22] Até mesmo o Talmude adotou visões gnósticas, afirmando que a alma de Adão havia transmigrado para Davi e, depois, para o Messias.[23] Teólogos cristãos confusos, usando como base essas tradições gnósticas, chegaram a representar Cristo como "o segundo Adão".

Alguns dos veículos comuns de instrução nos Mistérios pagãos eram mandalas em formato de roda, nas quais várias figuras místicas transmitiam seus segredos, como divindades tântricas que eram arranjadas em círculos que simbolizavam o estado intermediário.[24] As "rodas da vida" orientais estavam associadas a tais mandalas com a intenção de representar os estágios da existência e também revelações do universo maior.[25] Esses ícones orientais, por sua vez, tinham uma forte semelhança com os Arcanos do Tarô dispostos em círculo.

No ano de 1837, uma mandala órfica datada do século V d.C. foi desenterrada na Romênia. Era uma tigela dourada, com imagens sequenciais em relevo por toda sua circunferência, mostrando o progresso de uma iniciação. Em primeiro lugar, havia uma sacerdotisa guardando a porta de um templo e erguendo um véu para que o novato entrasse — muito semelhante à Sacerdotisa do Tarô, que se sentava diante de um portal velado. Em seguida, via-se um encontro com a Grande Deusa, Deméter, que se assemelhava à Imperatriz do Tarô. Ela estava acompanhada de seu alter ego secreto, Perséfone, cujo nome significa "Destruidora", e que correspondia à versão grega do aspecto de morte de Kali.[26] Perséfone acompanhava o iniciado órfico ao seu mundo inferior, enquanto ele recitava a prece: "Venho como suplicante à Sagrada Perséfone, para que ela, em sua graça, me receba nos assentos dos Consagrados."[27] A Deusa prometia-lhe bem-aventurança, e, após a iniciação, ele tinha o privilégio de dizer: "Mergulhei sob o seio de Perséfone, Rainha do Submundo."[28]

Para descer ao submundo, a meio caminho ao redor do círculo, o iniciante veria a figura da deusa da Fortuna, assim como a trilha do Tarô, ao atravessar da primeira esfera para a segunda, e passava pela Roda da Fortuna no cruzamento. Em seguida, surgiria o deus Agathodaemon, segurando o talo de papoula do sono da morte;[I] e, na sequência, o Senhor do Abismo, segurando um relâmpago de Lúcifer. Que as cartas do Tarô também mostrem as representações da Morte e do Diabo seguindo essa mesma sequência órfica não é nenhuma coincidência. Afinal, esses encontros e pantomimas serviam exatamente para isso: para aprender sobre os temíveis senhores do submundo.[29]

Apuleio escreveu que, durante sua iniciação nos Mistérios de Ísis, ele adentrou a Terra dos Mortos e encontrou uma série semelhante de figuras

[I] Para os romanos, o ópio e a papoula eram sinônimos de sono e de morte. [N. da T.]

ctônicas: "Aproximei-me das fronteiras dos mortos: pisei no limiar de Proserpina e fui levado para além das esferas dos elementos. Vi o sol brilhando intensamente à meia-noite e aproximei-me dos Deuses do Submundo e dos Deuses Superiores; e os adorei face a face."

Assim como Perséfone simbolizava o aspecto oculto e sombrio de Deméter, Proserpina representava o aspecto oculto e sombrio de Juno, a Imperatriz do Céu (que também era Ísis); em algumas culturas, às vezes era chamada de Juno Inferna.[30] Após esses encontros com divindades do submundo, o iniciado órfico, assim como Apuleio, retornaria ao mundo superior, "renascido" em um novo espírito, como alguém recém-batizado — ou como as crianças que dançam alegremente no Arcano Maior, O Sol.

No centro da tigela órfica, uma figura tridimensional e independente da Grande Deusa representava o poder que governava todos os ciclos — superiores e inferiores. Ela era a revelação definitiva, assim como a Deusa Nua que flutua na carta do Mundo é a revelação definitiva dos trunfos do Tarô.[31] Esta carta às vezes era chamada de O Universo, derivada do antigo nome latino da Deusa Tríplice, *Uni*, Uma em Três, por sua vez um cognato da palavra indo-europeia *yoni* (vulva). Uni significava a totalidade da Tríade Capitolina do Destino, originalmente composta por Juventas, a Donzela; Juno, a Mãe; e Minerva, a Anciã — uma trindade feminina criadora-preservadora-destruidora, assim como Kali e Deméter.[32]

Para encontrar as deidades, passar pela iniciação e alcançar a iluminação, diversas pessoas ao redor do mundo costumavam entrar em templos subterrâneos ou cavernas sagradas e passar por uma dramatização da mesma descida ao inferno realizada por Orfeu, Osíris, Yama, Shiva, Átis ou qualquer um de vários outros ícones salvadores, incluindo Jesus. De acordo com a antiga religião, uma cerimônia de iniciação permitia ao candidato descer a uma câmara subterrânea, simular a morte, enfrentar grandes provas e experimentar um renascimento em uma nova vida. A igreja cristã primitiva continuou essa prática, chamando tais santuários pagãos de *purgatórios*.[33]

A saga galesa de Peredur, por exemplo, descreve uma cerimônia druídica de iniciação desse tipo, ocorrida no "castelo mágico" de Caer Sidi — do celta *sidh*, reminiscente do tântrico *siddhi* (sucesso). Como um palácio de cristal que girava tal qual uma roda, Caer Sidi obviamente representava uma das "esferas cristalinas" dos céus; e era, inclusive, representado em uma câmara subterrânea circular por uma procissão de figuras zodiacais. Sacerdotisas, ou "bruxas", conduziam a iniciação de Peredur, que durava um período de vinte e um dias — lembrando tanto as vinte e uma Taras da tradição hindu e druídica quanto os vinte e um trunfos do Tarô.

Os mitos mostram muitas conexões entre a pré-história celta e a pré-história hindu. A fada amada (ou Shakti) de Peredur, por exemplo, lhe diz claramente que ele deveria buscá-la na Índia.[34] A sugestão de que esses ritos ainda eram representados durante o cristianismo foi dada por uma tradução posterior, na qual Peredur era colocado sob juramento de não dizer uma única palavra a qualquer cristão durante o período de suas provações.[35] Portanto, não é improvável que tais iniciações tenham ocorrido frequentemente durante a Era Cristã, com a injunção ao sigilo refletindo o medo da perseguição eclesiástica.

O orfismo era muito conhecido na Inglaterra medieval, onde os bardos se referiam ao antigo deus trácio como "Sir Orfeo", filho do rei Plutão e da Deusa Juno. Sua noiva, Eurídice — cujo nome significava "Canal Universal" ou Destino —, por sua vez, tornou-se a Senhora Heurodis. Orfeu desceu ao submundo dela e encontrou uma terra encantada de primavera eterna, com um palácio de cristal habitado por "pessoas que se supunha estarem mortas, mas não estavam". Em seguida, retornou ao mundo da luz e tornou-se um rei divino, governando a partir de seu santuário real em Winchester, que, afirmavam os bardos, "costumava ser chamada de Trácia".[36]

Diferentemente do ortodoxo salvador cristão, o salvador gnóstico nem sempre era filho de uma mãe mortal e de um pai divino. Sir Orfeo, por exemplo, vinha da combinação inversa: um pai mortal e uma mãe divina, seguindo o padrão do *hieros gamos* ("casamento sagrado") dos antigos reis, que precisavam ter relações com a Deusa antes de poderem governar. De acordo com textos gnósticos, o Deus judaico-cristão deturpou a divindade feminina original pelo desejo de inflar sua própria importância. Mas só foi capaz de administrar o universo porque sua Grande Mãe, Sofia (Sabedoria), lhe deu algumas de suas ideias e poderes criativos. "Foi porque ele era tolo e ignorava sua Mãe que disse: 'Eu sou Deus; não há outro além de mim.'" Em muitos escritos gnósticos, Deus foi punido por sua arrogância pela força feminina que o precedeu e lhe deu existência. Alguns monges cristãos do passado coletaram essas escrituras e as queimaram, ou as reescreveram por séculos — até que nada restasse além dos escassos fragmentos hoje consagrados na Bíblia canônica, em que toda a exuberante imagem feminina de divindade foi demonizada, degradada ou completamente expurgada.[37]

Essa política pode ser vista claramente nos Evangelhos da Bíblia, que orientavam que a Grande Deusa "deveria ser desprezada, e sua magnificência deveria ser destruída, a quem a Ásia e todo o mundo veneravam" (Atos 19:27).[J]

Quando os cristãos, sob as ordens do bispo Teófilo, destruíram a grande biblioteca de Alexandria, em 389, acabaram por erradicar as últimas coleções significativas da literatura sagrada pagã — incluindo diversas escrituras dedicadas à Deusa.[38] João Crisóstomo chegou a vangloriar-se de que "Todo e qualquer vestígio da antiga filosofia e literatura do mundo antigo desapareceu da face da Terra" graças ao zelo cristão.[39] Muitos acadêmicos modernos lamentam essa destruição em massa de materiais valiosos que poderiam ter iluminado a história do pensamento ocidental; e estudiosos da história da arte ainda lastimam a demolição de centenas de belos santuários e templos, cuja magnificência jamais será encontrada novamente.[40]

Não há dúvida de que o fanatismo cristão contribuiu diretamente para o início da Idade das Trevas, quando o progresso intelectual e moral do mundo clássico foi eliminado, e toda a civilização ocidental regrediu a um estado de bárbaro primitivismo.[41] A educação foi proibida pela Igreja, que ensinava que o fim do mundo seria acelerado pela "disseminação do conhecimento" — que só servia para trazer mais heresia.[42] Como resultado, a taxa de alfabetização que, graças ao Império Romano, era relativamente alta, caiu quase para zero, enquanto a ciência cedeu lugar à superstição, e as sofisticadas técnicas de engenharia da Antiguidade foram esquecidas. Até mesmo a arte, o artesanato, a manufatura e a arquitetura retrocederam a níveis anteriores e mais rudimentares.[43]

A Igreja até hoje afirma que a supressão cristã do paganismo quase não destruiu coisas de valor, mas os historiadores discordam. O ocultamento

[J] Aqui a autora faz uma paráfrase do trecho original: "Não somente há o perigo de a nossa profissão cair em descrédito, como também o de o próprio templo da Grande Deusa, Diana, ser estimado em nada, e ser mesmo destruída a majestade daquela que toda a Ásia e o mundo adoram." [N. da T.]

das antigas divindades afetou muito mais do que apenas a teologia; causou o declínio da arte, da filosofia, da literatura secular, da matemática, da astronomia, da medicina, da arquitetura e de toda a psicologia do Ocidente.[44] E isso não foi feito delicadamente e sim por meio de uma violência incessante e interminável. Em certa ocasião, um cronista do passado escreveu: "Os bispos abençoam as águas e convertem os pagãos. Se algum homem protesta, ele é queimado ou morto pela espada."[45]

Com uma ortodoxia tão pouco empática, era natural que alguns grupos tentassem perpetuar os Mistérios pagãos em segredo, seguindo sacerdotes e sacerdotisas que não travavam guerras santas contra outros humanos. Suas tradições foram lembradas por povos rurais, que acreditavam que sua sobrevivência dependia literalmente de realizar os rituais corretos nas épocas e estações adequadas. Esta visão restrita da história, fomentada por um sistema de datação que *começa* há meros 2 mil anos, até hoje engana as mentes modernas, preenchendo de vazio o lugar em que religiões anteriores governavam. A contemporaneidade, por exemplo, tem dificuldade em conceber que, há milhares de anos, as divindades primárias da humanidade eram Mães, não Pais. Ísis, a Senhora da Vida, foi venerada desde os tempos neolíticos no Egito, por oito séculos na Grécia, e, ao menos, durante cinco séculos no mundo romano. Cibele, a Grande Mãe, surgiu na Frígia, na pré-história, e foi reverenciada apaixonadamente por mais de meio milênio na Itália. Deméter, a Mãe, sustentou as esperanças da civilização do Egeu desde, pelo menos, 1300 a.C. em Micenas, e por mais de onze séculos em Elêusis, até que seu santuário fosse destruído por monges cristãos no século IV d.C.[46]

Foi a Roma cristã, não a Roma pagã, que introduziu o elemento de intolerância assassina. O Império Romano tolerava todas as fés, exigindo apenas que as divindades do Estado recebessem um serviço formal nos dias santos oficiais. A Igreja Romana, no entanto, insistiu em perseguir todas as religiões rivais, bem como suas próprias seitas — caso se desviassem da linha oficial ortodoxa. Segundo seus porta-vozes, não havia espaço no mundo para nenhum deus além do cristão.[47]

Ainda assim, o povo comum manteve teimosamente suas antigas divindades; especialmente a Mãe, que regia as Rodas da Vida e todo o sistema cíclico de tempo e espaço. O sistema nunca desapareceu. Mesmo hoje, há pessoas que se autodenominam cristãs, mas acreditam na teoria da reencarnação, que o cristianismo anatematizou. Além disso, a doutrina oriental do carma é mais aceita entre os leigos ocidentais do que as doutrinas de transubstanciação ou do nascimento virginal. E, mil anos atrás, quando até mesmo os mais piedosos estavam cansados de uma igreja que os condenava a torto e a direito, o Tarô pode ter mostrado ao povo um diagrama de salvação que conseguiam entender. Portanto, assim como as Antigas Religiões, as cartas perseveraram, não importando o quanto fossem execradas pela Igreja. Elas perseveraram porque eram desejadas.

O YONI YANTRA

O que os clérigos medievais mais odiavam — ao menos oficialmente — era a sexualidade. Desaprovavam em particular a sexualidade feminina, afirmando que esta deveria ser suprimida, mesmo dentro do contexto legal do casamento. O sexo deveria existir apenas para a procriação, e, ainda assim, alegavam que a mulher não poderia conceber se experimentasse "alegria" no ato sexual.[1] Alguns clérigos insistiam que um homem que amasse uma mulher e tentasse lhe dar prazer estaria, na verdade, fazendo amor com Satanás.[2] Logo, os religiosos, de forma geral, pregavam contra todos os aspectos do amor, zombando da ideia de que os homens deveriam amar qualquer criatura além de Deus.[3]

Santo Agostinho, por exemplo, determinou a política eclesiástica com sua opinião de que a "concupiscência" (paixão sexual) era inerentemente má, pois transmitia o pecado original para todas as gerações.[4] Segundo o raciocínio agostiniano, o sexo nunca era isento de pecado, nem mesmo dentro do casamento.[5] Portanto, os padres cristãos condenavam amargamente os antigos templos do amor, onde hieródulos sagrados ensinavam homens jovens a serem amantes bem-sucedidos das mulheres. Eusébio chamava esses locais de "escolas de perversidade": "dedicadas àquele ser diabólico e imundo que atende pelo nome de Vênus."[6]

As opiniões eram diferentes no Oriente. Para o *sadhaka* tântrico, assim como para o adorador de Vênus, o sexo era um sacramento supremo. A sexualidade feminina era reverenciada como o poder elemental de criação e união. Milhares de anos antes de Freud, alguns sábios chegaram a reconhecer a "sexualidade infantil" na relação recíproca entre mãe e filho, e compreendiam que as futuras manifestações de sentimentos interpessoais derivavam dessa conexão primária. Eles chamavam o poder por trás dos padrões amorosos de comportamento de *karuna*, que combinava os significados de ternura, desejo, prazer, afeto, paixão e compaixão, partilha e cuidado, todos baseados no conceito de amor materno. Assim como as mulheres dão à luz, nutrem e amam, *karuna* simbolizava todos os tipos de doação voluntária, incluindo a doação mútua de prazeres eróticos.

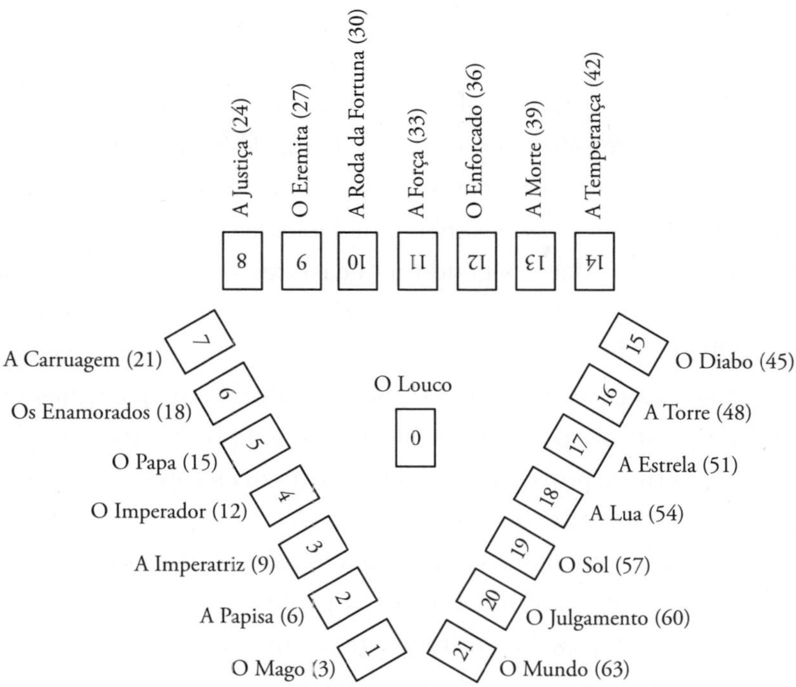

O símbolo do *karuna* era o Yoni Yantra: um triângulo apontado para baixo, que representava tanto a genitália feminina (*yoni*) quanto a natureza tríplice da Deusa. Também conhecido como Kali Yantra, foi descrito como "o sinal de meditação da vulva", o Triângulo da Vida ou a Imagem Primordial.[7] A meditação devota ao Yoni Yantra era o dever de um sábio iluminado: "O objetivo do culto ao Yantra é alcançar a unidade com a Mãe do Universo em suas formas de Mente, Vida e Matéria... preparando-nos para a união iogue com Ela como É, em estado de Consciência Pura."[8]

No mundo antigo, o Yoni Yantra aparecia em todo lugar como símbolo do "feminino", da "maternidade" ou da "Deusa". Era um hieróglifo de Men-Nefer, a Deusa Virgem da Lua, que deu seu nome à cidade mais antiga do Egito, Mênfis.[9] A versão egípcia da Deusa Tríplice era uma Mãe do Tempo, semelhante a Kali, cujos três lados de seu triângulo representavam passado, presente e futuro. A inscrição em seu templo, localizado em Sais, dizia: "Eu sou tudo o que foi, o que é e o que será."[10] O autor do Livro do Apocalipse apropriou-se da frase para seu próprio Deus, que, portanto, passaria a reivindicar ser "aquele que é, que era e que há de vir" (Apocalipse 1:8); contudo, a frase original advém da Deusa-Mãe.

As inúmeras imagens das Moiras, sempre presentes nas religiões pagãs, baseavam-se no conceito mais antigo da Trindade Sagrada da Deusa. Na Grécia, onde as Moiras governavam cada vida, até mesmo a dos deuses, o triângulo sagrado era o *delta*, símbolo de Deméter, cujo nome significava literalmente "Delta-Mãe". Segundo o Suda Lexicon (1000 d.C.), o delta era "a letra da vulva". O alfabeto hebraico, por sua vez, transformou-o em *daleth*, "A Porta" (da vida), símbolo este que estava sempre em destaque nos sigilos das deusas greco-romanas. Os gnósticos afirmavam que representava o "intelecto criativo", mas o triângulo básico sempre foi um símbolo da "mulher".[11] Entre os povos romani, o hieróglifo mais antigo para denominar "mulher" também era um triângulo.[12]

Uma vez que o triângulo era tão sagrado para os adoradores da Deusa quanto a cruz era para os cristãos, não é de grande surpresa que o triângulo esteja tão bem incorporado na simbologia cigana do Tarô. Aliás, uma das principais tiragens tradicionais de divinação dos ciganos era o Yoni Yantra:

> A primeira carta retirada do baralho é colocada no centro, e então onze cartas são arranjadas para formar o lado direito do triângulo, de cima para baixo. Uma segunda série de onze cartas, por sua vez, forma o lado esquerdo, de baixo para cima. E, por fim, uma terceira série de onze cartas compõe o topo do triângulo invertido e é disposta da direita para a esquerda. O lado superior do triângulo representa o presente; o lado direito, o futuro; e o lado esquerdo, o passado do consulente, cuja sorte está sendo lida. Em seguida, outras trinta e três cartas, ou três conjuntos adicionais de onze, são dispostas no sentido anti-horário para formar um círculo completo ao redor do triângulo. O conjunto restante de onze cartas é então colocado sob a primeira carta presente no centro do triângulo.[13]

Essa tiragem divinatória incorpora não só o símbolo triangular da Deusa, o círculo anti-horário e as três categorias — passado, presente e futuro —, mas também várias repetições e multiplicações de seu número sagrado, o 3, assim como os "sete onzes" — significativos, inclusive, em jogos de dados.

Uma tiragem mais simplificada do Yoni Yantra usava apenas os Arcanos Maiores, cujos números, de 1 a 21, se dividiam em três grupos de sete cartas cada. Há muito que o número 21 é considerado mágico, pois ele só pode ser encontrado entre os multiplicadores 3 e 7, números sagrados e associados à Deusa Tríplice e às suas sacerdotisas Plêiades, as Sete Irmãs, conhecidas na Síria como as Sete Colunas da Sabedoria. Segundo a tradição antiga, cada vida humana era normalmente dividida em três períodos de 21 anos, pressagiados pelos três períodos pré-natais. Assim, nessa tiragem específica, as cartas do Tarô claramente associam o primeiro terço da vida à parte do triângulo que corresponde ao "passado", o segundo terço ao "presente", e o último ao "futuro".

O final do primeiro período da vida era atingido aos 21 anos, razão pela qual ainda consideramos essa a idade da maturidade. O final do segundo período, ou "meia-idade", por sua vez, chegava aos 42 anos. E, portanto, o final do terceiro período se dava aos 63 anos, idade que os camponeses europeus chamavam de "o grande climatério", ou "ano da morte", uma fase considerada especialmente perigosa para os homens.[14] Aparentemente, esperava-se que as mulheres fossem longevas — e vivessem sete anos a mais — alcançando os "setenta anos" que o Deus bíblico mais tarde prometeu aos homens, numa tentativa de superar a Deusa na busca pela devoção masculina.

O Yoni Yantra, quando formado somente pelos Arcanos Maiores, atribui três anos de vida a cada carta. Como é do conhecimento dos estudantes de Tarô, os significados tradicionais das cartas correspondem aos eventos e atitudes prováveis de uma vida numerada dessa maneira. O "grande climatério" pode ser associado à carta da Deusa Nua, ou Shakti cósmica (O Mundo), remetendo à crença oriental de que, no momento da morte, o sábio se uniria à Deusa em êxtase divino — tanto sexual quanto espiritualmente. Eis o orgasmo supremo implícito na palavra "climatério", que deriva do grego *klimax*. Alguns autores clássicos mencionavam uma crença semelhante na aproximação da graça espiritual (*venia*) por meio de exercícios sexuais ensinados pelas sacerdotisas da Deusa.[15] Tendo sido iniciado em seus mistérios, Ovídio orava para que pudesse morrer "no ato de chegar a Vênus".[16]

O paganismo eslavo compartilhava da mesma crença. Kali-Shakti e suas *dakinis* (ninfas da morte) viriam a se tornar Samovila, a "Mãe Morte" dos eslavos, cujas sacerdotisas eram as Vilas, ou Wilis. Elas proporcionavam uma passagem doce e sem dor para o outro mundo, segurando um homem moribundo nos braços.[17] Essas ideias podem ser rastreadas até as sacerdotisas tântricas, cuja função especial era confortar os moribundos com prazer sensorial, assim como as mães acolhiam seus bebês para aliviar o trauma do nascimento.

Era comum que deuses salvadores retornassem ao mesmo útero que lhes deu à luz, para "renascerem" em ciclos intermináveis. Algo que, aliás, foi frequentemente mitificado como um incesto divino nos moldes edípicos. O Filho, uma reencarnação de seu Pai, unia-se à sua Mãe e era reencarnado novamente após seu sacrifício. Dessa forma, Osíris, por exemplo, era saudado em seu renascimento como "o marido da tua Mãe".[18] O Deus cristão não era exceção. Teólogos cristãos sustentavam que Deus e Jesus eram idênticos. Sendo assim, a Mãe de Deus e a Noiva de Deus seriam a mesma pessoa: Maria. Se Deus era tanto Pai quanto Filho, ele gerou a si mesmo em sua própria mãe, à clássica maneira pagã.

O retorno de um deus ao útero da mãe estava graficamente representado em uma série de símbolos baseados no Yoni Yantra. Dentro do triângulo maternal aparecia um ponto, o *bindu*, "a faísca da existência". Ele nascia como feto e, em seguida, emergia para se tornar um triângulo com a ponta para cima, representando o princípio masculino. Então, os dois triângulos se aproximavam até se tocarem, e, finalmente, se interpenetravam. Dessa maneira, a união completa formava dois triângulos entrelaçados, o hexagrama conhecido pelos hindus como o Sri Yantra ou Grande Yantra.[19] Ele correspondia ao "Grande Rito" de união sexual e fusão completa de Deus e Deusa.[20]

Esse mesmo hexagrama agora é considerado o símbolo do judaísmo no mundo ocidental. Pode ser chamado de Selo de Salomão, Estrela de Davi ou *Magen David* (Escudo de Davi). Na realidade, ele não tinha nada a ver nem com Salomão, nem com Davi. E não foi mencionado na literatura judaica até o século XII d.C., e tampouco adotado como emblema oficial do judaísmo até o século XVII.[21]

O *Magen David* passou a fazer parte do judaísmo durante a época medieval por meio da Cabala, um sistema místico que mostrava fortes influências tântricas. A Shakti tântrica, por exemplo, tornou-se a Shekinah cabalística, a "Alma Feminina de Deus", e o *bindu*, por sua vez, recebeu o nome de *bina*, "o espírito do útero da criação". Os cabalistas diziam que Deus havia perdido sua Shekinah; portanto, a harmonia universal só poderia ser restaurada quando Deus e Deusa voltassem a ser "um". Segundo essa crença, somente Shekinah teria o poder de "reconstruir Deus", assim como Kali-Shakti "reconstruía" Shiva após suas mortes e renascimentos cíclicos. A magia sexual era a chave. Os cabalistas certamente entendiam que, assim como no Oriente, o hexagrama era uma representação da magia sexual. A tradição cabalística-judaica criou a história de que "uma imagem deve ser colocada na arca da aliança ao lado das tábuas da lei, mostrando um homem e uma mulher em um abraço íntimo, compondo a forma de um hexagrama".[22]

Inevitavelmente, as representações de Deus e Shekinah costumavam ser associadas a parceiros sexuais terrenos. Eliyahu di Vidas, um rabino cabalístico, afirmava que nenhum homem poderia alcançar o amor divino sem experimentar "a força da paixão por uma mulher". Shekinah, a Mãe Suprema, manifestava-se em esposa, com quem o marido deveria fazer amor aos sábados (em contraste com o costume cristão de proibir relações conjugais nesse dia). Dessa união, "todos os outros seis dias da semana derivam de sua bênção".

A devoção evidente nessas passagens do *Zohar* reinstitui o ato sexual como um ritual sacramental em serviço a um Deus e sua consorte (ou talvez, vice-versa: uma Deusa e seu consorte), o que remete diretamente aos conceitos que levaram à prostituição nos templos dedicados à Deusa. Dessa maneira, chega a ser inevitável a proliferação de crenças envolvendo ritos orgiásticos, e, de fato, no desenvolvimento posterior da doutrina cabalística, muitas tentativas dessa sorte foram realizadas.[23]

Éliphas Levi, famoso intérprete do Tarô, traçou muitos paralelos entre a Cabala e essa arte, chegando ao ponto de afirmar que as cartas tinham origem judaica. Por exemplo, ele sustentava que a vigésima primeira carta do Tarô, na qual se vê a Deusa Nua, representava a mesma Noiva de Deus que a Shekinah cabalística. "O objetivo supremo da existência humana" seria reunir essa deusa com seu consorte divino.[24]

De acordo com a antiga teoria tântrica, Deus precisava de sua Shekinah, pois qualquer ser masculino, divino ou humano, carecia de potência espiritual sem uma parceira feminina. Os deuses e sacerdotes hindus necessitavam de suas esposas (ou Shaktis), que encarnavam seu poder, e "sem as quais nada podiam realizar".[25] Logo, isso fornecia um amplo precedente para a crença cabalística de que Deus seria incapaz de lidar com o mal no mundo por não ter o princípio feminino.

Assim como os hindus, os judeus costumavam proibir homens solteiros de ingressarem no sacerdócio, pois as invocações e feitiços de um homem sem mulher eram considerados ineficazes.[26] Apenas as mulheres podiam proporcionar o *ruach* (espírito), uma derivação hebraica do árabe *ruh*, que significava tanto "espírito" quanto "cor vermelho-sangue". Os árabes diziam que o *ruh* era o equivalente feminino do *sirr*, "brancura", uma referência ao sêmen.[27] O *sirr* e o *ruh*, por sua vez, baseavam-se nas duas essências do Grande Rito de acordo com a linguagem secreta dos tantras: *sukra* ou "semente" (sêmen), e *rakta*, "sangue menstrual" — sempre simultaneamente temido e reverenciado como a essência-tabu da própria vida, misteriosamente dotada do poder capaz de formar o feto no útero.

No Grande Rito, especificava-se que a sacerdotisa representando a Deusa deveria estar menstruada para que sua energia lunar estivesse no auge. Assim, a junção de seus fluidos vermelhos com os fluidos brancos de seu parceiro seria "uma conjunção simbólica profundamente importante em todo o Tantra".[28]

> Quando o sêmen, tornado líquido pelo fogo da grande paixão, cai no lótus da "mãe" e se mistura com seu elemento vermelho, ele alcança a "mandala convencional do pensamento de iluminação". A mistura resultante é provada pelo "pai-mãe" unificado (Yab-Yum), e, ao alcançar a garganta, pode gerar uma bem-aventurança especial (...) o *bodhicitta* — a gota resultante da união de sêmen e sangue menstrual (...) capacitando as veias e os centros místicos correspondentes a realizarem a função de fala do Buda. Logo, o termo "iniciação secreta" deriva da degustação da substância secreta.[29]

Mas essa ideia não era exclusivamente oriental. Naquela época, já era amplamente conhecida e praticada na Europa Ocidental, até mesmo por algumas seitas cristãs primitivas. Aristóteles e Plínio, por exemplo, acreditavam que toda vida humana começava com a magia misteriosa do sangue menstrual, de alguma forma estimulado pelo sêmen a se solidificar e sendo, então, retido no útero para formar uma espécie de "coalhada", que se transformaria em uma criança.[30] Muitos também acreditavam que consumir a essência masculina (branca) da vida e a essência feminina (vermelha) da vida, no exato momento de sua união, era mais benéfico, tanto espiritual quanto fisicamente, do que consumir o pão e o vinho que simbolizavam a carne branca e o sangue vermelho do Salvador.

Os teólogos do século XIX acabaram interpretando a ágape cristã primitiva, ou "Banquete do Amor", como um sinônimo da Eucaristia. Mas, na verdade, tratava-se de uma imitação do Grande Rito Tântrico. Apesar de a Eucaristia ter continuado ao longo dos séculos, a palavra "ágape" foi largada como uma batata quente ainda na Idade Média após a supressão das seitas gnósticas, e o chamado "Banquete do Amor" nunca mais foi mencionado. Outro termo obsoleto para a cerimônia era ainda mais sugestivo: *sinesactismo*, o que quer dizer, literalmente, o Caminho do Shaktismo.[31]

Com evidente desaprovação, o bispo Epifânio descreveu em detalhes a ágape praticada pelos cristãos ofitas. Era quase literalmente um rito tântrico:

> Depois de terem se relacionado em devassidão apaixonada (...) a mulher e o homem recolhem a ejaculação do homem em suas mãos, levantam-se (...) e oferecem-na ao Pai, o Ser Primordial de Toda a Natureza (...) E quando a mulher está em seu período, eles fazem o mesmo com sua menstruação. Recolhem da mesma forma o fluxo impuro de sangue, e o comem juntos.[32]

Os escritos gnósticos revelaram uma deusa cristã semelhante a Kali, cuidadosamente ocultada por editores posteriores do cânone, que tentaram erradicar o maior número possível de descrições encontradas sobre a divindade.[33] As Homilias Clementinas chamavam-na de o Ser Todo-Maternal, a Rainha e a Sabedoria (*Sophia*, na Grécia, e *Sapientia*, em latim). "Ela carregava o primeiro Deus na criação do mundo."[34] Mais precisamente, estava "grávida" — e Deus era seu filho. O *Trattato Gnostico* dizia que era "a grande e reverenciada Virgem em quem o Pai esteve oculto desde o princípio, antes da criação de qualquer coisa".[35]

Mesmo como Filho, ele também dependia dela de maneira íntima: "O Filho do Homem concordou com Sophia, sua consorte, e revelou-se ambissexo. Sua natureza masculina é chamada de 'o Salvador,' o gerador de todas as coisas, enquanto sua natureza feminina é 'Sophia, a Mãe de Todos'."[36] Essa imagem sugere a presença de figuras ambissexos que representam a união do princípio masculino e do princípio feminino, como Kali e Shiva, e ainda podem ser vistas, de forma antropomórfica, nas Grutas de Ellora, assim como em formas simbólicas, como o hexagrama.[37]

Algumas das seitas gnósticas que praticavam *coitus reservatus* ao estilo tântrico podem ter sido responsáveis pela curiosa lenda cristã do "teste de fé". Alegava-se que certos homens e mulheres cristãos dormiam nus, nos braços uns dos outros, sem ceder a desejos lascivos, como prova de que sua fé era forte o suficiente para resistir à tentação extrema. Entretanto, é possível que, como os santos tântricos, eles controlassem não a sexualidade em si, mas o orgasmo masculino, de acordo com o princípio de *maithuna*.

Há indícios de que alguns europeus praticavam técnicas sexuais sofisticadas, ensinadas por sábios do Oriente, em vez de obedecerem à diretriz simplista da Igreja sobre usar sexo apenas para procriação. Assim como os ciganos praticavam ritos sexuais "ocultos", grupos de cristãos heréticos como os Irmãos e Irmãs do Livre Espírito, os Antinomianos e os Adamitas também o faziam. Estes últimos reverenciavam um "herói" que teria prolongado o ato sexual com uma "profetisa" por vinte dias, alcançando níveis sem precedentes de graça espiritual. Além disso, uma seita que São Nicolau venerava pregava que "o único caminho para a salvação era através da frequente relação entre os sexos".[38]

Os trovadores medievais, repudiados pelo clero, promoveram um sistema filosófico-sexual no qual a mulher amada desempenhava essencialmente o mesmo papel que a *shakti* tântrica e a *fravashi* sufista, ou o "Espírito do Caminho". Alguns contos do famoso bardo Tristão, por sua vez, escondiam trocadilhos sutis que podem ter sido sinais deliberados. Ao encontrar sua amada, por exemplo, Tristão inverteu as sílabas de seu nome e apresentou-se como Tantris — um título suspeitosamente tântrico.[39]

Até bruxas podem ter praticado *maithuna*, pois afirmava-se que, embora o sabá das bruxas incluísse orgias sexuais, nenhuma mulher jamais ficava grávida como resultado.[40] Logo, se os bruxos desempenhavam o papel de "amantes-demônios" habilidosos em agradar suas parceiras, isso explicaria a insistência dos clérigos de que as mulheres apreciavam mais os atos de amor de seus "demônios" do que dos homens cristãos. É de se imaginar que, após se relacionarem com "demônios", as mulheres achavam a performance sexual de seus maridos "fraca e incapaz de excitá-las em qualquer grau".[41] As mulheres da Índia faziam a mesma queixa sobre os homens europeus: "As prostitutas indianas do século XVIII zombavam dos homens europeus por seu desempenho sexual miserável, chamando-os de 'galos de esterco', uma vez que o ato terminava em poucos segundos."[42]

O cristianismo pode ter tirado a diversão do sexo, mas, para os pagãos fluentes em alemão arcaico, a palavra *Lust* (desejo, luxúria) também significava "alegria religiosa".[43] As bruxas alemãs, por sua vez, eram chamadas de *hexen*, "aquelas que fazem o Seis"; e, até hoje, um "sinal hexagonal" tradicional ainda tem seis pontas, como o hexagrama tântrico. Além disso, o seis era um número sagrado para Afrodite, Deusa do Amor (em alemão, *Minne*); por isso, as autoridades cristãs passaram a considerar o número seis "o número do pecado".[44] Muitas dessas pistas juntas parecem refletir a influência do Yoni Yantra sobre a Europa, bem como sobre os "pagãos" do Oriente.

À medida que o cristianismo conquistava a Europa, outra religião patriarcal que excluía as mulheres acabou por dominar os antigos territórios da Deusa no Oriente Médio. Antes de a península arábica cair sob o jugo do Islã, sua população adorava a mesma Mãe Tríplice, que existia sob os nomes de Al-Ilat, Al-Uzza e Manat. Ironicamente, a famosa Pedra Negra, agora consagrada na Kaaba, em Meca, no passado representava a Deusa e tinha esculpida nela o seu símbolo genital.[45] No entanto, atualmente, onde nenhuma mulher é permitida, os homens se reúnem em peregrinações para prestar homenagem ao que outrora havia simbolizado a imagem anicônica da Grande Deusa. Suas sacerdotisas desapareceram e foram substituídas por um sacerdócio masculino, cujo título oficial era "Filhos da Anciã". A Anciã era simplesmente uma das faces da Mãe Tríplice, cujos três nomes significavam A Deusa, A Detentora do Poder e O Destino. Assim, a antiga deidade feminina Allah também era equivalente à mesma trindade das Moiras gregas, das Nornas nórdicas, da Kali Tríplice ou das três faces de Fortuna, a deusa romana. Mesmo agora, um de seus nomes é usado pelos árabes para significar "Senhora Sorte".[46]

Mas mesmo dentro do Islã, intensamente patriarcal, algumas seitas ainda se lembravam da Deusa, de uma forma ou de outra, e insistiam em introduzir um elemento feminino em sua fé. Os sufis, por exemplo, ocupavam uma posição no mundo muçulmano semelhante à dos iogues tântricos na Índia e seguiram venerando o princípio feminino como o verdadeiro poder unificador do mundo. Alguns trovadores sufis contribuíram com muitos dos escritos secretos e das ideologias que fizeram parte da cultura ocultista da Europa, em uma época em que a maioria dos europeus procurava no Oriente tudo que fosse exótico, maravilhoso e interessante. Era a terra de contos de fadas, que se fundia com o reino fantástico ainda existente na imaginação e nos anseios espirituais da Europa nominalmente cristã.

Assim como na Europa, as características da Deusa foram amplamente assimiladas pelo culto de Maria, e na península arábica, ela foi transformada em Fátima, uma mítica "filha" de Maomé; descrita, no entanto, como "Mãe de seu pai". Seu nome significava "A Criadora". Ela também era chamada de Destino, Lua, Árvore do Paraíso e Mãe do Sol.[47] Na península arábica, seu culto atraía o mesmo tipo de devoção que o culto europeu de Maria.

A primeira sede da Ordem dos Cavaleiros Templários em Jerusalém ficava ao lado da mesquita de al-Aqsa, reverenciada pelos xiitas como o santuário central da Deusa Fátima.[48] Por vezes, foram creditados aos Cavaleiros Templários a invenção das cartas de Tarô, embora seja mais provável que eles tenham adotado as cartas das sociedades guerreiras sarracenas, nas quais a ordem foi inspirada.[49] Acredita-se que o desaparecimento inexplicável dos quatro cavaleiros das cartas da corte do Tarô — mantendo um padrão de treze cartas por naipe, em vez de catorze — foi associado à extinção dos Cavaleiros Templários pela Igreja no século XIV, após terem sido acusados de adotarem "alguns dos misteriosos princípios dos gnósticos orientais".[50]

Entre esses princípios, notam-se resquícios de adoração à Deusa que contribuíram para o culto de Fátima, assim como para os de Maria e

Minne, por meio dos romances bardos e do amor cortês, promovidos por trovadores europeus inspirados em seus homólogos mouros. A mesquita de al-Aqsa, por sua vez, forneceu uma base para as lendas do Templo do Santo Graal, antes que este fosse cristianizado e proclamado como o cálice da primeira Eucaristia. A primeira versão do Graal tinha o mesmo símbolo uterino que o Caldeirão da Regeneração dos celtas, representado pelo templo em si, cuja "porta" era uma yoni. Na Índia, até hoje, a palavra "templo" significa "útero".[51]

A lenda dizia que o templo do Graal era guardado por cavaleiros heroicos chamados Templários, servos da Deusa, que juravam defender as mulheres das injustiças patriarcais e manter a divindade feminina investida no Graal. De acordo com o ciclo de lendas, esses cavaleiros incluíam figuras como Galahad, Percival e Lohengrin: guerreiros invencíveis, os orgulhos da cavalaria. Mas, na vida real, os Cavaleiros Templários também foram vítimas da Inquisição.

Como outras ordens cristãs inicialmente dedicadas aos votos de pobreza, os Templários se tornaram muito ricos. Ao longo de dois séculos, por meio de legados, presentes e contratos de proteção, adquiriram propriedades e tesouros na França, Espanha, Portugal e no Levante. Logo, acabaram por se tornar os principais banqueiros e agiotas do século XIII. Seu estatuto original, assinado pelo papa Inocêncio II, declarava-os isentos de impostos da igreja e de reivindicações papais sobre suas propriedades. Foi justamente essa independência financeira que acabou levando à sua ruína.

A campanha para confiscar as riquezas dos Templários começou no início do século XIV, através de acusações de heresia, blasfêmia e adoração ao Diabo. O Grão-Mestre e outros dignitários da ordem foram presos e torturados até confessarem ter negado Cristo, pisoteado a cruz, beijado as partes íntimas do Diabo e forçado iniciantes a participarem de relações homossexuais (essas e outras acusações semelhantes tornaram-se comuns nos subsequentes julgamentos de bruxas). Esses crimes eram, em grande parte, invenções dos juízes. Ao serem torturados por um juiz, os Templários confessavam um conjunto de pecados, e, ao serem torturados por outro, confessavam um outro conjunto.[52] Os julgamentos eram claramente manipulados. Durante um julgamento de Templários em Paris, o tribunal se recusou a ouvir depoimentos de 573 testemunhas de defesa.[53] Por fim, quando os líderes da ordem renunciaram publicamente às próprias confissões, proclamando sua inocência diante de uma multidão, foram declarados hereges reincidentes e queimados na fogueira naquela mesma tarde.[54]

Alguns Cavaleiros Templários conseguiram escapar para a Inglaterra, onde a tortura era ilegal. Porém, o notavelmente intransigente papa Clemente V, escreveu ao rei inglês exigindo a prisão e a tortura dos cavaleiros fugitivos, sob pena de excomunhão imediata do rei e de toda a sua corte. O rei Eduardo, por sua vez, também recebeu a oferta de uma Indulgência Plenária que lhe concedesse perdão por todos os seus pecados. Assim, "por reverência à Santa Sé", como afirmou, Eduardo alterou a lei inglesa para permitir que os juízes papais torturassem os Templários.[55] Naturalmente, após tal medida, eles foram condenados, e a utilidade da tortura foi estabelecida por lei. Assim, as técnicas usadas para perseguição e tortura de bruxas foram fundamentadas pelo sucesso da Igreja em eliminar os Templários.[56]

Se os Cavaleiros Templários realmente fossem hereges, sua heresia poderia muito bem ter sido a ideia que a Igreja mais combatia: a de uma divindade feminina, que continuava ressurgindo e precisava ser constantemente suprimida. Afirmava-se que os Templários adoravam um ídolo ambissexo chamado Baphomet, "símbolo do Absoluto", cuja influência trazia riquezas, fazia flores desabrocharem e germinava a terra. Um ídolo ambissexo com conotações tão claras de fertilidade e abundância provavelmente seria um equivalente de Kali/Shiva. Por outro lado, há estudiosos que acreditam que o nome Baphomet era considerado uma pronúncia errônea de Maomé. Contudo, essa teoria não faz muito sentido, uma vez que os Templários, por viverem entre os muçulmanos, certamente sabiam como pronunciar esse nome.

Uma teoria alternativa afirma que Baphomet deriva do grego *Baphe Metis*, "Batismo de Metis", outro nome para a Senhora da Sabedoria — a mesma deusa gnóstica chamada de Sophia na Europa Oriental, Sapientia em Roma, Shekinah pelos cabalistas e judeus espanhóis, e Fátima pelos "poetas do amor" sufis e xiitas.[57]

Como o Yoni Yantra já era reconhecido como um símbolo desta deusa e representava a "porta" de toda a sua sacralidade, implicava a existência de um processo místico de iniciação em seus mistérios centrais. Em adendo, a disposição do Tarô no formato Yoni Yantra foi preservada pelos povos romani e imitava, claramente, o triângulo maternal com seu *bindu* interior, muitas vezes representado pelo Louco no centro da tiragem. Assim como os cavaleiros do Santo Graal antes da iniciação secreta, O Louco é representado como um palhaço, um ignorante, uma criança recém-nascida, alheia às revelações que viriam durante os "períodos" de sua vida, e totalmente alheia à sua representação profética durante a iniciação. Assim, esse caminho, que tinha início na carta do Louco e terminava na carta do Mundo, era claramente o símbolo de uma jornada de iluminação.

PARTE II

OS GRANDES SEGREDOS

É muda a palavra que foram ouvir na Montanha
Dodona, no alto distante
Quando os ventos percorriam os carvalhos e todos os caldeirões soaram,
E mudo é o ônfalo da terra ao lado da fonte cantante,
E os ecos agora ouvem o silêncio, onde mentiras de outrora
os deuses contaram.

Levei minha pergunta ao santuário que nunca cessou de falar,
O coração lá dentro, dizendo a verdade duas vezes mais claramente;
E da caverna dos oráculos ouvi a sacerdotisa gritar
Que ela e eu deveríamos certamente morrer e nunca mais
viver novamente.

— A. E. Housman, "Os oráculos"

0 - O Louco

De todos os Arcanos Maiores, apenas uma carta se manteve praticamente intocada no Tarô moderno: O Louco, O Tolo ou O Coringa. Ele também era chamado de O Homem Tolo, Loucura, Le Mat e El Loco — O Louco.[1] Essas alcunhas, por sua vez, parecem referir-se a uma religião lunar pré-cristã, pois todos os aspectos dessas crenças foram posteriormente difamados e vistos como "loucura". A palavra *lunático*, por exemplo, costumava representar um devoto de Luna, a Deusa da Lua. E um dos nomes mais antigos dessa divindade, Mania, também acabou se tornando sinônimo de loucura.

Originalmente, Mania, a mãe lunar, teria dado à luz os ancestrais da humanidade, que os romanos chamavam de *manes* (filhos da lua) ou *Di Parentes* (deuses ancestrais), cujas almas ainda habitavam a Terra.[2] Algumas tribos do norte da Europa chamavam essa mesma mãe lunar de Mana; os árabes, por sua vez, a conheciam como Manat. Seus "escolhidos", tanto profetas quanto sibilas, eram considerados seres "tocados pela lua", o que remete ao uso coloquial da palavra *tetched* ("tocado", em inglês arcaico). Além disso, os filhos especiais de Mana eram chamados de *moon-calves* ("bezerros lunares"), um termo que, posteriormente, seria usado para designar amantes e tolos. Assim, quando os jogos sagrados da Lua, ou *ludi*, tornaram-se "absurdos", os reis cerimoniais transformaram-se em palhaços dançarinos. Eles eram chamados de *silly* ("tolos", em inglês), uma palavra que, no passado, significava alguém "particularmente abençoado".[3]

O Louco do Tarô parece ser *silly* neste antigo significado pagão. Seu típico chapéu de burro era derivado do ápex, uma mitra cônica usada pelo supremo sacerdote cerimonial de Roma, o Flâmine dial.[4] Certos medalhões celtibéricos mostravam o Senhor da Morte, também chamado de Hel-man — um homem pertencente à deusa do submundo, Hel, uma deidade associada à lua — usando o mesmo chapéu cônico.[5] Outro Senhor da Morte, o nórdico Frey, também usava o ápex.[6]

Mesmo antes, no Antigo Egito, o chapéu do Louco era um diadema muito usado pelos Reis do Carnaval, que, no passado, morriam — simbolicamente — no lugar do faraó. Até o século XIX, suas efígies ainda eram queimadas anualmente, e emergiam das próprias cinzas, assim como a fênix faraônica.[7] Semelhante ao obelisco, o ápex representava o falo do Deus da Terra (ou, *na* Terra) erguendo-se para alcançar a Rainha do Céu, que podia ser chamada de Nut, Háthor ou Ísis. "No simbolismo dos sonhos e dos mitos, o chapéu geralmente representa o falo."[8] Ainda seguindo a tradição tântrica do Tibete, os feiticeiros usavam esse mesmo chapéu cônico para demonstrar sua união com a Deusa.[9] O nome do Rei do Carnaval — que, na Europa medieval, sempre vestia chapéu cônico — também era tântrico: "Príncipe do Amor."[10]

A tradição egípcia provavelmente contribuiu para as "orelhas de burro" que podem ser vistas no chapéu cônico de algumas representações do Louco. Com o tempo, "*Asinino*" (asno) acabou por se tornar um termo pejorativo, e o burro, um animal de má reputação, embora, nos tempos pré-cristãos, fosse sagrado, especialmente no Egito. Set, o deus-burro, foi crucificado como substituto do rei divino, Osíris-Rá, servindo de alter ego sazonal. Mesmo Jesus montou um burro jovem, em seu papel de rei sagrado, entre outras representações tradicionais do "triunfo" sacrificial (João 12:14). Logo, seu cetro de junco pode muito bem ter ostentado um par de orelhas de burro, assim como o cetro de junco do crucificado Set, que se tornou um símbolo de realeza para todos os deuses dinásticos.[11] O mesmo objeto foi herdado pelos bobos da corte e pelos Reis do Carnaval da Idade Média.

Todavia, o traje e os atos do Louco sugerem uma origem mais antiga, proveniente de raízes orientais. *Jester* ("bobo da corte", em inglês) tem raiz na palavra espanhola *chistu*, derivada de *Chisti*, uma escola de místicos apostólicos do Afeganistão. Durante o século XIII, alguns membros dessa seita apareceram na Europa. Atraindo multidões com sua música, tambores, brincadeiras e traquinagens, apresentavam peças de mistério com mensagens religiosas. Alguns sufis, de maneira semelhante, também faziam peças de mistério no Oriente, nas quais costumavam se fingir de idiotas e chamar a si mesmos de "Os Tolos de Deus".[12]

Alguns baralhos de Tarô mostravam O Louco vestindo um traje de folhas, como o Homem Verde ou Jorge Verde, que liderava as procissões da primavera nos festivais folclóricos europeus.[13] O Dia de Jorge Verde era celebrado na segunda-feira de Páscoa, o dia da lua[K] do herói lunar. Mais tarde, esta deidade foi cristianizada, e seu dia se tornou o Dia de São Jorge, sob o pretexto de que Jorge simbolizava o Cristo recém-ressuscitado incorporado na folhagem da primavera.[14] Segundo essa tradição, Cristo era considerado um deus da fertilidade que fora sacrificado na primavera. Outros, ainda, acreditavam que Cristo havia sido crucificado no primeiro de abril, o Dia do Louco, que ocorria no final da Semana Santa pagã e celebrava a ressurreição de Átis com piadas, brincadeiras e procissões na *Hilaria* — o festival da "tolice".[15]

Se, em algum momento, O Louco foi associado a Átis, deve ter sido no estágio inicial, não iluminado e infantil da vida do herói. A figura do Louco do Tarô geralmente traz um saco pendurado em um bastão sobre o ombro. Entendia-se que esse saco continha os símbolos dos elementos (naipes), que

[K] No original, *Moonday*. Posteriormente, *Monday*, em inglês. [N. da T.]

viriam a aparecer claramente na mesa do Mago, na carta seguinte. Como os próprios naipes eram considerados reveladores do destino do consulente — que, na tiragem do Yoni Yantra, era representado pelo Louco —, os símbolos dos naipes poderiam ser vistos como reveladores de seu destino, embora ele não consiga ver. A iconografia cristã retratava o menino Jesus de maneira semelhante: descendo do céu para entrar no ventre da mãe, ignorando completamente seu destino final, mostrado pela pequena cruz que carregava nas costas pendurada em um bastão sobre o ombro.[16]

Assim, o conceito proeminente, tanto do louco abençoado quanto do "bobo", é a ignorância. Por isso a escolha do número zero, uma vez que representa "a idade da criança antes do seu primeiro aniversário".[17] O zero em si surgiu como o símbolo do Ovo do Mundo e, consequentemente, de todos os começos fetais. Doutrinas gnósticas de metempsicose ensinavam que, antes de cada renascimento, a alma devia beber das águas do Lete (O Rio do Esquecimento) para apagar as memórias de vidas anteriores e tornar a mente um zero. Essa ignorância infantil, na tradição tântrica, era chamada *Avidya*, "falta de conhecimento" ou "vontade inconsciente", que animava o recém-nascido antes que quaisquer razões para viver pudessem ser compreendidas.[18]

Na roda tântrica do carma, essa ignorância no início da vida era representada por um homem cego caminhando em direção a um precipício.[19] E alguns dos primeiros baralhos de Tarô, por sua vez, mostravam O Louco justamente prestes a cair. Outro de seus nomes, Adam-Kadmon, era uma representação gnóstica da alma inocente recém-nascida — ou renascida — no início de um novo éon, tanto em uma escala individual quanto cósmica.[20]

Talvez tenha sido esse elemento de ignorância o responsável por salvar a carta do Louco de ataques por parte do clero, permitindo que sobrevivesse e se transformasse no Coringa moderno. O Louco podia ser comparado a Adão antes da Queda, um ser sem pecados devido à própria ignorância. Mas, assim como os Mistérios pagãos encontraram refúgio nas palhaçarias circenses, O Louco foi preservado por sua personalidade ingênua, como vários outros heróis pagãos antes de sua iluminação. O Cavaleiro Puro e Predestinado do ciclo do Graal, por exemplo, começou de maneira semelhante, como um camponês rústico, tão ignorante quanto inocente, antes de despertar para os significados místicos de sua busca — que, sob um leve verniz cristão, envolvia o achado de um símbolo pagão esquecido, o ventre sagrado de todos os renascimentos: o Caldeirão da Regeneração.[21]

Pode-se argumentar que O Louco simbolizava o homem não iluminado, que nada sabia sobre os Mistérios pagãos revelados na sequência das cartas do Tarô. Assim como o rei sagrado que liderava as procissões (*paginae*) não era necessariamente consciente do que existia depois dele, permitiram que O Louco continuasse no baralho, ainda que não *exatamente*, porque ele não tinha heresias a ensinar.

Uma vez que os outros Arcanos Maiores certamente tinham algo a ensinar, O Louco sugeria a existência de alguém no início de sua jornada em direção à iluminação, que o aguardava no final de tudo (O Mundo). Por isso estava sempre caminhando adiante, começando sua jornada, prestes a enfrentar perigos dos quais ainda não tinha consciência.

A relação do Louco com sua carta correspondente no reino espiritual, O Julgamento (20), pode ser entendida em diversos níveis. O Julgamento era precisamente o que faltava ao Louco, até que pudesse alcançá-lo através da iniciação e da experiência. A carta do Julgamento, a penúltima do baralho, também era interpretada como uma imagem convencional do juízo final, com os mortos levantando-se de seus túmulos e um anjo tocando a Última Trombeta. Tanto cristãos quanto pagãos compartilhavam da mesma ideia sobre os eventos que sinalizariam o fim do mundo. Em um nível psicológico, as previsões do juízo final apenas formalizavam e projetavam o medo da morte presente em cada pessoa. Embora os cristãos rejeitassem essa doutrina, pagãos e gnósticos acreditavam que o renascimento aguardava após o dia do juízo final de cada um de nós.[22] Assim, com a virada das rodas da vida, O Louco renasceria das fileiras de mortos (ou não iluminados), para começar uma nova vida de aprendizado.

Outra figura comumente encontrada na carta do Louco é um animal semelhante a um cão, que parece morder seus calcanhares. Segundo muitas crenças antigas, incluindo as do Egito, o cão simboliza a morte e guarda os portões do outro mundo — como também é possível ver na carta da Lua no Tarô. Assim, a carta do Louco pode sugerir uma fuga futura da morte, algo prometido tanto pelos pagãos quanto pelos cristãos.

Em outras ocasiões, O Louco segue uma borboleta, que os gregos chamavam de *Psique*, um símbolo da alma. Durante certo tempo, acreditou-se que, após a morte, as almas humanas ocupavam a forma de criaturas voadoras, como pássaros e insetos. Em outras representações, O Louco carrega uma flor, a mística Rosa Alquímica, outra referência à Alma do Mundo, que era o objeto de muitas buscas espirituais.

Logo, como muitos outros exemplos de "tolice" folclórica, O Louco significa muito mais do que aparenta.

1

O Mago

1 - O Mago

A primeira carta numerada dos Arcanos Maiores refere-se a um manipulador de elementos — um alquimista. Os símbolos dos naipes, que representam cada um dos elementos, estão organizados diante dele em uma pequena bancada, semelhante às usadas por charlatães e personagens circenses. Seus outros títulos sugerem uma profissão similar: O Malabarista, O Feiticeiro, O Mestre Cigano, O Mago, O Prestidigitador, Le Bateleur, O Mágico.[1]

O Mago do Tarô também era associado a um deus pagão muito popular da Renascença: o inimitável manipulador de elementos, Hermes Trismegisto (Hermes, O Três Vezes Grande). O Tarô de Mantegna, inclusive, retratava-o como Hermes, o deus, com sua indumentária completa: caduceu, flauta, capacete alado e botas aladas.[2] Em outros baralhos, a pose do Mago era a mesma de Hermes na obra *Primavera*, de Botticelli, com os braços formando o glifo alquímico de Mercúrio — tanto o nome latino de Hermes quanto o metal sagrado das transformações dos elementos.[3] No passado, muitos alquimistas europeus e árabes creditavam a Hermes a origem da sua prática.[4] Era comum que tentassem "unir Hermes e Atena" ao colorirem o mercúrio de amarelo com enxofre e tentarem solidificá-lo em ouro sintético.

Era de comum concordância que Hermes Trismegisto podia facilmente transformar metais básicos em ouro, pois estava em posse da Pedra Filosofal, um objeto mágico capaz de controlar os elementos e transmutar qualquer tipo de matéria. Místicos, filósofos e ocultistas estudavam o *Corpus Hermeticum*, uma coleção de textos mágicos que se tornou uma espécie de "Bíblia alquímica" após uma versão grega ser apresentada a Cosme de Médici. Esses textos teriam sido supostamente escritos pelo próprio Hermes. Estudiosos renascentistas acreditavam se tratar de uma pessoa real. A catedral de Siena exibia seu retrato em mosaicos, com a inscrição: "Hermes Mercúrio Trismegisto, Contemporâneo de Moisés." O livro *Calix Christi et Crater Hermetis* [O Cálice de Cristo e A Taça de Hermes], de Lazzarelli, afirmava que todo o conhecimento do mundo havia sido inventado por Hermes e entregue por ele a Moisés, no Egito. Agrippa von Nettesheim, por sua vez, mencionava Hermes como neto de Abraão. Sir Thomas Browne escreveu que a magia hermética era "o método místico de Moisés, criado nas Escolas Hieroglíficas dos Egípcios", que se referiam a Hermes como Mercúrio ou Anúbis, "o Escriba de Saturno e conselheiro de Osíris, o grande inventor de ritos religiosos e promotor do bem no Egito". Os egípcios acreditavam, inclusive, que Hermes havia sido deificado e que ascendera ao céu sob a forma da estrela Sirius.[5]

Havia uma longa confusão entre Hermes Trismegisto e o deus egípcio da magia, Thoth, o que também se refletiu no Tarô — por vezes chamado de Livro de Thoth. Segundo a lenda egípcia, o Livro de Thoth original continha fórmulas mágicas tão poderosas que ensinavam a linguagem dos pássaros e répteis, a trazer os mortos de volta à vida e a associar-se às divindades do sol e da lua. Thoth podia comandar as águas, a terra, os ares do céu e o fogo das estrelas (ou seja, todos os elementos).[6]

Na Antiguidade, os cristãos egípcios (coptas) o associaram a Cristo e criaram Escrituras Cristãs a partir de trechos da obra *Book of the Dead* ao substituírem o nome de Thoth pelo de Cristo e o nome de Maat, ou Ísis, pelo de Maria.[7]

Os primeiros cristãos romanos também fizeram a mesma associação entre Hermes-Mercúrio com Cristo. Assim, os Evangelhos descrevem Cristo como Logos, ou a Palavra Personificada de Deus, uma ideia copiada da descrição pagã de Hermes, que era visto como o Logos de Zeus ou Apolo-Hélios. Alguns hinos antigos dedicados a Hermes prefiguravam hinos cristãos, expressando sentimentos bastante semelhantes:

> Eu entoarei um hino ao Senhor da Criação, o Todo e o Único (...) Ele é a luz do meu espírito (...) Entoo, ó Verdade, a Verdade, ó Bondade, o Bem, a Vida e a Luz (...) Vossa própria Palavra, através de mim, lhe louva: através de mim recebe o todo por vossa Palavra, meu sacrifício razoável (...) Vós, plenitude em nós, ó Vida, salva-nos; ó Luz, ilumina-nos; ó Deus, torna-nos criaturas espirituais. O Espírito guarda minha Palavra (...) Do Eterno recebi bênçãos e o que busco. Pela vossa vontade, encontrei descanso.
>
> Te damos graças, ó Altíssimo, pois por vossa graça obtivemos a luz do conhecimento. Nome (Logos) inefável (...) Salvos por ti, regozijamo-nos porque te revelaste completamente a nós; regozijamo-nos porque, mesmo em nossos corpos mortais, nos divinizaste com a visão de ti mesmo (...) Viemos a conhecer-te, ó vós, Luz perceptível apenas aos nossos sentimentos; viemos conhecer-te a ti, Luz da vida do homem.[8]

Essa visão popular do deus Hermes como a Luz do Mundo pode explicar a associação numérica de O Mago (1) com O Sol (19). Nos antigos Mistérios Herméticos e Mitraicos, os iniciados afirmavam estar repletos da luz do sol, o espírito do próprio deus. Então tornavam-se imortais como ele. As escrituras prometiam: "Este é o bom desfecho para aqueles que alcançaram o conhecimento, ou seja: a deificação." O iniciado proclamou: "Eu te conheço, Hermes, e vós me conheceis; eu sou vós, e vós sois eu (...) vosso nome é meu, pois eu sou a vossa imagem (*eidolon*)."[9]

As Escrituras Cristãs atribuem a mesma promessa a Jesus, que disse a seus seguidores que se tornariam imortais ao se tornarem seu *eidolon*:

"Porque eu vivo, vós também vivereis. (...) Eu estou em meu Pai, e vós em mim, e eu em vós" (João 14:19-20). Havia vínculos duradouros entre as ideias cristãs e herméticas de salvação. Até o século XVI, por exemplo, algumas moedas alemãs mostravam o Cristo crucificado de um lado e a serpente hermética crucificada do outro, sugerindo que se tratavam de duas faces da mesma divindade.[10]

Outro aspecto significativo no Tarô era o conceito antigo de Hermes como o "Bom Pastor", aquele que guiava as almas dos mortos — um título que também compartilhava com Osíris; Mitra; Tamuz; o hindu Yama; o persa Yima; e outras versões da mesma deidade salvadora. Os gregos o chamavam de Hermes Psicopompo, o "Condutor das Almas". Os cabiros, por sua vez, acreditavam que ele era a parte mais acessível da Trindade Sagrada formada pela Mãe Deméter e seu consorte Hades; assim, Hermes poderia ir e vir livremente do mundo inferior.[11] Como já havia sido o ambissexo original, unido no mesmo corpo à Deusa Tríplice Afrodite —, possuía uma sabedoria profunda, caracteristicamente feminina, e grande conhecimento do submundo uterino, de onde todos os homens renasciam.

Isso talvez explique por que O Mago Hermético é a primeira carta de trunfo encontrada pelo ainda não iluminado Louco. Como guia para os reinos do mistério, O Mago provavelmente desempenhou para O Louco o mesmo papel que o deificado Eneias desempenhou para Virgílio — conduzindo-o por uma jornada sagrada pelo submundo. Eneias também foi, em certo momento, parte do corpo de Afrodite, embora sua separação tenha sido descrita como um nascimento. Virgílio, por sua vez, conduziu Dante em uma semelhante jornada simbólica de iluminação através do inferno, purgatório e paraíso.

Hermes sempre foi um deus das jornadas, razão pela qual suas *hermas*[L] ou *pilares fálicos* costumavam estar localizados nas principais encruzilhadas do mundo greco-romano, geralmente próximos a imagens da Deusa Tríplice subterrânea conhecida pelos romanos como Hécate ou Trívia.[12] Durante a Era Cristã, as hermas à beira das estradas foram substituídas por crucifixos.

[L] *Herma* era o objeto sagrado de culto a Hermes. O próprio nome do deus pode ser derivado de Herma (pedra ou rocha, em grego). Eram montes de pedras dedicados ao deus, posteriormente pilares com um busto do deus sobre eles servindo como ponto de adoração e para demarcar limites. [N. da T.] https://www.britannica.com/topic/herm

No entanto, os cristãos ainda acreditavam que essas encruzilhadas eram assombradas por Hermes e Hécate. A invocação dessas supostas divindades acabou por transformar tais cruzamentos em lugares usados exclusivamente para cerimônias oraculares. Hermes e Hécate tornaram-se vozes baixinhas que sussurravam o futuro nos ouvidos de seus seguidores nas encruzilhadas na véspera de Natal.[13]

Levando tudo isso em consideração, O Mago — que certamente pode ser relacionado com Hermes, o Condutor de Almas, deus das jornadas espirituais e guia para os mistérios da vida após a morte — era, portanto, uma escolha óbvia para um progresso iniciático ao longo dos Arcanos Maiores, o que incluiria sacrifício, morte e uma viagem ao inferno. O Mago é quem revela os mistérios ocultos ao Louco. Por essa razão, usa um chapéu em formato de lemniscata, simbolizando o infinito e a porta de entrada de ambos os mundos. Logo, ele introduz ao consulente a primeira metade do espetáculo da iluminação. E seu primeiro encontro se dá justamente com uma figura quase completamente desconhecida fora do Tarô — porque as origens das lendas e símbolos dela foram deliberadamente obscurecidas.

A Papisa

2 - A Papisa

A Papisa talvez tenha sido a figura mais execrável do Tarô do ponto de vista cristão, uma vez que este estava comprometido com a ideia de que a autoridade eclesiástica deveria ser exclusivamente masculina. A pressão clerical obrigou os pintores de cartas franceses a transformarem A Papisa na Deusa Juno nos baralhos do século XVIII. Um baralho belga, inclusive, chegou a transformá-la em um homem chamado *The Spaniard* (O Espanhol).[1] Nos baralhos modernos, por sua vez, seu título foi suavizado e se tornou "A Alta Sacerdotisa". Isso tudo se deu porque a ortodoxia cristã insistia que nunca houve, nem poderia haver, um papa mulher. Mas outras tradições sugeriam uma opinião diferente.

Os gnósticos preservaram alguns Evangelhos que foram eliminados do cânone ortodoxo logo no início da Era Cristã. Esses textos afirmavam que o primeiro "papa" não teria sido São Pedro, mas Santa Maria Madalena, que recebeu essa autoridade espiritual diretamente de Jesus, segundo o costume oriental de transferência de poder entre sexos — de homem para mulher, ou vice-versa. Jesus amava Maria Madalena acima de todos os seus seguidores; ele a chamava de "Apóstola dos Apóstolos" e de "A Mulher que Conhecia o Todo".[2] Ele chegou a dizer que ela governaria todos os outros discípulos em seu futuro Reino de Luz.[3] "Não houve graça que Ele lhe recusasse nem qualquer marca de afeto que lhe negasse."[4] Cristo deu a ela, e não a Pedro, o segredo das chaves do céu. Então Pedro, furioso, tentou forçá-la a revelá-lo. O *Evangelho de Maria* relata que Levi teve de repreendê-lo por seu ataque violento. No *Pistis Sophia*, Maria afirmou: "Pedro me faz hesitar; tenho medo dele, porque ele odeia a raça das mulheres."[5]

Alguns dos primeiros padres da Igreja chegaram a reconhecer uma autoridade espiritual em Maria Madalena, mas esta foi apagada por historiadores posteriores da Igreja, que decidiram enxergá-la como uma reles cortesã. Orígenes, por sua vez, afirmava que, ao contrário, ela era "a mãe de todos nós", assim como o papa masculino deveria representar o pai espiritual de todo o rebanho. Assim, Orígenes acabou por dar a Maria Madalena o título de *Ecclesia*, "a Igreja", que também foi aplicado à Virgem Maria. Ele associou Maria Madalena à Grande Deusa, dizendo que ela existia desde o início dos tempos e era imortal.[6]

Muitos acreditaram nele. A fama de Maria cresceu. Durante o século VII, um antigo templo romano da Deusa foi renomeado basílica de Santa Maria Maior, e dedicado a Maria Madalena como fundadora das ordens eclesiásticas femininas, especialmente as ordens de ensino e os "mosteiros mistos", compostos de homens e mulheres, que haviam florescido antes do século X.[7]

De certa forma, as freiras magdalenianas continuaram a tradição romana dos *collegia*, templos de sacerdotisas que, por também ensinarem aos iniciantes, recebiam o título de *alma mater*, "mãe da alma". A derivação vinha de *Al-Mah*, o mais antigo nome indo-iraniano usado para a Mãe Lua.[8] Um cognato hebraico, *almah*, por outro lado, significava "alma da lua incorporada em uma jovem". Era esse o termo usado para se referir à Virgem Maria nas versões hebraicas dos Evangelhos. Os cristãos traduziram *almah* como "virgem", mas não era esse seu significado.[9] Além disso, a palavra romana *alma*, "alma feminina", implicava uma mulher sagrada que estivesse vinculada à lua enquanto líder espiritual. Plutarco, por sua vez, acreditava que a lua era a fonte de toda "razão e sabedoria".[10]

Nas gemas gnósticas, *Luna Regia* (A Rainha Lua) aparecia com o mesmo traje e pose da Papisa do Tarô, sentada diante do mesmo véu, usando uma tiara papal ornamentada com uma lua crescente.[11] Um manuscrito do século XIV, por sua vez, retratava a mesma deusa como se fosse uma papisa, abadessa ou freira.[12] Portanto, é bastante significativo que A Papisa do Tarô estivesse numericamente vinculada à carta da Lua (18), além de associada ao conceito de ensino, simbolizado pelo livro em sua mão. Algumas histórias oficiais da Igreja tentaram esconder o fato de que, mesmo dentro do cristianismo, a tradição pagã de liderança espiritual feminina permaneceu forte até o século XIII. Nessa época, os monges começaram a invadir os conventos governados por abadessas supremas, que, anteriormente, eram ordenadas bispas. Os títulos mais antigos dessas autoridades incluíam *Matris Spirituale* (Mãe Espiritual), *Sacerdos Maxima* (Suma Sacerdotisa) e Matriarca. Elas possuíam autonomia política e econômica, e governavam tanto homens quanto mulheres do clero.[13]

Certas ordens de freiras tornaram-se renomadas pela qualidade de sua educação, até que o Concílio de Trento determinou que deveriam ceder suas propriedades às ordens masculinas. Depois disso, nenhum outro convento desse gênero seria permitido.[14] Os estudos teológicos das beguinas, por exemplo, foram proibidos. As mulheres foram obrigadas a renunciar às suas casas e terras, que foram confiscadas pela Inquisição. As freiras tiveram de se integrar a ordens aprovadas pelo papa, onde permaneceriam enclausuradas e sem instrução.[15]

Em geral, as histórias da Igreja foram editadas para eliminar referências a mulheres em posições eclesiásticas superiores. Ainda assim, até o século XVI, os historiadores eclesiásticos acreditavam firmemente que havia existido pelo menos *uma* papisa real, popularmente conhecida como papisa Joana, cuja erudição profunda lhe rendera o título de cardeal e, em seguida, de papisa. Assim, às vezes, A Papisa do Tarô também era chamada de Joana; e, além disso, usava a mesma tiara que se via na cabeça da papisa Joana em gravuras antigas.[16] A papisa Joana chegou a figurar junto a outros bustos papais da catedral de Siena, sob a identificação de *Johannes VIII, femina ex Anglia*: papa João VIII, uma mulher inglesa.[17]

O primeiro registro do pontificado da papisa Joana foi feito por um contemporâneo: Anastácio, o Bibliotecário (morto em 886). Segundo a crônica dos papas de João Scotus: "Em 854 d.C., no 14º ano de Lotário, Joana, uma mulher, sucedeu ao papa Leão e reinou por dois anos, cinco meses e quatro dias." A crônica de De Gemblours, do século X, por sua vez, declara: "Relata-se que este João era uma mulher, e que chegou a conceber um filho de um de seus servos. A papisa, ao engravidar, deu à luz uma criança, razão pela qual alguns não a incluem entre os Pontífices." Logo, a justificativa para a exclusão de Joana dos registros tinha menos a ver com sua legitimidade, e mais a ver com o fato de ter se tornado mãe. A lista oficial dos papas, escrita por Thomas de Elmham, em 1422, apresenta uma razão semelhante: "Em 855 d.C., Joannes. Mas este papa não conta; era uma mulher."[18]

Platina, um historiador papal e bibliotecário do Vaticano, escreveu em seu livro, *As vidas dos papas,* que Joana era inglesa e mais erudita nas Escrituras do que qualquer homem que já conhecera. No início, Joana disfarçava-se com roupas masculinas. Mas sua farsa foi revelada quando entrou em trabalho de parto. Ela morreu em uma rua específica, situada entre o palácio de Latrão e a igreja de São Clemente.[19] Martin Polonus relatou que ela foi enterrada neste mesmo local, e que as procissões papais, desde então, evitavam passar por ali "(...) em repulsa pelo que aconteceu. Não foi apenas por isso nem por seu gênero que a papisa Joana não foi incluída no catálogo dos Santos Pontífices, mas pela monstruosidade das circunstâncias."[20] Essa "monstruosidade" referia-se ao fato de que, após ter seu verdadeiro gênero descoberto, Joana foi arrastada para a rua, apedrejada até a morte e enterrada ali mesmo, em uma sepultura sem marcação.[21] Dessa forma, a verdadeira razão para os papas evitarem passar por aquela rua parece ter sido o medo supersticioso de encararem o fantasma vingativo de Joana.

O período do pontificado de Joana foi o único a ser completamente eliminado dos registros, embora fosse mais bem documentado do que o de muitos papas, especialmente dos primeiros, cujos nomes haviam sido inventados e inseridos séculos após seus supostos reinados. Atualmente, a Igreja afirma que a papisa Joana foi somente uma lenda. No máximo, admite-se que possa ter existido um "antipapa" chamado João (*Joannes*) nessa época — entronizado por demanda popular contra a vontade da Cúria.[22]

Em 1886, Emmanuel Royidis, um escritor grego, publicou a biografia da papisa Joana, afirmando: "Cada oração do meu livro, e praticamente cada frase, se baseia no testemunho de autores contemporâneos." Como era de se esperar, a Igreja imediatamente baniu a obra e excomungou o autor.[23]

Seja ela uma lenda ou não, um estranho costume surgiu no Vaticano justamente após seu reinado — ainda que a Igreja insista em negá-lo. Candidatos ao papado sentavam-se nus em um banco vazado, como um assento de toalete, e eram observados por cardeais agrupados em um buraco localizado um andar abaixo deste banco. O comitê então emitia um veredicto formal:

Testiculos habet, et bene pendentes — "Ele tem testículos, e estão muito bem pendurados."[24]

Apesar de todas essas precauções, a história da papisa persistiu. Algumas seitas gnósticas, que admitiam mulheres em posições eclesiásticas em igualdade com os homens, sustentavam que somente uma papisa poderia combater os abusos do cinismo e da ganância do papado renascentista. Uma dessas seitas, os Guilhermitas da Lombardia, elegeu sua própria papisa como sucessora de sua santa, Guilhermina da Boêmia, que morreu em Milão em 1281. Os membros da seita acreditavam que Guilhermina era a encarnação do Espírito Santo e que retornaria à Terra em uma Segunda Vinda na Festa de Pentecostes do ano 1300. Nesse evento, a supremacia masculina da Igreja desapareceria, e um cristianismo mais justo surgiria sob uma nova linhagem de papisas. A primeira dessas papisas, Maifreda de Pirovano, foi colocada no cargo pelos sectários. Famílias ricas da Lombardia forneceram caros cálices sagrados para sua primeira missa, que deveria ocorrer em Roma, na basílica de Santa Maria Maior. Como os seguidores da papisa Maifreda começaram a crescer em números ameaçadores e a demonstrar um entusiasmo considerado perigoso pelo papado vigente, a seita foi exterminada pela Inquisição, e a pobre papisa foi queimada na fogueira.[25]

Essas notas de rodapé da História ajudaram a moldar a figura da Papisa do Tarô, uma presença constante nos Arcanos Maiores desde o início — mas não só isso. A Papisa também era conhecida como a Mulher Sábia, ou *Sophia* ("sabedoria feminina", em grego).[26] Este era o antigo nome do Espírito Santo em sua forma original feminina, a esposa ou *Shakti* (Poder) de Deus. Uma de suas emanações era a Mãe da Sabedoria alquímica — *Sophia* em grego, *Sapientia* em latim. Nos textos alquímicos, frequentemente associada à Lua, ela se dirigia francamente ao deus masculino: "Vós nada fazeis sozinho caso eu não esteja presente com minha força, tal qual um galo é impotente sem uma galinha."[27]

Alguns místicos medievais a apresentavam como uma trindade inteiramente feminina: *Sapientia creans*, a criadora; *Sapientia disponans*, a unificadora da harmonia; e *Sapientia gubernans*, a governante, "também conhecida como Divina Providência". Ela era chamada de "a base e a fundação primordial de todas as coisas (...) o ser, a vida e a luz das coisas inteligíveis" — igual e proporcional à Essência Divina. Spenser a definiu como Rainha do Céu, "amada soberana da Divindade", e Esposa de Deus, que se sentava entronizada no seio dele, "vestida como uma Rainha em trajes reais".[28]

Para os gnósticos, Hagia Sophia (Santa Sophia) era a Grande Mãe. Ela teria dado à luz Jeová, que se tornou o ciumento Deus do Éden, proibindo os humanos de obterem o conhecimento de que precisavam. Para desfazer esse dano, Sophia deu à luz o espírito de Cristo e o enviou à Terra no corpo humano de Jesus. Após a morte do Salvador, Sophia ajudou Cristo a se transformar em um condutor de almas para o Céu — semelhante a Hermes. Alguns gnósticos acreditavam que Jesus teria se casado com uma Virgem da Luz, uma espécie de emanação de Sophia, assim como Héracles, o Salvador pagão, casou-se com a Virgem Hebe, uma emanação de Hera, a Deusa-mãe.[29] Segundo o bispo cristão Irineu, Sophia também teria dado à luz todos os anjos.[30]

Em homenagem a essa deusa gnóstica, a grande igreja de Hagia Sophia foi construída em Constantinopla no século VI. Hoje, as autoridades cristãs negam que essa igreja tenha sido dedicada — de qualquer maneira — à

Grande Mãe. Alegam, inclusive, que o nome *Hagia Sophia* significava, na verdade, "Cristo, a Palavra de Deus".[31] É difícil entender como "Cristo, a Palavra de Deus" pode ser o resultado de um nome que significa, literalmente, "Santa Sabedoria Feminina" em grego.

Outra emanação cristianizada de Sophia representava uma virgem e mártir fictícia que, apesar de sua virgindade, teria gerado três filhas: Santa Fé, Santa Esperança e Santa Caridade. Alguns crédulos hagiógrafos levaram essas lendas a sério, embora obviamente fossem apenas uma declaração alegórica de que a Sabedoria dá à luz a Fé, a Esperança e a Caridade. Contudo, a beleza física de Santa Fé foi muito elogiada, e uma cripta foi dedicada a ela na catedral de São Paulo, em Londres.[32] Uma "Santa Fé" pagã também existiu — uma das três Cárites legisladoras de Afrodite —, a antiga deusa romana Bona Fides ("Boa Fé"), que era servida por três velhos *flâmines*, o núcleo mais antigo do clero oficial de Roma.[33]

Assim, aparentemente, o primeiro professor do Tarô, a quem O Mago conduziu O Louco, que nada sabia, era ninguém menos que o próprio espírito da Sabedoria Feminina, sem o qual nem mesmo Deus poderia agir. Logo, era típico do raciocínio gnóstico que tal espírito fosse encarnado em uma papisa.

A posição dela correspondia à terceira figura na Roda Tântrica da Vida, chamada *Vijnana*, o estágio de desenvolvimento da experiência consciente por meio do ensino e da instrução.[34] Uma das primeiras lições ensinadas ao *sadhaka* era que nenhum deus podia exercer poder sem entrar em contato com a "Sabedoria" feminina, uma referência à Grande Shakti (Kali). Essa lição, aparentemente, também fazia parte da tradição secreta gnóstica.

3 – A Imperatriz

Sempre que um iniciado adentrava um santuário órfico, encontrava imagens da Grande-Mãe Deméter e de sua filha Koré, sentadas uma ao lado da outra, assim como A Imperatriz e A Papisa estão lado a lado no Tarô.[1] Koré representava a "Sabedoria Virgem" e o Coração Sagrado (ou núcleo) da Mãe Terra. Era a menina dos olhos de sua mãe, razão pela qual os povos antigos descobriram seu pentagrama no "núcleo" da maçã. Ela era um espírito da primavera e da criação, e por isso foi muito confundida com Perséfone, a Destruidora, o aspecto ancião da mesma deusa. Koré foi chamada por inúmeras alcunhas, como Car, Kari, Q're, Kauri, Carna e Car-Dia. Os romanos se referiam a ela como Ceres Legifera, a Legisladora. Sua *ius naturale* ou "lei natural" regia as sociedades matriarcais no antigo Lácio.[2] Estava sempre acompanhada por cães mortais e vingativos de duas cabeças, conhecidos como Kéres ou Fúrias, que perseguiam infratores das leis da Mãe. A Papisa do Tarô, outra Virgem Sábia, também é acompanhada pelos cães lunares de sua carta correspondente, A Lua (18).

Se A Papisa ocupava a posição da Virgem Sábia, A Imperatriz ocupava a da Grande Mãe. A carta correspondente à Imperatriz era A Estrela (17), um epíteto comum da Grande Deusa. Muitos de seus antigos nomes tinham esse significado, como Ishtar, Astarte, Ester, Astraea, Stella Maris ou Ostara — referente à Deusa Eostre, que deu seu nome à Páscoa (Easter). O lírio branco em forma de estrela, flor que representa a festa, era seu símbolo yônico, provavelmente nomeado a partir da palavra assíria *lilu*, "lótus", uma adaptação do lótus-padma, que era o símbolo genital da Deusa no Oriente.[3] Outro nome antigo desta deusa, Lilith, também derivado da flor, era um nome alternativo para se referir à Imperatriz do Tarô.[4]

No Egito, o lírio também representava Ísis ou Háthor, "a grande flor de lótus do mundo, da qual surgiu o sol da criação".[5] Com a mesma flor, Juno, a Virgem Abençoada, milagrosamente concebeu seu filho Marte, O Salvador.[6] Ela era, é claro, um protótipo pagão de Maria, deusa cristã que lhe herdou o lírio, a coroa de estrelas e o título *Stella Maris*. A mesma coroa de estrelas é vista na cabeça da Imperatriz em muitas versões do Tarô, e o lírio costuma acompanhar as rainhas dos naipes de cartas.

Deméter, a Senhora da Terra e do Mar, por sua vez, era representada segurando uma espiga de trigo e um golfinho, a fim de ilustrar a icônica promessa da multiplicação dos pães e dos peixes: o milagre eleusino que havia sido copiado no Novo Testamento. A versão do Tarô transmitia o mesmo significado de fertilidade de terra-e-mar por meio do símbolo gnóstico adotado pelos maçons: uma espiga de trigo perto de uma cachoeira.[7] Por essa razão, A Imperatriz às vezes aparecia entronizada em um campo de trigo, próxima a uma cachoeira, segurando uma espiga de trigo na mão. Alguns intérpretes do Tarô enfatizavam ainda mais seu poder de fertilidade ao insistirem que estaria grávida.

No principal templo dedicado a Deméter, chamado de Elêusis ("O Advento"), ritos importantes celebravam a Criança Divina, o grão renascido do ventre da terra. Representado pelo seu filho-Salvador, esse deus da vegetação era chamado de Dioniso, Triptólemo, Iasião ou Eleutério, "o Libertador".[8] Como o grão, era colocado em uma manjedoura ou cesto de separar joio de trigo.[9] Ele era morto (colhido), enterrado (plantado) e ressuscitado (brotado). Sua carne era comida como pão, seu sangue era bebido como vinho. Ele foi deificado no Haloa (de *halos*, em grego), Festival da Debulha do Trigo. Dessa apoteose eleusina surgiu o símbolo cristão de deificação, o halo (ou auréola) — e, é claro, o conceito de um salvador que deve ser canibalizado sacramentalmente.[10]

A revelação final dos Mistérios Eleusinos era uma espiga de trigo "colhida em silêncio", mostrando simultaneamente a morte do Salvador em prol da humanidade e a semente de sua vida futura.[11] O mesmo símbolo representava outros deuses agrários, como Adônis, Tamuz, Osíris, Marte e o antigo Baal, "o Senhor", consorte de Astarte. No templo de Astarte, em Biblos, a espiga de trigo tinha um nome especial, *shibboleth*, adotado pelos judeus como uma senha mágica (Juízes 12:6). Por estar associada a cerimônias pagãs, mais tarde, esta palavra passou a significar "falsa divindade".

As iniciações eleusinas envolviam certos segredos — "coisas vistas, ouvidas e provadas" — o que sugere que os famosos macacos que cobrem olhos, ouvidos e boca podem ter se originado como um aviso contra os Mistérios Pagãos. Os cristãos, por sua vez, mostravam inúmeras reservas neste sentido; especialmente aos ritos sexuais eleusinos, parte integral dos Mistérios desde tempos imemoriais. Tertuliano chegou a denunciar "as devassidões de Eleusis", enquanto Astério escreveu:

> Não é Eleusis o cenário da descida à escuridão e dos atos solenes de coito entre o hierofante e a sacerdotisa juntos? Não são as tochas apagadas, e não acredita a grande e incontável assembleia do povo comum que sua salvação reside naquilo que está sendo feito pelos dois sozinhos na escuridão?[12]

E as pessoas certamente acreditavam nisso. A crença as confortava com a convicção de terem sido salvas da dissolução final após a morte. Os atos solenes de união envolviam trazer "regeneração e perdão dos pecados".[13] Píndaro, por sua vez, escreveu: "Feliz é aquele que viu esses ritos antes de ir para debaixo da terra; ele conhece o clímax da vida, conhece sua fonte divina."[14]

Mais tarde, seitas gnósticas passaram a praticar sacramentos sexuais pelos mesmos motivos. Os valentinianos realizavam um "rito de casamento espiritual com anjos em uma câmara nupcial" — cujas manifestações eram tanto físicas quanto espirituais.[15] Certos membros dessa seita adotaram o antigo deus transformando-o em um mítico São Valentim, patrono dos amantes. Seu dia de festa se desenvolveu a partir das orgias pagãs da Lupercália, no mês sagrado em homenagem a Juno Februata, a Deusa em sua "febre" (*febris*) divina de paixão sexual. Após a cerimônia, ela se tornava virgem mais uma vez, para conceber novamente a Criança Divina. Este festival pagão foi apropriado pela igreja cristã no final do século V, e renomeado como a Festa da Purificação da Virgem.[16]

A mensagem transmitida por esses aspectos da Deusa, virginal-sexual--maternal, foi particularmente rejeitada por sociedades patriarcais: ou seja, o espírito arquetípico feminino nunca seria só um ou outro, mas, como se dá com as mulheres reais, uma combinação cíclica de ambos. Mas muitas civilizações patriarcais, especialmente as cristãs, insistiam que as mulheres — mortais ou divinas — só podiam ser "boas" ou "más". O primeiro tipo era simbolizado pela Virgem assexual, assumindo características de mártir ou freira; o segundo, pela diabólica, lasciva e sedutora, "Deusa do Amor" pagã, bem como pela maioria das mulheres comuns com desejos sexuais normais. Assim, muitas mulheres eram levadas a sentir vergonha de sua própria sexualidade, enquanto os homens viviam a deles em plenitude. A visão pagã era mais realista: a Deusa e todas as mulheres que incorporam seu espírito seriam, ao mesmo tempo, virginais/espirituais e sexuais/maternais de acordo com seus ciclos internos ou diferentes períodos da vida. A ideia era que nenhum aspecto do arquétipo feminino deveria ser negligenciado ou favorecido em detrimento de outro. E o mais importante (e o mais anticristão de tudo) era que a Deusa deveria ser adorada tanto por sua sexualidade avassaladora quanto por qualquer outro aspecto de sua complexa essência.

Apesar da clara hostilidade das autoridades cristãs, as pessoas continuaram a venerar a Deusa Eleusina ao longo da Era Cristã. Aliás, Deméter foi ativamente adorada por muito mais tempo do que o Deus judaico-cristão. Seu culto já estava bem estabelecido sobre uma base micênico-egípcia muito antes do século XIII a.C.[17] Em Eleusis, os camponeses gregos veneraram a Senhora da Terra e do Mar até o século XIX d.C., quando dois ingleses chamados Clarke e Cripps causaram tumulto ao levar a imagem da Deusa para um museu em Cambridge.[18]

Embora isso nunca tenha sido oficializado, durante a Idade Média, Deméter foi informalmente canonizada sob a alcunha de Santa Demetra, cujo poder era dar vida aos mortos — um eco de sua antiga doutrina de reencarnação, que o cristianismo havia declarado herética. A pomba branca do renascimento e as maçãs da vida eterna lhes pertenciam, tanto quanto às suas gêmeas sírias e pré-helênicas, Afrodite e Hera. Assim como Cibele, sua contraparte frígia, Kurukulla (Kali), sua contraparte hindu, Deméter também estava associada a cavernas e túmulos. Como rainha do submundo, recebeu o nome de Melaina, "a Negra", ou Chthonia, "a Subterrânea".[19] Às vezes, também era chamada simplesmente de Daeira, "a Deusa".[20]

No entanto, os muitos nomes dessa figura arquetípica da Mãe eram somente máscaras para a mesma divindade feminina monoteísta, cuja essência se revelava devido à sobreposição e intercambialidade de suas funções, apesar de alguns estudiosos tentarem classificá-la em uma multiplicidade de "deusas". Ela fez mais de uma aparição no Tarô. Alguns intérpretes compararam-na à *anima*, a parte feminina da alma, à qual Jung atribuiu a função da criatividade, diretamente evoluída da primeira experiência formativa com a mãe. A *anima* era vista como insondavelmente sábia e simbolicamente conectada aos dois elementos femininos: terra e água.[21]

Assim como A Papisa, seu aspecto virginal, A Imperatriz do Tarô também sofria revisões como resultado da pressão de fontes religiosas ou políticas. Durante o período pós-revolucionário na França, por exemplo, quando títulos imperiais estavam em má reputação, ela foi renomeada como A Avó.[22] No entanto, isso não era tão novo quanto os fabricantes de cartas franceses achavam. Desde o início dos tempos, *Avó* ou *Anciã* era outra alcunha comum da Grande Deusa.

4

O Imperador

4 - O Imperador

Eis os símbolos mais significativos da carta do Imperador ao longo da história: (1) a figura mostrava apenas o perfil esquerdo; (2) cruzava uma perna sobre a outra; (3) seu escudo exibia uma águia, assim como o da Imperatriz; e (4) ele segurava um cetro na mão direita e um orbe na mão esquerda.

Desde a Antiguidade, o cetro e o orbe são vistos, respectivamente, como símbolos sexuais masculinos e femininos. Alguns reis do passado exibiam-nos para demonstrar a união dos princípios sagrados do masculino e do feminino, copiando a forma como os deuses orientais assimilavam inúmeros aspectos da Grande Deusa para formar um ambissexo cósmico — mulher do lado esquerdo do corpo, e homem do lado direito.[1] Assim, para mostrar o seu poder fálico, o cetro estava sempre na mão direita do rei; e o orbe, sempre na mão esquerda, funcionando como emblema de sua consorte divina, a Mãe Terra.

No livro *Brihadaranyaka Upanishad* afirma-se que o ambissexo cósmico é "do mesmo tamanho e posição que um homem e uma mulher em um abraço apertado", mas outras escrituras e ícones descreviam um único corpo ambissexo.[2] As deidades gregas, Eros, Fanes e Hermafrodito eram entidades com características masculinas e femininas, cujo verdadeiro poder, de fato, residia em seus atributos femininos.[3] Segundo os Mistérios Mitraicos, cujos princípios influenciaram profundamente os gnósticos, o direito de um imperador de governar estava incorporado em sua Deusa, que recebia o nome de Glória. Antíoco de Comagena, portanto, declarou-se governante com base no fato de que sua Deusa fazia parte dele.[4] Talvez por uma razão semelhante, O Imperador do Tarô exibisse seu perfil esquerdo, o "feminino", enquanto olhava na direção de sua Imperatriz.

O simbolismo universal esquerdo/feminino e direito/masculino evoluiu há muito tempo, e originou-se, provavelmente, no sudeste da Ásia. Os adoradores de Shiva diziam que seu Deus seguia o Caminho da Mão Esquerda, conhecido como o Caminho da Deusa.[5] Também no Egito, a mão esquerda era a mão feminina e representava a Deusa Maat. A mão direita, por sua vez, era o símbolo de Thoth, seu consorte. Os babilônios rezavam para que a Deusa estivesse à esquerda de uma pessoa e o Deus à sua direita.[6] Na Grécia, os pelópidas tatuavam um símbolo feminino no ombro esquerdo e um símbolo masculino no direito. Até mesmo a tradição judaica afirmava que a mão esquerda de Deus era feminina. Além disso, o gesto universal de oração envolve — e ainda é assim — juntar as duas mãos, originalmente um sinal do sacramento sexual, em que os poderes masculino e feminino se unem, em consonância com os corpos. No entanto, alguns padres cristãos sustentavam que a mão feminina não deveria saber quais eram os atos da mão masculina (Mateus 6:3).

Descobriu-se há pouco tempo que esses conceitos antigos podem ter algum fundamento na realidade. O lado esquerdo do corpo parece ser controlado principalmente pelo hemisfério direito do cérebro, ao qual se atribuem qualidades tradicionalmente femininas, como intuição, imaginação, inteligência emocional, percepção e resposta. Já o lado direito do corpo parece ser controlado pelo hemisfério do raciocínio e do pensamento abstrato, tradicionalmente chamado de consciente ou masculino. Contudo, é óbvio que nenhum indivíduo, seja homem ou mulher, pode ser caracterizado como sendo completamente de um jeito ou de outro; os dois hemisférios do cérebro sempre trabalham juntos, de modo que esta noção moderna de personalidade pode ser tão simplista quanto a antiga.

No entanto, especialmente durante a Era Cristã, tudo que se relacionava à mão esquerda foi condenado, como mostram as próprias palavras que se referem à "esquerda" — *sinister* em latim, *gauche* em francês e *linke* em alemão —, cujo significado quer dizer *ruim*, *errado* ou *retrógrado*. As bruxas dançavam em *widdershins* (em círculos anti-horários) sempre voltadas para a esquerda; faziam gestos mágicos com a mão esquerda; e, segundo seus inquisidores, pisoteavam a cruz com o pé esquerdo. Segundo essa teoria, as bruxas ignoravam a rota do sol, o caminho masculino da mão direita, e seguiam o movimento retrógrado da lua, o caminho feminino da mão esquerda, através dos céus.

O cetro na mão direita de um governante era baseado no de Shiva, que também deu origem ao bastão, pau ou clava do Tarô. Originalmente, ele tinha três pontas: era um triplo falo para se unir à Deusa Tríplice. Assim, Shiva, como deus sexual, tornou-se conhecido como "o portador do tridente".[7]

O mesmo tridente pertencia a outros deuses fálicos ocidentais, como Júpiter, Netuno, Hades, Poseidon, Plutão e Lúcifer, o deus-relâmpago do Novo Testamento. O Imperador do Tarô, de forma semelhante, exibia sua potência com um cetro de três pontas ou uma flor-de-lis, às vezes chamada de *fleur de luce* ("flor de luz"), que representava um casamento real, um relâmpago e o elemento masculino do fogo.[8] As cartas do Tarô de Mantegna mostravam O Imperador como o próprio Júpiter, com toda a sua figura inserida em uma *mandorla*, ou seja, uma auréola oval em forma de amêndoa, símbolo da *yoni*, que deu o nome inicial à consorte de Júpiter, Juno, ou Uni, Mãe do Uni-verso.[9]

Em tempos cristãos, o tridente foi herdado pelo Diabo. Supunha-se que Lúcifer, o "Príncipe do Ar", controlava os relâmpagos. O relâmpago de Lúcifer figurava de maneira proeminente na carta correspondente à do

Imperador na esfera espiritual: A Casa de Deus ou A Torre (16). Esta carta provavelmente implicava uma profecia sobre o destino final do Imperador, envolvendo uma previsão do século XIV sobre a queda do Sacro Império Romano, o que pode ter servido como aviso contra o orgulho excessivo por uma posição elevada no mundo material.[10] Afinal, este era um tema comum em todo o Tarô e no gnosticismo em geral.

A águia no escudo do Imperador simbolizava tanto sua vida quanto sua morte, de acordo com a tradição dos imperadores romanos (Césares), cujo totem e título foram herdados pelos imperadores germânicos do Sacro Império Romano (Cáisers). Quando um César morto era cremado, uma águia era solta para voar acima da pira. Supunha-se que esta simbolizasse sua alma imperial, voando para o céu para se juntar aos deuses, seus irmãos celestiais.[11] Essa apoteose imperial foi o modelo para a cerimônia cristã de canonização, na qual uma pomba branca era solta para levar a alma beatificada ao céu, a fim de se juntar aos anjos.[12]

Como uma forma totêmica do espírito masculino, a águia era associada ao fogo, ao relâmpago e ao sol. Era a ave de Júpiter — "que havia se tornado carne" na figura dos imperadores. No Egito, a ave imperial correspondente era o falcão de Hórus, o espírito reencarnado de Osíris. Alguns antigos baralhos de Tarô mostravam esse falcão na carta do Imperador, e um de seus nomes alternativos era Osíris.[13] Os símbolos do relâmpago e da ave, presentes na carta do Imperador, claramente o associavam aos elementos tradicionalmente masculinos fogo e ar, enquanto o solo fértil e a cachoeira da Imperatriz a associavam igualmente aos elementos tradicionalmente femininos, terra e água. Aqui, e em muitos outros pontos, as doutrinas estoicas dos elementos pareados permeavam o Tarô.

As pernas cruzadas do Imperador, por sua vez, formavam outro símbolo de Júpiter — o antigo Pai Celestial unido à Mãe Terra. O símbolo de Júpiter era semelhante ao 4 hermético: o número da carta do Imperador. Esse 4 era traçado como o sinal da cruz nas cabeças e nos peitos dos adoradores de Hermes, antes de ser adotado pelos cristãos, que fingiram ter sido criado para se referir à cruz de Cristo. Por muitos séculos, no entanto, esse sinal se referia à cruz hermética e, no Norte da Europa, à Cruz de Wotan.

As pernas cruzadas do Imperador também remetiam aos mitraicos, portadores das tochas do sol: o Filho da Manhã, com as pernas cruzadas em uma direção, e o Filho da Noite, com as pernas cruzadas na direção oposta.[14] Desenhar as pernas em posição de cruz era uma peça crucial da simbologia do Tarô, que pode ser, inclusive, vista na carta do Enforcado, que está em vias de encontrar a morte, e, novamente, na carta do Mundo, onde se vê a Senhora da Vida ou da reencarnação.

A conexão do Imperador com cartas de destruição cíclica e renascimento sugeria uma mensagem gnóstica recorrente: que o sucesso material e o orgulho traziam retribuição cármica na forma de uma queda. Então, O Imperador entronizado simbolizaria um deus em sua glória, firmemente unido à Imperatriz, que abraçava seu escudo com a águia, tornando-o o esposo de sua terra. Ainda assim, havia as indicações habituais de que sua potência falharia e seus dias de glória chegariam ao fim. Como O Enforcado, ele eventualmente enfrentaria a aniquilação. Alguns baralhos de Tarô, inclusive, mostravam O Imperador sentado diante de um cenário de montanhas áridas. Um bando de corvos carniceiros sugeria seu fim inevitável. O mesmo sugeria sua carta correspondente, a torre fálica atingida por um raio — a Casa de Deus (16). Às vezes, a carta da Torre pode ser interpretada como uma descrição quase literal do Sacro Império Romano.

Por outro lado, um título alternativo do Imperador era Guardião do Santo Graal.[15] O que remetia ao Rei Pescador do ciclo do Graal, o homem coxo a quem Wolfram von Eschenbach deu o nome de Anfortas. Inicialmente, o grito de guerra do rei era *Amor*. Porém, no conflito entre o cristianismo e o paganismo, ele foi emasculado, e o *Amor* deixou de guiá-lo. Como o resto do mundo, Anfortas ficou esperando pelo Cavaleiro Prometido que traria sua salvação. E quem era este Cavaleiro? De acordo com as primeiras versões da mitologia do Graal, seria o próprio iniciado: Peredur/ Percival, que havia começado sua jornada mística como o Louco e, após muitas provações e perigos, acabou por conquistar o Mundo.

Como A Imperatriz, O Imperador foi despojado de seu título imperial na França pós-revolucionária e renomeado como O Avô. Mas logo ele voltou ao seu título original, já que os intérpretes do Tarô continuaram a vê-lo como um símbolo do poder secular.

5 – O Papa

O Papa do Tarô é uma figura especialmente enigmática. E sem dúvida não foi concebido para sugerir a ortodoxia cristã. Afinal, uns poucos estudiosos que o compararam ao papa romano o fizeram com muitas reservas. "Escritores que interpretam a carta do Papa como a carta da religião estabelecida também geralmente sugerem que o buscador da verdade a olhe mais profundamente."[1] Este significado simbólico foi percebido em alguns designs clássicos do Tarô, nos quais os "pilares da igreja" atrás do trono do papa parecem não sustentar absolutamente nada.[2]

No que diz respeito ao número, O Papa foi equiparado à carta do Diabo (15), recordando a crença gnóstica do século XIII de que o

Jeová da Igreja Romana era um demônio que havia criado o mundo material apenas para aprisionar almas nele. Algumas ilustrações alternativas para a carta do Papa representavam diversos "deuses dos pagãos" que a Igreja automaticamente definia como demônios. Os baralhos franceses, por sua vez, transformaram O Papa em Júpiter para combinar com Juno, A Papisa.[3] Outros retratavam O Papa como Baco, vestido com folhas de videira, montado em um barril de vinho, bebendo de uma garrafa.[4] Baco (ou Dioniso) era um deus muito lembrado e venerado na Europa medieval. Os camponeses italianos ainda juram em seu nome por meio da expressão "Corpo di Bacco" — que remete a "Corpo de Deus". Além disso, no século XIX, no Reno, alguns vinicultores alemães ainda faziam oferendas a um altar arruinado de Baco para terem boas colheitas.[5]

Outras denominações para O Papa do Tarô, como Grande Mestre ou Príncipe Cigano, sugerem uma forte associação à magia.[6] Aliás, vários papas reais eram conhecidos pelos ocultistas como mestres da magia das trevas, como Leão III, autor do *Grimório do papa Leão III*, e Honório III, suposto autor do *Grimório do papa Honório*. Entre seus muitos encantamentos mágicos, *O Grimório do papa Honório* fornecia os setenta e dois nomes secretos de Deus, através dos quais um praticante de magia podia realizar todos os tipos de milagres.[7] Havia uma crença geral de que o poder dos papas residia em um conhecimento cuidadosamente guardado desses nomes secretos — uma crença baseada na tradição da magia dos nomes, que acabou evoluindo para o dogma cristão do Logos (Palavra Divina).

Desde os primórdios, sacerdotes da Índia e do Egito fingiam controlar seus deuses por meio de mantras falados que continham seus nomes secretos. Os muçulmanos também acreditavam no mesmo conceito; segundo eles, Alá seria forçado a responder a qualquer oração se seus noventa e nove nomes secretos fossem pronunciados.[8] Da mesma forma, os cristãos acreditavam que um sacerdote poderia obrigar Deus a fazer o que fosse pedido, desde que usasse seus nomes secretos em uma missa especial dedicada ao Espírito Santo.[9]

Tais noções sobre os poderes verbais dos eclesiásticos se desenvolveram naturalmente a partir da própria doutrina da Igreja sobre as chaves do céu e do inferno. Afirmava-se que cada papa as herdaria, talvez na forma de palavras ou símbolos secretos, que teriam sido dados a Pedro por Jesus. Essas chaves garantiriam a resposta de Deus a tudo que os papas desejassem: bênçãos ou maldições, absolvição ou anátema.[10] "O que ligares na terra será ligado nos céus; e o que desligares na terra terá sido desligado nos céus" (Mateus 16:19).

Na verdade, a doutrina das chaves existia muito antes do cristianismo, sendo comum à maioria das religiões pagãs. Os sumos sacerdotes chegavam a personificar o portador celestial das chaves nos portões do céu. Os mitraístas romanos, por sua vez, tinham até mesmo um pontífice supremo chamado *Pater Patri* (Pai dos Pais), que detinha as chaves do céu e do inferno.[11] Os papas cristãos assumiram tanto as suas chaves quanto o seu título, que foi gradualmente corrompido até se tornar a palavra *papa*.[12] O nome Pedro, por sua vez, era outra variante do título sacerdotal.

"Jesus não instituiu Pedro como o chefe de sua Igreja; ele não 'fundou o papado.'"[13] A chamada passagem petrina de Mateus 16 foi uma falsificação, inserida tardiamente para sustentar a primazia da Santa Sé Romana contra as reivindicações rivais de Constantinopla. Os patriarcas bizantinos adotaram seu próprio apóstolo, André (do grego *andros*, "homem"), afirmando que teria sido o primeiro seguidor de Cristo, o irmão mais velho de Pedro, e o primeiro apóstolo a ser martirizado.[14] Por essas razões, diziam, a Igreja Bizantina deveria ser considerada o verdadeiro papado. No entanto, a lenda de que André teria sido crucificado em uma cruz em forma de X não teve origem bizantina. Ela só apareceu no final da Idade Média, aparentemente no norte da Europa, talvez como uma reinterpretação confusa da Cruz de Wotan.[15]

Uma investigação mais profunda da lenda romana de Pedro nos apresenta à curiosa tradição de um Pedro, Petra ou Pater que atuava como guardião das chaves do além mundo, séculos antes da Era Cristã. A relação etimológica entre as palavras "pai" e "rocha" (*pater* e *petra*) tinha uma fonte comum no pilar fálico de pedra, plantado no Monte Vaticano, onde a mitologia cristã posteriormente localizou a cruz invertida de São Pedro.[16] Antes mesmo da fundação de Roma, um sumo sacerdote etrusco chamado *Vatis* guardava o portão desse monte sagrado. O tal "Pedro" ou *Petra* pode ser uma referência ao falo de Júpiter (Ju-pater), o Gerador", derivado do deus Dyaus Pitar.

Havia outras manifestações dessa "rocha das eras". Os egípcios conheciam o espírito de um obelisco chamado Petra, possivelmente o mesmo pilar de rocha adorado pelos edomitas na cidade sagrada de Petra. Na Bíblia, esta divindade era conhecida como "a Rocha que te gerou" (Deuteronômio 32:18).[17]

A cruz invertida de São Pedro pode ter sido derivada do símbolo *petra* do pai celestial, descendo para fertilizar o ventre da Mãe Terra. À medida que o deus descia, a coroa pontiaguda do obelisco ou pilar fálico era invertida. Assim, uma *petra* invertida formava a ponte entre o céu e a terra, que a Roma pagã identificava com seu sagrado Paládio, às vezes chamado de Cetro de Príamo — "à semelhança de um órgão sexual masculino".[18] O sacerdote *Pontifex Maximus* (Grande Construtor de Pontes), por sua vez, era encarregado de comandar ritos sexuais unindo o espírito masculino do Paládio com o espírito feminino do altar das Vestais.[19] Esses sacerdotes usavam o chapéu cônico chamado ápex, que evoluiu e se tornou a tiara pontifícia; assim, alguns estudiosos modernos passaram a declarar que "a tiara do papa é fálica."[20] Há razões, inclusive, para suspeitar que as autoridades do Vaticano tenham preservado uma representação mais gráfica do deus fálico *petra* ao longo dos séculos. No século XIX, um visitante vitoriano chegou a afirmar que os sacerdotes do Vaticano "mantinham em segredo um grande emblema de pedra simbolizando o poder criativo, em um formato muito peculiar".[21]

Assim, parece provável que a lenda cristã da fundação da Igreja Romana por São Pedro não seja baseada em fatos históricos, mas que tenha sido enxertada em uma tradição mais antiga do espírito masculino de Roma. Também é possível que O Papa do Tarô esteja representando ao menos uma parte dela, ainda que de forma imprecisa. Na terminologia pagã, o papa era o *eidolon*, "imagem do deus", como os sumos sacerdotes de outrora. É interessante notar que alguns baralhos modernos de Tarô optaram por mudar o título do Papa para Sumo Sacerdote ou O Hierofante — o mesmo título que distinguia o homem escolhido para se unir a Deméter nos Mistérios de Elêusis, ou para personificar Osíris nos Mistérios de Ísis.[22] O povo comum geralmente via o sumo sacerdote como uma encarnação dessa divindade.

A ligação entre O Papa e O Diabo na simbologia do Tarô pode ter sido herdada das lendas de diversos papas romanos que, acreditava-se, teriam conseguido a posição por meio de um pacto com o Diabo.[23] Os povos medievais pareciam não ver incongruência em presumir que o trono papal estivesse à disposição do Diabo. Talvez o papal protegido do Diabo mais famoso tenha sido Gerbert de Aurillac, que se tornou o papa Silvestre II. Gerbert cresceu na França, no século X, uma região ainda saturada pela religião feérica de Diana Silvia, e pode ter pertencido a um grupo que venerava a deusa. Mesmo como papa, dizia-se que teria uma amante feérica chamada Meridiana (Maria-Diana), que lhe havia ensinado os segredos da magia.[24] Logo, o nome que escolhera para assumir o papado, seria o título de um dos consortes de Diana.

A verdade sobre o papa Silvestre é que ele era mais inteligente e culto do que a maioria de seus contemporâneos eclesiásticos, cujo costume envolvia atribuir influência diabólica a tudo que estivesse além de sua compreensão.

> A lista de homens influentes que foram acusados de magia nesses séculos (...) é impressionante; inclui todos os homens de real destaque, e, no meio deles, está um dos papas mais sábios de todos, Silvestre II (Gerbert). (...) Tornou-se uma ideia aceita que, assim que um homem concebe o desejo de estudar as obras de Deus, seu primeiro passo deva ser forjar uma aliança com o Diabo.[25]

Então, de todas essas possibilidades, quem mais contribuiu para a imagem do Papa no Tarô? Foi Silvestre? Honório? Leão? Júpiter? Baco? Osíris? A *petra* pagã? O Pater mitraico? O Pontifex, que se tornou "pontífice"? O Diabo? As interpretações são mera questão de escolha. Só é possível imaginar que lições teriam sido aprendidas no século XIII através da estranha representação deste homem santo.

6 – Os Enamorados

A sexta imagem da Roda da Vida tântrica mostra um casal se beijando. O significado dela costuma ser *Sparsa*, "contato", o primeiro encontro do Eu com o Outro. A imagem seguinte, por sua vez, era *Vedana*, "sentimento", o despertar da consciência através dos sentidos, simbolizado por uma flecha entrando no olho de um homem.[1]

A sexta carta dos Arcanos Maiores também mostra um par de amantes, com o deus do amor lhes apontando sua flecha. Cartas antigas de Gringonneur, por outro lado, mostravam um homem e uma mulher se beijando, enquanto cupidos (*amoretti*) disparavam flechas de amor para outros casais em um desfile ou procissão.[2]

Essas imagens transmitiam uma mensagem típica da filosofia tântrica: somente por meio da união física com uma mulher é que um homem ou um deus podiam entrar em "contato" com a realidade e adquirir o poder de lidar com ela. "As mulheres são *Devas* (Deusas)", diziam os sábios tântricos, "as mulheres são a vida em si".[3] As deusas representavam o mundo real sob o título de *Bhavani* — "existência". Um homem ou deus, por outro lado, permanecia incompleto até que se unisse ao espírito dela em seu próprio estágio de *Bhavanan* — "matrimônio".[4] Para o homem iluminado, a vida significava a busca pela Deusa, que só poderia ser apreendida através de *Vedana* (sentimento). O poeta Ramaprasada disse: "Ela é conhecida pelo sentimento. Como poderia encontrá-La sem ele?"[5]

Místicos ao redor do mundo compartilhavam de opiniões semelhantes sobre a importância da influência feminina na vida de um sábio. Os sufis afirmavam que todo homem precisava de uma *fravashi* feminina ou "Espírito do Caminho", o equivalente à tântrica *Shakti*. Ela era o Qis-Mah de cada homem, uma amada enviada pela Lua (Mah). Seu título foi modificado pelos turcos e transformado em *kismet* — "Destino".

Os órficos diziam que todo homem deveria abraçar sua *Dike* ou "Destino" como o faria com uma mulher amada, tal qual a Eurídice de Orfeu, cujo nome significava "Destino Universal" — como o espírito tântrico do carma. O noviço no caldeirão órfico encontrava sua *Dike* sob a forma de uma rainha fada, que o tocava com sua varinha mágica para lhe abrir os olhos à realidade da vida.[6]

Uma regra geral do Oriente pregava que xamãs, sacerdotes, sábios e outros homens sagrados precisavam de um casamento espiritual/sexual antes que pudessem exercer a plena posse de seus poderes. "Uma divisão bastante importante da 'mitologia da mulher' é dedicada a mostrar que é sempre um ser feminino que ajuda o herói a conquistar a imortalidade ou a sair vitorioso de seus testes iniciáticos."[7] Assim como os xamãs nativo-americanos, os sacerdotes brâmanes, israelitas e romanos também precisavam atingir a autoridade espiritual por meio do casamento. Até o Flâmine dial, o alto sacerdote de Roma, mantinha seu cargo apenas enquanto fosse casado com a Flaminica, a alta sacerdotisa de Juno. Se ela morresse, ele perderia imediatamente sua posição e status.[8]

Esses costumes podem ser rastreados até a antiga ideia de casamento sagrado, segundo a qual um homem, rei ou deus desenvolvia seus poderes através da união sexual. O rei Salomão, por exemplo, se uniu a Ishtar--Astarte por meio de sua sacerdotisa, chamada de *Shulamita* nas canções de casamento que ainda estão preservadas na Bíblia. Através dos poderes adquiridos dessa união, Salomão recebeu 666 talentos de ouro em um ano (1 Reis 10:14). Contudo, esse número não era real, mas um número mágico, listado em outra parte da Bíblia como o famoso "número da besta" (Apocalipse 13:18).

A besta 666, ou Andrógino Primordial, era originalmente retratada com duas costas e assemelhava-se a um homem e uma mulher em união sexual.[9] Assim como o hexagrama que ele descrevia, 666 era um encanto sexual sagrado à Afrodite Tríplice (Astarte). Alguns místicos pitagóricos chamavam o número 6 de "número perfeito", ou A Mãe. Em latim, seis era *sex*, em egípcio, *sexen*, o que significa "abraçar, copular". Uma palavra egípcia derivada, *seshemu*, "intercurso sexual", tinha como hieróglifo um falo inserido em um portal arqueado no formato de uma *yoni*.[10] Essa palavra foi repetida nos rituais de amor sufistas e se tornou o encantamento mágico que abria o portal da caverna uterina secreta nas fábulas árabes — isto é, o "Abre-te, Sésamo". Daí, o número 6, *sexo*, que as autoridades cristãs chamavam de "número do pecado", com sua mensagem de amor, era especialmente apropriado para o sexto arcano do Tarô.[11]

Na Idade Média, a Igreja desprezava a religião do amor, embora ela fosse praticada por *minne*singers ou *mene*stréis pagãos que adoravam a deusa Minne, ou seja, "Amor". Um deles escreveu sobre ela: "Ela não se assemelha a nada imaginável. Seu nome é conhecido; ela mesma, inatingível... Ela nunca se aproxima dos falsos de coração."[12] Para cada homem, ela encarnava em sua amada. Mas os sacerdotes e monges protestavam contra "a vileza da condição dos amantes que, esquecendo-se de Deus, fazem uma divindade da mulher que amam". Em vez de amar a Deus, diziam eles, os bardos "pecam amando mulheres, que eles fazem de deusas (...) quem quer que as adore, certamente adora Satanás e faz um Deus do mais desleal demônio".[13] A grotesca pintura de Grunewald, *The Dead Lovers*, demonstrava graficamente o destino horrível de casais culpados pelo crime do amor, que monges celibatários escolheram retratar como uma ofensa aos olhos de Deus.[14]

Os membros da Igreja não repudiavam somente o amor adúltero, mas o casamento também. Acreditando na necessidade de celibato universal para alcançar a salvação, os primeiros padres do cristianismo se opunham ao casamento como "um modo de vida poluído e imundo".[15] Tertuliano chamava o casamento de "crime moral", "mais terrível do que qualquer punição ou morte".[16] Orígenes, por sua vez, afirmava: "O matrimônio é impuro e profano, um meio de paixão sexual." São Jerônimo, por outro lado, declarou que o principal objetivo de um homem de Deus deveria ser destruir a instituição do casamento.[17]

Durante a primeira metade da Era Cristã, o casamento não era visto como um sacramento. Os estudiosos afirmam que a cerimônia de casamento foi "imposta" a uma Igreja relutante, e "nada é mais notável do que a tardia evolução das formas litúrgicas para a cerimônia de casamento".[18] Somente no século XIII d.C. foi possível sacerdotes católicos abençoarem um casal recém-casado. Mesmo então, a "poluição" do casamento deveria ser mantida no exterior da igreja. A bênção era permitida apenas na *facie ecclesiae* — nas escadas da igreja, do lado de fora da porta.[19]

Os clérigos se opunham à cerimônia de casamento porque, de acordo com uma tradição secular, essa cerimônia era conduzida por sacerdotisas da Deusa, que regia todas as fases do amor humano: união sexual, concepção e gestação, nascimento, amamentação e cuidados maternos. Se pararmos para analisar, os elementos matrimoniais ainda são amplamente pagãos até hoje, mesmo que as igrejas cristãs os tenham adotado. "O serviço religioso da igreja é intrusivo, não fazendo parte real da cerimônia de casamento, mas apenas uma maneira elaborada de invocar uma bênção sobre o cerimonial, ou o que restou dele, que constitui o verdadeiro casamento."[20]

Nos tempos pré-cristãos, o verdadeiro casamento era realizado por uma sacerdotisa ou aldeã sábia. Aliás, as baladas cantadas pelos *minnesingers* tratam de amantes unidos por uma mulher mais velha — às vezes uma curandeira ou feiticeira, típicas adaptações dos bardos acerca da figura da sacerdotisa. Os famosos amantes Tristão e Isolda, por exemplo, foram unidos pela feiticeira Brangwain, que era, na verdade, a própria Deusa Branwen, guardiã do Caldeirão da Regeneração.[21] O casamento orquestrado por mulheres também era muito comum entre os ciganos, cujos matrimônios incluíam ritos de sangue e cerimoniais que remetiam à bruxaria, como pular sobre uma vassoura. Os casais costumavam ser instruídos em seus deveres matrimoniais por uma sacerdotisa mais velha que venerasse a lua.[22]

Embora a imagem no Tarô mostrasse um casal jovem diante de uma mulher mais velha — que parecia estar falando com eles ou abençoando-os com a mão levantada —, e a carta fosse intitulada "Casamento", os consulentes masculinos geralmente se recusavam a perceber a cena como um matrimônio, simplesmente porque a cerimonialista era uma mulher.[23] Assim, foram feitas algumas interpretações forçadas para evitar a óbvia. Alegou-se que o Arcano Maior Os Enamorados mostrava um homem fazendo uma escolha difícil entre esposa e mãe, entre virtude e vício ou entre paixão e consciência.[24]

No entanto, por serem símbolos de uma iniciação, os arcanos do Tarô *teriam* que incluir um casamento. A literatura romântica e as crenças orientais mostravam que um casamento sagrado era necessário para o iniciado na sexta fase de *Vedana*. Esse sistema era reconhecível tanto na Europa quanto no Oriente. Percival, por exemplo, passou seus primeiros anos como um tolo, depois começou a aprender os segredos do cavalheirismo sob a tutela de sua amada, Blanchefleur (Flor Branca). Ela foi tão desprezada pelos monges cristãos que chegaram a alegar que seria a esposa do Diabo e a mãe do Anticristo.[25]

Há pouca dúvida de que Blanchefleur era uma versão ocidental de *Shakti*, um conceito conhecido tanto no noroeste quanto no sudeste do continente eurasiano. Na versão mais antiga de Percival, Peredur, da épica folclórica galesa, ele foi instruído por sua fada amada, cuja casa ficava na Índia e cujas cores eram os *gunas* sagrados da Grande Shakti: branco, vermelho e preto. A mais antiga épica folclórica saxônica conhecida, "Beowulf", por outro lado, dizia que a Índia era a casa da Deusa Saxã da Páscoa, Eostre, que também era Astarte, e, portanto, se assemelhava fortemente à Kali Tríplice.[26]

Outra correspondência entre o Tarô e o simbolismo tântrico, tão exata que não pode ser mera coincidência, é mostrada pela conexão numérica entre a carta dos Enamorados e a do anjo Temperança (14), derramando suas águas de uma jarra para outra. Os sábios tântricos diziam que uma união sexual ideal, abençoada pela deusa do amor, fundia os amantes de maneira tão completa quanto "o derramar de água em água".[27] Assim, o anjo Temperança só podia representar um ideal espiritual dos amantes terrenos.

Alguns intérpretes do Tarô interpretaram o nome "Temperança" no sentido moderno de "Moderação", mas sete séculos atrás seu significado era diferente. Ele vinha do latim *temperare*, "misturar ou combinar elementos". Outro derivado etimológico era *temperamentum*, a mistura específica dos quatro elementos que criava qualquer personalidade e orientava amantes a se fundirem com aqueles que partilhavam de um temperamento compatível.[28] Sendo a Temperança uma representante terrena do anjo que mistura tais elementos, essa sábia mulher, sem dúvida, teria ajudado os amantes a se encontrarem.

7

A Carruagem

7 - A Carruagem

O sétimo arcano era alternativamente chamado de O Cocheiro, A Carruagem Triunfal ou O Rei Triunfante.[1] Nos desenhos tradicionais, mostra um jovem herói da nobreza, aparentemente bem-sucedido tanto no amor quanto na batalha, elevado ao sétimo grau de iniciação — ou recém-chegado ao auge da juventude, aos 21 anos, de acordo com a tiragem do Yoni Yantra. Com seus quatro pilares e seu dossel azul salpicado de estrelas, A Carruagem, claramente, é uma representação do mundo.[2] E o herói aparentava estar no comando. Paralelamente à experiência da vida em si, o Tarô parece reservar espaço para a arrogância da juventude, mostrando um breve momento de convicção de que uma espécie de paraíso havia sido alcançada, logo após a carta do "casamento".

Foi exatamente em consequência de seu casamento que o consorte de Kali, Shiva, adquiriu o caráter de Jagannatha, "Senhor do Mundo". E este mundo era visto como uma gigantesca carruagem, rolando ao longo do trilho do tempo. Inclusive, grandes templos tântricos foram construídos, tanto em Khajuraho quanto em Konarak, para representar este carro-mundo, com rodas e tudo.[3]

Durante a procissão anual que simbolizava o triunfo desse deus, sua imagem era arranjada em um trono construído em outro enorme carro, e puxado por seus adoradores, alguns dos quais buscavam uma morte de mártir atirando-se sob suas pesadas rodas. Desta prática hindu de autossacrifício veio a palavra inglesa "*juggernaut*", uma forma corrompida de "deus-carro".[4]

O Senhor do Mundo representava uma glória terrena transitória. Como todo deus-rei oriental, estava fadado à queda inevitável após seu dia de glória. Outro ciclo de morte e ressurreição seguiria seu triunfo. Isso poderia explicar a correspondência numérica entre as cartas A Carruagem e A Morte (13). Acreditava-se que um herói devesse estar atento à sua dívida cármica mesmo no auge da glória. Afinal, a morte espreitava ao fundo.

Embora os cortesãos do Oriente saudassem seus governantes usando a piedosa fórmula "Ó Rei, viva para sempre", todos sabiam que o rei teria de morrer. Logo, os romanos, por serem muito práticos, nunca tentaram disfarçar a mortalidade de seus governantes. Sempre que um herói romano era honrado em seu desfile triunfal, uma figura mascarada da Morte permanecia ao seu ombro na carruagem, sussurrando-lhe no ouvido: "Homem, lembra-te de que és mortal."[5]

O prototípico romano de herói-cocheiro era o deus Marte, filho de Juno, a Bem-Aventurada Virgem. O *Liber Imaginum Deorum*, do século XII, dizia que, quando Marte era representado dentro de um carro, isso simbolizava liderança, glória, guerra e morte.[6] O Marte romano era a representação tardia de Sabino, um antigo deus da fertilidade, nascido da famosa tríade Capitolina composta por Juventas-Juno-Minerva, e morto anualmente para ser ressuscitado como todos os outros deuses agrários. Ele, por sua vez, poderia ser rastreado até Rudra, o "deus vermelho" pré-védico, também chamado de Tryambaka, "Aquele Que Pertence às Três Deusas-Mães". Em sua terra natal, Rudra fundiu-se tanto com Shiva quanto com Krishna, que expôs os segredos do Destino ao Príncipe Arjuna na figura de um cocheiro divino.[7] Que os segredos do Destino envolvessem uma consciência da morte era algo já bastante documentado no terceiro milênio a.C., em Akkad, entre a Índia e a Europa. Lá, o caminho para a morte era chamado de "o caminho sem retorno" ou "o caminho do carro".[8]

Os heróis que guiavam carruagens vermelhas, após conquistarem a glória, geralmente enfrentavam uma morte de mártir, e, em seguida, vinham a personificar o sol, como nos mitos gregos de Hipólito, Fáeton e Hélio. Os povos do norte da Europa chamavam o cavaleiro da Carruagem Solar de Njord, "o primeiro deus dos suecos, antes que Odin trouxesse outros deuses da Ásia".[9] Njord representava o sol poente na segunda metade do ano, enquanto Frey, seu alter ego, simbolizava o sol crescente da primeira metade. Juntos, Njord e Frey eram *blotgodar*, "deuses do sangue", que se sacrificavam alternadamente, como Hórus e Set faziam no Egito. Todos os anos, no Yule, quando Frey renascia durante os doze dias do solstício de inverno, era tabu permitir que rodas rolassem — independentemente do motivo.[10] Alguns reis indo-europeus sagrados, da Índia à Irlanda, eram assimilados ao cavaleiro divino da carruagem. Até mesmo seus títulos mostravam uma origem comum: o *raj* védico, "rei", significava o mesmo que as palavras *reg* ou *rex* em latim, *rig* em celta, e *roi* em franco.[11]

Certos cavaleiros pagãos da Carruagem Solar se fundiram ao Rei Sagrado da Floresta no culto bretão de Diana Nemetona, e adentraram o reino da fantasia no famoso poema de Chrétien de Troyes, "Le Chevalier de la Charrette" (O Cavaleiro da Carruagem). Como em todos os romances, o drama alegorizava crenças religiosas que haviam sido proibidas, e as incorporava em uma história de amor cortês.

De acordo com a ideia platônica exposta no *Fédon*, e difundida pelos estudiosos medievais, o cocheiro representava a alma humana. Os cocheiros celestiais cavalgavam pelos ares celestes até perderem seus veículos alados e caírem na terra para nascerem como seres humanos. Daí vem "o aprisionamento no corpo até que Eros dê às almas força suficiente para fazer uma nova ascensão".[12] Alguns filósofos do Oriente se referiam à alma (ou à mente) como o cocheiro do corpo, e aos desejos sensuais como seus cavalos.[13] Em uma escala macrocósmica, o Grande Deus Jagannatha pode ser visto como o *Oversoul*[M] (A Superalma) cavalgando a carruagem do corpo-mundo. De acordo com o *Katha Upanishad*, os cavalos do desejo devem ser firmemente controlados pelo auriga interior.[14] E o verdadeiro sábio seria aquele "que controlou seus sentidos, está sempre em busca da verdade, engaja-se em adoração e sacrificou não só a luxúria como todas as outras paixões".[15] Carl Jung também apontou que, no simbolismo dos sonhos e da fantasia, os cavalos geralmente representam impulsos emocionais incontroláveis.[16]

Sendo assim, os cavalos desta carta de Tarô merecem um estudo mais atento. Sempre em cores contrastantes, como o dia e a noite, às vezes eram cavalos perfeitamente reconhecíveis, mas, em outras circunstâncias, eram animais parecidos com cães (como os cães da morte da Deusa da Lua), esfinges com seios femininos, e, até mesmo, uma estranha criatura de duas cabeças com quatro patas dianteiras e nenhuma pata traseira, cada uma delas virada para uma direção em um movimento de puxa e repuxa. Isso pode ter sido uma cópia do hieróglifo egípcio para *xerefu* e *akeru*, "os Leões de Ontem e de Hoje".[17] O significado secreto deste símbolo era que a Mãe Háthor, a Esfinge, governava a passagem do Tempo, e, sob essa forma, devorava heróis, não importando quão gloriosos ou "atemporais" seus feitos terrenos tivessem sido.

Curiosamente, o cocheiro do Tarô raramente conduzia sua carruagem. Na maioria dos baralhos, ele não está segurando as rédeas — apenas fica ereto em seu veículo enquanto os animais seguem seus próprios caminhos, indo em direções opostas, como se, eventualmente, fossem destruir a carruagem. A mensagem pode ter sido um corolário da mensagem da carta da Morte: o homem nunca está no controle de seu Destino, mesmo que pense estar.

Os sábios do Oriente sempre enfatizavam a futilidade do orgulho nas glórias terrenas, clamando ser somente uma mão dada pelo Destino (carma) e prestes a ser substituída. Um herói orgulhoso ainda não teria alcançado a sabedoria do "verdadeiro eu", que lhe faria perceber a inexorável

[M] O conceito de Superalma faz parte da filosofia hinduísta e diz respeito a uma consciência cósmica, uma presença divina universal que habita em todos os seres vivos e permeia toda a existência. [N. da T.]

rotação da roda cármica, tão implacável quanto uma carruagem *juggernaut*. "Aquele que viu seu verdadeiro eu encara uma existência transmigratória como se fosse uma roda de carruagem rolando."[18]

Durante a Renascença europeia, espetáculos e desfiles eram organizados da mesma forma que o triunfo romano, exibindo celebridades montadas em carruagens junto a figuras alegóricas de origem mitológica. Às vezes, em vez de desfilarem pelas ruas para a admiração das massas, uma procissão de carruagens era organizada como entretenimento privado para os habitantes de um castelo. Carruagens decoradas se moviam ao redor de um pátio central e eram vistas das janelas interiores. Isso era conhecido como um *carousel* (carrossel), "carruagens que giram".[19]

Como muitos outros símbolos pagãos, o carrossel passou para os costumes de circo e festivais e se tornou um brinquedo para crianças. Hoje, suas carruagens são estacionárias e ficam sobre uma plataforma giratória — todos os cavalos são mecânicos. E mantém o mesmo nome. Mas seu significado mais profundo não era tão alegre; afinal, derivava das visões das rodas giratórias do Destino.

Ocupar A Carruagem não é tão perigoso quanto ocupar o assento da morte da Távola Redonda, mas, ainda assim, a mensagem do Tarô não é inadequada para heróis modernos. Como as cartas seguintes deixam cada vez mais claro, o recém-casado aspirante ao sucesso mundano deve tomar cuidado para que sua "estrada" não o leve ao inferno.

A Justiça

8 – A Justiça

Após a glória efêmera da Carruagem, os Arcanos Maiores nos apresentam a uma figura bastante sombria: a Deusa Justiça, equilibrando prazer e dor na balança, e exigindo o pagamento de uma dívida cármica.

Os sábios do Oriente acreditavam que os prazeres da vida geralmente vinham antes da dor; mas quanto maior a glória, mais profunda deve ser a expiação correspondente. Desta ideia de equilíbrio cármico surgiu o preceito gnóstico tradicionalmente associado a Lúcifer, de que o orgulho sempre precede a queda. Embora os homens possam se sentir deuses, a Deusa do Destino, sob seus diversos nomes, exigia uma compensação justa pelos dons concedidos. E são precisamente os que estão na mais alta posição da carruagem do mundo que devem suportar o sacrifício mais doloroso — "para cada ação, uma reação igual e oposta".[1] Tal era a lei cármica.

A visão gnóstica da Justiça com suas balanças era essencialmente a mesma que a visão oriental da Deusa do Destino, responsável pelas leis cármicas. Essa deusa esteve presente em inúmeras filosofias gregas clássicas, e foi representada por diversos nomes, como Dike (Justiça), Ananke (Necessidade), Nêmesis (Retribuição) e Heimarmene (Destino Atribuído). Esses não eram princípios abstratos, mas representações firmemente personificadas da Deusa em cada caso, nas quais era adorada como Mãe tanto da criação quanto da destruição — essa ubíqua deusa do nascimento e da morte, cujo caráter foi tão completamente erradicado da imaginação ocidental. Alguns filósofos estoicos a viam como a governante de todo o universo, uma criadora e destruidora dos próprios deuses. Os órficos partilhavam da mesma opinião e também declaravam que seu consorte era Cronos (Tempo), em cujo reino as leis da justiça agiam, inevitavelmente, mais cedo ou mais tarde. Toda a criação estava sujeita às manipulações da Deusa, da qual nada podia ser ocultado.[2]

Mas a inexorável senhora do Destino ou Justiça é mais antiga que a filosofia estoica. Ela apareceu cedo no Egito, na Babilônia e na Fenícia. Para os egípcios, ela era Maat, a Mãe, cujo nome era sinônimo de Verdade ou Justiça.[3] Em suas balanças, o coração-alma (*ab*) de um homem devia ser pesado contra seu símbolo, a Pena da Verdade. Um homem que fosse "pesado na balança e achado em falta", como a Bíblia traduziu a frase egípcia (Daniel 5:27), seria consumido no submundo por um monstro chamado *Am-Mut*, o "devorador de corações", um aspecto Destruidor da Deusa.[4]

A oeste do Egito, os adoradores fenícios/cartagineses de Astarte estabeleceram sociedades seguindo o mesmo conceito de dualidade retributiva da Deusa. Sob a alcunha de Astraea, a Estrela, ela era a Rainha Virgem do Céu associada à constelação de Erígone (Virgem) e acompanhada por Maera, uma cadela preta, sua "cachorra da lei" semelhante à Fúria.[5] Na mitologia homérica, Maera era o espírito da retribuição encarnado na rainha troiana Hécuba ou Hécabe, que, na verdade, era Hécate — a Deusa da Lua "encarnada". Após a morte de Hécuba, sua alma apareceu como

Maera e aterrorizou seus assassinos gregos, que temiam profundamente o rastro de sua maldição vingativa.[6]

Os romanos conheciam a Rainha Cartaginesa do Céu como a Mãe da Líbia, ou Libera, deusa que presidia o festival Liberália. Seu consorte era Baco, também chamado de Pai Liber.[7] Às vezes era chamada de Libra, cujo nome se tornou a versão astrológica da Senhora das Balanças, segurando, em uma das mãos, a balança e, na outra, a espada, da mesma forma como no Tarô. A versão do zodíaco de Libra sempre foi associada a Vênus, outro título que se referia à mesma Deusa.[8]

Uma antiga estela em Cartago exibia a Deusa junto ao oito de forma a mostrar o "equilíbrio perfeito", número que se tornaria o símbolo do infinito, assim como o número dado à carta da Justiça no Tarô.[9] Talvez o surgimento do mesmo símbolo na carta 11, A Força, tenha contribuído para causar certa confusão entre as duas cartas, o que levou a Ordem Hermética da Aurora Dourada a trocá-las de posição em certos baralhos de Tarô. Do ponto de vista gnóstico, A Justiça faz mais sentido em sua posição original, o 8, entre o ousado herói da Carruagem (7) e o recluso Eremita (9), prestes a começar sua peregrinação solitária. Em sequência, as três cartas sugeriam fortemente a típica ideia oriental de que, após o período de *bhavanan* — casamento e sucesso mundano — a lei cármica exigia que o homem renunciasse às suas posses materiais antes que qualquer retribuição fatal pudesse recair sobre sua família. Logo, ele deveria ir sozinho para o deserto, onde jejuaria e meditaria. Assim, poderia passar para uma etapa mais espiritual da vida e adquirir a iluminação de uma maturidade mais profunda — o que parecia ser a base da carta do Eremita.

A carta da Justiça também era conhecida como O Juiz, Ma (Maat), ou Maria Madalena.[10] A aparição de Maria Madalena na tradição do Tarô pode ter sido resultado da opinião gnóstica de que ela, e não São Pedro, era a verdadeira papisa que recebia o poder espiritual diretamente de Jesus e o transmitia a seus discípulos gnósticos. No Evangelho o *Diálogo do Salvador*, ela era chamada de "a mulher que conhecia o Todo" e dizia-se que sua sabedoria, visão e percepção superavam as de todos os apóstolos masculinos.[11] O Evangelho de Maria a equiparava à Virgem Rainha do Céu como uma Deusa Tríplice, alegando que as três Marias dos Evangelhos eram a mesma.

Nas palavras de Jesus, ela era "Mariham, a Feliz — herdeira do Reino da Luz".[12] Outros escritos gnósticos a chamavam de "poder feminino primordial", a primeira e a última, a prostituta e a santa, a esposa e a virgem, a mãe e filha.[13] Alguns cristãos da Idade Média, honrando-a como santa, transformaram-na em mais uma encarnação da Grande Mãe pagã, afirmando que governava toda a sabedoria, o amor, o nascimento e a morte. Ela governava a produção de alimentos da terra e poderia ressuscitar os mortos.[14] Assim, as balanças que segurava simbolizavam o mesmo que aquelas presentes em muitas figuras divinas anteriores: controlariam os equilíbrios do Destino e aplicariam a Justiça.

De acordo com representações mais recentes da Justiça na iconografia ocidental, ela usa uma venda nos olhos, mas a origem disso é obscura. Pode ter sido uma adição eclesiástica, implicando que os julgamentos da Deusa eram cegamente arbitrários ou que careciam de iluminação. No entanto, o Tarô segue representações anteriores. Sua carta costuma mostrar a Justiça de olhos abertos, com um olhar direto e penetrante, o Olho Que Tudo Vê, e pode ser atribuído a Maat.

Que uma mulher devesse ser a juíza natural das atitudes dos homens é uma ideia profundamente antiga, que remonta ao período neolítico matriarcal, ou talvez até antes — remetendo a uma época em que as mulheres escolhiam seus parceiros, como outras fêmeas de animais, avaliando criticamente o desempenho dos homens em tarefas ou competições. As mitologias mais antigas mostram que as Tábuas Originais da Lei (referentes às Leis das Doze Tábuas ou aos Dez Mandamentos Bíblicos) foram dadas aos homens pela Deusa, e não pelo Deus, como retratado na Bíblia. Os sumérios disseram que Tiamat, a Mãe Criadora, as deu a Kingu, seu filho primogênito, o primeiro Senhor do Mundo, cujo sangue sacrificial nutria as gerações futuras.[15] A Grande Mãe Egeia, Deméter, por sua vez, sob seu nome mais antigo, Rhea *Dictynna* (Rhea, a Legisladora), *ditava* seus *decretos* para os reis minoicos dos Montes *Dícti*, a montanha sagrada da Palavra.[16] Por muito tempo, sob o título de Nêmesis ou "Devida Emenda", ela foi vista como a suprema árbitra da lei.[17]

Em Israel, as matriarcas tribais assumiram funções de juízas no período pré-patriarcal (Juízes 4:4) e na Europa pré-cristã, até que a Igreja usurpou sua autoridade e começou a chamá-las de bruxas. No entanto, essas mulheres mantiveram essa função judicial por bastante tempo. A Carta Magna de Chester mencionava *iudices de Wich* — "justiças" ou juízas que também eram bruxas.[18] Ou seja, referia-se às mulheres sábias descendentes dessas matriarcas tribais. Até a Renascença, a figura da Justiça ainda era sinônimo de Astraea-Erígone. Francesco Filelfo, o poeta, inclusive, chegou chamar a Justiça de: "a grande Deusa real por quem cidades e impérios são preservados em orgulho; sem ela, nenhum reino é capaz de durar por muito tempo."[19]

9

O Eremita

9 - O Eremita

A tradição tântrica ensinava que a vida secular de casamento e outros assuntos mundanos (*grihastha*) deveria ser seguida por uma vida compensatória de solidão e meditação (*vanaprastha*).[1] Durante esse período, o sábio deveria confrontar o conceito de morte iminente e encontrar os espíritos que, eventualmente, levariam sua alma rumo à jornada fatal.

Os órficos gregos ensinavam a mesma doutrina. Assim, da palavra "pequeno Hermes" surgiu o termo "*eremita*", pois Hermes era o espírito que conduzia as almas aos seus devidos destinos. Segundo essa doutrina, os que fossem adequadamente ensinados e meditassem sobre os Mistérios se tornariam como Hermes, e, dessa forma, seriam acolhidos por Perséfone nos "assentos dos Santificados".[2] Os cristãos, por sua vez, tinham um conceito semelhante; acreditavam que se tornar um eremita sagrado era uma espécie de atalho para o céu, porém, substituíram o assento oferecido por Perséfone pela expressão bíblica "um lugar à direita de Deus".

O Eremita do Tarô parece sempre estar começando uma jornada, caminhando na direção oposta à do Louco. Como Hermes, carregava um cajado, às vezes na forma de um caduceu hermético, e em diversas representações era guiado pela serpente hermética.[3] De número 9 na sequência dos Arcanos Maiores — o número crucial das Musas inspiradoras — e prestes a adentrar a segunda esfera lunar, O Eremita parecia estar iniciando uma jornada para o mundo interior do inconsciente e do místico. Seu correspondente numerológico, por sua vez, a Deusa da Força (11), representa a força interior àquele que, solitário, busca sua própria *I-dea*; ou seja, literalmente a Deusa Interior, um termo clássico usado para designar Shakti.

Sempre foi costume de videntes, sábios, xamãs, salvadores, magos, profetas e outros homens santos passar algum tempo em isolamento, preferencialmente no deserto, mas também, frequentemente, em um poço ou caverna — que simbolizava o ventre do renascimento espiritual. "O simbolismo religioso e mítico usa de inúmeras imagens para representar a introversão: morrer, descer, criptas subterrâneas, abóbadas, templos escuros, o submundo, o inferno, o mar etc.; ser engolido por um monstro ou peixe (como Jonas), passar tempo na natureza etc."[4] Jung observou que pode haver razões psicológicas sólidas para tal isolamento e inversão. "Isso geralmente resulta na animação da atmosfera psíquica, como um substituto pela perda de contato com outras pessoas. Causa uma ativação do inconsciente."[5]

Até mesmo os Evangelhos cristãos registraram um período de isolamento ascético, tanto para João Batista quanto para Jesus; ambos os quais, estudiosos acreditam, pertenciam a um culto essênio. A meditação prolongada no deserto era uma regra iniciatória entre os essênios, que também tinham, em cada um de seus grupos, um funcionário a quem chamavam "Cristo" ou "Mestre da Justiça", treinado para suportar punições dolorosas no papel de bode expiatório pelos pecados dos outros.[6]

Os iogues do Oriente também treinavam para suportar provações físicas, como fome, sede, imobilidade corporal ou até mutilação, a fim de superar os desejos físicos e aumentar a percepção interior. Muitas vezes, usavam técnicas de respiração controlada, como ainda é sugerido pela palavra *inspiração* — literalmente, "respirar um espírito". Ter o espírito dentro de si era conhecido pelos gregos como *enthousiasmos*, "divindade interior", uma espécie de possessão. É óbvio que, quando a igreja cristã determinou que todos os antigos deuses que costumavam causar *enthousiasmos* eram demônios, essa mesma "inspiração" passou a ser vista como possessão demoníaca. Contudo, o *enthousiasmos* grupal ainda era bastante comum no século passado, entre grupos como os Shakers ou Holy Rollers,[N] encontros de campistas, ou nas cerimônias de vodu.

O Eremita do Tarô já foi associado inúmeras vezes a Diógenes, um famoso sábio iogue que vivia em um grande pote de barro à porta do templo da Grande Mãe. Com sua lanterna, dizia-se que Diógenes estava sempre à procura de um homem honesto. O verdadeiro motivo de sua busca raramente era incluído na lenda grega. Seus seguidores, os *cínicos*, pregavam que o fim do mundo chegaria quando não houvesse mais nenhum homem honesto entre os vivos. Mas, enquanto um deles ainda restasse, o apocalipse poderia ser adiado. Existem indícios de que os essênios pregavam a mesma doutrina.

Na Grécia, os "eremitas" de Hermes eram conhecidos por praticar um tipo de masturbação ritualística, inventada pelo próprio Hermes, como uma técnica de autocontemplação na busca pelo divino dentro de si. Da mesma forma, na Índia, muitas práticas autoeróticas eram atribuídas a Krishna, como o Deus do Amor Próprio. Pagãos e povos orientais costumavam acreditar que a masturbação purificava o corpo, ao contrário da visão cristã de que era um pecado, uma "poluição".[7] Por essa razão, alguns estudiosos veem o caduceu hermético como um símbolo fálico da masturbação — prática quase inevitável de qualquer homem solitário — e também atribuíram esse significado ao Eremita do Tarô.[8]

[N] Os "Holy Rollers" surgiram no final do século XIX como grupos de cristãos pentecostais com práticas histriônicas e controversas; como falar em línguas (glossolalia) ou praticarem exorcismos entre os fiéis durante os cultos. [N. da T.]

Em alguns casos, o autoerotismo do sábio supostamente representaria um casamento sagrado com sua esposa espiritual, ou Shakti: ou seja, uma união sexual com sua própria alma ou com a Deusa. A razão mais comumente apresentada para a vida celibatária de um sábio era que, após ter experimentado o amor da Deusa, ele seria para sempre incapaz de desfrutar dos encantos menores das mulheres comuns.[9]

Essa noção também foi repetida na tradição cristã. Alguns monges afirmavam ter se tornado noivos da Virgem Maria, oferecendo uma aliança de casamento para a sua imagem.[10] Assim como Pigmalião, o sacerdote cipriota, casou-se com a estátua de Afrodite-Galateia, os frades bretões continuaram a se casar com a Rainha do Céu até o final do século XV. O irmão Alain de la Roche, inclusive, chegou a descrever seu próprio casamento com Maria. Diante de uma multidão de "anjos", ela lhe teria apresentado um anel feito de seus próprios cabelos.[11]

As ascetas cristãs, por sua vez, eram chamadas de "noivas de Cristo", pois as freiras copiavam as Vestais romanas, que eram *amatae*, "amantes" do espírito masculino de Roma, personificado no priápico Paládio.[12] De diversas maneiras, a sexualidade e a espiritualidade sempre estiveram mais intimamente relacionadas do que as religiões patriarcais gostam de admitir. Ao ouvir confissões de freiras que afirmavam já ter copulado com Cristo, os padres, de maneira inconsistente, às vezes declaravam que essas mulheres haviam sido possuídas por demônios. Mas, à luz do próprio ensinamento da Igreja, essa premissa não era tão ilógica assim.

As esposas-espirituais dos sábios tântricos, por sua vez, deveriam vir das fileiras das Dakinis do Estado Intermediário. Esses anjos da morte podiam assumir a forma de belas fadas, que levavam seus amantes ao paraíso celestial, ou poderiam ser temíveis e súcubos devoradores. No Livro Tibetano dos Mortos, é possível encontrar uma notável percepção; a de que todos os espíritos do mundo da morte são projeções mentais:

Que eu reconheça o que aparecer como sendo fonte de meu próprio pensamento,

Que eu saiba que são aparições no Estado Intermediário...

Que eu não tema os bandos de Pacíficos e Irados,

Que são minhas próprias formas-pensamento.[13]

Se O Eremita mergulhasse no mundo inferior do inconsciente, é certo que encontraria muitas de suas próprias formas-pensamento, ainda que elas se ocultassem atrás de simbolismos convencionados. No entanto, a liberdade de interpretação permitida pelos símbolos do Tarô deixa muito espaço para a linguagem pré-verbal e mitográfica de cada indivíduo se manifestar. Alguns afirmam ser este o verdadeiro segredo do Tarô. Logo, como a contemplação na selva solitária do eremitério, a contemplação solitária do Tarô poderia levar a novos tipos de percepção.

10 – A Roda da Fortuna

O termo "Roda da Fortuna" é oriundo de uma representação latina da Deusa Tríplice enquanto regente do Destino e derivado da deidade Vortumna, "Aquela que Vira o Ano", uma versão etrusca da Grande Mãe.[1] Como Kali, Fortuna-Vortumna personificava todos os ciclos do Tempo e do Ser: como virgem era Fortuna Primigênia, "aquela que concede a seus adoradores toda graça do corpo e toda beleza da alma"; como mãe, Bona Fortuna ou Bona Dea, "a Boa Deusa"; e sua fase anciã era Mala Fortuna, a Destruidora, que, cedo ou tarde, levava a vida de cada homem consigo.[2] Em seu templo Esquilino, esta deusa era representada por um olho onisciente na forma de uma roda.[3]

Como em outras sociedades antigas, a Deusa era a base do poder em Roma, e, nesse viés, conhecida como Fortuna Augusti ou Fortuna Régia, o "Destino da Realeza" — ou *Tyche Basileos*, em grego. Cada César carregava uma imagem dourada da deusa consigo o tempo todo, até mesmo para dormir ou viajar. O povo, por sua vez, jurava fidelidade à Fortuna do imperador.[4] Os romanos acreditavam que os números ímpares eram sagrados para esta deusa, por isso agendavam cerimônias religiosas apenas em dias ímpares, pois consideravam ser mais propícios.[5]

Um símbolo mundial da Deusa Fortuna era a roda do tempo, originalmente derivada da roda estelar celestial que marcava as estações e os ciclos da terra: a Via Láctea. A maioria das mitologias dizia que essa roda celestial era feita do leite dos seios da mãe universal. Os gregos acreditavam que a Via Láctea jorrava dos seios de Hera; por isso, a palavra "galáxia" vem do grego, *gala*, "leite de mãe".[6] Em italiano, *latte*, "leite", deriva de Lat, ou Latona, a Deusa-Mãe do antigo Lácio. Os árabes a chamavam Al-Lat, a Lua, e, mais tarde, masculinizaram seu nome e transformaram-no em Alá. Um dos santuários mais antigos do Egito, Latópolis, foi dedicado a ela, "a rainha arcaica".[7] Os egípcios, por sua vez, chamavam seu santuário de Menhet, "Casa da Lua".[8] Por volta de 3000 a.C., os Dois Reinos do Egito foram unificados por Mena, "um" governante que os estudiosos escolheram chamar de primeiro faraó. Mas "seu" nome significava Lua, e possuía o signo hieroglífico de um seio feminino.[9]

Em outras palavras, encontraram-se representações da Deusa da Roda Celestial, que regia o Tempo e o Destino, em todo o mundo — fosse ela chamada de Lat, Fortuna, Vortumna, Hera, Ísis, Mena, Tique, Ártemis, Bona Dea, Kali ou qualquer outro nome; e, em todas essas versões, seu símbolo principal era a lua, às vezes imaginada como um seio que sustentava o mundo, e cujo leite estelar criava a galáxia.

Há um clássico palíndromo descritivo na tradição do Tarô: ROTA TARO ORAT (TORA) ATOR: "a Roda do Tarô expressa (a lei de) Háthor."[10] Como Ísis ou Neite, Háthor era outro nome praticamente intercambiável para a mesma Deusa do Leite, uma figura reverenciada em todo mundo que costumava assumir a forma de uma vaca branca lunar, munida de chifres, e que, até hoje, representa esta divindade na Índia.[11] Em seu humor mais sombrio, tornava-se uma Esfinge devoradora de homens; a Mãe Tempo, devorando ciclicamente tudo o que havia gerado — provável razão pela qual a Esfinge presidia A Roda da Fortuna.

O Tarô mostrava a Esfinge feminina no alto da Roda, acompanhada de outras duas personificações dos ciclos do tempo: Hórus, com sua cabeça de falcão, ocupava a metade que faltava do ano, escalando esta parte da Roda, que subia; e Set, com sua cabeça de burro, seu rival perpétuo, descendo pela outra metade da Roda, ocupava a parte do ano que havia passado. Sob a Lei de Háthor, esta alternância interminável entre os dois deuses foi mitologizada e transformada em uma batalha perpétua. Set, por sua vez, parece representar o mesmo Deus-burro védico, morto por Krishna.[12] Este deus era retratado com tendo uma cabeça central de burro e outras dez cabeças humanas, o que indicava que estava encarnado em, pelo menos, dez reis diferentes.

Logo, Set, com suas orelhas ou cabeça de burro, era um símbolo básico do Visconti-Sforza, o famoso Tarô que mostrava A Roda da Fortuna sendo montada por uma figura ascendente com o que viriam a se tornar orelhas de burro, segurando uma bandeira com a palavra *Regnabo*, "Eu reinarei". A figura descendente, por sua vez, exibia uma cauda de burro, e a palavra *Regnavi*, "Eu reinei". Entre elas, no topo, via-se um homem com orelhas de burro totalmente formadas, dizendo *Regno*, "Eu reino". E, abaixo da Roda, segurando-a sobre os ombros, um homem com apenas características humanas rastejava de quatro, com sua bandeira dizendo: *Sum sine regno*, "Eu estou sem reino".[13] Claramente, as orelhas de burro constituíam um emblema da realeza neste baralho de Tarô, assim como faziam no Antigo Egito, quando o faraó adotava os emblemas de Set e Hórus para mostrar seu direito divino de governar.

As mesmas mensagens mostradas nesta carta de Tarô apareceram também em um manuscrito italiano do século XIV, no qual quatro figuras masculinas montavam a Roda da Fortuna.[14] Na Inglaterra, um século depois, a Roda exibia seis cavaleiros, variando desde um rei sentado em um trono no topo até um camponês rastejando abaixo. Além disso, havia um cubo centralizado no gigantesco corpo da Deusa, que girava e sustentava toda a Roda.[15] Ademais, havia uma xilogravura satírica mostrando uma Roda da

Fortuna montada por um homem com cabeça de burro na metade ascendente, um homem com traseiro de burro na metade descendente, e um rei-burro bestializado no topo.[16]

Set, o deus-burro real, era uma variação do bíblico Seth, a quem os romanos chamavam de Pales, que, no passado, fora a divindade epônima da Palestina. O burro era sagrado para o culto do Noivo de Sião, personificado por Jesus ao montar o animal divino durante sua procissão triunfal (Mateus 21:5; João 12:15). Portanto, essa associação entre o burro e o "Rei dos Judeus" não foi esquecida. As catedrais medievais, inclusive, perpetuaram os festivais romanos de Pales, chegando a incluir uma Festa do Burro no meio do inverno, na qual uma Madonna e seu Filho entravam no santuário montados em um burro, e "inhóóó-inhóóó" eram entoados em resposta à ladainha.[17]

Embora suas origens fossem pagãs ou heréticas, a *Rota Fortuna* estava entre os símbolos medievais mais populares. O *Hortus Deliciarum* (Jardim das Delícias), do século XII, mostrava a Roda do Tempo sendo girada pela Deusa Fortuna, em vez de por Deus. Assim, as rosáceas presentes em muitas catedrais passaram a ser estilizadas como a *Rota Fortuna*, com figuras humanas subindo de um lado e caindo do outro. Certos escritores medievais diziam que "as catedrais e abadias reais" só davam espaço à pagã Deusa Fortuna porque as guildas gnósticas de maçons incorporavam símbolos secretos de heresia nas igrejas. Victor Hugo disse: "Às vezes, um pórtico, uma fachada ou uma igreja inteira tem um significado simbólico totalmente estrangeiro ao culto, podendo até mesmo retratar um inimigo da Igreja." Por outro lado, segundo Honório de Autun, a Roda da Fortuna mostrada em igrejas e outros lugares santos representava "a glória do mundo". Seus cavaleiros, por sua vez, subiam e desciam "porque aqueles que foram elevados pelo seu poder e riquezas também caem com frequência na pobreza e miséria".[18]

Alguns horóscopos medievais alemães organizavam as imagens dos Arcanos Maiores em formação de roda, o que se assemelhava às "rodas da vida" budistas, com símbolos de poder e impotência colocados em lados opostos, como o rei-burro e seu escravizado humano. De um lado, via-se O Imperador com seu orbe e cetro. Do outro lado, um criminoso miserável preso no pelourinho.[19] Sem dúvida, o povo achava essa ideia gnóstica-oriental da glória transitória mais atraente do que os ensinamentos eclesiásticos sobre o direito divino dos reis. No tempo de Dante, a Roda da Fortuna tinha oito raios opostos que copiavam as doutrinas budistas sobre as virtudes do homem iluminado: Paz, Paciência, Humildade e Pobreza estavam arranjadas em lados diametralmente opostos aos seus antônimos: Guerra, Paixão, Glória e Riquezas.[20]

Parece claro que o simbolismo do Tarô foi baseado no conceito gnóstico-oriental de dualidade cíclica, morte seguida por renascimento, uma vez que tudo que sobe, em algum instante, cai da Roda. Unindo o plano material e o plano espiritual no centro das duas esferas, a Roda era uma espécie de transição entre O Eremita (9) e A Força (11). Como o deus egípcio do crepúsculo, Ra-Harakhti, O Eremita se aproximava de seu Destino como um velho frágil apoiado em um cajado. Assim também era descrito o terceiro período da vida no famoso Enigma da Esfinge. Após a rotação da Roda, A Força aparecia em seu lugar, sugerindo a vitalidade crescente do novo nascimento no reino espiritual. Egípcios, persas e essênios acreditavam que o mesmo deus do sol nascia *literalmente* a cada manhã como Rá-Hórus, o sol nascente. Ele era aclamado como Rei da Glória, Sol da Justiça e Hélio (o Elias bíblico). Sua vinda era anunciada com uma frase muito familiar do Novo Testamento: "Ele ressuscitou."[21]

Os pagãos celtas diziam que todos os heróis mortos e reis sagrados nasciam de novo na Via Láctea, que chamavam de Roda de Prata de Arianrhod (Deusa-mãe dos Galeses), ou, às vezes, a Roda do Remo, uma nave estelar criada pela Deusa Tríplice ao se disfarçar de "três druidesas".[22] As autoridades cristãs não gostavam dessa imagem pagã e insistiam em chamar a Roda Celestial dos Druidas de "Navio dos Tolos". Mesmo assim, como o carrossel e outros símbolos pagãos, ela foi mantida na tradição popular, inclusive nas feiras e parques de diversões. Primeiro, ela se tornou a Roda das Fadas, e, mais tarde, a roda-gigante. Uma descrição da Roda das Fadas pode ser encontrada nos sonhos do rei Arthur e coincide perfeitamente com a roda-gigante dos parques de hoje.[23]

A Deusa Fortuna foi secularizada como Senhora Sorte, uma deidade responsável pela rotação da grande Roda das Fadas assim como a da roleta nos jogos de festivais. O nome Sorte (*Luck*, em inglês) pode ter vindo do sânscrito *Loka*, uma encarnação da Deusa enquanto Parteira Celestial responsável por reger as esferas planetárias, ou "planos ascendentes de luz-experiência".[24] Até o século XIX, durante os festivais da véspera do solstício de verão, as rodas da Senhora Sorte eram incendiadas e atiradas para rolar colina abaixo. "Os rituais pagãos deste festival no solstício de verão podem ser considerados um contraponto aos usados no solstício de inverno no tempo do Yule... o povo acredita que toda a sua má sorte rola para longe junto da roda."[25]

Outros símbolos associados à Roda envolvem as quatro estações, marcadas pelos solstícios e equinócios com seus festivais, e os animais que as representam: touro, leão, águia e serpente, embora a última, às vezes, assumisse a forma de um homem ou anjo. Esses totens foram adotados pelos cristãos — em nome dos quatro evangelistas — para explicar sua presença na arte sacra.[26] Originalmente, representavam os quatro "pilares" do ano, como os Quatro Filhos de Hórus, no Egito, ou os Quatro Filhos de Morgause, na Grã-Bretanha Céltica. Isso pode explicar por que A Roda da Fortuna no Tarô muitas vezes sustentava quatro figuras masculinas nos seus quadrantes. Contudo, quando havia apenas três figuras na Roda, os símbolos das estações do ano surgiam nos cantos da carta. Os mesmos símbolos, ou modificações deles, apareciam nas mesmas posições na carta do Mundo (21) — que conclui o segundo decano de cartas, assim como a Roda encerra o primeiro.

A Roda da Fortuna marca um *ponto de virada* no processo iniciatório. Na verdade, pode ter sido a própria origem deste termo. Situada no espaço-tempo onde a esfera solar inverte sua rotação do sentido horário, levando para o sentido anti-horário da esfera lunar, no centro do símbolo do infinito, a Roda indicava o "ponto imóvel dos mundos em movimento".[27] Este era o ponto que as antigas civilizações identificavam com qualquer centro místico: o templo do Santo dos Santos, o eixo da galáxia, o ônfalo, o umbigo ou *yoni* da Deusa.

Assim como os místicos antigos se aproximavam de tal centro através da profundidade da meditação, O Eremita se aproximava da Roda como se fosse descer pelo outro lado dela, em direção reversa. Tal reversão foi percebida no desenvolvimento normal da vida, não apenas pelos místicos antigos, mas também pelos psicólogos modernos. "Às doze horas", disse Jung, "começa a descida."[28] A primeira metade da vida se expande para fora por meio da aprendizagem, adaptação e manipulação do mundo material. Ainda assim, quase todo indivíduo inteligente volta-se para dentro no ponto médio da vida, perguntando o que tudo isso significa, enfrentando a inevitabilidade da morte, e buscando novos entendimentos.

Segundo o simbolismo do Tarô, a descida era a parte mais importante da jornada psíquica. Além do portal representado pela Roda da Fortuna estariam os reais significados da vida e da morte, inseridos na linguagem gráfica da esfera lunar (ou inconsciente). Sem dúvida, o segundo grupo de Arcanos Maiores é mais misteriosamente alusivo do que o primeiro; mais sutil, exige uma interpretação sofisticada. Logo, eles possuem uma universalidade que só poderia estar relacionada a conceitos genuinamente religiosos. No segundo círculo do "infinito", os arcanos do Tarô crescem.

11

A Força

11 – A Força

Como a sociedade cristã designou oficialmente a mulher como sendo o "sexo frágil", o fato de A Força no Tarô ser representada justamente por uma mulher sugere, de forma bastante persuasiva, inúmeras influências pagãs e tântricas. A maioria dos deuses clássicos e todos os deuses tântricos seriam impotentes sem suas Shaktis femininas, que encarnavam sua força — ou, como às vezes se chamava, seu poder. Afinal, acreditava-se que o poder do *mana*, ou a eficácia mágica, pertencia apenas ao Eterno Feminino.

Os deuses indo-europeus, do norte da Europa, também se fortaleceram graças às suas conexões femininas. O mais forte deles, Thor, era casado com a Deusa Thrud, cujo nome significava *Força*. Ela era a dona da terra onde ele vivia, chamada Thrudvangar, "Campo de Thrud".[1] Thrud representava a força irresistível da terra. Tanto é que, quando um herói tentou roubá-la de Thor e foi derrotado, ele foi impedido de fazer contato com a terra — exatamente como o gigante Anteu, da mitologia grega.[2]

Muitas outras versões da Deusa Terra também estavam associadas à ideia de força e ao símbolo de um leão, assim como a Dama da Força no Tarô. No Egito, na Frígia, em Canaã, na Babilônia, na Fenícia e na Líbia, a Grande Mãe domava leões, cavalgava leões ou se transformava em leão durante sua fase Destruidora. Uma de suas várias encarnações foi Cirene, uma rainha amazona, fundadora da cidade homônima. Ela apareceu na mitologia grega como uma ninfa que podia lutar contra leões — e vencê-los. Claro que Cirene não era realmente uma ninfa, e sim uma encarnação terrena da Deusa; seu nome significava "Rainha Soberana".[3] A história grega provavelmente foi deduzida de um ícone no qual se retratava tal Deusa domando um leão. Contudo, tanto os gregos quanto os fenícios a conheciam como a Deusa Atena, Ath-enna, Anatha, Anat ou Neite, a "Força da Vida". No tempo de Ramsés II, os egípcios a nomearam de "Rainha dos Céus e Senhora de Todos os Deuses".[4]

A carta da Força às vezes trazia estampado um dos nomes egípcios da Deusa: Neite.[5] Este nome pode ter vindo de um antigo título sânscrito, no qual a Deusa era conhecida como "Abismo Primordial", Kala-Nath, o disfarce que usava para devorar os filhos que havia parido.[6] Os textos ugaríticos a retratavam como uma Anat cruel, causando hecatombes de sacrifícios humanos em seus templos: "Violentamente ela golpeia e se regozija. Anat os corta e observa; seu fígado exulta de alegria... pois ela mergulha seus joelhos no sangue dos soldados, seu ventre na carne dos guerreiros, até que se sacie de matá-los, de dissecá-los sobre as mesas."[7] No entanto, essa cruel Destruidora era a Mãe das Nações, "a mãe de todos os deuses, a quem gerou antes mesmo de existir o parto"; no Egito, "a Vaca, que deu à luz a Rá".[8] Textos semíticos a chamavam de Virgem Filha da Palestina, e A Virgem Sábia Moradora de Sião.[9] Seu templo, Beth-Anath, é mencionado no capítulo 19 de Josué.

Ela também apareceu na Bíblia como mãe de Samgar (Juízes 3:31), e como Azenate (Ísis-Neite) da cidade de Aun, que os hebreus chamavam de

On e os gregos de Heliopólis.[10] Alguns escritores judeus da posteridade a humanizaram, alegando ser uma mera "filha de sacerdote", para ocultar sua aparência histórica como a Rainha dos Céus que se uniu ao próprio Yahweh, no século V a.C.[11] Contudo, seus dois nomes semíticos eram invocados no Evangelho como sinônimo de maldição mortal (1 Coríntios 16:22): *Anathema MarAnatha* ou a Maldição de Mari-Anath.

A mesma deusa também representava a maldição da morte sob o título líbio de Atena Górgona, a Sombria.[12] Em Sais, a inscrição de seu templo dizia: "Nenhum mortal jamais conseguiu levantar o véu que me cobre", porque seu véu ocultava o temido rosto da Górgona, que transformava os homens em pedra. Isso provavelmente dizia respeito a imagens funerárias, já que a Mãe do Mundo, em sua fase de Anciã, também se transforma em Mãe Morte. Também era costume do mundo antigo pronunciar a solene maldição da Anciã para as vítimas antes do sacrifício cerimonial.[13]

O outro nome da Górgona, Medusa, era cognato da "mãe" grega de Atena, Metis. Mas, na verdade, tratava-se da mesma deusa. Além disso, tanto Medusa quanto Metis significavam "sabedoria feminina", uma palavra derivada de "*Medha*", em sânscrito, a "Sabedoria de Kali". Atena carregava o rosto da Górgona em sua égide; e, embora os escritores clássicos fingissem que havia nascido da cabeça de Zeus, o Pai, mitos antigos afirmavam que era oriunda de Tritonis, na Líbia (Três Rainhas), um santuário da Deusa Tríplice.[14] Os egípcios, contudo, consideravam Atena um nome alternativo para Neite, e acreditavam que tal nome indicava "aquela que dava à luz a si mesma".[15]

Logo, considerando as cartas subsequentes, parece natural que os segundos decanos do Tarô fossem apresentados por uma deusa sombria, que representa tanto A Força quanto A Morte no arcano 11. Não por acaso, um sacrifício simbólico ocorre na sequência (O Enforcado), seguido pela carta da Morte e uma estadia no submundo. Mais tarde, virão as cartas de ressurreição e imortalidade. Esse tema de morte e transfiguração era comum a todos os Mistérios, tanto pagãos quanto cristãos. Mas, no Tarô, seu poder era inerentemente feminino. O número da Força também era o número tradicional do martírio — a "décima primeira hora", ou seja, a que antecedia a morte e a ressurreição do herói solar, que acontecia na batida das 12.[16]

A Ordem Hermética da Aurora Dourada parece ter sido injustificada ao trocar as cartas A Força e A Justiça para fazer com que os Arcanos Maiores correspondessem a um arranjo cabalístico do alfabeto hebraico.[17] A Força usava o mesmo chapéu ou halo em lemniscata que O Mago, que iniciou a apresentação dos pequenos mistérios da vida. No décimo primeiro estágio da iluminação do Louco, A Força dá início à apresentação dos mistérios mais profundos da esfera lunar. Ela abriu a boca do leão — que nos remete à boca do Inferno. Tal imagem temível teria que ser enfrentada por alguém determinado a sondar os segredos do submundo — ou da religião subterrânea que a Igreja estigmatizava alegando se tratar dos mistérios do inferno.

A Bíblia da catedral de Winchester, do século XII, mostrava o rei Davi na mesma pose que a Deusa da carta da Força, abrindo a boca do leão, de onde saía um cordeiro recém-nascido.[18] O cordeiro era uma vítima tradicional de rituais sacrificiais, e, além de representar o renascimento espiritual, era frequentemente visto como uma forma totêmica de Jesus. Mas, séculos antes do cristianismo, o cordeiro era visto como uma forma totêmica do salvador do Oriente Médio, Mot, que havia sido sacrificado por Anat, Anatha ou Neite.[19] Ele se referia a si mesmo como um cordeiro a ser sacrificado "em expiação", e foi um dos muitos "salvadores" pagãos ou gnósticos responsáveis por espalharem a palavra da salvação a seus adoradores.

Alguns baralhos de Tarô retratam a carta da Força de uma forma diferente. Em vez de a ilustração mostrar uma mulher abrindo a boca do leão, nas cartas de Carlos VI ou Mantegna vemos uma mulher-leão usando a máscara de Neite e quebrando uma coluna de mármore com as mãos.[20] Por outro lado, aparentemente influenciados pela crença patriarcal de que A Força é uma qualidade masculina, alguns baralhos modernos a transformaram em Hércules ou Sansão. Porém, no geral, o simbolismo da Força se manteve bastante consistente, mesmo quando seus intérpretes não compreendiam exatamente com o que estavam lidando. Tradições sagradas muitas vezes seguem preservadas apenas porque os copistas temem alterá-las.

12

O Enforcado

12 – O Enforcado

O arcano O Enforcado é um dos indícios mais óbvios de que o Tarô é um sistema de crenças não cristão, cujo simbolismo de origem é inequivocamente pagão.[1] Seu cadafalso em forma de porta era típico dos antigos sacrifícios a Odin, o Deus dos Enforcados. Tal cadafalso às vezes era conhecido como Cavalo de Madeira, ou Cavalo de Yggr — pois Odin também recebia a alcunha de Yggr, o Terrível, uma palavra que viria a se tornar "ogro" na terminologia cristã.[2]

O próprio mito de Odin mostrou aos homens que eles deveriam alcançar a iluminação mística por um autossacrifício que levasse à morte e sua subsequente ressurreição. Ele aprendeu os segredos do Destino, da magia, das runas, dos encantamentos e da inspiração poética ao se entregar à morte no cadafalso. E então disse: "Por nove dias e nove noites fiquei pendurado na árvore fustigada pelo vento, ferido por uma lança, em sacrifício a Odin, de mim mesmo a mim mesmo."[3]

Até o século X d.C., inúmeros sacrifícios reais dedicados a Odin ainda eram realizados em seu santuário de Uppsala.[4] Algumas versões simbólicas de seu culto, inclusive, persistiram por séculos depois disso. Quanto à imagem escolhida para representar esta carta de Tarô, talvez haja uma relação com a décima segunda runa, mencionada por Odin na *Edda*, cujos poderes mágicos podiam fazer um enforcado falar do cadafalso e responder a todas as perguntas que lhe fossem feitas.[5]

Esta versão particular do mito universal do deus moribundo foi baseada, como todas as outras, na crença de que um homem cruzando o limiar entre a vida e a morte poderia ver ambos os mundos, e assim revelar os segredos da eternidade. Por causa dessa crença, pertences de homens enforcados acabaram por se tornar ingredientes populares para feitiços de bruxas e outras receitas envolvendo o uso de "palavras de poder", como o próprio Odin fez. Acreditava-se que a famosa Mão da Glória, ou Vela do Diabo, devia ser feita da mão de um homem enforcado coberta de cera — sua luz revelaria "coisas ocultas". Portanto, terra e madeira de cadafalso, ossos, carne ou roupas de pessoas enforcadas eram muito fáceis de encontrar, principalmente quando se tornou costume deixar esses cadáveres apodrecerem nas forcas, como um aviso para outros "malfeitores".

Mas O Enforcado do Tarô não é um criminoso qualquer. Aliás, poderia ser mais bem descrito como "O Homem Pendurado" em vez de O Enforcado. Pois ele nunca morreu. Ele foi pendurado por um pé, não pelo pescoço. Na carta, vemos que tem os olhos abertos, e uma expressão de serenidade despreocupada no rosto. Às vezes, tem um halo sobre a cabeça. Ele parece estar passando por um julgamento, e, apesar da posição desconfortável, é provável que não venha a ser executado depois.

A prática de pendurar alguém em um cadafalso pelo pé era um costume medieval conhecido como "*baffling*". Parecido com o tronco (onde se prendiam infratores), o *baffling* era uma espécie de humilhação pública infligida a devedores e àqueles condenados por traição antes de serem executados.[6] O Enforcado nesta posição de *baffling* remete às antigas tradições de humilhação ritual do rei sagrado antes de sua morte sacrificial — como Jesus ao ser flagelado, zombado e cuspido (Mateus 26:67, 27:30). A humilhação ritual é uma parte importante da maioria dos rituais iniciáticos, como nas fraternidades masculinas, e acontece desde as tribos primordiais até os campi universitários modernos. No entanto, há mais do que humilhação envolvida na pose invertida do Enforcado.

A figura feminina da carta do Mundo (21), no último arcano, ainda que esteja na posição ereta, assume a mesma pose do Enforcado: tem um dos pés dobrado atrás do outro joelho, de modo que as pernas formam um triângulo. Aqui pode haver um eco distante do hexagrama tântrico: um triângulo masculino aponta para um lado, e um triângulo feminino aponta para o outro. Ainda mais sugestiva que a carta é um hieróglifo egípcio de uma figura de palito com as pernas dispostas nessa mesma direção. Como verbo, o hieróglifo significava "dançar". Como substantivo, significava *ab* ou "coração-alma", a mais importante das sete almas de um egípcio: justamente a que seria dada pelo sangue da mãe e pesada nas balanças do submundo de Maat.[7] Logo, não é coincidência que o contraponto numerológico do Enforcado seja Maat, a Senhora da Justiça, com suas balanças.

Os egípcios, assim como outros povos antigos, viam o coração como a verdadeira essência de uma pessoa. Por isso, o batimento cardíaco era tido como a "dança da vida" dentro do corpo. Quando Osíris estava morto, em sua fase de múmia, ele era chamado de "Coração Parado".[8] Mas assim que Ísis o trouxe de volta à vida, sua "dança" interior recomeçou.

Esses conceitos são mais antigos do que o próprio Egito. Shiva, um dos deuses primordiais da Índia, dançava perpetuamente a dança da vida em Chidambaram, o Centro do Universo, um lugar místico localizado na Caverna do Coração, "onde reside o verdadeiro eu".[9] Seu espírito dançante podia ser sentido no peito de cada devoto, e sua alma universal habitava o coração da Mãe do Mundo. Ele também era um deus sacrificado, que morria e ressuscitava periodicamente. Em sua fase inativa, era Shava, o Cadáver, ou o Senhor da Morte, assim como Osíris, o Coração Parado.

Outros deuses aspiravam ao título de dançarinos do coração. O que Sylvia Plath, com verdadeira perspicácia poética, chamou de "minha velha jactância do coração" — "Eu sou, eu sou, eu sou" — era, na verdade, a jactância de Brahma e outros deuses orientais que chegaram a reclamar a supremacia celestial. Brahma se anunciou nos Vedas com a frase, "Eu Sou".[10] Da mesma forma, o Deus de Abraão se anunciou na Bíblia com a frase, "Eu Sou" (Êxodo 3:14). Aliás, é possível citar uma fonte védica específica para cada uma das histórias bíblicas, incluindo essa, já que Abraão provavelmente queria dizer "Pai Brahm". Em qualquer caso, "Eu Sou" era o que o deus dançante do coração dizia aos sábios do Oriente. Ouvida por cada ser humano, até no útero antes do nascimento — pois está estabelecido que o feto pode escutar o batimento cardíaco da mãe —, a batida do coração era considerada a base para toda forma subsequente de dança, canção e música.

Até mesmo Jesus se apresentou como um dançarino do coração, de acordo com os Atos de João. Ele chegou a dizer aos seus discípulos: "Ao Universo pertence o dançarino. Quem não dança não sabe o que acontece. Agora, se seguirem minha dança, vejam-se em Mim, que vos falo... Vocês que dançam, considerem o que faço, pois a paixão deste Homem a sofrer lhes pertence."[11] Diversos místicos cristãos deram a Jesus títulos simbólicos que remetem ao feminino, como "a lua que habita no coração", ou "o templo em que habita a vida do mundo", ou "a câmara nupcial".[12]

Como outras figuras de salvadores, O Enforcado obviamente passou por uma espécie de martírio calculado para deificá-lo ou colocá-lo em contato com o Senhor da Morte (13). Ou seja, ele "morreu" para descobrir a divindade em seu próprio coração. Isso bem poderia ter sido feito através do processo de *baffling*. Embora normalmente fosse vista como uma punição vergonhosa (como a crucificação), o *baffling* parece ter sido usado por seitas secretas como um passo para a iniciação mística. Uma pessoa pendurada de cabeça para baixo por um tempo prolongado se torna agudamente consciente do próprio batimento cardíaco, pois ele pulsa seu incessante "Eu sou, eu sou, eu sou" através do pulso que lhe retumba na cabeça.

Esse som era muito apreciado pelos místicos do Oriente em seu progresso rumo à revelação. Eles diziam:

> O Som (*nada*) representa o Estado de Poder. É experimentado pelo iogue quando ele mergulha profundamente em si mesmo. Ele se manifesta no

batimento cardíaco. E como o microcosmo é finalmente idêntico ao macrocosmo, quando o iogue ouve o Nada, esse Som de Poder, ele está ouvindo o batimento cardíaco do Absoluto.[13]

Neste símbolo do deus dançante há uma diferença implícita, porém crucial, entre as religiões orientais/gnósticas/pagãs e o cristianismo. Este último insistia que Deus e o homem não deveriam ser confundidos um com o outro. O Criador e sua criação deveriam ser vistos como entidades separadas — o primeiro uma deidade poderosa e bondosa, e o segundo um ser fraco e pecador. Em contraste com essa visão judaico-cristã, algumas teologias mais sutis do Oriente admitiam, de maneira tácita, que o homem era o criador e Deus a criação — pois a essência do divino só poderia ser encontrada dentro de si mesmo. Não havia, portanto, uma divindade externa, mas apenas uma projeção mítica dos desejos humanos, verossímil apenas enquanto os humanos mantivessem esta imagem entre si.

Esse pode ter sido o segredo herético descoberto pelo Enforcado durante seu martírio simulado, enquanto escutava as batidas de seu próprio coração, conquistava seu halo, e aguardava pela próxima imagem: A Morte.

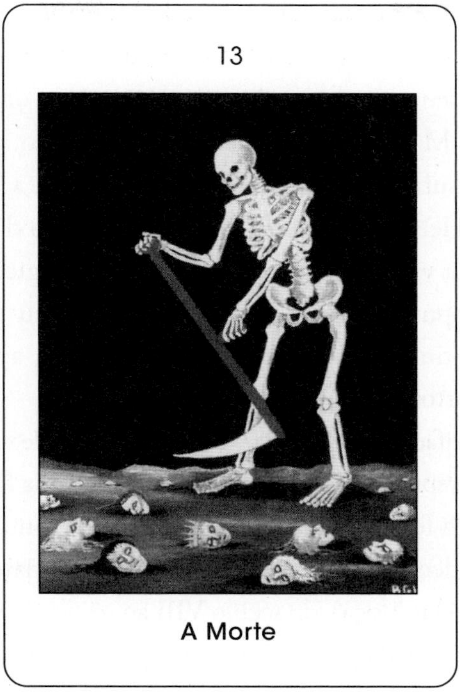

13 – A Morte

Os intérpretes de Tarô costumam ignorar as conotações óbvias da carta da Morte, preferindo vê-la como uma carta de "mudança" ou "transformação".[1] Algo chega ao fim e algo mais começa — como o anjo da Temperança sugere a seguir, com seus dois vasos: derramando de um, enchendo o outro. No entanto, sem dúvida, esta carta retrata o típico Ceifador Sinistro das peças de mistério medievais. Na França, ele era chamado de *Macabre* (Macabro), o que acabou por se tornar um nome alternativo para o décimo terceiro trunfo do Tarô.[2] Vestindo máscara de caveira e traje de esqueleto, e agitando sua foice, essa figura familiar realizava a *danse macabre* diante de milhares de espectadores em festivais anualmente. É possível, inclusive, que algumas pessoas da plateia conhecessem o significado secreto de sua dança — semelhante à de Shiva em sua representação de Senhor da Morte.

A parte mais "Sinistra" do Ceifador Sinistro estava diretamente relacionada à sua máscara. A máscara de caveira da Morte às vezes era identificada como o *Helkappe* ou *Hildegrim*, a "Máscara de Hel", um capacete mágico que permitia que seu portador pudesse entrar e sair à vontade pelos portões do submundo da Mãe Hel. Qualquer xamã teutônico, munido de tal capacete, poderia usufruir de uma relação íntima com a deusa subterrânea Crone Hilde ou Hel; o que incluía visitar seu Palácio da Morte adornado de joias e, voltar à vida.[3] Às vezes, esse capacete mágico era chamado de *Tarnkappe*, o "Capuz da Escuridão", que tornava seu portador invisível. A Morte, é claro, tinha o mesmo poder. Como regra, acreditava-se que os fantasmas dos mortos eram invisíveis.

A foice do Ceifador, por sua vez, era uma versão de cabo longo da foice lunar da Deusa, e representava a fase minguante — uma fase da colheita bastante sagrada para a forma Anciã da Deusa Tríplice. Contudo, os primeiros a usarem a foice podem ter sido os citas, um povo matriarcal e nômade, que vivia na região do Mar Negro, do século VIII ao século I a.C. A Grande Deusa desse povo — chamada pelos gregos de Rhea, Gaia, Héstia ou Ártemis — era servida por sacerdotisas e por sacerdotes eunucos vestidos de mulheres.[4]

Aquela a quem os europeus chamavam de Hel, ou Mãe Morte, tinha vários outros nomes que poderiam ser rastreados aos citas. Os irlandeses a chamavam de Scath-a, os vikings a chamavam de Skadi ou Skathi. Sob a alcunha de Scotia, a "Vênus Sombria", era a representação da mãe epônima da Escócia — conhecida pelos escoceses como Cailleach ou Crone.[5] Ser ceifado ou abatido por ela significava ser "escateado" (em referência a seu nome). Na lenda celta, ela era a Rainha da Ilha de Skye. Cú Chulainn e outros heróis viajavam até lá para aprender habilidades de batalha e tipos de magia adequados para guerreiros. Skye também era considerada uma Ilha dos Mortos. Após uma morte honrosa em batalha, os heróis podiam passar a eternidade lá. Esses heróis, por sua vez, eram chamados de *Helleder*, "homem pertencente à Mãe Hel".[6]

Até o século passado, diversas peças de mistério em homenagem à Mãe Morte ainda eram apresentadas no Tibete, estrelando a mesma figura com máscara de caveira e traje de esqueleto que os europeus medievais viam em seus festivais.[7] Os sufis também organizavam peças de mistério semelhantes e associavam o 13, número lunar, ao círculo mágico, ou *halka*, um cognato do chacra tântrico. Então, 13 participantes, chamados *maskhara*, representavam as 13 lunações anuais. Foi sugerido que o sabá das supostas bruxas derivasse da palavra sufi *zabat*, "uma ocasião de poder", na qual os 13 *maskhara* podiam encenar a descida ao submundo e ressuscitar os espíritos dos mortos para fins divinatórios.[8]

Como no sistema do Tarô, o número 13 era geralmente associado à morte, pois o décimo terceiro mês era um período de morte e renovação no antigo calendário lunar. Por isso, era comum que a décima terceira carta do Arcano Maior recebesse apenas um número, sem nome, embora ainda carregasse a figura da Morte. Isso resultava de uma antiga crença supersticiosa que afirmava que escrever o nome de um espírito era o equivalente a invocá-lo — e, é óbvio, ninguém queria invocar A Morte. Evidentemente, o tabu não se estendia à criação da imagem, tampouco à personificação de trajes e máscaras para representar a Morte.

Certos cultos de mistério e sociedades secretas usavam a máscara e o traje da Morte para representar a descida do iniciado ao submundo, acompanhando a simulação de um sacrifício — como A Morte segue O Enforcado. Há inúmeros precedentes na Antiguidade que remetem a isso. Um encontro dramatizado com o Senhor da Morte figurava de forma proeminente na iniciação de Apuleio nos Mistérios de Ísis. Depois disso, ele "renasceu" na forma de uma criança solar — talvez o mesmo tipo de criança solar posteriormente representada na sequência do Tarô na carta do Sol.[9] Por outro lado, algumas seitas cristão-gnósticas primevas, que pareciam defender o suicídio ritual, podem, na verdade, ter sugerido um encontro iniciatório e meramente simbólico com a Morte para superar o medo dela. No *Apócrifo de Tiago*, Jesus disse: "Em verdade vos digo, nenhum daqueles que temem a morte será salvo; pois o reino da morte pertence àqueles que se entregam a Ela."[10]

Os mártires, é claro, levaram esse conselho ao pé da letra, a fim de alcançarem o que chamavam de "a coroa" — um lugar privilegiado no céu. Alguns grupos cristãos, por sua vez, tentaram negar a morte insistindo que a imortalidade era o estado natural do homem. Os ensinamentos da Igreja, no entanto, clamavam que o homem havia sido criado imortal, e que a morte entrara no mundo apenas por causa do pecado de Eva; assim, a mulher era a culpada pela própria existência da morte. O Livro de Enoque, por outro lado, dizia que Deus pretendia que o homem vivesse para sempre como um anjo, mas, após Eva levar Adão ao pecado, Ele havia determinado que a morte se tornasse o destino da humanidade (e de todas as outras criaturas também).[11] O escriba Ben Sira declarou: "De uma mulher veio o princípio do pecado; e, por causa dela, todos nós morremos." Assim, no século V, a Igreja declarou heresia considerar a morte uma necessidade natural, e não o resultado do pecado.[12]

Muitos gnósticos e pagãos ensinavam deliberadamente essa doutrina "herética", pois enxergavam a morte e o nascimento como partes intrínsecas do mesmo ciclo natural. O paganismo sempre foi contrário a uma evasão infantil da inevitabilidade da morte. Ela era aceita, e acompanhada da crença no renascimento e na renovação — em seu devido tempo e estação.[13] O filósofo Lucrécio acreditava que o medo da morte era mais temível do que a própria morte, pois podia envenenar a vida de uma pessoa:

> Às vezes, o medo da morte leva o homem a odiar a luz do sol que sustenta sua vida, até que, torturado, ele a rejeite, esquecendo que suas dores são provenientes do medo da morte, o medo que enfraquece a decência... Esse medo, essa escuridão da mente, nós rompemos, não com o sol, esses raios brilhantes do dia, mas com a percepção da verdade natural.[14]

A percepção da verdade natural era o que os Mistérios pagãos pretendiam transmitir por meio de seus dramas simbólicos. "O homem em geral", diziam os sábios do Oriente, "deve elevar-se através e por meio da Natureza, não por uma rejeição ascética a ela".[15] Essa era a lição da figura da Morte encontrada nos quadros iniciáticos. A implicação era de que ela deveria ser enfrentada, não negada. Uma mensagem semelhante deve ter sido transmitida pela presença da Morte nos Arcanos Maiores. O esquelético Ceifador Sinistro, cujo significado era bem conhecido em toda parte, dificilmente teria sido usado somente para representar a mera "mudança".

Em uma ilustração mística do período da Renascença, encontramos a Morte acompanhada do Tempo, que está representado segurando uma ampulheta e ostentando asas, para mostrar que o Tempo voa. A Morte trazia consigo uma flecha e um grande abafador de pavio para extinguir a luz de cada vida assim que o Tempo ordenasse.[16] Assim como nessa imagem, a Morte era seguida pelo Tempo alado (*tempus*); no Tarô, A Morte era seguida pela Temperança alada — cujo derramamento de fluido de um vaso para outro poderia ser comparado ao derramamento de areia em uma ampulheta. A Temperança pode ser interpretada de múltiplas maneiras, tanto como a "misturadora" (*temperare*) dos elementos quanto como "os tempos e as estações" (*tempor*). Dizia-se que a Morte e o Tempo não esperam por ninguém. Por isso, o Tarô os colocava juntos no reino espiritual.

No sentido numerológico, A Morte está ligada À Carruagem, ou Rei Triunfante (arcano 7), símbolo da glória real. E, não por acaso, alguns baralhos clássicos mostravam uma cabeça coroada entre as muitas cabeças ceifadas que compõem a ilustração macabra.[17] Logo, o Arcano da Morte parecia estar transmitindo aos eminentes do mundo a mesma mensagem afirmada em Salmos 49:17: "pois, em morrendo, nada levará consigo; a sua glória não o acompanhará."

14 - A Temperança

Muitos intérpretes do Tarô se intrigam ao notar A Temperança, um anjo tão benevolente, assumindo posição entre cartas tão sombrias como A Morte e O Diabo. Isso é mais uma indicação de suas origens não cristãs. A tradição cristã povoou o submundo com demônios empunhando fogo, não anjos derramando água. Logo, a verdadeira chave para o aparecimento da Temperança está em sua relação com a carta dos Enamorados. Aliás, uma série de textos alquímicos e gnósticos colocavam O Amor em uma posição central entre A Morte e O Diabo: "O que é mais forte do que o Inferno e a Morte? O Amor é o triunfante conquistador de ambos... O Amor tem uma natureza transmutadora e transformadora. O grande efeito do Amor é transformar todas as coisas em sua própria natureza, que é toda bondade, doçura e perfeição."[1]

No entanto, por que o poder transformador do Amor seria representado por um anjo derramando água de um recipiente para outro?

A resposta é encontrada nas antigas civilizações do Sudeste Asiático, da Mesopotâmia e do Egito, onde a mistura das águas masculinas e femininas simbolizava a união sexual universal. Os mitos sumero-babilônicos atribuíam a fertilização cósmica da criação em si — o nascimento do mundo — ao derramamento das águas seminais de Apsu, Pai Céu, nas águas uterinas de Tiamat, Mãe Mar, de cujas "profundezas" todas as coisas nasceram.[2]

Tornou-se uma imagem mitológica padrão ver os deuses pais como fazedores de chuva e as deusas mães como personificações do mar. Segundo as escrituras hindus, a fusão do Deus e da Deusa (Shiva e Kali) em perfeita harmonia era "como o derramamento de água em água", e toda união sexual humana era um breve e imperfeito eco dessa união cósmica.[3]

Na Índia, o recipiente de água ainda é usado como uma imagem sagrada, representando o deus em seu caráter de amante cósmico. "A água é considerada, durante o período de adoração, como residência ou trono (*pitha*) do deus."[4] A palavra era comparável ao grego *pithos*, um vaso representando o útero do renascimento no culto de Deméter como "Senhora da Terra e do Mar".[5] A Temperança do Tarô, por sua vez, governava os mesmos elementos femininos, pois mantinha um pé na terra e o outro na água. Exatamente como Ísis nos textos mágicos medievais.

Como encarnação humana do pai primordial da chuva, Nebo, o salvador babilônico, era precedido de seu próprio símbolo, um vaso de água carregado por um "portador do jarro", em uma procissão anual que celebrava a morte-amor.[6] A aparição desse mesmo funcionário no Evangelho de Cristo, como um homem caminhando à frente do Salvador com um jarro de água (Lucas 22:10), é um desses detalhes "inexplicáveis" que sugerem uma cópia cristã do sagrado casamento pagão.

O salvador egípcio, Osíris, por sua vez, era outro "vaso masculino", levado para sua morte-amor na forma de água em um vaso.[7] Como a esposa-mãe-irmã-shakti-devoradora de Shiva, Kali, a esposa-mãe-irmã-shakti-devoradora de Osíris, Ísis, representava as águas femininas em outro vaso.

Juntos, os dois vasos formavam o ubíquo *menat*, exibido ao longo da arte sagrada egípcia por deuses, deusas, faraós, sacerdotisas, sacerdotes e almas humanas no submundo. Esse amuleto sagrado consistia em um estreito vaso masculino derramando seu fluido em um vaso feminino mais amplo.[8] Em hieróglifos, o *menat* simbolizava a relação sexual e expressava o mistério da fecundação.[9] Supunha-se que isso aumentaria a virilidade de Osíris quando ressuscitasse como o deus itifálico Min, ou Amor, aclamado como "aquele que fecunda sua Mãe".[10] Vários dos nomes e títulos usados para se referir à Mãe — Ísis, Nut, Rainha do Céu, Grande Mãe — também eram títulos alternativos para a carta do Tarô da Temperança.[11]

O *menat*, por sua vez, era um amuleto tão popular no Antigo Egito quanto foi o crucifixo na Europa cristã. Seu principal propósito era garantir a vitalidade sexual na vida após a morte: uma consideração importante para os egípcios, que não conseguiam imaginar um paraíso sem laços familiares e amor sexual. Eles teriam detestado o céu cristão, em que as pessoas "não casam nem se dão em casamento", como disse Jesus (Mateus 22:30).

Como os egípcios, a seita grega dos cabírios adorava o Deus e a Deusa sob a forma de dois recipientes cheios de água. Os Mistérios Cabirianos só eram menos populares que os Mistérios Eleusianos, cujas orgias sexuais, sem dúvida, contribuíam para tamanha popularidade. O jovem deus chamado Cabírio, Ganimedes ou Hermes, era mostrado derramando suas "águas" em um amplo recipiente que representava sua Mãe: Deméter Cabíria, Senhora da Terra e do Mar. Este amplo recipiente, um símbolo arquetípico do útero, era o que os pagãos do Norte chamavam de Caldeirão da Regeneração, mais tarde confundido com o Santo Graal. A confusão pode ter surgido de uma noção gnóstica de que o recipiente que continha o sangue de Cristo se tratava, na verdade, de dois cálices, como no *menat* sexual. Aliás, a pintura *Crucificação*, de Rafael, retrata um anjo alado e feminino, muito semelhante À Temperança, recolhendo o sangue do Cristo agonizante em dois cálices diferentes.[12]

A aparição da Temperança como o Arcano Maior 14 provavelmente se referia ao mistério do amor além da morte. Catorze foi o número de "dias que Osíris passou no submundo". Sua jornada de ida e volta do mais profundo Abismo ao topo dos Céus ocupou todo um ciclo lunar. Seu corpo foi dividido em catorze pedaços, um para cada noite da lua minguante. Em muitos mitos parecidos, era justamente o poder sustentador do amor feminino que trazia um herói ou salvador de volta do submundo. Osíris precisava de Ísis, Tammuz precisava de Ishtar, Adônis precisava de Afrodite; até Dante precisava de sua Beatriz para provocar sua passagem das regiões inferiores para a montanha celestial.

O nome Temperança, contudo, não parece ter sido tirado do significado comum da palavra em inglês (*temperance*), que pode significar moderação ou abstinência de bebida alcoólica. Em vez disso, ele é derivado do latim *tempor*, uma fração de tempo, como a "temporada" bíblica que existe para tudo aquilo que há debaixo do céu. Logo, o anjo dos dois cálices pode representar "um tempo para amar".[13] Novamente, *temperare* significava misturar, combinar, regular os elementos em suas estações apropriadas. Em termos astrológicos, a mistura do anjo produzia o "temperamento" — a combinação dos humores elementares que davam origem a cada personalidade individual. Desde a Babilônia, escritos sagrados falavam da Sábia Deusa (ou Anciã) que misturava os elementos para produzir todas as coisas em suas estações; os próprios céus eram seu recipiente de lápis-lazúli ou o seu caldeirão.

Outro significado oculto atribuído à Temperança era o "temperamento" da espada masculina (o falo) no fogo sagrado da paixão, de acordo com o misticismo sexual de seitas como os Cabiri e outras. Logo, a relação da Temperança com a carta dos Enamorados sugere uma interpretação sexual. Em vários baralhos antigos de Tarô, o noivo da carta dos Enamorados segurava o punho da espada de maneira sugestiva, diretamente na frente de seus genitais.[14]

"Temperança" também é um ótimo conselho a ser dado aos Enamorados (6). O "temperamento" compatível no casamento deveria ser desenvolvido ao se "temperar" o comportamento de alguém com cortesia e bondade. Entretanto, os homens medievais teriam aprendido essas lições apenas no "submundo" da heresia, uma vez que a Igreja ensinava que as esposas deveriam ser suas escravizadas.

15 - O Diabo

O Diabo certamente dispensa apresentações, mas sua existência no Tarô exige a devida explicação. Ele era a representação medieval mais próxima do antigo Senhor do Submundo, venerado como um verdadeiro deus sob os nomes de Plutão, Hades, Nergal, Saturno, Zeus Chthonios, Apollyon e Arimã — em suas várias versões do Sol Negro, um gêmeo sombrio do Deus da Luz.

De acordo com o conceito persa de dualismo, Deus e o Diabo eram gêmeos, tendo nascido simultaneamente do ventre do primeiro e mais antigo dos deuses, um ser ambissexo conhecido como "Tempo Infinito".[1] Essa entidade se assemelhava a Kali, a Mãe do Tempo, que deu à luz todos os deuses e demônios.

Por essa razão, as relações fraternais entre deuses e demônios da mitologia advêm do fato de que, no início, não havia diferença entre eles; foram as religiões patriarcais tardias que criaram as categorias "deuses" e "demônios". Assim, "Diabo" deriva da mesma raiz indo-europeia que "divindade" ou "Deus" — *deva* em sânscrito; *daeva* ou *div* em persa; *diva*, *divus*, *deus* em latim; e assim por diante.[2] Da mesma forma, para os gregos, o demônio não era um espírito maligno, mas uma espécie de alma interior ou anjo da guarda, como uma espécie de *genius* romano.

Um nome órfico usado para se referir ao Senhor do Submundo era Agathodemon, Espírito da Boa Fortuna, consorte da Deusa Fortuna.[3] Na sequência de figuras iniciáticas, ele aparecia "na metade do círculo, no ponto da meia-noite (...) segurando com a mão direita o talo de papoula do sono da morte, com a ponta virada para baixo".[4] Alguns baralhos de Tarô mostravam a tocha do Diabo apontando para a mesma direção, insinuando que este ocupava o trono do submundo em seu nível central e mais baixo, assim como seu gêmeo, o Deus da Luz, ocupava o trono no centro do Empíreo.

Essa antiga associação do Diabo com o Deus do Submundo da Boa Fortuna, ou Senhor das Riquezas (Plutão), desenvolveu a crença de que o Diabo controlava toda a riqueza mineral que poderia ser extraída da terra, incluindo os tesouros enterrados. Assim, os cristãos se convenceram de que o Diabo poderia torná-los ricos caso conseguissem descobrir os encantamentos certos para fazer um acordo com ele. Daí a popularidade dos chamados livros faustianos, que estavam cheios desses tais encantamentos e de muitos contos populares de pacto diabólico. Os antigos contavam e recontavam sempre as mesmas histórias sobre qualquer deus que ocupasse ou visitasse o submundo; e Héracles era considerado o guia favorito para encontrar tais tesouros enterrados.[5] Hermes era outra escolha, pois, como psicopompo e serpente ctoniana, estava devidamente familiarizado com a misteriosa região abaixo da superfície da terra.

Muitos cristãos prestavam mais respeito ao Diabo do que a Deus, sob a teoria de que aquele teria mais influência nos assuntos imediatos deste mundo. A teoria levou a costumes como o da Páscoa eslava, em que sacrificavam uma ovelha para Cristo e trinta ovelhas para o Diabo, porque ele era trinta vezes mais eficiente.[6]

O Diabo medieval era surpreendentemente semelhante a Deus — como se repetisse o conceito dualista persa dos gêmeos, o sombrio Arimã e o brilhante Aúra-Masda. Na Escócia, cada vila reservava um pedaço de terra para o Diabo, chamando-o de "o terreno do bom homem". Ele também era invocado por alguns dos nomes "secretos de Deus", como Messias, Soter, Emmanuel, Saboth, Adonai (*Messias, Salvador, Emanuel, Senhor dos Exércitos, Meu Senhor*). Alguns gnósticos o adoravam como Lúcifer, irmão incompreendido de Jeová, com um melhor caráter moral.[7] Meister Eckhart escreveu: "Lúcifer, o anjo que está no inferno, tinha um intelecto perfeitamente puro e até hoje sabe muito."[8] O Diabo, ou seu servo, também era visto como um espírito útil, que "fala da virtude divina, dá respostas verdadeiras sobre coisas do presente, do passado e do futuro; explica sobre a divindade e a criação; não engana ninguém nem permite que ninguém seja tentado; concede dignidades e prelados".[9]

Uma razão para a aparição do Diabo entre os Arcanos Maiores é a ideia de que sua ajuda é necessária nos âmbitos divinatórios, uma vez que "dá respostas verdadeiras" se for devidamente abordado. Sob o nome bíblico de Belzebu, ele foi um famoso deus oracular da Filístia. Os reis de Israel enviavam emissários ao santuário de Belzebu para ouvir suas profecias e buscar sua ajuda (2 Reis 1:2). Como o Baal-Zebub dos cananeus, o "Senhor das Moscas", ele era outro psicopompo ou Condutor de Almas, como o sábio Hermes. Seu título vinha da crença comum de que as almas humanas tomavam a forma de moscas ao passar de uma encarnação para a próxima; daí a convicção do camponês europeu de que as mulheres poderiam engravidar ao engolir uma mosca.[10] Belzebu foi declarado uma emanação do Diabo não porque os escritores bíblicos o acusavam de ser maligno, mas apenas por ser um dos rivais mais populares de Yahweh.

Outra razão para a aparição do Diabo no Tarô pode ter sido o encontro obrigatório com o Senhor do Submundo na maioria das versões pagãs dos Mistérios sagrados. A crença usual era de que o segredo da imortalidade só poderia ser obtido ao penetrar na câmara mais íntima daquele Antigo Ventre de Renascimento, onde todo salvador deveria entrar antes de ser ressuscitado. Parecia ser necessário falar com o Diabo pessoalmente, em vez de confiar na palavra de outrem. Nos Mistérios de Ísis e Osíris, o pré-requisito para o renascimento espiritual era um encontro cara a cara com o rei do abismo, que frequentemente aparecia na forma de serpente porque o mundo antigo acreditava que elas eram imortais. Em vez de morrer, as cobras trocavam sua pele enrugada e emergiam "renascidas". Por isso, os gregos davam à pele trocada de uma cobra o nome de *geras*, ou "velhice". A deusa suméria Ninhursag, "Aquela que dá Vida aos Mortos", era chamada de senhora das grandes serpentes.[11]

O próprio nome de Satanás pode ter se originado de um nome egípcio para o rei subterrâneo das serpentes, Sata, uma variação de Set, o gêmeo sombrio do salvador Osíris. De acordo com a publicação *Book of the Dead* [Livro dos Mortos], um homem poderia obter vida longa ao assumir a identidade de Sata no submundo, assim como a de sua forma celestial, o Osíris ressuscitado. Ele deveria dizer: "Eu sou a serpente Sata, cujos anos são infinitos. Eu me deito morto. Eu nasço todos os dias. Eu sou a serpente Sata, o habitante das partes mais distantes da terra. Eu me deito em morte. Eu nasço. Eu me renovo, revitalizo minha juventude todos os dias."[12]

Essa serpente-Satanás vem do mesmo complexo simbólico da Suprema Serpente dos hindus, que habitava o abismo do ventre de Kali.[13] Os Vedas a chamavam de "a primogênita da Deusa, moradora eterna do fundo do oceano que cercava o mundo".[14] Os egípcios também a colocaram no Monte do Amanhecer como Ami-Hemf, "Habitante da Chama", outra versão de Lúcifer, a Estrela da Manhã.[15] Ao descer para o abismo, ela geralmente assumia a forma de um relâmpago, razão pela qual Jesus afirmou ter visto Satanás caindo do céu como um relâmpago (Lucas 10:18).

Alguns pensavam que Jeová era apenas outra encarnação do Deus Serpente do Submundo. Diziam que os levitas costumavam adorá-lo sob o nome ancestral de Leviatã; e como Nehushtan, ele era o deus de Moisés (2 Reis 18:4). Esse último nome, relacionado ao hebraico *nahash*, "serpente", pode ser rastreado até Nahusha, o rei-serpente védico, que foi uma vez o governante supremo dos céus, até que um rival o expulsou para o submundo.[16] Uma história semelhante era contada pelos gnósticos judeus, que chamavam de Jeová um demônio que havia usurpado o Reino da Serpente Sábia.[17] No segundo século a.C., medalhões judeus representavam Jeová como um deus parcialmente reptiliano chamado Zeus Sabázio ou Ofion, um ancestral serpente adorado na Frígia, onde se supunha que tivesse vivido na Árvore da Vida em uma versão primal do Jardim do Paraíso.[18]

A familiar história do Jardim do Éden, onde o Diabo apareceu como a serpente na árvore, era apenas uma das muitas versões desse mito. Várias delas eram muito mais simpáticas a Eva e à serpente do que a versão escolhida para figurar no Livro de Gênesis. Os gnósticos afirmavam que o Diabo, na forma da serpente, era, na verdade, o ajudante da humanidade. Foi ele quem forneceu a Eva e a Adão o conhecimento essencial que Deus pretendia reter.

Ansiosos para manter a crença em um único Deus, os tradutores da Bíblia optaram por escrever "Deus" onde os manuscritos originais diziam "os deuses" (*elohim*). As escrituras gnósticas lançam mais luz sobre esses seres plurais, a quem chamavam arcontes: eram deuses-animais egoístas que haviam criado o mundo, mas pretendiam manter a humanidade escravizada na ignorância. O "mais sábio de todos eles", que passou a ser chamado de Diabo, disse a Eva e a Adão para comerem o fruto do conhecimento (*gnosis*). Então, Eva e Adão passaram a "entender muito", e, quando viram as divindades que os haviam criado, passaram a desprezá-las.[19]

O Deus bíblico diz: "Eis que o homem se tornou como um de nós (plural), conhecedor do bem e do mal; assim, que não estenda a mão, e tome também da árvore da vida, e coma, e viva eternamente", ele deve ser expulso do Jardim (Gênesis 3:22). Este trecho foi deliberadamente abreviado. As escrituras gnósticas aprofundam a história: os arcontes decidiram se livrar de Adão "para que talvez (...) ele também venha para a árvore da vida e coma dela e se torne imortal, governe e nos condene, e nos considere e a toda a nossa glória como tolice — depois julgará a nós e ao mundo — venham, vamos expulsá-lo do Paraíso para a terra, o lugar de onde foi tirado, para que ele não possa saber mais nada sobre nós". As maldições de Deus sobre Eva e a serpente foram interpretadas como uma evidência da natureza maligna dos arcontes. A serpente cegou os arcontes para que não pudessem feri-la gravemente; mas, "eles apenas a amaldiçoaram, pois eram impotentes. Depois vieram até a mulher, e amaldiçoaram ela e seus filhos. Após a mulher, amaldiçoaram Adão, e amaldiçoaram a terra e o fruto por causa dele. E tudo o que criaram, amaldiçoaram. Não há bênção deles. É impossível que o bem seja produzido do mal".[20]

Obviamente, o conceito gnóstico dos criadores da humanidade era bem diferente do conceito canônico — que foi dissecado e transmitido à civilização ocidental. A visão gnóstica estava mais próxima das antigas escrituras babilônicas, nas quais deuses gananciosos e famintos de poder criaram os humanos para serem seus escravos, negando-lhes tanto a iluminação quanto a imortalidade. Foi apenas através da compaixão da Mãe, que enviou um salvador à terra para ajudá-los, que os humanos começaram a aprender sobre o mundo.

Em ambas as tradições cristãs, tanto ortodoxas quanto heréticas, o Diabo era o revelador do conhecimento. Isso pode explicar sua presença no ponto vital do submundo dos arcanos do Tarô. Aqui, tendo se familiarizado com seu segredo mais profundo, o iniciado poderia começar a jornada de retorno rumo à nova vida espiritual. Se fosse um verdadeiro gnóstico, ele se sentiria fortalecido pelo conhecimento secreto de que a igreja estabelecida adorava um espírito maligno que aprisionava o mundo na tolice.

Na realidade, não era segredo algum que os gnósticos achavam que a igreja ortodoxa estava errada, pois havia escolhido o parente errado como Deus e havia destinado o verdadeiro ajudante da humanidade ao inferno. Esse era o real significado da chamada adoração ao Diabo pelos gnósticos. Eles se recusavam a cultuar Jeová, porque o consideravam o criador do mal — como ele mesmo admitiu claramente na Bíblia (Isaías 45:7).

Quer o Diabo fosse considerado útil para os seres humanos ou não, os teólogos cristãos o consideravam absolutamente necessário. O dualismo fundamental do cristianismo exigia um princípio do mal para se opor ao princípio do bem. Apesar da declaração supostamente autoritária de Isaías, a Igreja não podia se dar ao luxo de responsabilizar Deus pelo mal. Mesmo com o Diabo assumindo a culpa, surgiu um paradoxo, que permanece sem solução: se Deus deseja que o mal exista, então Ele não pode ser bom. Mas se Ele não deseja o mal, mas não pode impedi-lo, Ele não pode ser Deus.

A ortodoxia exigia a existência do Diabo para justificar a doutrina do pecado original, uma doutrina com a qual a Igreja estava irrevogavelmente comprometida. Sem um tentador no Éden, sem tentação, não haveria queda nem pecado, e, sem pecado, não haveria necessidade de salvação. Nesse caso, a Igreja se tornaria irrelevante. Como De Givry corretamente apontou: "Se o conceito satânico for alterado, todo o edifício laboriosamente erguido pelos padres da Igreja desmorona."[21]

Além disso, como o Diabo e seus servos tinham a tarefa de punir os pecadores e tentá-los, sem sua prisão no submundo, não haveria nada do que as pessoas precisariam ser salvas. Contudo, os clérigos tinham de admitir que o Diabo era um fiel servo de Deus, porque cumpria diligentemente as tarefas atribuídas a ele. Um verdadeiro inimigo de Deus teria libertado os pecadores.

Por essas e muitas outras razões, o Diabo permaneceu imbatível. Ele era a sombra necessária, sem a qual a luz de Deus não poderia brilhar. Assim como as religiões lunares noturnas continuaram coexistindo com os cultos dos novos deuses solares, a antiga religião do soberano do submundo também persistiu ao lado daquela de seu antigo gêmeo, a divindade celestial. Essa dualidade pode explicar a estreita conexão do Diabo do Tarô com O Papa (5), destacada por sua pose quase idêntica, seu gesto hierático, e seus dois adoradores.

Para alguns, o Diabo era visto até com certa afeição, como se fosse mais uma figura travessa do que a personificação do mal. Ele representava a libido sexual que religiões puritanas ordenavam que os homens suprimissem, e acabavam por projetar no Diabo. Os teólogos sustentavam que o Diabo foi expulso do céu pelo crime de "*húbris*", que frequentemente era traduzido como "orgulho". No entanto, o significado original de *húbris* era "luxúria".[22] Como muitos deuses antigos, o Diabo frequentemente aparecia com características tanto masculinas quanto femininas, simbolizando a união sexual. As representações tradicionais do Diabo no Tarô também refletem isso.[23] Além disso, o Diabo usava chifres, era *horny* (uma palavra usada tanto para designar "chifres" quanto "excitação sexual"), e representava fertilidade e sexualidade, uma associação que remonta aos antigos deuses da fertilidade como Pan, Dioniso, Cernuno, El, Apis e todos os touros, carneiros, cervos, bodes e sátiros divinos. Em todo o mundo, os chifres simbolizam a sexualidade há milhares de anos; inclusive, os sábios tântricos sugeriam que a energia sexual ascendia para a cabeça e se manifestava de diversas formas.[24]

Na carta do Diabo, assim como nos diagramas macrocósmicos e microcósmicos que retratavam o homem na arte renascentista, seus genitais ocupavam exatamente o centro do desenho. O foco na sexualidade levou as autoridades cristãs a declararem que toda adoração ao Diabo surgia da "luxúria carnal" das mulheres, que, supostamente, seriam insaciáveis.[25] É bem possível que, em uma época na qual as autoridades patriarcais negavam deliberadamente a satisfação sexual das mulheres, se o Diabo já não tivesse sido inventado, as mulheres tivessem que inventá-lo.

16 - A Torre

A Torre, também conhecida como A Casa de Deus, apresentava uma simbologia exclusivamente medieval. Se a estrutura em ruínas representava o Sacro Império Romano, que às vezes era chamado de "A Torre Orgulhosa", esta carta poderia ser vista como uma versão gráfica da popular profecia sobre a queda deste império.[1] Diz-se que, enquanto o Império Romano permanecesse intacto, o Anticristo não poderia vir ao mundo. Portanto, sua destruição seria um sinal precoce do apocalipse que se aproximava.[2] Se a carta tinha a intenção de profetizar isso, então as duas figuras caindo da torre seriam o imperador e o papa, a combinação entre Igreja e Estado.

A mesma imagem foi esculpida em pedra na catedral de Notre-Dame de Reims e pode ter sido criada pelas mãos de um maçom herege.[3] Assim como os adolescentes de hoje, os membros das fraternidades renascentistas amavam sinais ocultos e mensagens esotéricas "escondidas em plena vista". Contudo, em uma época em que as crenças erradas podiam facilmente levar seu portador à câmara de tortura e à fogueira, eles tinham bons motivos para escondê-las em uma selva esotérica de múltiplos significados.

Mas havia algo mais por trás desta carta. Tanto o raio quanto a torre eram símbolos antigos do deus fálico — o Pai celestial do mundo antigo, o Diabo dos cristãos. O raio, por sua vez, também remetia ao tridente fálico empunhado por Shiva, representando sua união sexual com a Kali Tríplice.[4] Além disso, significava a "joia" masculina enclausurada pelo "lótus" feminino.

O tridente foi herdado por Zeus, Netuno, Plutão, Júpiter, Hades, Poseidon e outros deuses clássicos — também em função de uma amálgama medieval que remetia ao Diabo do cristianismo. Um outro nome para este Arcano, "Fogo do Céu", sugeria a antiga crença de que o Pai celestial desceria como um raio para fertilizar o Útero abissal, e que o sangue de todas as criaturas vivas se originaria a partir das águas femininas, aquecidas e avermelhadas, graças ao seu fogo.[5] Assim como o "lingam flamejante" do Deus se apagava na *yoni* aquosa da Mãe, o raio que atingisse o mar deveria morrer e renascer, como todo deus que morre e ressuscita.[6]

É claro que as seitas gnósticas, que se autodenominavam luciferianas, esperavam o retorno da mesma Luz que havia trazido conhecimento aos primeiros pais da humanidade. Além disso, como os primeiros grupos maniqueístas, os luciferianos medievais acreditavam que o mundo era governado por uma divindade maligna imposta pela Igreja para manter as massas na escravidão e opressão. As escrituras de Mani, o fundador da seita, diziam: "Foi o Príncipe das Trevas quem falou com Moisés, os judeus e seus sacerdotes (...) os cristãos estão envolvidos no mesmo erro quando adoram esse Deus, pois ele os desviou (...) ele não era o Deus da Verdade."[7]

De acordo com filósofos da Ásia, a iluminação da Verdade poderia cair sobre a humanidade como um "raio repentino", destruindo toda a mentira num só instante.[8] Logo, o símbolo de um deus (ou demônio) caindo abruptamente do céu, como a queda de um raio, muitas vezes significava a fertilização do intelecto.

Há um simbolismo duplo bastante interessante nesta imagem. A Torre era outro tipo de falo frequentemente associado à presença do Pai celestial na Terra: como os obeliscos, pilares de templos, hermas, cruzes, árvores sagradas, campanários e outras "ereções" supostamente destinadas a incorporar seu espírito viril — às vezes de forma mais franca, outras de maneira sutil. O próprio Deus bíblico era chamado de "torre alta" (2 Samuel 22:3). Logo, o raio caindo na torre poderia simbolizar o deus do futuro destruindo o deus do passado: uma metáfora do drama edipiano da Grécia Antiga. Significativamente, a primeira aparição do espírito do raio na Bíblia é categorizada como a do "filho de Deus" (Jó 1:6).

Embora as implicações fálicas desses símbolos fossem suavizadas pelas autoridades cristãs, que alegavam não entender tais significados, era amplamente aceito que o raio representava o "portador da luz": Lúcifer ou Satanás. Isso era algo que não poderia ser negado, pois Jesus chegou a testemunhá-lo pessoalmente (Lucas 10:18). Como "Príncipe do Poder do Ar", acreditava-se que Satanás lançava raios destrutivos sobre as torres das igrejas. Inclusive, em 1783, diversos bispos reclamaram que, nos trinta anos anteriores, o raio do Diabo havia danificado 400 igrejas e matado 120 sineiros — e isso só na Alemanha![9] Os preventivos sagrados que a Igreja chamava de infalíveis não pareciam ajudar, fossem toque de sinos, orações, aspersão de água benta ou vigílias e procissões ao redor das igrejas durante tempestades.

O fenômeno era teologicamente constrangedor. Por que Deus era incapaz de proteger suas igrejas dos raios do Diabo? Naturalmente, os hereges sussurravam que era porque as igrejas pertenciam a um deus falso, sobre quem a ira do verdadeiro deus deveria recair. De certa forma, essa ideia herética encontrou apoio, já que, até hoje, qualquer dano causado por raios é legalmente classificado como um "ato de Deus". Mas ninguém sabe explicar por que Deus atacaria seus próprios locais de idolatria.

No entanto, os raios continuaram a atingir as torres das igrejas, até que o grande infiel, Benjamin Franklin, inventou o para-raios. Mesmo assim, muitas autoridades eclesiásticas resistiram a essa solução "ímpia" por muito tempo.[10]

Entre as noções canônicas mais peculiares sobre proteção contra raios estava a crença de que sinos gravados com o nome de Santa Bárbara eram capazes de manter os raios longe dos campanários.[11] A lenda cristã afirmava que Santa Bárbara, "virgem e mártir", havia sido torturada e morta em uma torre, por seu malvado pai pagão, por ter ousado aderir à fé cristã. Infelizmente, um pouco tarde demais, Deus atingiu o homem com um raio punitivo e o reduziu a cinzas, para lhe ensinar uma lição.[12] A partir dessa sequência de eventos, concluiu-se, de certa forma, que Santa Bárbara controlava os raios e as tempestades.

Infelizmente, descobriu-se mais tarde que Santa Bárbara não era santa coisíssima nenhuma, e sim a Deusa "Bárbara" da Montanha Redonda, perto de Pozzuoli. Como muitas outras montanhas mágicas em toda a Europa, esta era considerada uma das entradas para o paraíso pagão subterrâneo da Terra das Fadas. Assim, acreditava-se que dentro da montanha viviam os espíritos dos ancestrais pagãos, que os clérigos descreviam como "homens e mulheres enfeitiçados que passavam seu tempo dançando e vivendo em devassidão até o Dia do Juízo Final".[13] Em tempos anteriores, o local era um ônfalo sagrado, com uma torre no seu topo para atrair os raios, que se pensava representar o acasalamento do deus do céu com a deusa da terra.

Talvez a memória de santuários antigos como esse, que os gregos chamavam de "lugares de vinda", tenha contribuído para a imagética desta carta de Tarô. Acreditava-se amplamente que a segunda vinda do Deus do Raio fertilizaria o ventre da Terra, simbolizado pelo Caldeirão da Regeneração, pelo Santo Graal, ou, até mesmo, por seus derivados, como a pia batismal da Igreja, que era comparada ao "ventre de Maria" e dizia-se tornar-se fértil se uma vela fosse mergulhada em sua água.[14] Logo, o raio deveria trazer das "profundezas infinitas" as águas vivas da fertilidade cósmica — tanto no sentido espiritual quanto literal.[15] Isso explica por que alguns antigos baralhos de Tarô transformaram a ilustração do raio em um ramo florido ou cheio de folhas.[16] As águas, enquanto substância viva, podem ser vistas na próxima carta dos Arcanos Maiores, em uma ilustração que nos apresenta à Deusa Nua e dificilmente pode ser confundida com outra coisa além de uma promessa de criatividade restaurada.

17 – A Estrela

A Deusa, chamada de Senhora da Terra e do Mar, reaparece no décimo sétimo arcano. Sua contraparte anterior, A Imperatriz, estava vestida, mas agora ela se vê plenamente revelada, nua, ou, na frase Tântrica, "vestida de céu" (*digambara*). O design da carta da Estrela raramente varia. Praticamente todos os baralhos mostravam a Deusa Nua derramando, de seus dois jarros (ou seios), águas vivas na terra e no mar, enquanto sete estrelas brilhavam no céu, com uma grande estrela em seu centro.

A carta também representava a Estrela de Ísis, símbolo da inundação anual do Nilo, que trazia o alimento da vida a toda a terra do Egito.[1] Ísis tornou-se a fonte das Águas da Vida para todas as almas que viajavam ao céu estrelado. Por isso, era retratada derramando suas águas para as almas que vinham até ela.[2] Após serem iniciados em seus Mistérios, seus devotos recebiam a promessa: "Tu aparecerás no céu, tu atravessarás o firmamento, tu estarás lado a lado com os deuses das estrelas."[3]

Alguns textos herméticos invocavam como Mãe Ísis a mesma Deusa Estelar, conhecida em Cartago como a Virgem Celestial, ou Astroarche, a Rainha das Estrelas. Era comum que essa deusa fosse acompanhada por sete sacerdotisas, assim como a grande estrela da carta do Tarô era acompanhada por sete estrelas menores. As profecias ditas por essas sete sacerdotisas de Cartago circularam por todo o Império Romano, rivalizando até mesmo com a autoridade das sibilas de Cumas.[4] Sete sacerdotisas oraculares também acompanhavam Astarte, na Síria; Ishtar, na Babilônia; Ester, em Elam; Astorete, na Palestina; e Ostara ou Eostre, no norte da Europa — cujos nomes significam "Estrela", sendo o último a origem da Páscoa (*Easter*, em inglês).[5]

As sete sacerdotisas oraculares eram, na verdade, as Sete Sábias da Arábia, que acreditava-se serem mulheres.[6] Elas também eram conhecidas como os Sete Pilares da Sabedoria, e seus sábios ditos compunham "pérolas" de Sabedoria. A Bíblia ainda fala da Deusa da Sabedoria, que "lavrou seus sete pilares" (Provérbios 9:1).

As Sete Irmãs sagradas da terra tinham suas contrapartes no céu. Uma constelação de sete estrelas era vista como o depósito de suas almas, que desciam à terra na forma de pombas, para possuir as sacerdotisas no momento de sua ordenação. *Plêiades* — "bando de pombas" — foi o nome grego dado a essas Sete Irmãs.[7] Heródoto diz, em seus escritos, que sete mulheres sagradas, chamadas de Pombas, fundaram os oráculos de Dodona, Épiro e Tebas.[8] Alguns, por sua vez, diziam que as Plêiades eram todas filhas de Afrodite, cujo totem era uma pomba e cujo nome alternativo era Pleione, "Rainha do Mar".[9] Outro de seus títulos, Stella Maris, "Estrela do Mar", foi mais tarde copiado pelos cristãos e passou a ser usado para se referir à Virgem Maria. A imagem do Espírito Santo descendo sobre Jesus durante seu batismo sob a forma de uma pomba é outra cópia desta iconografia da Deusa.

Uma das Plêiades gregas era Maia, "a Avó" ou "a Criadora", que deu à luz Hermes, o Iluminado. Ela era descendente de Kali-Maya, a Criadora, que, por sua vez, deu à luz Buda, o Iluminado.[10] Na Índia, todas as Plêiades eram emanações de Kali. Elas eram conhecidas como as Sete Mães do Mundo, ou *Krittikas*, o que significava "lâminas", "cortadoras" ou "juízas", que julgavam os homens "de maneira penetrante".[11] Seu nome deu origem ao termo grego *kritikos*, ou "juiz".

A razão pela qual as primitivas Plêiades hindus eram chamadas de "lâminas" pode ser encontrada na América Central, onde uma nação inteira foi nomeada em homenagem a Maia, e as Plêiades ocupavam uma posição curiosamente significativa no céu. Na última noite do Grande Ano sagrado, um salvador chamado Nosso Senhor, o Esfolado, era oferecido a elas no Monte das Estrelas. Assim como Rudra, o "deus vermelho" dos hindus, e Marsias ou Marte, seu equivalente grego, a vítima era esfolada com lâminas, e sua pele era usada pelo sumo sacerdote. Os mexicanos acreditavam que, se a cerimônia não fosse realizada no devido tempo, a constelação das Plêiades pararia no zênite, e o mundo chegaria ao fim.[12] Acreditava-se, ainda, que o sangue do sacrificado libertaria as águas da primavera.

O festival anual tibetano de "liberação das águas" ainda é anunciado junto ao surgimento da Estrela do Cão Maior, remetendo ao deus Rishi--Agástia.[13] O aparecimento da estrela anunciava a liberação das águas do Nilo para os egípcios. Eles a chamavam de Sothis (Sirius), a alma de Osíris no céu entre suas encarnações. O deus Osíris foi desmembrado em vez de esfolado, mas era um típico salvador cuja morte trazia nova vida ao mundo. Assim, o surgimento de sua estrela era anunciado pelos Três Reis Magos, isto é, as três estrelas no cinturão de Órion, que apontam para o Cão Maior. Logo, outro nome comum da carta da Estrela é A Estrela dos Magos.[14]

Assim, é possível que o Tarô incorporasse uma tradição de vasta antiguidade — comum à Índia, à Grécia, ao Egito, e até ao México pré-colombiano —, conectando-se ao conceito de renovação das "águas" ou de fertilidade. Jesus também nasceu das "águas" (*maria*), ou da Deusa Mari--Ishtar, a Estrela do Mar, que antes já tinha sido adorada em Jerusalém como a esposa de Deus.

Na Ásia Menor, a Deusa Estelar era chamada Ártemis Caryatis, e costumava ser venerada na forma de uma coluna. As cariátides, suas sete sacerdotisas, foram retratadas em pilares da igreja esculpidos em forma de mulheres. Muitos exemplos ainda figuram em templos gregos. Ártemis governava todas as almas estelares no céu até que Zeus, deus dos helenos patriarcais, usurpou sua autoridade.[15] Como Deusa dos Animais, ela às vezes assumia a forma de uma ursa, aparecendo nos céus como uma constelação de sete estrelas de maior dimensão que as Plêiades: A Ursa Maior.

Essa constelação era amplamente venerada pelos antigos devido à sua posição de destaque no céu, circundando a Estrela Polar. Vista de latitudes setentrionais, era o eixo da roda galáctica, nunca desaparecendo abaixo do horizonte, como as constelações zodiacais. Como Ártemis também era a lua, as sete estrelas brilhantes que compunham a Ursa Maior provavelmente eram vistas como suas atendentes, ninfas ou Horas, guardando Polaris, o *áxis múndi*. Mas Ártemis era adorada não só pelos gregos, como também por outros europeus, como os helvécios. Ela era chamada de Ártio, "a Ursa de Berna" (oriunda da palavra *bear*, "urso" em inglês).[16] Seu retrato, inclusive, aparece no brasão de armas de Berna até hoje.

Por meio dessas e de outras imagens míticas, é possível rastrear a antiga Deusa, que governava as estrelas quando estas eram consideradas almas abençoadas no céu — heróis, deuses, mártires, reis sagrados e salvadores, deuses antropomórficos e espíritos oraculares que revelavam os destinos dos homens por meio de seus misteriosos movimentos. Era a Deusa a responsável por ditá-los. Algumas estrelas ela enviava à terra para nascerem em corpos humanos. Outras levava ao céu quando seus ciclos terrenos eram concluídos. Em áreas rurais, ainda se diz que uma estrela cadente indica que uma alma está descendo à terra para ser concebida ou nascer.[17] Logo, o "corpo astral" dos místicos seria literalmente um corpo estelar, baseado na antiga noção de que o espírito interior de uma pessoa era, ou seria, uma estrela. Os gregos chamavam o corpo astral de "etéreo," ou seja, acreditavam que era feito de éter ou matéria estelar — um quinto elemento considerado mais rarefeito do que o fogo.

Após a destruição da Torre, a reaparição da Deusa nos Arcanos Maiores pode ser interpretada como um símbolo de realização de desejos em um mundo pós-revolucionário, em que ela será então restaurada ao seu lugar de direito. Talvez os gnósticos acreditassem que ela seria mais piedosa com as almas sob seus cuidados do que o Deus cristão, que tornava o Céu tão inalcançável. Como a antiga "Estrela do Oriente", Astarte era "a verdadeira soberana do mundo (...) presidindo sobre a renovação perpétua da vida por meio do amor e da regeneração."[18] Assim, a imagem da Deusa no arcano da Estrela parecia mostrar os "pastos verdejantes e águas tranquilas" do paraíso de Ísis e Osíris, mencionados pela primeira vez nas escrituras egípcias e, mais tarde, traduzidos para um salmo bíblico. Certamente, ela não era uma figura cristã, mas sua aparência parece transmitir um sentimento de paz e serenidade.

18 - A Lua

É curioso, mas nenhum dos Arcanos Maiores — nem mesmo A Morte ou O Diabo — desperta tanto medo em seus consulentes quanto a carta da Lua. Afinal, a essa carta foram atribuídas mais conotações malignas do que a qualquer outra. Entre as previsões menos terríveis está a "noite escura da alma" ou uma "crise de fé".[1] Mas o que pode haver de tão crucial ou assustador na imagem da lua cheia, acompanhada de dois cães, e um caranguejo em uma poça? Essa reação tão exagerada parece exigir uma explicação.

Desde o início, é preciso entender que, muito antes da existência dos deuses solares ou de qualquer noção de uma divindade masculina "superior", a lua era o símbolo primário da Grande Deusa.[2]

Os caldeus, inventores da astrologia, ignoravam o sol e baseavam seu sistema nos movimentos celestes da lua — a quem chamavam de "maternal".[3] Moisés Maimônides, por sua vez, chegou a afirmar que a adoração à lua era a religião de Adão.[4] *Khemennu*, um antigo nome para o Egito, significava "Terra da Lua", e os sacerdotes egípcios chamavam a lua de Mãe do Universo.[5] Por toda a África, dizia-se que os governantes ancestrais das tribos eram encarnações da lua.[6] Tanto os africanos quanto os bascos chamavam todos os seres divinos de "luas".[7] Os polinésios se referiam à lua como a Virgem Mãe Primordial e Criadora — aquela que deu à luz toda a humanidade.[8] Plutarco dizia que o poder que nutre o corpo humano e o faz crescer é a lua, desde quando o "coágulo" materno de sangue lunar forma a criança no ventre.[9] Além disso, acreditava-se que as relações de "sangue" eram apenas matrilineares, porque o sangue uterino dado pela lua era responsável por criar novas vidas, e os homens não tinham participação nesse processo.

Essas crenças, e outras relacionadas, nunca foram totalmente extintas, nem mesmo pelo cristianismo patriarcal. Na Idade Média, dizia-se que qualquer mulher que desejasse ajuda divina deveria rezar, não a Deus (que era inimigo de seu sexo, segundo a Bíblia), mas à sua própria divindade, a lua.[10] Em Portugal e na França, os camponeses nunca deixaram de adorar a lua, a quem chamavam de "Nossa Senhora" e "Mãe de Deus".[11] Segundo a peça mística de Digby, até mesmo Jesus cantava hinos à "Lua, sua Mãe, o vaso (...) em quem descansou antes de ascender ao Sol".[12]

Se uma mulher sonhasse com sua própria imagem refletida na lua, isso era tomado como sinal de que ela daria à luz uma filha.[13] Cantigas infantis da região do Loire, na França, mostravam uma crença contínua de que a lua era a verdadeira fonte dos filhos. Nas Ilhas Orkney, as noivas só se consideravam devidamente casadas até que fossem, durante a noite, pedir por fertilidade em um círculo de pedras megalíticas, conhecido localmente como "Templo da Lua".[14] Outra crença comum, e motivo de hostilidade eclesiástica, envolvia a ideia de que, se uma mulher nua se expusesse aos raios lunares, conceberia e daria à luz a um vampiro ou demônio.[15]

A lua era vista como fonte de concepção porque, de acordo com o antigo conceito universal de reencarnação, a Mãe Lua recebia as almas dos mortos e as devolvia à terra para renascerem. "A lua crescente, usada por

Diana e no culto de outras deusas, representa a Arca ou um vaso em forma de barco, e é símbolo de fertilidade e do Recipiente que Contém o Embrião da vida."[16] Os Vedas dizem que todas as almas, após a morte, retornam à lua, de onde vieram, para serem devoradas por "espíritos maternos".[17] Os gregos frequentemente localizavam os Campos Elísios na lua.[18] Os romanos diziam que as almas dos justos eram purificadas na lua, um modelo pré-cristão do purgatório.[19] O crescente de marfim usado pelos nobres romanos representava uma residência na lua após a morte.[20] Os gnósticos diziam que as almas dos iluminados eram atraídas para a lua, enquanto as almas dos ignorantes renasciam como animais.[21]

> A ideia de uma jornada à lua após a morte foi preservada nas culturas mais avançadas (...) Não é difícil encontrar temas que categorizem a lua como a Terra dos Mortos ou o receptáculo regenerador das almas (...) Essa é uma das razões pelas quais este astro preside tanto sobre a formação dos organismos quanto sobre sua decomposição.[22]

No passado, a Ilha de Man (Lua) foi considerada uma "Ilha dos Mortos" do norte da Europa, onde havia um culto a Mana, Mãe Lua, governante do céu — que os teutões conheciam como *Manavegr*, "Caminho da Lua".[23] Mana também era a rainha do mundo dos fantasmas (Manala, na mitologia finlandesa); a Mãe do Destino, na Arábia; e a mãe dos espíritos ancestrais conhecidos pelos romanos como *manes* ou *maniae*.[24] Acreditava-se que a Mãe Mana guardasse as almas dos mortos em "potes virados de cabeça para baixo".[25] Por essa razão, alguns túmulos da Jutlândia Oriental continham um grande número de "recipientes de almas", vasos invertidos, em alamedas e passagens subterrâneas.[26] Um costume similar foi registrado entre os índios da América do Sul, que também acreditavam que a lua levava as almas e as guardava sob vasos invertidos.[27] No sudeste asiático, todos os fluidos que dão vida eram comparados à substância das almas, cujo "pote" era a lua. Assim: "Água, seiva, leite e sangue representam apenas estados diferentes de um mesmo elixir. O recipiente ou cálice deste fluido imortal é a lua."[28]

Todas as versões da Deusa Tríplice da Lua mostram os mesmos padrões de conexão com nascimento, morte e renascimento, especialmente no aspecto de Anciã — a forma mais temida pelos homens. Um exemplo clássico de Anciã era Hécate, a temida "rainha das bruxas" no cristianismo, pois se acreditava que suas antigas sacerdotisas controlavam a lua — sendo capazes, até mesmo, de fazê-la descer do céu com palavras mágicas.[29] Na verdade, "descer a lua" consistia em invocar o espírito da lua para habitar um ser humano, como acontecia quando uma sacerdotisa era consagrada. Esse tipo de cerimônia foi posteriormente copiado pelos cristãos como uma "invocação" do espírito de Deus. Sobre isso, Porfírio escreveu:

> A lua é Hécate (...) seu poder aparece em três formas, tendo como símbolo da lua nova uma figura em manto branco e sandálias douradas, com tochas acesas; o cesto que ela carrega quando sobe alto é o símbolo do cultivo das colheitas, que vicejam conforme o aumento de sua luz.[30]

Portanto, a carta da Lua, do Tarô, às vezes também era chamada de Hécate ou Os Cães de Hécate — o que nos leva à questão dos dois cães que uivam para a lua.[31] Por toda a Europa, os supersticiosos insistiam que cães uivando para a lua eram presságios de morte, pois podiam ver o Anjo da Morte (Hécate) se aproximando.[32] A ilustração mais comum da carta mostra dois pilares ladeando um portal além dos cães, e uma estrada entre eles. Uma imagem clássica dos Portões da Morte. Certos poetas védicos e indo-europeus acreditavam que este portão era guardado por cães. Os irlandeses, por sua vez, sustentavam que as pessoas em luto não deveriam chorar muito alto durante os funerais, a fim de não incomodarem os cães no Portão da Morte e incitá-los a atacarem a alma que partia.[33]

A Deusa Tríplice, em sua forma de Anciã, era Mãe ou Senhora dos Cães da Morte. Os Vedas a chamavam de *Sarama*, isto é, Sara-Ma, Mãe Sara, uma caçadora divina, a mesma que os ciganos chamavam de Sara-Kali.[34] O *Venidad*, por sua vez, dizia que a alma que chega ao céu encontra a bela dama lunar "com os cães ao seu lado".[35] Além disso, uma versão nórdica da Anciã era Angurboda, a "Bruxa da Floresta de Ferro", que deu à luz Hel e as matilhas de cães-lobos lideradas por Managarm, o "Cão-Lua".[36] Eram eles que ajudavam a levar os mortos para Valhala.

Cães, chacais e lobos, assim como os abutres, sempre foram animais universalmente associados à morte por se alimentarem de carniça. Mas, na posição de companheiros da Mãe Morte, tornam-se deuses caninos. O nome pré-dinástico do deus chacal do Egito, Anúbis, era *Mates*, "Aquele da Mãe".[37] O nome de Shiva, como o de Anúbis, significava "chacal". Ele acompanhava a Deusa assumindo a forma deste animal.[38] O deus galo-romano dos mortos era um lobo conhecido como Lupus, Ferônio ou Dis Pater. Para os gregos, era Apolo Liceu, o "Apolo Lupino", outrora associado a Ártemis como Mãe dos Animais.[39] O Liceu, ou Templo do Lobo, onde Sócrates ensinava, era dedicado a ele. Além disso, Perséfone, o aspecto "Destruidor" da Deusa, tinha como guardião do Submundo, o cão Cérbero, o "Espírito do Abismo".[40]

Os cães da carta da Lua podem muito bem ter sido os guardiões tradicionais do Portão da Morte, contudo, A Morte já havia aparecido na carta número 13 dos Arcanos Maiores. A descida ao Inferno e o encontro com o Diabo também já haviam sido representados antes. Então, o que havia de diferente e perturbador na carta da Lua? A resposta está no caranguejo. Por meio desse símbolo, a carta representava não apenas a morte, mas a mais catastrófica projeção de morte já feita pela humanidade: o dia do juízo final.

Câncer, o Caranguejo, é um signo zodiacal da água, e sempre foi regido pela Lua.[41] Milhares de anos atrás, os primeiros astrólogos caldeus anunciaram que o Dilúvio, que acabou por destruir o mundo, ocorreu quando todos os planetas se reuniram na constelação de Câncer. Logo, se os planetas voltassem a entrar no signo do Caranguejo, o ciclo presente do mundo chegaria ao fim. Tudo seria varrido de volta ao caos primordial, preparando-se para dar início a uma nova criação. Essa doutrina permeou a Índia, o Egito, a China, a Pérsia, o Oriente Médio, a Europa e as Américas pré-colombianas.[42]

Eis o terrível segredo da carta da Lua: o Caranguejo anunciava a última vinda da Anciã, que devoraria a terra, os deuses e os elementos. Kali-Bhavani, o Ser, retornaria à sua "escuridão sem forma" como Kali-Una, o Não Ser — ou seja, o Abismo primordial, simbolizado pelo lago de água do Caranguejo. Logo, esta carta simboliza uma noite escura, não da alma, mas do cosmos. Este pode ter sido o segredo que o alter ego da Lua, A Papisa, lia em seu livro. Afinal, ela também estava sentada diante de um portal.

Inúmeros medos e superstições foram alimentados devido a antigas insinuações envolvendo os poderes destrutivos da lua. "Mania" e "loucura" (*lunacy*, em inglês) são palavras derivadas dos nomes da Mãe Lua (*Mana*, *Luna*) justamente porque os clérigos acusavam seus adoradores de insanidade. O costume de dormir em quartos fechados foi racionalizado por médicos vitorianos como uma necessidade de se proteger do ar noturno insalubre; mas, em tempos anteriores, era para se proteger da luz da lua. Roger Bacon, por sua vez, chegou a escrever, solenemente: "Muitos morreram por não terem se protegido dos raios da lua."[43]

O que os cristãos esqueceram sobre o apocalipse lunar é que as religiões antigas não acreditavam nessa ideia de estagnação eterna passada no Céu ou no Inferno. Para os pagãos, não existe um fim definitivo. A vida sempre nasce da morte — mesmo da morte cósmica. Portanto, a destruição é somente uma etapa necessária para a criação. Os antigos mitos apocalípticos traziam essa implicação — e o mesmo o faz o arcano da Lua no Tarô, com O Sol lhe seguindo e trazendo consigo uma imagem de juventude, inocência e alegria, bastante semelhante ao Éden.

19 – O Sol

Na ilustração dos baralhos tradicionais de Tarô é comum ver duas crianças nuas na carta do Sol, um menino e uma menina, dançando juntos em frente ao muro de um jardim. Talvez a interpretação mais acessível possa ser encontrada nos mitos do norte da Europa, onde crenças indo-europeias muito antigas viam o sol como uma divindade feminina, a Glória-dos-Elfos, que daria à luz uma nova filha-sol após a morte do universo. Essa jovem Deusa do Sol presidiria uma criação nova e melhor. Assim, no jardim primordial do próximo Éden, os dois primeiros seres humanos cresceriam juntos. A menina se tornaria a Mãe de Todos os Seres Vivos, uma mulher chamada Vida (*Lif*). O menino seria seu companheiro, um homem chamado

Aquele-que-Deseja-a-Vida.[1] Esses dois parecem não só encarnações futuras do Adão e Eva pré-bíblicos, mas também projeções dos gêmeos solares/lunares comuns à maioria das mitologias indo-europeias. Por exemplo, Ísis e Osíris eram gêmeos que se apaixonaram ainda no ventre da mãe e geraram um descendente, Hórus. Quando Ísis deu à luz o jovem Hórus, que era seu irmão-esposo reencarnado, ela disse: "O fruto que gerei tornou-se o sol."[2] Em seguida, ao assumir a forma da Vaca Lunar Celestial, ele se tornou seu Bezerro de Ouro — o mesmo do culto que os israelitas haviam trazido ao deixarem o Egito.

Apolo e Ártemis eram um par semelhante, juntos no ventre da mãe Leto, ou Latona, outra personificação da escuridão primordial. Apolo uniu-se à irmã, Ártemis, no altar de seu templo em Delos. Os cabiros lemnianos celebravam anualmente seu renascimento no solstício de inverno, carregando "fogo novo" desse altar para reacender seus lares.[3] A cerimônia do fogo foi adotada pelo cristianismo e ainda é realizada todos os anos no Monte Licabeto. Os cabiros adoravam os gêmeos sagrados e chamavam-nos de Gêmeos, como o signo zodiacal, um nome alternativo para a carta do Sol no Tarô.[4] Quando amadureceu, o deus solar foi "encarnado" na pessoa de Héracles, por meio do nascimento virginal de costume. Tanto o deus quanto sua encarnação terrena carregavam o sobrenome de Salvador (*Soter*).[5]

Diodoro Sículo parafraseou o historiador Hecateu de Mileto ao escrever sobre o templo da Lua na ilha hiperbórea onde Latona nasceu. A cada dezenove anos, Apolo visitava esse santuário de sua Mãe Noite.[6] Se contarmos dois períodos de dezenove anos cada — isto é, dois "grandes anos" solares — mais um "grande ano" lunar de dezoito anos, temos um dos ciclos de cinquenta e seis anos, nos quais era sabido que os movimentos do sol e da lua coincidiam. Não por coincidência, esses números correspondiam aos das cartas do Sol e da Lua no Tarô. Possivelmente, os gêmeos solares são uma referência a esse ciclo duplo solar de dezenove anos do Grande Ano. Além disso, a ilha hiperbórea de Hecateu era certamente a Grã-Bretanha, onde templos megalíticos, como Stonehenge, marcavam o Grande Ano em círculos de cinquenta e seis marcadores.[7]

Na Cornualha, alguns templos do Deus Sol tinham dezenove postes de pedra arranjados em círculo.[8] Em Kildare, dezenove sacerdotisas da deusa celta da Lua, Brigit, cuidavam de um fogo sagrado que, como o fogo no altar de Vesta, nunca podia se apagar, porque sustentava magicamente a luz do sol. E embora o cristianismo tenha transformado Brigit em uma santa falsa e seu templo em um convento, "não ousou apagar o fogo, que continuou ardendo até os dias da Reforma, cerca de mil anos depois".[9] Alguns dos devotos mais entusiásticos de Brigit, inclusive, até insistiam que ela era a mãe de Cristo.[10]

Na Noruega, os gêmeos estavam associados ao fim do mundo (Ragnarok), sendo considerados forças de criação e destruição, e sob os nomes de Hjuki e Bil (Hjuki de *jakka*, "reunir ou aumentar", e *bil* de "quebrar ou dissolver"). Esses poderes eram personificados por duas crianças divinas levadas ao céu por sua mãe Mana, a Lua. Elas retiravam a Água da Vida do "poço Byrgir, no balde Soegr, suspenso no bastão Simul, que carregavam nos ombros". Esses nomes são todos derivados de uma lista de constelações. Hjuki e Bil representavam as almas-estelares do próximo universo, pois desciam novamente da montanha celestial, como estrelas cadentes, para carregar as sementes de nascimento e morte para o novo mundo. Contudo, seu mito cósmico foi trivializado por contadores de histórias cristãos, e eles se tornaram o popular casal infantil, Jack e Jill[O].[11]

O paraíso pagão, o paraíso cristão e o novo Éden do próximo ciclo cósmico costumavam se confundir na mente medieval. Alguns diziam que as almas iam para o céu para se tornarem anjos ou estrelas. Outros, que seriam renascidas na nova criação. E ainda havia os que afirmavam que rumavam para o oeste, para a terra encantada da Grande Mãe, onde o Sol descansava. Deuses solares e heróis solares geralmente seguiam a mesma direção, para o paraíso de muitos nomes: Terra dos Ocidentais, Ilhas da Fortuna, Avalon, Elísio, Jardim das Hespérides, Ilha dos Mortos, entre outros. Até mesmo São Tomás de Aquino acreditava no paraíso ocidental e afirmava que Elias e Esdras ainda viviam lá.[12]

As crianças do Tarô também sugerem essa terra no Ocidente, que os irlandeses chamavam de País da Juventude (*Thierna na Oge*). Sua fonte mágica, um símbolo lunar-menstrual simbolizando o "sangue da vida", que

[O] Jack e Jill são personagens de uma rima tradicional infantil inglesa que remonta ao século XVIII. Desde então, foram retratados em canções, livros e desenhos infantis, e até no cinema. [N. da T.]

transbordava uma vez por mês, concedia vitalidade eterna a quem dela bebesse. Juan Ponce de León realmente pensou que poderia encontrar essa Fonte da Juventude navegando para o oeste. Até disse tê-la descoberto na Flórida.[13]

"Juventude Eterna", a bênção concedida por esta maravilhosa fonte, era também outro nome para a carta do Sol no Tarô.[14] Na carta, as crianças dançam em um jardim murado — o *hortus conclusus*, ou "jardim fechado", que representa o ventre da Mãe Virgem, tanto em suas formas pagãs quanto cristãs. As escrituras orientais referiam-se a ela como a Deusa Nua, cuja "vestimenta mágica" é o Sol, o "símbolo mais glorioso no mundo físico".[15] Transcrita na Bíblia como "a mulher vestida de sol" (Apocalipse 12:1), foi associada à Virgem Maria. No entanto, originalmente, referia-se à Anciã do Juízo Final, ou Mãe Noite, de cujo "jardim fechado" deveriam vir os filhos da nova criação.

Alguns intérpretes do Tarô acreditam que as crianças do Sol representam a emergência do Ventre da Escuridão, ou seja, a noite escura da gestação entre a morte de uma vida e o renascimento da próxima, de acordo com as visões orientais de reencarnação cíclica e recriação perpétua dos mundos.[16] Como a carta da Lua supostamente representava a Noite Escura da Alma, e sua natureza lunar obviamente simbolizava o útero, ela só poderia ser seguida por uma carta de renascimento. As crianças eram vistas como os jovens gêmeos lunar-solares de uma nova criação, dançando em alegre inocência dentro de um novo Éden — o Jardim Oculto da Alma.[17] Todo esse simbolismo mítico conecta a existência infantil com o paraíso primordial, o *hortus conclusus*, e um estado de bem-aventurança.

O equivalente mundano das crianças solares é a carta do Mago (1), cuja conexão com Hermes Psicopompo proporcionava uma relação mitologicamente sólida com almas recém-nascidas. Como um mago semidivino conduzindo o Eu através de um complexo sistema simbólico iniciatório, ele poderia estar mostrando as crianças ao consulente como uma revelação pré-ordenada, ainda que retida durante estágios anteriores porque não poderia ser compreendida até que outras questões tivessem sido aprendidas.

20

O Julgamento

20 – O Julgamento

À primeira vista, a carta do Julgamento parece a mais cristã dos Arcanos Maiores. Ela mostra uma imagem ortodoxa da Trombeta do Juízo Final — mesmo que ainda haja mais um arcano no baralho. Um anjo, que, ao longo do tempo, foi associado tanto a Miguel quanto a Gabriel, soprava sua trombeta dos céus. Ao som dela, os mortos se levantavam de suas tumbas para enfrentar o julgamento final. O número da carta, 20, representava a conclusão de duas décadas. Ou seria sua mensagem sutilmente ironizada pela conexão numérica com O Louco (0), e pelo fato de que esse não era, afinal, o desenlace definitivo do Tarô?

Na verdade, a cena do Juízo Final não é originalmente cristã. É só mais um dos inúmeros empréstimos da mitologia pagã indo-europeia, através de seitas essênias baseadas em apocalipses perso-mitraicos. Para rastrear a ideia, a partir de sua manifestação mais recente nos Evangelhos cristãos: Jesus anunciou o fim do mundo dentro do período de vida de seus próprios seguidores (Lucas 9:27; Mateus 24:34), e se identificou como o "Filho do Homem", do culto de Mitra, que havia feito o mesmo anúncio séculos antes. A segunda vinda desse "Filho do Homem" já havia sido descrita em 70 a.C., no Livro de Enoque.[1] Jesus explicou, ao estilo enoquiano, como voltaria "das nuvens, com grande poder e glória", e "reuniria os seus escolhidos dos quatro ventos, da extremidade da terra à extremidade do céu" (Marcos 13:26-27).

Para os judeus, aparentemente, tais ideias começaram com as comunidades essênias do século I a.C., cada uma das quais nomeava um "Cristo" perfeitamente humano para servir como bode expiatório pelos pecados da humanidade, além de um "Messias" igualmente humano.[2] *Cristo* e *Messias* eram títulos comuns para se referir a qualquer homem santo autoproclamado. Os essênios acreditavam nas histórias persas sobre esses homens santos, bem como nas histórias do Filho do Homem (Mitra) que avisava aos mortais sobre a iminente "Guerra dos Filhos da Luz contra os Filhos das Trevas", modelo para o Armagedom bíblico.[3] Mas o título "Filho do Homem" não era de origem essênia, tampouco persa. Vinha de Vishnu, um dos mais antigos deuses fálicos indo-europeus, cujos adoradores chamavam de "Filho do Homem" (*Narayana*) para provar que não tinha mãe. No entanto, em uma encarnação anterior de Mitra, como seu precursor védico, ele era filho de Aditi, a Deusa do Sol, e um dos espíritos que supostamente "revelariam sua luz no Dia do Juízo".[4]

O Mitra persa também não tinha mãe, tendo sido gerado pelo "fogo dos céus" e nascido de uma rocha, a *petra genetrix*, no dia 25 de dezembro — o antigo solstício de inverno no hemisfério norte. Ele foi adorado por pastores e magos. Era chamado de "Luz do Mundo" e "Sol da Justiça". Curava os doentes, expulsava demônios, pregava e participava de uma Última Ceia com seus doze discípulos. Ele morreu e ressuscitou no equinócio da primavera (Páscoa). Sua igreja tinha sete sacramentos, hóstias marcadas com uma cruz e um sacerdócio celibatário. Após serem "lavados no sangue" do touro mitraico no Taurobolium, seus seguidores eram "renascidos para a eternidade".[5] Em Roma, onde Mitra foi oficialmente declarado Protetor do Império no início da Era Cristã, seu culto foi o rival mais bem-sucedido do cristianismo, bem como um modelo óbvio para futuras imitações.[6]

Após se inspirarem nas antigas mitologias indo-europeias sobre o fim do mundo e o Juízo Final, as versões mitraicas/essênias/cristãs fizeram uma mudança importante. Elas deixaram de postular que destruição e renovação são coisas cíclicas e constantes. Em vez disso, tornaram-nas lineares e estáticas, pregando uma única destruição definitiva e infindável, com nada além da bem-aventurança eterna (Céu) ou do tormento eterno (Inferno) após ela. Não haveria uma nova criação.

Uma forma mais pura do mito indo-europeu foi preservada nos países do norte, que se mantiveram pagãos por mais de mil anos após a cristianização inicial imposta pelo mundo romano. Um grupo de sacerdotisas nórdicas criou uma literatura apocalíptica de melhor qualidade do que o Apocalipse do falso-João (assinado com um nome falso, como era o costume cristão na época), tão consagrado no Novo Testamento. A *Völuspá* (A Profecia da Sacerdotisa) narra uma catástrofe iminente, uma batalha no fim do mundo, uma navegação em um navio da morte, a queda das estrelas dos céus e a destruição da Terra em fogo e inundação. Esse Ragnarok, ou *Ida para a Sombra dos Deuses* (*Götter-dämmerung*), seria anunciado não por um arcanjo, mas por Rig-Heimdall, o deus que sopraria a Última Trombeta em seu "chifre ressonante", o Gjallarhorn.

Rig-Heimdall era o pai primordial das três castas, por meio de seus três casamentos sequenciais com a tríade da Mãe Terra: Edda, a Bisavó; Amma, a Avó; e Modir, a Mãe. Assim como Scyld, Merlin, Arthur e outros heróis saxões, ele nasceu da Deusa do Mar (que assumia nove formas) — às vezes chamada Mari, Morgana, Minne ou Maerin —, que o depositou na costa com sua nona onda. Rig-Heimdall, "(...) nascido em tempos antigos, cheio de força, da raça dos deuses; nove o geraram, filhas de gigantes, na borda da terra. (...) Ele foi fortalecido com a energia da terra, com o mar frio e o sangue do javali sacrificial".[7]

A "raça dos deuses" de Rig-Heimdall eram os *Aesir*, que significa "asiáticos". Seu nome, por sua vez, significava "filho da Mãe do Mar", o mesmo que o do Dalai Lama.[8] O apocalipse anunciado por ele passou a ser chamado de *Götter-dämmerung*, a "Ida para a Sombra dos Deuses", às vezes traduzida de forma imprecisa como "Crepúsculo dos Deuses". Essa tradução é considerada incorreta porque a Sombra não era um crepúsculo qualquer, mas uma entidade que engolia os deuses conscientemente, a Deusa Skadi (*skadus* em gótico, *sceadu* em inglês antigo, "sombra, penumbra"), a Grande Mãe em sua fase destruidora, como a Anciã Negra. Aqui encontramos um elo com o hinduísmo. Skadi era ninguém menos que Kali, a Destruidora, a Deusa Negra que reabsorvia os universos e devorava os deuses que se tornavam corruptos e violentos, abusavam de seu poder e ensinavam os homens a fazerem o mesmo. Assim, a Deusa lançava sua maldição mortal sobre eles e trazia o universo de volta para sua escuridão ilimitada.

Em suma, Skadi lançava seu *Mutspell* (Maldição da Mãe) sobre o mundo e sobre os deuses guerreiros que desrespeitavam sua lei. Para destruí-los, convocava espíritos malignos de sua terra ancestral, "as terras quentes do sul", que os vikings chamavam de *Mutspellheim*.[9]

Essas crenças tradicionais, espalhadas por todo o continente euro-asiático, do sudeste ao noroeste, com as primeiras migrações indo-europeias, mostravam que a ideia de apocalipse era mais antiga que o mitraísmo ou o cristianismo. Ela pertencia à religião de Kali, a Negra, cuja ira recaía sobre deuses e homens durante o Kali Yuga ou Última Era, sempre que negligenciavam seus mandamentos de amor, paz e unidade. Eles escolhiam lutar contra outros de sua própria espécie, violar laços de família e de clã, oprimir mulheres e crianças, enganar, roubar e matar. O fim do mundo viria, segundo a antiga crença, porque a Mãe, enfurecida, não sustentaria mais um universo para o bem de tais malfeitores. Desta forma, ela devoraria tudo o que havia criado: "Assim como o branco, o amarelo e outras cores desaparecem no preto, da mesma forma (...) todos os seres entram em Kali." Certos sábios hindus explicavam que, após a dissolução de todas as coisas, Kali retomaria seu aspecto "escuro e sem forma", e continuaria sozinha, "como a Única inefável e inconcebível", até que, no momento oportuno, pronunciasse a palavra primordial, *Om*, e criasse novamente.[10]

Portanto, o anjo do Julgamento no Tarô provavelmente não era Miguel nem Gabriel, mas Rig-Heimdall ou seu equivalente tântrico, anunciando a destruição de todo o mundo, exceto dos escolhidos da Mãe — sementes da próxima criação, que seriam salvas na arca de Manu. Simbolicamente, no sistema do Tarô, aproximamo-nos da Última Trombeta definitiva, a carta 21, a Deusa nua, "frente a frente". Essa é uma revelação final nada cristã, e sua posição nos Arcanos Maiores implica uma cosmologia cíclica e orientada para o feminino. Portanto, a carta do Julgamento talvez não signifique o julgamento dos homens por Deus, mas o julgamento dos deuses pela Mãe.

O vigésimo arcano já foi chamado de "a carta do Eu regenerado", não no sentido cristão de ressurreição da carne, mas de um novo ser que é descoberto dentro do corpo físico atual.[11] Esse novo ser, por sua vez, seria capaz de compreender a lição final dos Arcanos Maiores; não uma lição sobre o céu, mas uma lição que trazia o nome mais mundano de todos: *O Mundo*.

21 - O Mundo

O último arcano do Tarô, de fato, já teve muitos nomes, assim como a Deusa que representa. Esta carta já foi chamada de Eva, Shekinah, Sophia, Mãe Natureza, Verdade, A Noiva, O Sistema, A Grande Fortuna, Anima Mercúrio, O Universo, ou, a mais comum: O Mundo.[1] A Deusa, a representação de todas essas formas, era uma versão ocidental da Alma do Mundo, Mahadevi, Kali-Shakti, conhecida pelos místicos europeus como "A Realidade Feminina Defitiniva".[2] Sua forma arquetípica, por sua vez, foi descrita por Jung como *Anima*, encarnada *per se* em toda mãe e em todo ser amado, uma "imagem onipresente e atemporal, que corresponde à realidade mais profunda no homem".[3]

Alguns de seus "mil nomes" no Oriente eram: Kali, Sarasvati, Lakshmi, Gayatri, Durga, Annapurna, Sati, Uma, Parvati, Gauri, Bagala, Matagini, Dhumavati, Tara, Bhairavi, Kundalini, Bharga, Devata, Maheshvari, Maya, Cunti, Kurukulla, Hariti, Savitri, e muitos outros.[4] Como Shakti, ela representava a Energia Cósmica, a fonte de poder de cada divindade e de todo ser vivo. Shakti significa:

> (...) habilidade, capacidade, faculdade, força, energia, destreza; poder régio; poder de composição, poder poético, genialidade; poder de significação de uma palavra ou termo; poder inerente na causa para produzir seu efeito necessário (...) Shakti é o órgão feminino; Shakti é o poder ativo de uma divindade, e é considerada, mitologicamente, como sua consorte, deusa e rainha.

Psíquica e fisicamente, conectar-se a esse poder era o objetivo de todo místico. "A posse dela, a Shakti cósmica, a encarnação viva do princípio da beleza e da juventude eterna, é a busca final, o prêmio mais alto. Ela é quem é sempre desejada, conquistada e perdida novamente."[5] E era quem os Arcanos Maiores apresentavam no final.

Algumas escrituras do Oriente demonstram a reverência dos sábios por "Aquela que é puro Ser-Consciência-Felicidade, o Poder (Shakti), que existe na forma de Tempo e Espaço e tudo o que neles está, e que é a radiante *Illuminatrix* de todos os seres." Além disso, também declaravam que: "Tudo é a Mãe e Ela é a própria realidade. 'Sa'ham' (*Ela Eu Sou*) diz Sakta, e tudo o que ele sente é Ela na forma na qual a percebe. É Ela que, e onde, se bebe o vinho consagrado, e Ela é o vinho."[6] A Deusa foi o primeiro "Alpha e Ômega" que o neoplatonismo grego transmutou no *Logos* cristão; e, em sua fase sem forma, ela era "O Útero Que Tudo Gerava, o Início e o Fim dos Seres".[7]

Há 2 mil anos, o filósofo Plotino adaptou a visão oriental da Mãe para seu próprio conceito da Alma Universal, ou *Psique*, uma transliteração de Shakti. Projetando suas próprias imagens ou reflexões para o mundo inferior da matéria, ele declarou que ela "dava origem aos fenômenos do universo sensível".[8] Para alcançar sua essência, o místico deve progredir, passo a passo, partindo da "visão de uma bela senhora", percepção da beleza feminina individual, até chegar à contemplação da Beleza Universal.[9] Sua trindade mística, como a de Kali, era composta de tempo, matéria e espírito, que, quando em consonância, compunham "a grande dança do universo".[10]

Essa dança cósmica está implícita na pose da Deusa do Mundo no Tarô, uma vez que tem um dos joelhos dobrados como a figura no símbolo hieroglífico egípcio da dança — mesma pose adotada pelo Enforcado em seu transe de morte-contemplação. Os egípcios, como os hindus, concebiam o princípio ativo ou o batimento cardíaco do cosmos como uma dança criada pela Deusa a quem chamavam de Ísis, ou "Aquela Que Tudo É".[11] Mais de 3 mil anos atrás, diversos hinos egípcios foram dirigidos a ela com termos semelhantes aos usados para homenagear Kali-Shakti:

> Tu, que és preeminente, senhora e dama do túmulo. Mãe no horizonte do céu (...). Louvamos a Ti, ó Senhora, que és mais poderosa que os deuses; palavras de adoração se erguem a Vós dos Oito Deuses de Hermópolis. As almas vivas que estão em lugares ocultos louvam Vosso mistério, ó Tu que és Vossa mãe, a fonte de onde surgiram, que lhes fazeis um lugar no Submundo oculto, que lhes fazeis soar os ossos e as preservas do terror, que lhes tornastes fortes na morada da eternidade.[12]

Quando o culto de Ísis chegou a Roma, e foi disseminado a partir dali para todas as partes do Império, muitos de seus devotos reconheceram nela os mesmos princípios encarnados em outras formas da Deusa, e a adoraram com termos que os cristãos, mais tarde, viriam a copiar. Na iniciação na congregação da Deusa, Lúcio escreveu um hino cujas frases seriam recitadas em escritos cristãos posteriores:

> Ó Tu, santa e eterna Salvadora da raça humana, sempre generosa em Vossas dádivas aos mortais (...) Tu concedestes o carinho maternal nas desventuras dos infelizes homens. Nem dia, nem noite, nem mesmo um momento de tempo passa sem estar repleto de Vossos benefícios (...) Tu dissipas as tempestades da vida e estendes Vossa mão direita de salvação, pela qual desatas até mesmo a trama inextricável do Destino (...) Tu giras a Terra em sua órbita; Tu dás luz ao sol; Tu governas o mundo; Tu pisas a Morte sob Vossos pés. Para Ti, as estrelas respondem; por Ti, as estações

retornam e os deuses se alegram e os elementos estão sujeitos. Sob Vosso comando, os ventos sopram; as nuvens concedem seu frescor; as sementes brotam e os frutos aumentam. As aves que percorrem o céu, as bestas nas montanhas, as serpentes escondidas em suas cavernas, os peixes que nadam no mar, todos ficam maravilhados com Vossa majestade. (...) Sou fraco demais para Vos oferecer louvor suficiente, e muito pobre em bens terrenos para Vos oferecer sacrifícios adequados (...) Vosso divino semblante e Vossa mais santa divindade guardarei e manterei para sempre escondidos no lugar secreto do meu coração.[13]

Orígenes, o padre cristão — que não foi canonizado porque, após três séculos, a própria Igreja decidiu chamar suas opiniões de heréticas —, adotou a mesma Alma Universal mencionada por Plotino, chamando-a pelo nome feminino de *Psique*. Ele escreveu: "Assim como nosso corpo, embora consistindo somente de membros humanos, é mantido unido por uma só alma, o universo deve ser pensado como um ser imenso e vivo que também é mantido unido por uma única alma."[14] Esse era precisamente o mesmo conceito hinduísta sobre Kali-Shakti, e a visão romana sobre Anima, a alma mundial feminina, que "dá a vida". Para os místicos bizantinos, ela era Sophia, a deusa que primeiro moldou todas as formas vivas "nos Céus acima das Estrelas", como suas próprias *I-deas*, o que significava "Deusas-interiores".[15]

Um dos objetivos expressos do misticismo alquímico era libertar a Anima ou *I-dea* aprisionada na matéria, como os antigos sábios que ansiavam por ver a Deusa Nua, frente a frente.[16] O mesmo resultado parecia ser prometido pelo último arcano do Tarô, cujo número evocava as vinte e uma emanações de Mãe Tara, um dos muitos nomes da Grande Shakti. Um hino tibetano dizia:

Salve! Ó verdejante Tara! A Salvadora de todos os seres! Desça, oramos, de Vossa morada celestial, em Potala, juntamente com todo Vosso séquito de deuses, titãs e libertadores! Prostramo-nos humildemente aos Vossos pés de lótus! Libertai-nos de toda aflição! Ó santa Mãe! Nós Vos saudamos! Ó reverenciada e sublime Tara! Vós sois adorada por todos os reis e príncipes das dez direções e dos tempos presente, passado e futuro.[17]

Essa Tara verdejante era a mesma Tara irlandesa, ou a Mãe Terra de Roma — cujo culto se manteve em segredo durante a Idade Média. No século XII d.C., ela ainda era invocada em herbários ingleses como a Deusa Divina, "aquela que gera todas as coisas", e a Grande Mãe dos Deuses, para quem os espíritos dos mortos retornariam: "fonte da força dos povos e dos deuses; sem Ti, nada pode ser nem nascer, nem feito perfeito; tu és poderosa. Rainha dos Deuses."[18] Palavras bastante estranhas para uma sociedade supostamente cristã.

A Deusa surge mais uma vez em uma carta de Tarô como o "Grande Segredo" final, flanqueada por símbolos das estações, carregando as varas de poder, e dançando a dança da vida: mais uma representação da imagem arquetípica e inapagável na mente de toda criança nascida de uma mãe.

Apesar dos esforços das seitas patriarcais em todo o mundo, ela não parece ter sido erradicada ainda. O monge indiano Swami Vivekananda disse: "Tenho uma visão clara como a vida diante de mim, de que a antiga mãe despertou mais uma vez, e está sentada em seu trono rejuvenescida, mais gloriosa do que nunca. Proclamai-a a todo o mundo com voz de paz e de bênção."[19]

Talvez seja isso o que o Tarô tenha sido projetado para fazer.

De qualquer forma, a revelação final dos Arcanos Maiores certamente não era uma divindade cristã — nem mesmo a nova versão cristã da Grande Mãe. A Virgem Celestial da Igreja nunca apareceu nua. A Deusa descoberta, no entanto, representava um símbolo básico e primário de criação e recriação, e seus ciclos eternos não foram compreendidos pela cosmologia cristã devido à percepção linear e unilateral do tempo. Na verdade, o Tarô parecia apontar que a Alma do Mundo e o Útero do Mundo eram essencialmente idênticos. A coroa em forma de *mandorla* que circunda o corpo da Deusa era um símbolo comum do útero, o que nos leva naturalmente à carta seguinte, e início de tudo, O Louco, símbolo do recém-nascido.[20] De fato, isso refere-se à velha doutrina da reencarnação, um tipo de ideia de renascimento que se opunha aos sistemas religiosos patriarcais, por exigirem "permanência e não mudança, eternidade e não transformação, lei e não espontaneidade criativa".[21] Assim, o patriarcado transformou a Grande Mãe na figura de um demônio, justamente pelo fato de ela ser não só a "desintegração" do homem, como sua "construção". Nesse processo de demonização, uma grande parte da realidade da natureza foi perdida. Desde então, alguns acreditam que a humanidade tem procurado cegamente por essa realidade feminina perdida.

PARTE III

OS PEQUENOS SEGREDOS

Entoa, ó Musa Siciliana, vossa elevada melodia,
A voz do oráculo de Cumas é ouvida mais um dia.
Veja que, ao girar dos anos, novos dons são ofertados;
A Virgem retorna, e com ela, o rei há tanto ansiado.

— Virgílio

CARTOMANCIA E INDIVIDUALIDADE

A relação dos cartomantes com os Arcanos Menores (os Pequenos Segredos) sempre foi mais criativa do que estritamente interpretativa. Até o início do século XX — quando os primeiros baralhos de Tarô completamente ilustrados foram projetados e colocados em circulação, apenas as cartas da corte e os Arcanos Maiores tinham gravuras. Até então, os naipes, do ás até o dez, eram cartas simples, como as vistas nos baralhos comuns. Assim, essa falta de imagens específicas permitia uma maior liberdade de visualizações para o próprio leitor.

Por isso, os métodos de leitura dos Arcanos Menores diferiam dos métodos de leitura dos Arcanos Maiores. Inclusive, na literatura, há toda uma gama de possibilidades interpretativas sobre estas cartas — diferentemente do que ocorre com as cartas do trunfo. Logo, os

Arcanos Menores pareciam incentivar o jogo livre da imaginação, algo essencial à arte divinatória.

Alguns limites flexíveis eram impostos devido às características associadas aos quatro elementos e às áreas da vida supostamente regidas por eles. Copas (água) envolve assuntos do coração: amor, sexo, romance, casamento, filhos, relações familiares, sentimentos, questões emocionais. Paus (fogo) trata de questões de poder, política, comércio, conflitos, sucesso ou fracasso, vitória ou derrota — os jogos da vida. Ouros (terra) diz respeito a propriedades e posses: dinheiro, imóveis, heranças, bens domésticos, dar e receber. Espadas (ar) é geralmente associado a significados sombrios envolvendo perigo e morte: doenças, luto, ferimentos, acidentes, forças hostis, contratempos e tristezas.

Dentro desses limites, essa sequência de cartas de cada naipe, do ás ao dez, geralmente pode ser entendida como três tríades ou triângulos de complexidade crescente, resumidos pela décima carta, que abrangia o todo, como a declaração final de um tema. O símbolo gráfico desse sistema era o chamado Olho do Dragão: um triângulo dividido em três triângulos menores por três linhas retas desenhadas de cada ângulo ao centro. Ás, dois e três; quatro, cinco e seis; sete, oito e nove formavam os três triângulos. O dez, por sua vez, seria a soma da área da vida regida por cada naipe.

Na cartomancia, as cartas da corte eram geralmente interpretadas como representações de pessoas, embora também pudessem ser vistas como entidades espirituais simbolizando influências afetivas. As sequências tradicionais das cartas da corte, compostas de três figuras masculinas e uma feminina — valete, cavaleiro, rei e rainha — podem ter sido modeladas levando em consideração a trindade cristã exclusivamente masculina (O Pai, o Filho e o Espírito Santo), com sua Rainha do Céu periférica e pouco divina. No entanto, alguns baralhos antigos de Minchiate apresentavam um equilíbrio entre os sexos, seguindo o padrão clássico de dois elementos masculinos e dois femininos. Os cavaleiros eram combinados com damas, não valetes. Alguns designers modernos adotaram um sistema semelhante de equilíbrio de gêneros. O baralho de Aleister Crowley, por exemplo, tinha cavaleiros, príncipes, princesas e rainhas. E o Tarô da Ordem Hermética da Aurora Dourada tinha reis, rainhas, príncipes e princesas. Optamos por adotar este modelo, uma vez que se adequa ao tema "fundamental".

Independentemente de sua disposição, cada carta é influenciada ou modificada pelas cartas mais próximas e por sua posição no desenho. Alguns cartomantes invertem o significado comum de uma carta sempre que ela aparece de cabeça para baixo na tiragem. Outros interpretam-nas exatamente da mesma forma, baseando-se no princípio de que a tiragem do Tarô é bidirecional, uma vez que está voltada tanto para o adivinho quanto para o consulente. Essas preferências são individuais e refletem a latitude criativa permitida em quase todas as fases da interpretação dos Arcanos Menores. A maioria dos especialistas em Tarô enfatiza a importância de seguir seus próprios sentimentos sobre as cartas. Não há quem as leia da mesma maneira — e nunca haverá duas leituras iguais. Logo, a melhor abordagem seria estudar o maior número possível de literatura sobre o assunto, assimilar todas as ideias e, em seguida, relaxar e deixar o inconsciente assumir o controle, como em um devaneio.

Há muito tempo que a disposição das cartas é considerada uma ferramenta tanto para divinação quanto para meditação: duas atividades mentais imprecisas, sem distinção clara entre elas. Em geral, a meditação deve conduzir a um insight genuíno, enquanto a prática divinatória tem conotações mais vulgares de leitura da sorte, estando muitas vezes aberta à suspeita de fraude ou, pelo menos, de frivolidade. Alguns defendem que as cartas nunca devem ser lidas em troca de dinheiro, assim como os sacramentos comuns de uma igreja não são realizados em troca de dinheiro, a menos que seja uma doação genuinamente voluntária — algo que, mesmo assim, ainda pode ser visto com desconfiança. A meditação "pura" (ou não comercializada) envolvendo as cartas pode, de fato, ajudar a mente a se concentrar em um problema. Assim como um sonho é capaz de oferecer respostas a perguntas que a mente consciente não conseguiu resolver, o ritual de tirar as cartas e considerar suas relações pode sugerir uma nova perspectiva e uma solução subsequente.

Os oraculistas recomendam a prática de um ritual preliminar. Como qualquer rito religioso, ainda que pareça uma bobagem para certas pessoas, pode ajudar a aquietar a mente e focar a atenção na questão em pauta. Algumas sugestões incluem: jejuar por sete horas antes de consultar as cartas; observar um determinado horário ou fase da lua; tirar as cartas apenas após o pôr do sol; espalhar um pano de seda preto na mesa; acender um incenso; queimar duas velas, uma preta à esquerda e uma branca à direita; vestir roupas especiais, como uma túnica; posicionar a cadeira com as costas voltadas para o norte; recitar uma invocação; beber água ou vinho de uma taça de prata (o metal lunar); segurar as cartas até que fiquem aquecidas; soprar nelas; levantá-las três vezes acima da cabeça; colocá-las contra a testa e fechar os olhos por sete segundos — e assim por diante, conforme os gestos formais preferidos de cada adivinho.

Ao ler as cartas para alguém, o cartomante pode pedir ao consulente que participe da invocação ou compartilhe do vinho ou da água; que também coloque as mãos sobre o baralho por sete segundos; que corte o baralho sete vezes com a mão esquerda; que sopre nas cartas três vezes; e assim por diante. Mas lembre-se de que participar desses rituais não implica necessariamente uma credulidade supersticiosa quanto à "magia" das cartas. Assim como a arte, o ritual atende a vários propósitos psicológicos. Afinal, todos os seres humanos, sejam místicos ou não, desenvolvem rituais tão naturalmente quanto respiram. Isso se dá porque a simples execução de um deles pode induzir a um estado mental calmo e receptivo.

A própria ação de dispor as cartas é um ritual em si, como qualquer jogador compulsivo de Paciência sabe. Os cartomantes criaram inúmeros tipos de tiragem. Já conhecemos o layout quadrado, "Elemental" ou a "Montanha Sagrada"; o símbolo do infinito em lemniscata, presente em "As Rodas da Vida"; e o "Yoni Yantra", em forma de triângulo. Outra tiragem comum, e talvez a mais popular, é a Cruz Celta. É provável que ela não tenha sido criada pelos celtas, mas pelos oraculistas da Ordem Hermética da Aurora Dourada. Esta tiragem usa apenas dez cartas. Seis são arranjadas em formato de cruz, e quatro alinhadas em uma coluna vertical à direita.

A interpretação tradicional da Cruz Celta é a seguinte: a carta 1, colocada no centro da cruz, representa o consulente, sua situação imediata ou o problema que o preocupa. A carta 2, colocada horizontalmente sobre a carta 1, representa uma dificuldade que bloqueia ou modifica a situação atual. A carta 3, colocada acima das duas primeiras (no topo da cruz), é o objetivo de curto prazo: o melhor que pode ser alcançado nas condições atuais. A carta 4, colocada abaixo das duas primeiras (na base da cruz), representa influências de um passado distante que afetam a situação atual. A carta 5, no braço direito da cruz, representa uma influência do passado mais recente. A carta 6, no braço esquerdo da cruz, é uma projeção para o futuro próximo, supondo que outros fatores permaneçam constantes. A ordem da tiragem das cartas segue a versão hermética ou o sinal da cruz invertido, como em um número 4.

As últimas quatro cartas são dispostas em uma coluna vertical, de baixo para cima, à direita da cruz. A carta 7 representa o eu interior, os desejos e as vontades secretas, e a personalidade básica que influencia a situação atual. A carta 8 refere-se a influências ambientais ou familiares, incluindo o local de residência, seja ele real ou espiritual. A carta 9 indica um golpe inesperado de sorte, bom ou ruim. E a carta 10 resume a situação, como o dez de cada naipe, indicando uma provável conclusão.

Existe um encantamento mnemônico bastante útil para se lembrar de organizar as cartas segundo a tiragem da Cruz Celta. À medida que são colocadas, deve-se recitar:

> Uma encontra você, dois te cruza, três te coroa;
> quatro abaixo de você, cinco atrás de você, seis diante de você;
> sete para as esperanças e medos, oito para a casa e o lar,
> nove para o inesperado, dez para o que há de ser.

A própria estrutura deste encantamento expressa o padrão do Olho do Dragão, com sua tríade tríplice.

Entretanto, não é recomendável que o leitor tente memorizar toda uma infinidade de significados atribuídos a cada carta do baralho, palavra por palavra. É mais proveitoso obter uma impressão geral do espectro de ideias associadas a cada uma, compreender como se sobrepõem e como podem ser modificadas por cartas próximas. Assim, é possível interpretar cada carta de maneira ligeiramente diferente a cada vez que surge em uma nova tiragem.

O principal objetivo da cartomancia não é "prever a sorte", como um truque, mas aprender a ativar e confiar nos próprios processos intuitivos. Imagens são sempre úteis para isso. Assim como os sonhos, elas comunicam-se com a mente pré-verbal. E as do Tarô são especialmente valiosas porque mostram arquétipos míticos que as mentes e mãos humanas têm repetido e reformulado ao longo de muitos séculos.

Essas visões arquetípicas nunca são totalmente idênticas, mas seguem os mesmos padrões básicos. Por isso, as ilustrações presentes nos Pequenos Segredos geralmente coincidem com as figuras dos mitos, e estão destinadas a sugerirem as mesmas conotações e significados presentes em cada um deles. A maioria dos leitores achará este sistema altamente evocativo e estimulante para a interpretação individual — razão pela qual as cartas do Tarô foram concebidas desde o início.

O NAIPE DE COPAS

O Ás de Copas:

Amor

O Ás de Copas: Amor

A Deusa Minne, cujo nome significava Amor, era outra encarnação da Grande Mãe — conhecida na Europa pré-cristã como Afrodite, Vênus, Ísis, Freya, Mari, Mana, Maerin, Mene, Diana, Juno, dentre outras variantes — e patrona dos *minnesingers*, um grupo de trovadores medievais germânicos. Esses menestréis consideravam-se seus filhos honorários, celebravam-na em sua poesia e dedicavam-se ao seu culto através do *minnedienst*, o "serviço às mulheres", que os clérigos consideravam herético ou diabólico.[1]

Minne era frequentemente retratada como uma sereia. Ela teria herdado inúmeros símbolos da Mãe das Águas, doadora de amor, vida e fertilidade: o *Vesica piscis,*[P] ou "Bexiga de Peixe", emblema dos órgãos genitais femininos; a lua cheia, produtora de águas, chamada Pérola do Mar; a cauda de peixe única ou dupla, mostrada pela sereia alquímica tanto na iconografia pagã quanto na cristã; e a taça ou Graal identificado com seu Sagrado Coração, simbolizando a conexão entre as taças e os corações ilustrados nas cartas. Nas imagens mais antigas do Santo Graal, seu recipiente de águas, essa deusa personificava o Coração do Mundo. Diversos cronistas saxões, por sua vez, falavam do paraíso místico "onde Vênus vive no Graal".[2]

Nas sextas-feiras — dia de Vênus, nomeado em homenagem à sua contraparte nórdica, Freya — os peixes eram comidos "por amor". Os cristãos mantiveram a prática pagã, fingindo se tratar de um jejum em honra a Cristo. E, até hoje, em algumas regiões, a antiga crença de que os peixes seriam alimentos afrodisíacos segue prevalecendo.

Os cristãos também alegam que o símbolo do peixe, associado à Deusa Minne, foi inventado pela Igreja primitiva para simbolizar Cristo. No entanto, muito antes do cristianismo, esse símbolo referia-se à Mãe em seu aspecto orgiástico, como a divina Salácia e seu "ventre repleto de peixes".[3] O peixe é um dos mais antigos totens da Deusa. Não por acaso, o odor sexual das mulheres sempre foi comparado ao odor deste animal. Esta deusa lasciva foi descrita na Índia como "uma virgem a quem chamavam Cheiro de Peixe, mas cujo nome, de fato, era Verdade".[4] Como Matsya, o peixe cósmico que carregava a arca de Ma-Nu através do ventre do caos entre os mundos, ela também ostentava um nome semelhante ao de Maat, a Mãe egípcia, cujo nome também significava Verdade. Os brâmanes, adeptos de um sistema patriarcal de crenças, redefiniram Matsya como uma encarnação de Vishnu, o deus fálico; mas, no Egito, o peixe manteve sua conotação feminina — é considerado a *yoni* que engoliu o deus fálico.[5] Maat-Ísis, sob a forma de Peixe do Abismo, às vezes era chamada Ma-Nu, e às vezes Abtu. Na Grécia, tanto o oráculo de Delfos quanto a constelação do Golfinho

---

[P] O *Vesica piscis* (Bexiga de Peixe) é uma forma geométrica sagrada constituída pela interseção de dois círculos do mesmo raio, onde o centro de cada círculo se cruza com o outro. O resultado é uma figura em forma de olho, conhecida por seu simbolismo em várias tradições espirituais, religiosas e esotéricas. Em latim, recebe este nome por se assemelhar à bexiga dos peixes. Em italiano, é chamado de mandorla (amêndoa). [N. da T.]

(*Delphinus*) foram nomeados em homenagem à Deusa, pois *delphos* é a palavra grega usada para designar "útero".

Os gregos costumavam celebrar festivais orgiásticos chamados *Histeria* — outro termo para "útero" — em honra à Deusa, cuja maternidade cósmica inspirava toda forma de amor: sexual, parental, tribal, social; além dos vínculos entre irmãos, amantes, amigos, e assim por diante. Sob a égide da Deusa, a sexualidade e a sensualidade eram associadas a sentimentos afetuosos, em vez de envolverem medo, culpa ou violência — sentimentos característicos de sistemas patriarcais.

A água, elemento do naipe de copas, no passado, era uma metáfora comum para a essência do amor, que tudo abrange e envolve. Os antigos diziam que o amor, como a água, toma a forma do recipiente que o contém e é infinitamente flexível, embora nunca possa ser contido, comprimido ou coagido. Qualquer tentativa de segurá-lo com força na mão o faz desaparecer. Contudo, se tocado com leveza, ele mantém sua virtude vital.

Essa personificação da Deusa enquanto uma figura aquática, introduz apropriadamente o primeiro naipe de copas, corações, taças e similares. A água representava a Criadora, cujo ventre era o Abismo Primordial. Acreditava-se que as mães davam à luz a partir de seus fluidos internos, estimuladas pelo impulso do amor em seus próprios corações, assim como a Grande Mãe que trouxe à luz o universo. Dessa maneira, o ás de copas sempre sugeriu ideias relacionadas a esse conceito: nascimento, começo, fecundidade, prazer, felicidade, lar, nutrição, satisfação e cuidado. É uma carta benevolente por excelência. Em uma tiragem divinatória, pode ser vista como reforço de influências positivas ou poder mitigador sobre influências negativas — pois qualquer dificuldade é mais fácil de suportar com a ajuda do amor.

O Dois de Copas:

Romance

O Dois de Copas: Romance

As pessoas apaixonadas passaram a ser chamadas de "casais" após o costume de jurarem fidelidade em uma troca de taças (*coupes* em francês, que pode ser traduzido como "copas"). Assim, no Tarô, o símbolo do par de taças sugeria a existência de um casal comprometido por um vínculo sexual-romântico, como as relações de concubinato celebradas pelos *minnesingers* medievais.

As pessoas comuns nunca se cansavam das canções de amor desses *minnesingers*, embora as autoridades eclesiásticas as condenassem, categorizando-as como pagãs e pecaminosas (por serem dedicadas à Deusa), chegando a tentar proibi-las por lei.[1] Algumas dessas canções, ainda preservadas, descrevem o poder dos menestréis de afastar as pessoas da Igreja e fazê-las esquecer o ensinamento dos sacerdotes de que o amor é sinônimo de pecado.[2] Muitos clérigos insistiam que Deus puniria os amantes no inferno, que queimariam eternamente no fogo alimentado por suas paixões terrenas.[3] Ainda assim, os poetas românticos, inspirados indiretamente pelos sufis orientais e pelos *sadhakas* tântricos, sugeriam fortemente que a satisfação espiritual do homem deveria ser buscada pelo caminho do amor sexual.[4]

Os *minnesingers* supostamente conheciam lugares secretos, antes usados para consagrar à Deusa — grutas, bosques, templos escondidos —, onde os amantes podiam se encontrar sem medo de serem descobertos.[5] Esses locais eram, às vezes, associados ao Jardim do Éden, e chamados de "lugar de prazer terreno" (*locus voluptatis terrestris*) ou "paraíso da alegria" (*pratum felicitatis*).[6] A Rainha das Fadas, do poema homônimo de Edmund Spencer, presidia um desses recantos de felicidade, localizado bem no centro da Rosa do Amor, um símbolo sexual muito reverenciado pelos precursores árabes dos bardos, que se referiam ao paraíso sexual como "um sagrado Jardim de Rosas".[7]

No sul da França, lar do herético movimento do amor cortês, que, mais tarde, seria extinto na sangrenta Cruzada Albigense, as canções de amor eram chamadas de "romances". Assim, os relacionamentos amorosos também passaram a receber esse nome, uma vez que eram celebrados pela poesia desse movimento. Um poema bastante típico da época era o romance de Aucassin e Nicolette, amantes desafortunados cuja união era constantemente frustrada pela Igreja. Aucassin, uma versão ocidental de Al-Kasim, o "príncipe dos amantes", renunciava aos ensinamentos da Igreja e declarava preferir ir para o inferno acompanhado de sua amada Nicolette do que para o céu junto aos "velhos mancos e aleijados" da comunidade cristã. Finalmente, ele e sua amada uniam-se no paraíso pagão, uma terra encantada chamada Torelore, onde o amor era incentivado, em vez de condenado.[8]

Assim como na literatura romântica, o Tarô coloca os amantes em um lugar isolado, oculto de todos, exceto da Deusa da Lua, que guarda seus segredos. Portanto, os significados atribuídos a essa carta incluem confiança, simpatia, realização de desejos, votos, promessas, noivados, casamento e amizade íntima. No entanto, quando o conceito unificado de Amor (como no Ás) se torna uma dualidade, todas as permutações de parceria ativa são sugeridas.

O Três de Copas:

Graça

O Três de Copas: Graça

Mais uma vez, o cristianismo tomou emprestado o conceito de graça dos devotos pagãos da Deusa Tríplice, cujas bênçãos especiais eram chamadas coletivamente de *charis*, "graça", e distribuídas por suas três emanações — conhecidas como Cárites ou Graças.

De acordo com Pausânias, as Cárites eram adoradas em Orcômeno sob a forma de três pedras sagradas muito antigas.[1] Seu culto era mais antigo que a própria civilização grega. Segundo Homero, a líder das Graças se chamava Cale ou Kale, o que é, possivelmente, uma variação da Kali Tríplice.[2] Além disso, a imagem clássica das três Graças nuas dançando podia ser encontrada não só na estatuária de templos gregos, como também em antigos santuários hindus.[3]

Uma antiga palavra para os sinais manifestos da Deusa era *charisma*, literalmente "Graça da Mãe", um dom proveniente da Rainha do Céu. Para os romanos, por vezes, era *venia*, a bênção de Vênus (que, posteriormente, para os católicos romanos, passou a designar um tipo de pecado). O imperador Juliano escreveu: "O dom tríplice das Cárites chega a nós através dos céus, dos círculos das estrelas."[4] Marcos, por sua vez, o fundador da seita gnóstica, invocou a antiga Deusa sob o nome de *Charis* ou *Graça*: "Que Ela, que precede todas as coisas, a incompreensível e indescritível Graça, vos preencha por dentro e aumente em ti vosso próprio conhecimento."[5]

Assim como o *karuna* hindu, a "graça" costumava significar uma combinação de qualidades femininas como simpatia, sensibilidade, receptividade, bondade, boa vontade, inteligência e magnetismo pessoal. Além disso, também estão incluídas a graça física, a atratividade sexual e a sensualidade desinibida. Mas o ascetismo cristão alterou radicalmente a ideia original de *charis*. No Novo Testamento, *charis* é traduzido como "caridade" ou "amor", nenhum dos quais transmite o conceito completo da ideia anterior, centrada no feminino. Uma cópia de um hino pagão a Charis, transcrita em 1 Coríntios 13:13, diz: "Agora, pois, permanecem a fé, a esperança e o amor, estes três; porém o maior destes é o amor." Esta passagem fez com que os primeiros cristãos acreditassem que doar dinheiro aos pobres era a melhor maneira de garantir um lugar privilegiado no céu. Mas a antiga *charis* significava muito mais do que isso. Era a epítome de todas as formas de amor, calcada na raiz de tudo (o amor materno), e personificada pela Deusa.

Fé e Esperança também eram emanações da Deusa em suas múltiplas formas tríplices. Por exemplo, como Bona Fides, "Boa Fé", ela inventou o sistema legal romano, regendo códigos de honra, contratos e acordos.

De acordo com alguns escritores clássicos, as Três Graças eram Aglaia, "Esplendor"; Tália, "Florescimento"; e Eufrosina, "O Sentido da Alegria". Mas alguns as confundiam com a tríade das Horas: as cortesãs celestiais Eunomia, Dike e Irene — Ordem, Justiça e Paz — cujos ritos sexuais, dizia-se, "amenizavam" o comportamento violento dos homens.[6]

As interpretações tradicionais desta carta do Tarô sugeriam os antigos dons de graça da Deusa, em vez do conceito cristão ortodoxo. Incluíam celebração, fruição, alegria, satisfação, cura, consolo e realização de esperanças. Às vezes, dizia-se que o romântico dois de copas e o gracioso três de copas eram cartas complementares, assim como um casal que se sente completo após o nascimento de um filho. Dizia-se, inclusive, que a habilidade de dar à luz era o sinal mais visível da graça da Deusa — algo que ela concedia, obviamente, somente às mulheres. O Deus patriarcal do Gênesis transformou essa bênção em maldição, e os cristãos sustentaram que era um sinal do pecado feminino. Assim, *charis* foi removida do conceito de amor maternal e passou a significar doação de dinheiro em vez de oferta de amor. Dessa forma, no sentido patriarcal, a "graça" tornou-se outro tipo de fruição. Ainda assim, as três figuras femininas dançando na carta continuam a evocar a antiga ideia das Graças como bondosas agentes do destino, que podem ser, inclusive, identificadas com as Nornas do norte da Europa: os "três botões de rosa" do jardim místico do Amor.[7]

O Quatro de Copas: Declínio

No antigo drama sagrado, o período seguinte à consumação e à fertilização trazia consigo a morte do deus, que descia ao submundo como o sol em declínio. Da mesma forma, no naipe de copas do Tarô, após o cumprimento do primeiro trimestre, um novo ciclo se inicia, marcado pelo declínio da graça e uma regressão da felicidade. Assim, esta carta carrega um significado regressivo ou negativo.

Algumas tradições antigas do Oriente Médio associavam o período de declínio do deus a Salomé, ou à Deusa Salma, um aspecto Ancião de Mari-Ishtar, aquela que pronunciava a "despedida" cerimonial (*shalom* ou *salaam*) ao deus que mergulhava no submundo. A versão bíblica da sua "dança dos sete véus" era uma reinterpretação trivializada da dança sagrada da sacerdotisa, que retratava originalmente a remoção das vestes mágicas da Deusa em cada um dos sete portões do submundo, enquanto ela descia para trazer de volta o espírito do deus morto para seu próximo renascimento.

Esse período era considerado perigoso e triste. As escrituras babilônicas diziam que nem seres humanos nem animais podiam copular ou se reproduzir durante esse tempo.[1] Segundo versões sumérias ainda mais antigas, era um momento de lamentação pelo salvador desaparecido e de orações pedindo o retorno do amor e da fertilidade à terra.[2] Os romanos também encaravam esse período de declínio como uma perda do espírito do amor personificado por Afrodite (Vênus) e Adônis, seu amante morto. Enquanto o mundo não voltasse a ser iluminado por seu amor, todas as formas de ligação emocional — amizade, laços familiares, relacionamentos sexuais, lealdade entre pais e filhos — sofreriam desgaste.[3]

Os mesmos sete véus, estolas ou ornamentos mágicos adornavam as muitas versões da Deusa (e de Salomé, sua derivada bíblica) presentes na carta. Além disso, Inanna, Ishtar, Maya, Vênus e Ísis também os usavam.[4] Originalmente, eles representavam as sete esferas das aparências terrenas ou celestiais, que escondiam sua verdadeira natureza por trás das sete cores do arco-íris. Assim, nem Deus nem homem poderiam renascer propriamente até que tivessem penetrado os véus e contemplado a Deusa Nua frente a frente. Salomé dançava apenas para o rei porque este era santificado, e a remoção dos véus simbolizava seu destino divino.

Na versão bíblica, a cerimônia foi realizada para o rei Herodes enquanto um substituto ou "rei sagrado" (nesse caso, João Batista) sofria a morte real que antes era destinada aos próprios reis no final de cada ciclo. Certas tradições gnósticas às vezes insistiam que o verdadeiro Cristo sacrificado — o "Rei dos Judeus" — não era Jesus, mas João.[5] Um antigo hino grego dizia que era o sangue de João que fertilizava os poderes reprodutivos de Jerusalém ("Casa de Salom"), enquanto era ritualmente aspergido sobre suas mães e crianças.[6] No entanto, Salomé estava presente não só na morte de João, como também na morte e no nascimento de Jesus, segundo Marcos 15:40 e o *Protoevangelho*.[7]

Em Canaã, e em outras nações que serviram de fonte para muitos temas bíblicos, o mandato atribuído a cada rei da Antiguidade era de sete anos: um "sete mágico", que combinava, como no Tarô, o três da graça com o quatro do declínio. A dança de Salomé vira o último cálice: o ano fatal do rei. Em todo o Oriente Médio, virar um cálice vazio era um símbolo comum de morte, como ainda é mostrado pela frase familiar do *Rubaiyat*, escrito por Omar Khayyam:

> E quando como ela, ó Saki, tu passares
> Entre os Convidados espalhados como estrelas na relva,
> E em tua alegre missão alcançares o lugar
> Onde eu estive — vire um Cálice vazio!

As interpretações do quatro de copas podem dizer respeito ao estágio de qualquer relacionamento que esteja no "fim da lua de mel": declínio, alguma sugestão de desilusão, saciedade, decepção, falta de apreço; ou um período de estagnação, quando nada de bom parece estar à vista. No entanto, o elemento de revelação e nudez sugere novas perspectivas a caminho, uma vez que tanto declínio quanto morte são coisas cíclicas; assim, toda dissolução levará finalmente a um renascimento.

O Cinco de Copas: Arrependimento

As cartas de número cinco no Tarô geralmente têm conotações sombrias, provavelmente devido a uma ligação, hoje esquecida, com o símbolo egípcio do submundo: uma estrela de cinco pontas dentro de um círculo, representando o nadir da jornada mística do rei sagrado, que, por sua vez, representa o ponto mais baixo — e menos iluminado — da experiência espiritual.[1] Sob a estrela de cinco pontas (pentáculo ou pentagrama), o deus jaz morto no "poço" da terra, aguardando o momento de ser ressuscitado pela Deusa. Eram dias sombrios, de lamento e arrependimento. Outro símbolo associado a esse período é o cálice, vertendo o sangue sagrado ou o vinho da felicidade, uma implicação da impotência mortal.[2] Nos cultos de Canaã, por exemplo, o Deus viria a assumir os nomes de Morte e Esterilidade.

Como o naipe de copas é usado para representar as emoções, o cinco costuma ser interpretado como uma carta de alienação, pobreza de sentimentos, frustração, perda de prazer ou transtornos presentes em um relacionamento que já havia sido harmonioso, mas agora fracassou por não corresponder às expectativas. Um casamento sem amor verdadeiro é outra implicação comum. No geral, o cinco indica uma união que, embora tenha sido inicialmente planejada para ser satisfatória, passa a se mostrar insatisfatória em alguns aspectos essenciais, tornando-se, assim, uma fonte de arrependimento.

Logo, a estrela de cinco pontas do submundo, o cálice derramado, e um casal unido somente pelo desejo mútuo de manter distância são alguns dos símbolos que costumam aparecer nesta carta um tanto desencorajadora. De costas para o parceiro, uma mulher contempla seu próprio elemento, o mar. O homem, por sua vez, está carrancudo, remoendo seus problemas. Quando leigos observam esta carta tiram a conclusão precipitada de que retrata um casal de amantes ou cônjuges que brigaram e mataram o amor que sentiam. O fato de que a maioria das pessoas costuma ter a mesma interpretação diz algo sobre nossas próprias predisposições culturais. Mas, na verdade, há muitas outras formas possíveis de interpretar o casal (aparentemente) zangado. A mulher, cujo rosto não se vê, pode representar uma espécie de abandono ou indiferença; e o homem, a fonte de algum aborrecimento. Há também um senso de afastamento de antigos laços e de busca por novos interesses, necessidades e significados. Algo termina, e há um período de arrependimento, sem dúvida — mas até isso chega ao fim com o tempo.

O Seis de Copas:

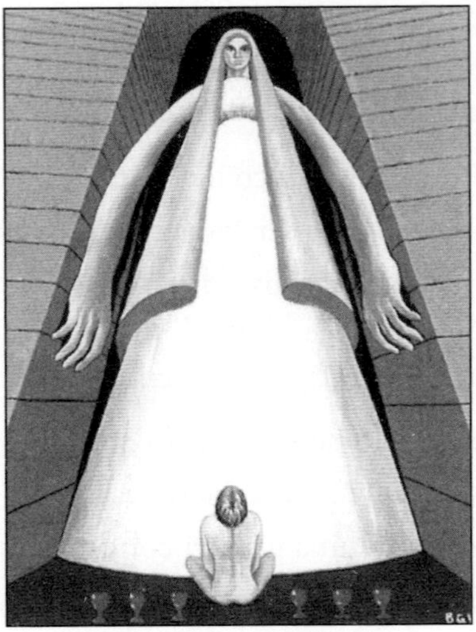

Infância

O Seis de Copas: Infância

Em inúmeras doutrinas filosóficas da Antiguidade, os finais geralmente implicavam um retorno às origens, onde um novo começo teria início. Logo, o seis de copas no Tarô sugere um retorno psíquico nesses moldes, remetendo a memórias da infância — seja através de uma peregrinação interior nostálgica ou de uma nova luz lançada sobre eventos passados.

A mitologia apresentava essa ideia como um retorno à Idade dos Gigantes ou à Idade de Ouro, projetada no passado da mente coletiva humana. Os gigantes fazem parte deste mito porque a experiência universal da infância é como a de viver entre pessoas muito maiores que nós mesmos.

Os hindus chamavam essa "primeira era do mundo" de Satya Yuga, período em que os seres humanos tinham tamanho, força e sabedoria enormes, e estavam isentos de pecados — a visão que as crianças pequenas têm dos adultos. Durante a Satya Yuga, as vidas humanas podiam durar mil anos porque suas energias vitais ainda estavam "centradas no sangue" da Grande Mãe, cujas emanações menstruais dão origem à vida.[1] A Bíblia, por sua vez, copiou e preservou essa mesma ideia de "homens poderosos" e "gigantes que andavam sobre a Terra" em tempos longínquos (Gênesis 6:4). Segundo os hindus, as vidas humanas tornaram-se mais curtas e menos virtuosas à medida que as gerações iam diluindo lentamente a potência do Sangue da Vida da Deusa. Assim, a Bíblia dizia que os primeiros ancestrais semidivinos da humanidade não chegavam a viver mil anos, mas cerca de 900. Outras tradições hebraicas também afirmavam que os primeiros patriarcas da humanidade tinham uma estatura gigantesca.[2]

Os indo-europeus chamavam seus gigantes de *risi*, palavra derivada do sânscrito *rishi*, "os sábios da raça ancestral". Esses ancestrais eram governados por suas mães, outras gigantes chamadas de *Afliae*, "As Poderosas".[3] Até mesmo Thor, o imponente Deus do Trovão, teve que empreender uma peregrinação até a terra mística delas para adquirir seus poderes divinos. Esse mito, repleto de significados, incorporava a ideia (posteriormente elucidada por Jung) de que o progresso emocional rumo à maturidade depende, em parte, de um retorno simbólico à "terra das crianças" para reativar muitas memórias ocultas.[4] Não por acaso, vários heróis míticos voltaram, de alguma forma, à Idade de Ouro: lugares e tempos distantes nos quais a paternidade era desconhecida, e a vida humana era traçada pelo laço de sangue matrilinear.[5] Aprender sobre essas questões seria uma passagem fundamental para o coração do Mistério.

Os gregos, por sua vez, chamavam seus gigantes primordiais de Titãs, que eram governados pela Mãe Reia, a Deusa Universal da civilização egeia pré-patriarcal.[6] Ela era frequentemente representada grande como uma montanha. Os frígios a chamavam de Panorma, a "Mãe Universal da Montanha". E os mitos indo-iranianos também a associavam à Montanha Sagrada que sustentava todos os deuses. Quando a Europa medieval decidiu caracterizar algumas divindades ancestrais como "fadas", essa Mãe Divina tornou-se Titânia, Rainha das Fadas, em alusão ao seu antigo santuário montanhoso de Titane.[7] Essa redução simbólica, que transformou os gigantescos Titãs em pequenos seres feéricos, reproduzia, na mitologia popular, a mudança típica de perspectiva durante o crescimento e a maturidade, quando as figuras parentais parecem encolher de gigantes para se tornarem seres humanos comuns.

Seguindo o fracasso do amor associado ao cinco de copas, o seis tende a sugerir um retorno psíquico às primeiras experiências amorosas e às memórias desbotadas do passado profundo. Assim, a saudade da Idade de Ouro da infância (singular), ou da pré-civilização (coletiva), é mitificada e se transforma na nostalgia de um paraíso primordial sob o domínio dos gigantes. Por essa razão, esta carta era geralmente associada a uma figura materna, às influências maternas, às primeiras formações do caráter, a amores e medos antigos, e a viver no passado. Dessa maneira, um novo interesse pela Antiguidade seria necessário para o reavivamento das energias vitais. Como no misticismo oriental, a origem de todas as energias vitais costuma ser expressa na imagem da Mãe, como gigante, ou da Deusa, como fonte de poder.

O Sete de Copas:

Sonho

O Sete de Copas: Sonho

O retorno simbólico à terra das crianças, representado pelo seis de copas, conduzia naturalmente às implicações do sete: pensamentos pré-verbais, as profundezas do inconsciente — acessadas por sonhos e imagens arquetípicas. Aqui residiam a inspiração ("inspirar", no sentido literal, de "respirar" um espírito) e a ideia, que podemos remeter à Deusa-interior.

O mito grego dizia que a Mãe da Montanha deu à luz as Musas: espíritos femininos de inspiração e ideias criativas. Suas bênçãos teriam gerado a música, a poesia, a dança e todas as outras artes existentes.[1] Eram vistas ou como trindade ou como uma emanação em nove partes da própria Deusa — as "nove donzelas" do mito teutônico. Elas teriam fornecido todas as "I-deias" humanas.

Em todo o mundo, a maioria das religiões antigas viam a fonte de inspiração como um espírito feminino, mesmo em um hospedeiro masculino. Pela definição tântrica, o Caminho das Musas era o Caminho da Mão Esquerda, também chamado de Caminho da Mulher (*Vamacara*), ou simplesmente *Marga*, "o Caminho", outro nome para a própria Deusa.[2] Os chineses chamavam-no de Tao, "o Caminho".[3] Muitos sábios chineses descreviam o Tao usando diversas metáforas aplicáveis à ideia de útero primordial. O Tao seria um vaso, um ancestral divino da vida em si, uma fonte inesgotável de coisas, ou algo de profundidade insondável. Ele — ou ela — existiriam antes mesmo de Deus.[4]

Na Europa pré-cristã, o mesmo recipiente que gerava vida e inspiração era o caldeirão, com todos os seus sinônimos: cálice, graal, fonte, poço, coração sagrado, Origem. Taliesin, o bardo, escrevia sobre a Palavra Criativa que emanava do caldeirão, acendida pela respiração de "nove donzelas" (as Musas).[5] O próprio poeta dizia ter recebido a Graça da Inspiração do caldeirão de sua mãe, a Deusa Cerridwen, uma das integrantes da tríplice chamada "fonte da vida e receptáculo dos mortos".[6] Ela também estava associada ao Caminho da Mão Esquerda e recebia outros títulos, como Mãe Terra ou Tara. Pela tradição pagã, era proibido mover-se "no sentido horário" ao redor de seu santuário.[7] Só se podia tomar o caminho da mão esquerda, movendo-se em *widdershins* ou no sentido lunar (anti-horário), direção que, mais tarde, foi associada às bruxas.

A Deusa, como fonte de inspiração, aparecia a seus amantes sob véus opalinos, os "véus do arco-íris" que reproduziam a beleza da Natureza, como os hindus os chamavam, criados pela magia de Maya-Kali, a Shakti Cósmica. Entre seus nomes latinos estava Ops, a Mãe Terra da Opalia.[8] O opala, sua gema sagrada, supostamente continha a essência mágica de seus véus multicoloridos. Porém, devido à sua antiga associação com o culto à Deusa, os cristãos passaram a considerá-la "a pedra do azar".

Por razões semelhantes, as religiões patriarcais passaram a descrever as características da Natureza como ilusões falsas criadas pelo "encanto" da Deusa. Diziam que não se deveria adorar a Mãe Natureza, mas apenas o

Deus que, de alguma forma, habitava *na* Mãe Natureza — como uma criança no útero. Os devotos insistiam que Ele era mais real do que as coisas que podiam ser vistas e tocadas. Dessa noção, surgiu o hábito patriarcal de menosprezar sonhos e inspirações envolvendo a Deusa, alegando serem "favores de fadas" que logo desapareceriam — como tesouros recebidos em um sonho que sumiriam ao despertar.

O folclore medieval dizia que um homem poderia receber grandes favores se encontrasse uma estátua da Deusa em um de seus templos em ruínas e a fizesse sua amada, como Pigmaleão nos tempos antigos. Se ele a abraçasse, ejaculasse sobre ela e prometesse nunca mais entrar em uma igreja, ela se tornaria seu Destino, habitaria seus sonhos e lhe contaria segredos, como onde encontrar tesouros enterrados.[9] Esquecendo que os tesouros enterrados e gemas ocultas da Musa simbolizavam sua sabedoria, os simplórios tomavam essas histórias literalmente. À medida que seus sonhos de glória desapareciam com a luz da manhã, os homens passaram a chamar a Deusa do Caminho da Mão Esquerda de artífice de falsas esperanças. Seus sacerdotes afirmavam que as promessas dela de Paraíso/Terra das Fadas eram ilusões diabólicas.

Assim, o sete de copas pode refletir a atitude ambivalente dos homens em relação às experiências místicas e aos sonhos inspiradores. Por um lado, a carta está associada à visão, à sensibilidade poética, ao talento, ao discernimento e à revelação.[10] Por outro, é uma carta de devaneio, ilusão, atitudes irreais ou pensamento fantasioso. A interpretação só pode ser decidida pelo contexto.

O Oito de Copas: Perda

O santuário clássico das Musas era o Hélicon, "Riacho dos Salgueiros", que circundava uma montanha sagrada de mesmo nome.[1] Como mães-montanhas da inspiração, as Musas às vezes eram combinadas e representadas por uma única Deusa sob o nome de Hélice, "Willow" (Salgueiro), uma deusa do aspecto Donzela/Virgem de Hécate. Por ser uma ninfa mutante, Hélice podia assumir a forma de um salgueiro. Seu amante era Pã, o deus-bode arcadiano, cujo nome significava "Pai de Todos", e cujo culto, no passado, era comum em todo o Egeu.

Pã apareceu na mitologia clássica como um rei-bode divinizado, tendo sido gerado por Hermes e levado aos céus, onde se tornou o

Capricórnio do Zodíaco. Pã era um mestre da magia e um guerreiro invencível. Seu grito de batalha produzia "pân-ico" em seus inimigos. Em determinado momento, seu culto teve numerosos seguidores na Palestina. Sob o nome de Azazel, o deus-bode, recebia sacrifícios de Yom Kippur. Na nascente do Jordão, inclusive, havia uma caverna dedicada especialmente a ele, o Baal Gad, "Senhor Bode".[2]

Naturalmente, devido aos chifres e pés de bode, Pã tornou-se o modelo principal para a imagem cristã do Diabo, especialmente após os eclesiásticos insistirem que seu culto deveria chegar ao fim. No entanto, o culto de Pã e Hélice sobreviveu clandestinamente, e muitos de seus detalhes foram preservados por "bruxas" — ao confeccionarem varinhas sagradas com madeira de salgueiro e dançarem em homenagem ao Deus Chifrudo.

As velhas tradições perseveraram até o século XIX, quando os poetas decidiram romantizá-las, lhes imbuindo de uma nova vitalidade. Byron escreveu, com pesar, sobre a morte do "grande Pã". Oscar Wilde declarou: "Ó, deus-bode da Arcádia! Este mundo moderno precisa de ti!" Shelley escreveu ao amigo Thomas Hogg: "(...) Estou feliz em saber que você não negligencia os ritos da verdadeira religião. Sua carta despertou minha devoção adormecida e, naquela mesma noite, subi sozinho à alta montanha atrás da minha casa, pendurei ali uma grinalda e erigi um pequeno altar de grama para o Pã que caminha nas montanhas."[3]

Os poetas eram especialmente sensíveis à implicação de esterilidade criativa na perda mítica de Pã e de sua Deusa-Salgueiro Hélice, que personificava a inspiração das Musas. Como os oito cálices derramados que representam A Perda no Tarô, as lágrimas do deus deposto, chorando por suas ninfas desaparecidas, eram uma metáfora poética perfeita para a perda da verdadeira inspiração — especialmente nesta que os poetas chamavam de "era da ignorância e do materialismo superficial". Hélice, por sua vez, transformou-se no "salgueiro-chorão," presente das Musas, imobilizado e enraizado em um único lugar, pois, segundo a revisão patriarcal de seu mito, a transformação da Deusa-Salgueiro tornou-se permanente. Logo, nesta carta, tanto as divindades masculinas quanto as femininas representam perda ou luto.

Os implícitos oito cálices de devoção derramados inutilmente; a abnegação de energias físicas; o afastamento das forças vitais da natureza que Pã e Hélice outrora representaram... O oito de copas traz consigo conotações de abandono, rompimento de laços com o passado, rejeição dos dons da Musa, deserção de velhas lealdades e mudanças de perspectiva acompanhadas por sentimentos de tristeza, melancolia ou impotência. O oito também podia implicar um arrependimento inevitável ao se deixar algo valioso para trás, durante uma passagem para uma nova fase da vida.

O Nove de Copas:

Felicidade

O Nove de Copas: Felicidade

Assim como as nove Musas triplicavam, simbolicamente, o poder da Deusa Tríplice, os noves no Tarô intensificam o tema central de seus naipes. Logo, o nove de copas é visto como uma expressão plena do naipe do amor, o que pode ser interpretado como o auge da "Felicidade".

Segundo a crença pagã, o ápice da felicidade terrena podia ser encontrado nos sagrados bosques lunares, *nemetonae* ou *nimidae*, que serviam como templos ao ar livre e existiam em toda a Europa. Em tais bosques, a Deusa e seu Deus se uniam sobre a mística Rosa do Amor, que, mais tarde, viria a aparecer no ponto central do jardim mágico da Rainha das Fadas.[1] A Rainha das Fadas era outra forma da

Deusa dos muitos nomes, que também já foi chamada de Diana Nemetona (Diana do Bosque), Ops, Maia, Ártemis, Hécate, Brigit, Tara, Cerridwen, Mana, Marian, Nimue, Viviane, Luna, Vênus e assim por diante. Seu consorte também tinha muitos nomes. Ele já foi Dianus, Fauno, Dioniso, Consus, Zeus, Júpiter, Orfeu, Merlin, Iasus, Hipólito, Silvano e Marte. Outrora fora o deus dos carvalhos oraculares, do céu e do relâmpago, e foi adorado até 1874, na Rússia. Há registros, inclusive, de que, naquele ano, um bosque sagrado de carvalhos foi decorado com velas enquanto um padre ortodoxo cantava: "Santo Carvalho! Aleluia, rogai por nós!" A cerimônia foi seguida de uma orgia.[2]

A orgia era o principal sacramento da Antiga Religião e o principal motivo de sua demonização na Idade Média. Os escritores cristãos muito diziam sobre essas "abominações pagãs" que se desenrolavam nos bosques sagrados, e insistiam para que os carvalhos oraculares fossem derrubados e seus altares enterrados. Ainda assim, os antigos nomes desses santuários dedicados à Deusa persistiram em topônimos como Medionemeton no sul da Escócia, Nanterre (Nemetodurum, no passado) na França, e Nemetobriga na Espanha — o *nemeton* (santuário) da Deusa Brigit, cujo império, Brigância, outrora ocupou toda a Península Ibérica.[3] Mesmo as catedrais cristãs emprestaram muito do simbolismo dos bosques pagãos. As abóbadas superiores das igrejas góticas ainda são tecnicamente conhecidas como "a floresta".

Os bosques eram os locais mais apropriados para uniões sexuais ritualísticas, que deveriam promover a fertilidade do mundo, pois o maior bosque de cada nação era visto como o centro genital da Mãe Terra. O pilar sagrado, obelisco ou árvore representava o falo de seu consorte. Logo, os rituais orgiásticos dos adoradores eram tanto uma imitação quanto um incentivo à união vital entre as divindades masculina e feminina.

As religiões modernas suprimiram a antiga conexão entre o "êxtase" religioso e o sexual, agora distinguidos como dois tipos de felicidade separados — e até mesmo antagônicos. Pela definição judaico-cristã, o êxtase religioso era um bem supremo, enquanto o êxtase sexual era um mal supremo, ainda que dentro do casamento. Santo Agostinho chegou a declarar, e a Igreja abraçou essa crença e a reafirma desde então, que o sexo era o meio de transmissão do pecado original de uma geração para a outra.

No entanto, as tradições populares e a deprimente literatura sobre as perseguições às bruxas mostram que essas antigas conexões não foram esquecidas. Na tradição gnóstica, assim como no Tarô, a "felicidade" e o *karuna* tântrico eram frutos da mesma árvore, em que a sexualidade e a sensualidade, amalgamadas, associavam-se à bondade, à benevolência, ao contentamento, à fecundidade, à saúde física e à estabilidade emocional. Portanto, a visão benigna do nove de copas abrangia toda a felicidade da carne e do espírito, mas sem carregar a mancha do pecado ou do medo que frequentemente envenenava os prazeres dos cristãos ortodoxos.

O Dez de Copas:

Salvação

O Dez de Copas: Salvação

Acredita-se que o dez de copas simboliza a soma das qualidades de seu naipe, sugerindo a conquista do paraíso terreno em amor, harmonia, segurança, paz, união — a verdadeira salvação contra os maiores medos humanos: solidão ou abandono. As religiões clandestinas da Europa mitificaram esse paraíso, transformando-o na Terra das Fadas (*Fairyland*), o Jardim Jubiloso (*Joyous Gard*), o Monte de Vênus (*mons veneris*), Torelore, ou o Castelo do Santo Graal em Montsalvatch, o Monte da Salvação.

Algumas narrativas situavam esse lendário castelo-templo nos Pireneus espanhóis, onde os cátaros, um grupo herético, buscaram refúgio final dos cruzados papais em Montségur, no século XIV. Outras narrativas colocavam o castelo do Graal no Oriente, sob o domínio de uma Rainha das Fadas ou sacerdotisa suprema chamada *Repanse de Joie* (Aquela Que Espalha Alegria), um antigo título da Deusa Vênus.[1] Além disso, certas lendas semi-cristianizadas do Graal arturiano chamavam a senhora do castelo divino de Elaine ou Elen — um antigo nome celta para a versão Donzela da Deusa Lunar.

As lendas mostram que a guia para esse Monte da Salvação seria uma equivalente ocidental da deusa Shakti — a própria Rainha das Fadas ou sua representante, uma "emanação" encarnada na dama mística do herói. Ela conduziria seu postulante pelo Rio de Sangue (correspondente ao Estige menstrual) e lhe mostraria o caminho até o monte mágico. Além do conceito espiritual, isso também estava associado à genitália feminina. Um dos primeiros viajantes nessa jornada romântica foi o herói celta Peredur Paladhrir, o Guerreiro da Lança Longa, que mais tarde seria chamado de Percival, "Aquele que Perfura o Vale". Novamente, uma simbologia bastante sexual. A amada de Peredur era, sem dúvida, uma Shakti, pois ela lhe disse para procurá-la na Índia.[2] Aliás, suas cores eram compostas dos mesmos *gunas* sagrados exibidos na Índia pela "divina Prakriti feminina": branco virginal, vermelho maternal, preto funerário.[3]

A salvação através da "alegria" ou do êxtase sexual era um princípio tanto das religiões orientais quanto das europeias, até que os missionários cristãos ensinaram que a salvação devia ser conquistada pela renúncia às alegrias terrenas. Contudo, certas doutrinas ocultas da heresia gnóstica presentes em mitos e contos populares sugeriam ideias mais antigas de salvação. Os paladinos de Rolando, que se assemelhavam mais a guerreiros-amantes dos romances sarracenos do que a cavaleiros cristãos, usavam como grito de batalha a palavra *Montjoie*, um sinônimo para Montsalvat do ciclo do Graal.[4] O mesmo slogan foi escolhido por um líder camponês do século XIV que também adotou o lírio de três pétalas da Deusa e usava o sugestivo sobrenome de Cale ou Kale.[5]

Assim, as interpretações convencionais do dez de copas implicam na conquista de qualquer objetivo longamente almejado, bem como na salvação por meio do amor: realizações, harmonia, honra e reputação; concretização de sonhos; o encontro com uma pessoa bondosa e benevolente que cuide de seus interesses de maneira tão devota quanto uma mãe. No Tarô, a carta da Salvação poderia ser equiparada ao conceito cristão de recompensa celestial, mas, sem dúvida, seu Monte enraizado na terra e sua guia feminina indicam uma religião de sacerdotisas, não de sacerdotes.

Outro significado comum dessa carta é a possibilidade de um bom casamento, de uma união duradoura: uma vida de felicidade e satisfação. No geral, a carta da "salvação" no Tarô não representa o sonho ortodoxo do céu, mas uma solução prática para os problemas humanos: o fim do medo, da alienação, da solidão ou da desconexão. É uma leitura literal, imediata e humana sobre a importância da salvação através do amor.

A Princesa de Copas:

Elaine

A Princesa de Copas: Elaine

A carta da princesa de copas é bastante semelhante à versão Donzela da Deusa Lunar, guardiã do templo do Graal. Os celtas a chamavam de Elaine, a Donzela do Lírio, rainha divina da Bretanha — também conhecida como Elen, Helen, Hel ou Hel-Aine. Em versões posteriores dos mitos do Graal, o cálice sagrado está em seu castelo, onde tecia as tapeçarias da vida, da morte e do destino.[1] Alguns escritos cristãos descrevem o Santo Graal não como o cálice da Última Ceia de Cristo, mas como uma *basina* ou *escuele* — um caldeirão.[2] Uma transformação medieval envolvendo o símbolo uterino mais sagrado do paganismo europeu: o Caldeirão da Regeneração da Grande Mãe.

Como a Donzela do Lírio, a princesa de copas presidia um caldeirão que mostrava a mesma cena do famoso Caldeirão de Gundestrup, fabricado no primeiro século a.C. O design central exibia um sumo sacerdote mergulhando uma vítima sacrificial de cabeça para baixo em uma *yoni* de lóbulos duplos em formato de escudo, em preparação para seu renascimento. O portal feminino de morte e renascimento era acompanhado por um lobo ou cão lunar, o Cão de Hel-Aine. No original, uma fila de guerreiros aproximava-se do vaso sagrado como vítimas sacrificiais e dele saíam como soldados celestiais, coroados, montados em cavalos espirituais, e transformados em deuses.[3]

A Donzela do Lírio se assemelhava a uma fada oriunda da Índia e retratada no *Mabinogion*, geralmente associada à mística Corte das Mulheres, onde guerreiros mortos eram diariamente ressuscitados a partir do caldeirão sagrado.[4] Seu recipiente milagroso aparece de alguma forma em quase todas as mitologias, distribuindo juventude, vida, cura, sabedoria, apoteose, renascimento ou transformações em geral. "Como sua imagem primordial, o Graal toma o lugar da mãe."[5] Logo, a Donzela do Lírio era um aspecto da Deusa Tríplice, que era Branca de Neve e Rosa Vermelha ao mesmo tempo, Virgem e Mãe, assim como a Anciã da Morte. Segundo as religiões antigas, seu útero era o caldeirão no qual todas as formas vivas eram continuamente recicladas.

O mistério das lendas do Graal é resolvido ao percebermos que o cálice sagrado no castelo da Donzela não era o cálice de Cristo. Os cavaleiros cristãos não teriam motivo para buscar aquele recipiente de sangue divino. Afinal, a doutrina da transubstanciação da Igreja insistia que ele estava presente, de maneira literal, o tempo todo, em cada altar. Assim, o que se perdeu não foi a versão cristianizada do Graal, mas o antigo e amado símbolo pagão de renascimento, o caldeirão, que mais tarde se tornaria símbolo de feitiçaria. Uma lei sálica, do século VIII, mencionava que certas bruxas estavam encarregadas do dever sagrado de "carregar o caldeirão" em suas cerimônias.[6] A igreja de Frensham, em Surrey, chegou a preservar um desses recipientes, "uma gigantesca e extraordinária chaleira ou caldeirão" que, supostamente, havia sido doada pelas fadas.[7]

Como guardiã de mistérios tão profundos do mundo das fadas, a princesa de copas não era apenas "Aquela Que Espalha Alegria", mas também uma fonte de conhecimento oculto, inspiração poética, visão mística, verdades interiores e dom da sabedoria. Seu cálice era um cálice de mistério a ser provado apenas por aqueles cujas intuições fossem confiáveis. Dessa forma, esta carta podia simbolizar a necessidade de tais dons, uma pessoa que os possuía ou uma dica de que, em certas circunstâncias, esses modos de pensamento podem ser essenciais.

O Príncipe de Copas:

Galahad

O Príncipe de Copas: Galahad

Muito associado a Elaine, a Donzela do Lírio, está o herói conhecido, em sua juventude, como Galahad, e, em sua fase madura, como Lancelot ou Lanceor, a "Lança Dourada" — o raio. As lendas arturianas diziam que o jovem Galahad havia sido criado pela Rainha das Fadas ou Senhora do Lago que, tão logo ele atingiu a maturidade, ela mudou o nome dele para Lancelot do Lago e o enviou em sua busca pelo Graal (ou Caldeirão). A mãe de Galahad-Lancelot era chamada de rainha Elaine.

Como Galahad, o herói descobriu o cálice sagrado no castelo de Elaine, símbolo do reino da Deusa da Lua. Como Lancelot, ele se deitou com a Donzela do Lírio, a versão jovem de Elaine, e nela gerou sua própria reencarnação, Galahad. Esse tipo de reencarnação cíclica da figura pai-filho é encontrado em todas as religiões de mistério, incluindo o cristianismo: Jesus era ao mesmo tempo filho e pai de si mesmo, tendo nascido da Rainha do Céu, que era tanto a Noiva de Deus quanto a Mãe d'Ele. De fato, era comum que Galahad fosse equiparado à sua versão cristã. Segundo alguns escritores medievais, ele foi o único cavaleiro digno da busca pelo Graal por ser o único na corte de Arthur que nunca havia amado uma mulher; além disso, "descendia da nona geração de nosso Senhor Jesus Cristo".[1] Ao revisarem as lendas celtas no contexto cristão, os cronistas monásticos decidiram ignorar a implicação dessa genealogia — "nosso Senhor Jesus Cristo" deve ter amado uma mulher pelo menos uma vez.

Logo, foi uma versão cristianizada e casta de Galahad que renunciou às tradições do amor cortês, retirou a espada mágica (falo) da pedra sagrada *omphalus* (*yoni*) e tornou-se um dos poucos homens de sua época que "acreditavam perfeitamente em Deus" ao abrir mão da companhia feminina e do sistema de parentesco matrilinear. No entanto, o Galahad original era um dos reis sagrados pagãos que reinavam por um "ano e um dia" lunar, e depois encontravam uma morte sacrificial. Esse detalhe permaneceu intacto mesmo na versão cristã de sua história. No final de seu período de reinado, Galahad morreu repentinamente no altar, no exato momento em que recebia uma visão do Graal. Em seguida, foi levado ao céu por anjos. De maneira semelhante, cada rei sagrado pagão era cerimonialmente sacrificado e, após sua imolação, cavalgava para o céu montado no cavalo dos deuses.[2]

As raízes mais antigas desse rei-cavaleiro-herói residem na Galácia, na Ásia Menor, antigo lar dos gauleses, que traçavam sua descendência de uma união entre Galata, sua deusa ancestral, e Héracles, o sacrificado rei-por-um-ano.[3] Outro de seus nomes era Fênix, o "fenício", que morria e ressurgia das cinzas. Os verdadeiros fenícios o chamavam de Pumiyathon, consorte de Astarte. Mas os gregos, por sua vez, corromperam o nome e o alteraram para Pigmaleão, consorte de Afrodite em sua versão branca como leite, Galateia — ou seja, a mesma Deusa da Lua adorada na Galácia, na Gália, e na mesma Bretanha da Donzela do Lírio.[4]

Assim, a carta do príncipe (ou cavaleiro) de copas representa as qualidades geralmente associadas a heróis complexos como Galahad: galanteria, gentileza, autossacrifício, sensibilidade, cortesia com as mulheres. Sua influência no Tarô era semelhante à de um visionário, um portador de ideias e inspiração, um mensageiro ou um homem bem sintonizado com os aspectos "femininos" de seu próprio ser.

A Rainha de Copas:

Virginal

A Rainha de Copas: Virginal

Muito antes de o cristianismo desenvolver sua versão paradoxal da Virgem-Mãe, os aspectos de Donzela e Mãe da Deusa Kali fundiram-se na Mãe dos Deuses chamada de Durga, a Inacessível.[1] Bela, mas formidável como uma mãe que defende sua prole, Durga era considerada invencível em batalha. Fria e distante, vivia nas montanhas mais altas do céu, os Himalaias extremos.

Personificando o instinto materno, Durga era chamada de "Virginal" por ser inacessível aos homens, como qualquer mãe animal ocupada com seus filhotes. A indiferença sexual da fêmea grávida, parindo ou lactante era uma lei codificada em culturas humanas primitivas. Havia uma regra tácita: os homens deveriam se abster de avanços sexuais para com qualquer mãe lactante, fosse ela esposa ou não, até que seu bebê fosse desmamado. O costume ainda prevalece em algumas partes da Ásia.[2]

Os poetas medievais do Ocidente tinham sua própria versão de Durga, a Inacessível. Chamavam-na de Virginal, "a Rainha de Gelo", uma fada divina das altas montanhas. Menestréis alemães diziam que Virginal uma vez desceu às terras baixas para se casar com um príncipe alemão. Mas logo se cansou dele e retornou à sua elevada caverna de gelo entre as nuvens, no reino da neve eterna, onde ainda governa como uma Deusa suprema.[3]

Assim como Virginal, a Rainha de Gelo, a rainha de copas representava a água em suas formas congeladas: fria, cristalina, perfeita, intocável — a imagem de uma mãe virgem e assexual. Como as altas montanhas habitadas por Virginal, ela estava acima das preocupações triviais dos homens. E, assim como Durga, que personificava a inacessibilidade da mãe lactante, Virginal combinava a indiferença aos homens com um estranho cuidado maternal para com o mundo deles — uma ideia ancestral derivada dos rios glaciais e leitosos que fluem das montanhas para trazer vida e fertilidade aos vales. A inacessível Deusa dos "Montes Celestiais" do Himalaia tinha essa dupla função, razão pela qual seus picos brancos recebiam nomes como Nanda Devi (Deusa Bendita) e Annapurna (Grande Seio Cheio de Alimento).[4]

Assim, a carta da rainha de copas tradicionalmente representa uma pessoa etérea, de outro mundo, com ideais elevadíssimos, talvez inalcançáveis. Sua pureza e seu brilho são simbolizados por uma taça cristalina vazia depositada no topo de uma montanha. Como todas as rainhas do Tarô, ela é uma representação da Deusa. Essa versão distante e indiferente é considerada especialmente ameaçadora pelos homens — como se nunca fossem capazes de superar o medo infantil da indiferença materna e sua letalidade potencial.

A sociedade patriarcal esforçou-se para estabelecer muitas salvaguardas legais, econômicas e culturais para impedir a possível indiferença das mulheres aos homens. No entanto, figuras míticas como Virginal, a Rainha de Gelo (e sua contraparte cristã, a Rainha do Céu), continuaram a assombrar os homens, despertando gestos reverentes e apaziguadores para evitar o temido abandono. Não por acaso, a palavra "frígida", que significa sexualmente indiferente, tornou-se um adjetivo de censura depreciativa usada por homens para criticar toda e qualquer mulher que lhe parecesse "fria". Esse medo reside dentro de cada homem, assim como, em cada mulher, reside a inalcançável Durga, cujos objetos de amor não incluem homens adultos. Um psicólogo renomado já chegou a observar, inclusive, que todas as mulheres conseguem acessar, de uma hora para outra, esse aspecto de seu caráter: "obstinada, fria e completamente inacessível".[5]

Ainda assim, a Rainha de Gelo e suas contrapartes inspiravam uma reverência quase abjeta. Goethe entoou uma oração à sua própria versão da Virginal-Maria: "Suprema e soberana senhora do mundo (...) Ó Virgem, no mais puro sentido, ó Mãe, digna de toda nossa adoração, nossa rainha escolhida, em pé de igualdade com os deuses".[6]

O Rei de Copas: Dewi

A palavra Dewi, usada para se referir ao rei do mar celta, não era realmente um nome, mas apenas o título "Deus", derivado do termo indo-europeu *deu, dewi, devi* ou *deva* — divindade. Assim, Dewi, o antigo Senhor do Abismo, foi cristianizado como São Davi, o santo padroeiro do País de Gales, porque este era o nome bíblico mais facilmente associado ao seu antigo título. Os marinheiros galeses, por sua vez, o chamavam de Davy Jones, e iam para o "armário de Davy Jones" quando eram sepultados no mar. Outro nome popular usado para se referir a São Davi-Dewi era o Homem das Águas.[1] Seu santuário pagão, a cidade de St. David's, antigamente era chamado de Menevia, "o Caminho da Lua".[2] Davi-Dewi casou-se com a Deusa

Lua sob seu nome viking, Mardoll, "Lua Sobre o Mar," ou seu nome galês, Mab, "a Rainha das Fadas".

Esse deus-rei do mar também possuía outros nomes. Alguns diziam que era Manannan, filho de Llyr, ou Lir, que se tornou o rei Lear de Shakespeare. Acreditava-se que Manannan mantinha as almas dos mortos em seu palácio submarino em "vasos virados de cabeça para baixo".[3] Como a maioria dos deuses antigos, bem como os cristãos, Manannan e Llyr eram aspectos alternantes de pai e filho de um mesmo ser continuamente reencarnado.

Outro nome muito usado para se referir a Dewi era Bran, o Abençoado, um gêmeo masculino da Deusa Branwen, que fazia parte da trindade primordial de Matriarcas guardiãs do Caldeirão da Regeneração.[4] Foi Bran quem tirou o precioso caldeirão das profundezas do Lago da Bacia.[5] Na mitologia cristianizada do Graal, ele tornou-se um guardião do cálice sagrado, um misterioso Rei Pescador ou Pescador Rico chamado Bron.[6] Entretanto, ainda que essas revisões dos romances do Graal tenham descrito Bron meramente como o cunhado de José de Arimateia, ele ainda era o antigo deus do mar, padroeiro de marinheiros e pescadores, observando eternamente de seu trono à beira-mar o oceano que havia sido seu antigo lar.

Os homens que navegavam pelos mares nunca esqueceram totalmente sua antiga divindade, mesmo que o encontrassem sob diversos aspectos: santo, gigante, espírito das profundezas, rei ancestral ou como o Pescador de Almas guardando o Santo Graal (como Pedro, outro "pescador"). Os marinheiros tendiam a ser supersticiosos por dependerem dos caprichos dos "elementos". Por isso, precisavam que o Homem das Águas ouvisse suas preces em momentos de necessidade. Assim, algumas das características do rei do mar foram atribuídas ao rei de copas no Tarô, outro Homem das Águas. Logo, esta carta podia ser interpretada como referindo-se a uma figura de poder e força atemporais, a uma figura protetora e de confiança, que sempre ajudaria os necessitados. Como o mar, Dewi era gigantesco em comparação à insignificância da humanidade. Como a água, representava uma qualidade de força irresistível sob uma superfície calma.

O NAIPE DE PAUS

O Ás de Paus:

Poder

O Ás de Paus: Poder

O símbolo onipresente de poder bruto na mitologia era representado pelo dragão de fogo ou a serpente relâmpago. Os hebreus pré-javistas o adoravam sob o nome de Leviatã (Serpente Ondulante) ou Neustã, cuja imagem foi esculpida por Moisés em 2 Reis 18:4: "Removeu os altos, quebrou as colunas e deitou abaixo o poste-ídolo; e fez em pedaços a serpente de bronze que Moisés fizera, porque até aquele dia os filhos de Israel lhe queimavam incenso e lhe chamavam Neustã." Este último nome se originou do rei-serpente védico Nahusha, que outrora havia governado o céu, mas foi lançado ao submundo por Indra, um deus posterior.[1] Depois disso, algumas seitas judaicas continuaram a adorar a imagem da serpente e a afirmar que o Deus pós-exílio era apenas um usurpador demoníaco que havia roubado indevidamente o reino da Sábia Serpente.[2]

Assim, a rivalidade arquetípica que existe entre a serpente, ou Grande Dragão, e o deus patriarcal é uma verdadeira luta de poder que remonta à pré-história. Isso se dá porque ambos eram originalmente deuses fálicos. A serpente de fogo, a mais antiga dentre eles, era chamada de "primogênita da Deusa". Vários mitos diziam que havia sido criada do barro para "agitar" o abismo do ventre da Grande Mãe. Essa história baseava-se na noção primitiva de que a única contribuição dos homens na concepção era fornecer um movimento que estimulasse a misteriosa magia reprodutiva das mulheres.

A Deusa tinha poder sobre a serpente. Ela podia fazê-la erguer-se e enrijecer-se, assim como as mulheres fazem com os falos dos homens, que, mesmo à distância, demonstravam uma inquietação evidente com o comando inexplicável do outro sexo sobre a própria carne. Como expressão desse poder, as sacerdotisas mesopotâmicas recebiam o título de "encantadora de serpentes", posteriormente herdado também pelos sacerdotes homens.[3]

O mito védico da criação chamava a serpente primordial de Vasuki, que agitava o mar simbólico da mãe para trazer à tona os seres vivos. Enrijecida, Vasuki tornava-se o *axis mundi*, um eixo fálico plantado no meio da Terra que alcançava os polos — um ponto imóvel no centro dos céus em rotação. O *Mahabharata* dizia que o polo onde o "jugo do mundo" estava fixado era "Vasuki, a suprema serpente".[4]

Há 5 mil anos, a Estrela Polar se chamava Alpha Draconis, o "Olho do Dragão".[5] Desde então, a precessão dos equinócios moveu o Polo Norte celeste para a constelação da Ursa Menor. Essa sutil precessão foi curiosamente personificada no mito celta, pois o nome do rei Arthur é derivado do galês *Arth Vawr*, "Urso Celestial", e o nome de seu predecessor, Uther Pendragon, pode ser traduzido como "Maravilhosa Cabeça do Dragão".[6]

Segundo a Bíblia, algumas encarnações do dragão celestial vieram à Terra como *serafins*, anjos chamados de "serpentes voadoras de fogo".[7] Como Lúcifer, eles pareciam representar raios descendentes que estimulariam a fertilidade no abismo ou na terra. No submundo, tornaram-se os dragões de fogo que habitavam as montanhas vulcânicas. Eles eram imortais porque viviam próximos à fonte de todo nascimento, o poderoso Caldeirão das regiões inferiores (Hel).

O dragão fálico cuspidor de fogo também representava o "fogo sagrado" do desejo sexual. A deusa, sacerdotisa ou bruxa que controlava o dragão era a mesma Eurínome-Eva que dominara a Serpente, seu primeiro consorte, a quem havia criado, mas depois acabou por lançar ao submundo quando ele, arrogantemente, fingiu ser o Criador.[8] Eva já fora uma deusa. Várias fontes não canônicas afirmavam que a Serpente foi seu primeiro consorte. Mas, assim como Hermes ou o Uróboro, a Serpente ("pai terrestre") tornou-se a eterna rival do Pai Celestial. Eles lutavam pelo poder sobre o mundo.

Assim como a serpente ou o dragão, o naipe de paus do Tarô representava poder e o elemento masculino do fogo, com suas conotações: calor, vigor, aspiração, disputa, iluminação, ânsia de consumir. O lado sombrio do poder era sugerido pelos bastões, um símbolo de tirania, o marcador comum do naipe que foi substituído por varas ou cajados. As cartas desse naipe representam tanto o poder construtivo quanto o poder de oprimir ou destruir. Assim como a Deusa controlava sua serpente fálica, as cartas também sugerem o poder de controlar forças significativas ou até mesmo assustadoras.

O Dois de Paus: Aliança

Tradicionalmente, o dois de paus representa uma parceria de dois poderes com capacidades individuais diferentes, como masculino-feminino, lua-sol, pensamento-ação, entre outros. Alguns símbolos míticos dessa aliança podem ser encontrados no aspecto masculino/feminino formado por gêmeos, cônjuges ou imagens espelhadas, como Ártemis-Apolo, Ísis-Osíris, Yami-Yama, Hermes-Afrodite, Freya-Frey, Diana-Dianus, Mashya-Mashyoi. Até mesmo Adão e Eva eram considerados um só antes de Deus os separar. Em algumas partes do mundo, esse símbolo do duplo ainda é venerado como o princípio criativo do universo, como a divindade Nana-Buluku, a Lua-Sol, do reino de Daomé.[1]

Apolo, o Sol, e Ártemis, a Lua, nasceram juntos do ventre da Noite; mas, na Grécia pré-helênica, a própria Noite era chamada de filha da Lua, Febe — a dona original do templo oracular em Delfos, "o Útero". Por essa razão, Apolo teve que adotar o sobrenome Febo, "Deus Lua", antes de poder reivindicar o oráculo délfico como seu. Esses mitos atestam a precedência do culto feminino à lua em detrimento dos cultos posteriores ao Deus Sol.[2]

Apolo recebeu a arte da divinação de sua contraparte feminina anterior, a Deusa da Lua, que regia todos os tipos de profecias desde os tempos pré-históricos. Na Antiguidade, a vara ou "haste de divinação" era um instrumento sagrado para suas sacerdotisas, assim como para suas descendentes medievais, as feiticeiras, que fabricavam-nas utilizando as árvores da Deusa: o azevinho, a aveleira e o salgueiro.

Algumas práticas divinatórias ainda eram usadas pelos cristãos na Idade Média. A Décima Quarta Lei dos Frísios mencionava um "Sorteio de Varas" divinatório, pelo qual criminosos podiam ser descobertos ao colocar varas ou bastões de divinação no altar da igreja.[3] Acreditava-se também que essas varinhas mágicas podiam descobrir água subterrânea, armas escondidas, tesouros enterrados e muitas outras coisas ocultas. Logo, é possível que o naipe de paus do Tarô represente poder porque as pessoas da época medieval ainda consideravam a magia uma forma muito real e eficaz de poder.

O poder mágico vinha aos deuses orientais somente quando estavam unidos às suas metades femininas, almas afins, gêmeas ou Shaktis. De forma semelhante, dizia-se que Apolo, o deus solar, contemplava sua verdadeira alma no espelho do Abismo, aquele profundo símbolo feminino, que refletia seu alter ego lunar. A ideia de alma-reflexo é muito antiga. Em um dos mitos, a alma de Dioniso foi congelada em um espelho antes de ser despedaçada pelos Titãs (um dos quais era Febe, a Lua). No mito de Narciso, por sua vez, o deus teve a alma capturada na piscina refletora de uma ninfa.[4] Em uma variação medieval, ela foi transformada em Mara, uma bruxa mortal que aprisionou a alma do Caçador Encantado em seu espelho mágico e a roubou.[5] Além disso, a Deusa do Profundo Refletor (o Espelho) tinha o poder de causar a morte do Deus Sol, já que ele morria todos os dias ao afundar em suas profundezas.

Assim, o dois de paus do Tarô mostra uma combinação de poderes solares e lunares, masculino e feminino, que se refletem, e cujas hastes mágicas se encontram na interface dos respectivos reinos. A ideia básica desta carta é que a aliança é necessária para que algo seja realizado de fato, e, para isso, cada parceiro deve aceitar as qualidades e diferenças um do outro.

O Três de Paus:

Destino

O Três de Paus: Destino

As três bruxas em *Macbeth,* de Shakespeare, eram originalmente as "Irmãs Estranhas" (do inglês, Weird Sisters), expressão derivada do termo anglo-saxão *Wyrd*, que significa "Destino", uma trindade feminina outrora creditada com o poder absoluto sobre todas as vidas, até mesmo a dos deuses. O poema "Beowulf", por exemplo, descreve *Wyrd* como "a soberana de todos os homens". Ninguém escapava do leito final "onde *Wyrd* decidia pregá-lo".[1] Aqui pode estar a origem simbólica da tradicional "cama de pregos" dos iogues: um símbolo de submissão total ao poder do Destino.

Essa deusa tríplice do Destino existiu em diversas culturas. Já foi representada como As Moiras, na Grécia; Morrígan, de origem celta;

As Fortunas, de origem romana; As Nornas, de origem nórdica; todas elas provenientes de raízes asiáticas ancestrais. Kali, a Criadora, Preservadora e Destruidora, forneceu a imagem inicial do Destino (*karma*), representado pela donzela-mãe-anciã, passado-presente-futuro, nascimento-vida-morte, fiandeira-mensuradora-cortadora, entre outros aspectos. No Tibete, sua forma tríplice ainda é conhecida como "As Três Mais Preciosas".[2]

Um elemento comum à maioria das imagens do Destino era o simbolismo das suas cores. O que os místicos indianos chamavam de *gunas* ou "cordões" eram representados pelas cores branco-vermelho-preto. Kali-Maya, "a divina Prakriti feminina", correspondente à *Physis* grega, Mãe da Natureza, governava o nascimento, a vida e a morte através da magia das cores.[3] O branco puro da Donzela/Virgem era *sattva*; o vermelho régio da Mãe era *rajas*; o preto fúnebre da Anciã era *tamas*; e essas três nuances representavam o progresso da vida na natureza, da luz à escuridão.[4]

Religiões ocidentais mais antigas pintavam a Trindade do Destino da mesma forma. Teócrito, Ovídio, Tibulo e Horácio afirmavam que os fios da vida eram brancos, vermelhos e pretos.[5] Io, a vaca-lua, mudava sua cor de branco para vermelho e, em seguida, para preto porque "a lua nova é a deusa branca do nascimento e do crescimento; a lua cheia, a deusa vermelha do amor e da batalha; e a lua minguante, a deusa preta da morte e da divinação".[6] O mito celta atribuiu as mesmas três cores às donzelas do templo do Graal. O transe místico de Peredur, por sua vez, envolveu a visão de penas de corvo e sangue sobre a neve; só então ele se lembrou de que sua amada tinha pele branca como a neve, cabelos pretos como penas de corvo e manchas vermelhas nas faces.[7] Essas cores também eram proeminentes na magia medieval e nos textos alquímicos, sendo chamadas de cores da pureza, paixão e escuridão.[8] Como estavam amplamente associadas ao culto da Deusa, Dante pintou as três cabeças do Lúcifer de sua *Divina Comédia* de branco, vermelho e preto.

Assim como o Lúcifer de Dante, a Deusa às vezes assumia a forma de um corpo com três cabeças. A Mãe Mut, do Egito, também era retratada como tal: tinha uma cabeça cheia das plumas de Maat, a Virgem da Verdade; uma segunda ostentando as coroas reais das Duas Terras, representando Háthor, a Mãe do Mundo; e uma terceira pintada de preto, adornada com as penas de abutre de Necbete, a Mãe da Morte.[9] Seu hieróglifo sagrado tinha o formato de três caldeirões.[10]

No período pré-helênico, Hera, a Rainha do Céu, fundiu-se com as Moiras ou com a trindade Hebe-Hera-Hécate, sendo venerada sob os nomes de "Criança, Noiva e Viúva".[11] Maria, a Rainha do Céu cristã, assemelhava-se às Moiras em diversos aspectos. Assim como as Nornas, que ficavam ao pé da árvore sacrificial de Odin, as três Marias se mantinham paradas ao pé da cruz de Jesus. O *Evangelho de Maria* dizia que todas as três eram uma só.[12] Um texto copta sobre Maria claramente a representava como a Deusa do Destino. Assim como Cloto, a fiandeira virgem entre as Moiras, Maria concebeu Jesus no momento em que começou a fiar um fio vermelho-sangue (da vida) no templo.[13] Alguns diziam que a constelação de Órion era a roca de Maria; mas, séculos antes, pagãos nórdicos a chamavam de "roca de Freya", a Norna que fiava os destinos dos homens.[14]

As Moiras, Nornas ou Irmãs do Destino também eram tidas como visitantes do berço de cada recém-nascido, uma vez que eram responsáveis por definir o destino da criança em sua vida futura. Aliás, muitos cristãos acreditavam implicitamente nessas emanações da antiga Deusa.[15] Certos costumes folclóricos e contos de fadas mostram pais fazendo oferendas a essas "fadas madrinhas" em nome do futuro da criança.[16]

Assim, o três de paus do Tarô também representava o poder absoluto das Três Irmãs e seu controle sobre os eventos da vida dos homens. Em conjunto com outras cartas, o três indica que seria impossível mudar a previsão do conjunto. Por outro lado, o três de paus sozinho pode ser interpretado como poder de criação, invenção, empreendimento comercial, boa fortuna, recompensas ou punições (no sentido cármico).

O Quatro de Paus:

Sucesso

O Quatro de Paus: Sucesso

Tradicionalmente, o quatro de paus no Tarô é associado aos pilares do mundo e simboliza o lar, a segurança e o casamento sagrado. Na tradição egípcia, os reis recebiam a coroa de apoteose ou aprovação divina das mãos da Deusa ao casarem-se com sua representante terrena, a rainha, sob um dossel nupcial chamado *senti* ("tenda") e sustentado por quatro postes.[1] Esse dossel foi copiado pelos judeus, que até hoje o utilizam em cerimônias de casamento, embora sob o nome de *huppah* ("tenda"). No longínquo período dos costumes semíticos de casamento matrilocal, o *huppah* representava o lar da noiva, e o casamento dava a permissão oficial para o noivo entrar em sua tenda.[2] Nas tradições pré-islâmicas da Arábia, por sua vez, as esposas podiam divorciar-se virando suas tendas para que a entrada apontasse para outra direção, o que simbolizava a rejeição ao marido, que, a partir daí, estava proibido de entrar.[3]

Para os homens, o casamento representava sucesso mundano, especialmente em tempos nos quais a propriedade era herdada pelas mulheres e as rainhas simbolizavam a totalidade de seu país. Assim como nos contos de fadas, com sistemas de casamento matrilocal, os jovens gregos deixavam os lares de suas mães e irmãs para "buscar fortuna", o que significava encontrar uma noiva e seu "matrimônio" (riqueza herdada da mãe).[4] A ideia de "patrimônio" foi uma variação posterior, introduzida por deuses patriarcais (ou, mais precisamente, pelos sacerdotes que os representavam).

Na Inglaterra, o rei Jaime evocou um precedente antigo ao chamar o país de sua "esposa legítima".[5] Bardos medievais, por sua vez, afirmavam que o imperador romano só adquiriu a Bretanha ao casar-se com sua Deusa-rainha, Elen; e que Llefelys tornou-se rei da França ao desposar a rainha gaulesa.[6] Antes do estabelecimento pleno das leis patriarcais na Europa, acreditava-se que uma mulher e seu feudo eram inseparáveis.[7]

Para homens, heróis ou deuses, o sucesso final era simbolizado no *hieros gamos* (casamento sagrado), que garantia ressurreição ou imortalidade. O modelo ancestral desse costume pode ter sido *svayamara*, uma cerimônia indiana em que o aspecto virginal de Kali (Sati) escolhia Shiva como noivo e lhe colocava uma coroa de flores sobre a cabeça.[8] Em outras tradições, o escolhido recebia uma maçã, um símbolo recorrente da imortalidade concedida pela Deusa. Esse seria o verdadeiro significado do presente de Eva no mito bíblico, embora mal interpretado. Os pagãos nórdicos acreditavam que todos os deuses morreriam sem as Maçãs do Rejuvenescimento, frutos entregues por Mãe Idun.[9] As rainhas celtas ofereciam maçãs a seus noivos como um sinal de aceitação póstuma a Avalon, a "Terra das Maçãs" da Deusa.[10] Em Elêusis, alguns homens celebravam casamentos sagrados na "câmara nupcial" de Perséfone, o que lhes garantia uma vida abençoada após a morte.[11] O mito helênico do Julgamento de Páris, por sua vez, foi mal interpretado como uma disputa entre deusas, mas originalmente representava a Deusa Tríplice oferecendo uma maçã ao herói de sua escolha.[12] Além disso, jovens romani escolhiam seus amantes lançando maçãs sobre eles, e diversos mitos ciganos contavam histórias de heróis transformados em veados sacrificiais e depois santificados, devido às maçãs mágicas recebidas de suas amadas.[13]

Na iconografia do Tarô, a maçã, a coroa de flores e o dossel sustentado por quatro postes aparecem no quatro de paus, simbolizando o casamento sagrado. Este casamento representa as interpretações tradicionais da carta: sucesso, recompensa vinda de esforço e o estabelecimento inicial de uma posição segura no mundo. Contudo, assim como em qualquer casamento, este *hieros gamos* implica que essa segurança é provisória, pois o consulente ainda tem muito o que aprender e inúmeros desafios por enfrentar no futuro.

O Cinco de Paus:

Impasse

O Cinco de Paus: Impasse

O cinco de paus no Tarô está associado a momentos de provação, dificuldades e à incapacidade de enfrentar forças hostis. Esta carta simboliza a queda ou a luta que ocorre após o casamento sagrado (*hieros gamos*), quando o rei sagrado, escolhido para um propósito divino, é destinado ao sacrifício. Assim como Shiva, "o Noivo" de Kali-Sati, tornou-se Shiva, "o Condenado", o mesmo destino se reflete em outras figuras míticas, como Jesus, que também já foi descrito como o "Noivo" de Sião antes de sua crucificação.[1] Este é um padrão recorrente em diversas religiões de mistério e cultos de salvação ao redor do mundo.

Um dos rituais druídicos que sobreviveram até o século presente tanto na Escócia quanto na Irlanda é uma dança conhecida como

"A Rosa". Nessa cerimônia, cinco homens armados com espadas ou bastões dançavam ao redor de um sexto participante, O Louco, que era morto e depois ressuscitado através de um elixir mágico, a "Gota Gelada Dourada". Em algumas interpretações, ele representava Cristo; em outras, o Diabo. Sua dança de morte e renascimento era acompanhada de um cântico intitulado "O orvalho na rosa", uma adaptação ocidental do mantra tântrico, "A joia no lótus".

Essa frase mística possui várias camadas de significado, todas relacionadas ao masculino sendo contido ou envolvido pelo feminino: o *lingam* na *yoni* (falo no útero), a gota de sêmen na vulva, o feto no ventre, a criança protegida pelos cuidados da mãe, a alma inserida no mundo natural ou o corpo enterrado na Mãe Terra. Segundo Mestre Eckhart, "O orvalho na rosa" representava Cristo no corpo de Maria, a Rosa, por analogia, ao menos: "Assim como, pela manhã a rosa se abre para receber o orvalho e o sol da manhã, a alma de Maria se abriu para receber Cristo, o orvalho celestial."[2]

Universalmente, essa flor simboliza a Deusa como ninfa nubente e mãe. Na Roma pré-cristã, era o emblema de Vênus.[3] Relacionada tanto de forma botânica quanto mitológica à flor de maçã de cinco pétalas, a rosa também simbolizava o paraíso da Deusa, chamado pelos sábios tântricos de Ilha Jambu, "Terra da Macieira-Rosa".[4] Inúmeras danças sagradas expressavam os mistérios dessa jornada ao paraíso. Em algumas culturas, essa dança era conhecida como *Ringel-Ringel Rosenkranz,* na Alemanha, ou *Ring-Around-A-Rosy,* na Inglaterra.[5] O verso final da canção, "Todos caem", simbolizava a inevitabilidade da morte como prelúdio necessário à ressurreição.

O Louco presente na dança da rosa descendia claramente da vítima sacrificial no centro de sua agonia, preso no pentagrama místico formado pelas pétalas da flor e incapaz de escapar dos cinco sacerdotes que deviam eliminá-lo. Assim como em Abdera (Trácia), na Era Cristã primitiva, onde, anualmente, um homem era excomungado e sacrificado para "carregar sozinho os pecados de todo o mundo", o Louco era isolado, despersonalizado, transformado em um animal de caça pela ritualização de seu sacrifício e destruído por aqueles salvos por seu sangue.[6] Para ele, a situação parecia sem esperança. Como a pseudovítima no jogo de dança circular similar, a Cabra-Cega, ele não conseguia ver saída da armadilha.

No naipe do poder, o terrível cinco de paus indica impotência. A estabilidade previamente alcançada desmorona em insegurança. Ainda que o impasse possa servir a um objetivo maior que não seja imediatamente aparente, ele continua sendo a causa de uma agonia esmagadora para a sua vítima do momento.

O Seis de Paus:

Glória

O Seis de Paus: Glória

Glória, vitória e triunfo estão entre as interpretações do seis de paus no Tarô, que segue o impasse do cinco assim como a ressurreição sucede o sacrifício. Ele simboliza a aclamação triunfante de um herói: alguém que havia sido obliterado e ressurgira como o sol. Heróis solares que desapareciam e reapareciam eram frequentemente comparados ao sol em quase todas as mitologias antigas. Com a glória do amanhecer, seus adoradores cantavam: “Ele ressuscitou.” O herói solar hindu, o “supremo Heruka”, pode ter sido um protótipo do deus egípcio Heru, ou Hórus; chamado de Ra-Harakhti em sua versão de sol poente, “o Ancião”. Ele também pode ter servido de modelo para seu equivalente grego, Héracles (conhecido pelos romanos como Hércules), assim como para a palavra “herói”.[1]

Os budistas tântricos chamam Heruka de uma "Divindade Portadora de Conhecimento" e um *Asvin,* ou centauro.[2] Os antigos gregos também consideravam os centauros criaturas "portadoras de conhecimento". Cada "salvador" solar suplantava um predecessor sob a aparência de um deles — um cavaleiro divino capaz de galopar até o céu. Héracles, por sua vez, suplantou o centauro Nessus e vestiu seu manto real, que o queimava como as chamas de uma pira funerária.[3] As próprias chamas, às vezes, eram vistas como cavalos de fogo sobre os quais a alma do herói cavalgava para o céu, para se unir aos deuses.

Quando Héracles ascendeu à glória, ele tornou-se uno com seu pai celestial e foi chamado de Luz do Mundo, Sol da Justiça, Rei da Glória e outros títulos similares que foram posteriormente adotados pelos cristãos para compor seu próprio herói. Contudo, segundo Juliano, o poder demiúrgico e perfeccionista de governar os elementos pertencia a Héracles, "a quem o grande Zeus gerou para ser o Salvador do Universo".[4]

Héracles foi um modelo popular para muitos salvadores, incluindo o salvador cristão. Ele foi gerado por um deus e nasceu de uma virgem, que era casada, mas nunca fora tocada pelo marido.[5] Ele realizou doze milagres, correspondentes às "casas" do zodíaco que o sol atravessava em seu ciclo de um ano e um dia. Ao morrer, desceu ao inferno e ressuscitou. Sua ressurreição foi anunciada pelas mulheres do templo. Então, Héracles ascendeu aos céus e ocupou seu lugar entre as estrelas, próximo à constelação de Lira (*Lyra*).

Imitando Héracles, muitos homens se sacrificavam anualmente na cidade natal de Paulo de Tarso, razão pela qual este considerava muito virtuoso "entregar o próprio corpo para ser queimado" (1 Coríntios 13:3). Cada vítima era assimilada a Héracles e, consequentemente, ao sol. Pausânias dizia que o sobrenome do sol era Salvador — "o mesmo que Héracles".[6]

Aparentemente, a maioria dos homens que se ofereciam para morrer o fazia voluntariamente, em nome da breve glória do deus-herói na terra e de sua imortalidade prometida no céu. No século III d.C., o costume anual de queimar "homens que eram deuses da luz" ainda era mantido em Cartago.[7] As mortes eventualmente cessaram, mas a cerimônia persistiu até o século XIX, no Egito, quando reis eram queimados em efígie, e um homem vivo emergia das cinzas para representar o deus renascido.[8]

O seis de paus no Tarô sugere glórias tão efêmeras quanto as do rei sagrado: uma experiência pessoal ou vicária de aclamação e fama, uma sensação de vitória com todos os adversários conquistados e todos os bloqueios superados. Mas o triunfo era geralmente descrito como um "curto período", o que significa que teria um fim, ou que sua glória mudaria e alcançaria outro significado — talvez menos glorioso e muito mais perigoso.

O Sete de Paus:

Desafio

O Sete de Paus: Desafio

Depois de atingir a glória, o rei sagrado enfrentava a necessidade de mantê-la diante daqueles que o desafiavam. A aparente segurança de sua eminência era, na verdade, um equilíbrio dinâmico, preservado somente pelo risco constante, quase como a performance de um malabarista.

Para manter os súditos convencidos de sua utilidade, os antigos reis-deuses muitas vezes fingiam controlar os movimentos dos corpos celestes ao manipularem suas varinhas mágicas ou cetros: pareciam fazer o sol nascer, por exemplo, ao erguerem a varinha no momento exato. Contudo, se o povo duvidasse da capacidade do rei de realizar esse malabarismo cósmico, este poderia ser morto imediatamente e substituído por outro candidato mais "sintonizado" com as forças da natureza.

A lenda de Dâmocles é um exemplo muito bem conhecido da precariedade do poder real. Assim como Héracles, seu nome significava tanto "glória da Senhora" quanto "glória do sangue". Na mitologia clássica, Dâmocles era descrito como o cortesão de um rei siracusano chamado "Dioniso" durante o século IV a.C. Como detentor do nome divino, o rei representava o deus na Terra e, assim, de acordo com o padrão órfico, era esperado que sofresse o mesmo destino dele.[1] Reis que se autointitulavam "filhos de Deus" tornavam-se vítimas sacrificiais ao final de seu reinado ou eram depostos por um candidato mais forte e, em seguida, mortos de forma cerimonial. Para escapar desse destino, alguns monarcas podiam escolher uma vítima substituta para morrer em seu lugar.

A lenda diz que o rei-deus de Siracusa escolheu Dâmocles, que, por sua vez, se ofereceu voluntariamente porque invejava a glória do rei e queria experimentá-la por si mesmo. Ele teve sua chance, mas logo descobriu que os privilégios da posição real traziam penalidades correspondentes. O destino do rei foi simbolizado pela descoberta de Dâmocles: ao se sentar no trono, descobriu que uma espada estava suspensa sobre sua cabeça e a única coisa que os separava era um fio de cabelo.[2]

Essa espada simbólica pode estar ligada à foice lunar que representa o Tempo (o calendário lunar) e que ceifou a vida dos reis no mundo antigo. Belsazar, um rei bíblico, aterrorizou-se ao ouvir a fatal palavra lunar Mene, Mene (Lua, Lua) escrita na parede de seu salão de banquetes (Daniel 5:25). Às vezes, os reis babilônicos escapavam de seu destino ao colocar um criminoso condenado para lhes substituírem durante o festival de Sacaea, exatamente no momento em que todo rei enfrentava a palavra condenatória "Mene", pronunciada pela Deusa-Lua em sua forma de Anciã. Então, o rei substituto ocupava o trono e exercia todas as prerrogativas reais por cinco dias. Depois, era despojado de suas vestes, chicoteado e enforcado ou empalado.[3]

Logo, o sete de paus no Tarô, cujo arcano retrata um príncipe malabarista manipulando (desesperadamente) inúmeros objetos enquanto uma foice lunar lhe paira sobre a cabeça, caracteriza uma ameaça semelhante, prometendo um destino terrível em meio à glória. Esta carta alerta contra os desafios da ambição, sempre vulnerável a ameaças que vêm tanto de cima quanto de baixo. A posse do poder é sempre invejada por aqueles que ainda desconhecem seus riscos; mas este só pode ser mantido por esforço constante, habilidade e coragem — como o equilíbrio dinâmico do malabarista.

O Oito de Paus:

Queda

O Oito de Paus: Queda

A expressão (mais comum em língua inglesa) "cavalgando para a queda" é bastante apropriada para o oito de paus, pois simboliza pressa descuidada, energia impulsiva, velocidade excessiva, aspiração exagerada ou orgulho. Esses fatores levam diretamente à *húbris* (orgulho desmedido), elemento proeminente nos mitos dos heróis deificados que montavam um cavalo divino rumo ao céu. Um nome grego para esse animal celestial era Arion, "Criatura Lunar Elevada", o cavalo mágico montado por Héracles quando se tornou rei de Élis. Outro era Pégaso, o cavalo alado das Musas, que Belerofonte tentou cavalgar até o céu "como se fosse imortal".[1]

Como punição por seu uso não autorizado do cavalo mágico, que havia roubado das Pegeias, as Ninfas da Inspiração, Belerofonte foi arremessado em pleno voo. Ele caiu de volta à Terra e aterrissou em um arbusto de espinhos — ficando cego, aleijado e amaldiçoado. Sua história representava uma tentativa frustrada de sacerdotes masculinos de se apropriarem da fonte da inspiração em nome de seu deus. Pégaso era um símbolo feminino mesmo na mitologia helênica. Ele nasceu do sangue de Medusa, que também era Métis (Sabedoria Feminina), simbolizando o poder da Anciã toda-onisciente.[2]

Contudo, é possível que Pégaso tenha tido uma origem egípcia. Seu casco criou a famosa Hipocrene, ou "Fonte do Cavalo", no Monte Hélicon, que era cuidada pelas Pegeias. Estas, por sua vez, derivavam das sacerdotisas de Pega, uma fonte sagrada no mais antigo santuário osiriano de Abidos, no Egito.[3] Naquele local, as mulheres sagradas preservavam a cabeça mumificada do deus e recebiam oráculos de sua boca. Osíris fora um dos primeiros Senhores da Morte capazes de levar os mortais ao céu, e, consequentemente, à imortalidade — assim como Pégaso. De fato, os adoradores de Osíris afirmavam que ele era o único deus com o poder de fazer os seres humanos renascerem no céu.[4]

Outro herói que caiu por tentar voar alto demais foi Ícaro. Em uma paródia escrita por Luciano, Ícaro recebeu uma montaria semelhante a Pégaso, o cavalo Ikaromenippos (Cavalo Lunar de Ícaro). Esse animal podia voar até a esfera da lua, atravessar a esfera do sol e depois ascender sobre asas de águia até a cidadela de Zeus, no cume do céu.[5]

As primeiras religiões xamânicas consideravam essencial para a iluminação de um sábio fazer uma viagem ao céu no Cavalo-Lua. Os escritores clássicos, por outro lado, estavam mais preocupados com o "pecado" de tentar se tornar semelhante a um deus. Portanto, em vez de descrever uma jornada segura ao outro mundo celestial e um retorno bem-sucedido, seus contos de heróis frequentemente terminavam em uma queda desastrosa durante a tentativa.

Sendo assim, as interpretações do oito de paus geralmente seguem o padrão clássico. Indicam uma jornada importante, mudanças de cenário, movimento e progresso; mas todos esses aspectos podem ser arruinados pela pressa em demasia, um excesso de confiança ou uma atitude exagerada. Esta carta é considerada um aviso sobre como o orgulho sempre precede a queda.

O Nove de Paus:

Defesa

O Nove de Paus: Defesa

O nove de paus no Tarô é um arcano que simboliza suspeitas, inseguranças, dúvidas internas, barreiras e uma posição oculta.

Nos mitos antigos, um espírito masculino intimamente associado a essa constelação de significados era o deus egípcio Seker, "Senhor da Morte", um dos aspectos de Osíris e divindade tutelar de Sakkara, a necrópole que levava seu nome.[1] Os babilônios o chamavam de Zaqar, um mensageiro do reino lunar dos mortos.[2] No século XI a.C., ele encarnava nos reis de Biblos sob o nome de Zakar-Baal. De seu nome, Seker, surgiram os termos *zekker*, "pênis" em árabe; e *zakar*, "masculino" em hebraico.[3]

Seker às vezes era chamado de Amen, "o Oculto". Seu hieróglifo representava a barriga de uma mulher grávida, pois ele habitava o "lugar subterrâneo divino" simbólico do útero, o poço no fundo do Tuat, "preenchido com a mais profunda escuridão".[4] Deste local sem luz e inexpugnavelmente seguro, ele renasceria para enfrentar novamente os perigos da vida e da realeza sagrada. Assim, amadureceria e se tornaria novamente o deus fálico Osíris-Min, "aquele que fecunda a própria mãe".[5] Em outras palavras, ele representava a fantasia arquetípica de burlar a morte ao reentrar no útero materno para nascer de novo.

Alguns mitos sugeriam que Seker relutava em sair de seu esconderijo seguro, assim como um bebê resistiria — se pudesse — a sair do conforto do útero. Logo, o nove de paus sugere uma posição semelhante à do deus em sua fase de quietude, ao mesmo tempo morto e fetal, vivendo dentro de uma caverna escura de completa proteção, desconfiado do mundo exterior e pronto para defender sua fortaleza a qualquer custo.[6] Porém, na medida em que nenhuma posição defensiva pode ser sustentada para sempre, esta carta também indica uma expectativa de mudança acompanhada de problemas e dificuldades.[7]

Outra interpretação possível desta carta está literalmente invertida. A ameaça poderia estar dentro, e não fora. A fortaleza poderia ser uma prisão, contendo algo selvagem ou incontrolável. Essa descrição poderia se aplicar a um elemento inconsciente, oculto no fundo na mente, fechado e invisível à percepção cotidiana. Nesse caso, o nove de paus poderia se entrelaçar para formar uma barreira, mas toda barreira tem dois lados. Ela mantém as coisas fora, mas também mantém as coisas presas do lado de dentro. Assim, cabe ao intérprete decidir qual descrição se aplica melhor a cada situação.

O Dez de Paus:

Opressão

O Dez de Paus: Opressão

Alguns padres cristãos, como Santo Agostinho, Atanásio, Orígenes, Basílio, Tomás de Aquino e Alberto Magno declararam que o pecado de Lúcifer foi o orgulho, pois um determinado trecho do capítulo 14 de Isaías representava sua queda como consequência da arrogância. O trecho dizia:

> Como caíste do céu, ó Lúcifer, filho da manhã! (...) Tu dizias no teu coração: Eu subirei ao céu; acima das estrelas de Deus exaltarei o meu trono e no monte da congregação me sentarei, nas extremidades do norte; subirei acima das mais altas nuvens e serei semelhante ao Altíssimo.

O que os padres cristãos não sabiam sobre essa passagem é que ela havia sido plagiada de uma escritura cananeia muito mais antiga, que descrevia a ambição de Shaher, o Deus da Estrela da Manhã, filho de Helel, a Deusa da Terra, ao tentar emular o brilho de Elyon, o Deus Sol. Assim, a cada dia, com o nascer do sol, a luz de Shaher era ofuscada e ele desaparecia do céu, com sua ambição não realizada. Os sacerdotes cananeus dirigiam-se a ele da seguinte forma: "Como caíste do céu, Shaher, filho de Helel! Dissestes em teu coração: subirei aos céus, acima das estrelas circumpolares erguerei meu trono e habitarei no Monte do Conselho, nos confins do norte; então montarei sobre uma nuvem, serei semelhante a Elyon."[1]

Lúcifer, o "Portador da Luz", era um título usado para se referir a esse mesmo Deus da Estrela da Manhã, também conhecido como "Vênus-da-Manhã". Isso se deu porque os antigos percebiam que o planeta Vênus era tanto a estrela da manhã quanto a estrela da noite, anunciando o nascer do sol e também seguindo-o para a escuridão ao fim do dia. Logo, esse mesmo deus atuava tanto como mensageiro do sol para os vivos na Terra quanto para os mortos no submundo. Um verso atribuído a Platão chamava esse mesmo deus de Aster (Estrela), narrando seu percurso diário: "Aster, outrora, como Estrela da Manhã, luz sobre os vivos derramaste. Agora, ao morrer, como Estrela da Noite brilhas entre os mortos."[2]

Como resultado do plágio do Livro de Isaías na Bíblia, a descrição alegórica dos pagãos sobre eventos naturais foi transformada em uma Guerra no Céu e em uma Queda demoníaca, nas quais todos os cristãos piedosos deveriam acreditar literalmente. Lúcifer, o "Filho da Manhã", que trazia a luz, acabou por se tornar rei do submundo e, mais tarde, o Diabo.

No entanto, as seitas gnósticas continuaram a reverenciar o Portador da Luz e a deplorar a injustiça de Deus contra ele. Elas afirmavam que o Pai Celestial era um tirano, a quem Lúcifer havia desafiado com razão, em uma tentativa heroica de revolução contra forças que eram magicamente superiores, mas moralmente inferiores. Assim, Deus teria vencido o conflito por meio de um impiedoso emprego de poder.

Dessa maneira, o dez de paus expressa significados semelhantes a essa visão gnóstica: o triunfo da tirania, o mau uso do poder, uma autoridade egoísta demolindo a oposição, pressão excessiva, punição em decorrência de ambição. Uma opressão dessa magnitude, no entanto, só poderia gerar ressentimento ou motim.[3] Logo, a última carta numerada do naipe do poder indicava um poder triunfante, supremo, inquestionável — e, por isso mesmo, injusto. Se o poder corrompe, e o poder absoluto corrompe absolutamente, como diz o ditado, então um Deus onipotente só poderia ser absolutamente corrupto. Aos oprimidos só resta sofrer, esperar e ter esperança.

A Princesa de Paus:

Atargatis

A Princesa de Paus: Atargatis

O nome filisteu para a deusa branca com cauda de peixe era Atargatis. O nome sírio era Astarte. O babilônico, Ishtar. Em Der, era chamada de Derceto, a "Baleia de Der", a grande Mãe-Peixe que engolira o deus fálico Oannes — protótipo de Jonas, na Bíblia. Até mesmo as Escrituras judaico-cristãs chegam a dizer que a baleia do mito de Jonas era fêmea, e que ele havia passado três dias em seu "ventre" (não estômago) antes de renascer.[1]

Este mito, na verdade, é uma alegoria sexual. Na Antiguidade, o peixe era um símbolo para a *yoni*, já que Ísis, a deusa egípcia, ao assumir a figura de Abtu, o Abismo, transformava-se em peixe para engolir o falo de Osíris e conceder-lhe renascimento. Por outro lado, enquanto Atargatis e outras manifestações semelhantes da Deusa eram veneradas como sereias, também eram temidas por representarem o símbolo universal de castração sempre presente nos sonhos e mitos masculinos: a *vagina dentata* (vagina dentada), um símbolo global dos temores sexuais dos homens. Ela seria capaz de engolir um homem ou um deus por inteiro, assim como o mar engolia o raio e nunca mais o deixava escapar.

Essa versão da Deusa evoca o poder da mulher sobre o homem. Ou seja, a pessoa a ser "devorada" ou "consumida" seria ele — e não ela. Alguns escritos antigos descrevem a função sexual masculina como "projetar-se" ou "ser tomado", o que contrasta com a terminologia patriarcal moderna.[2] Em muitas línguas primais, as palavras usadas para "copular" e "comer" são as mesmas; e o homem sempre é devorado.[3] Em Malekula, os homens diziam que os genitais femininos possuíam um espírito "que nos atrai para Ele, para que Ele possa nos devorar".[4] E alguns sábios chineses afirmavam que os genitais femininos eram portais para a imortalidade e também "carrascos dos homens".[5] Além disso, é um princípio bastante conhecido da psiquiatria que ambos os gêneros fantasiam com a ideia de que a vulva seria uma boca.[6]

Além da *vagina dentata*, outro símbolo comum da fêmea devoradora é a encarnação da Deusa em corpo de aranha, a quem os gregos chamavam de Aracne. A versão revisada do mito dizia que Aracne era apenas uma donzela mortal que havia sido transformada em aranha por Atena, apenas por saber tecer melhor. Contudo, versões anteriores mostram Aracne como outra versão de Atena, a deusa que tecia a teia do Destino e capturava almas exatamente como uma aranha captura moscas. De fato, a mosca representava a alma que fora engolida por uma divindade feminina, e, em seguida, renasceria.[7] Não por acaso, um dos consortes de Atargatis era Baal-Zebub, ou Belzebu, "O Senhor das Moscas", pois era um psicopompo que conduzia as almas, como Hermes, seu equivalente grego. Assim, Atargatis (ou Astarte) era chamada de mãe e soberana de todos os *baalim* (deuses).[8] No momento devido, acabava por engolir a todos e lhes concedia renascimento.

Assim como Atargatis, a princesa de paus pode ser vista como uma força misteriosamente sombria e irresistível, o que, possivelmente, representaria uma compulsão carregada de perigo. Logo, simboliza um grande poder que pode ser mal utilizado ou mal compreendido. Por outro lado, como representação da personalidade de alguém, pode se referir a uma amiga que é inestimável, mas também uma inimiga perigosa.

O Príncipe de Paus:

Dagon

O Príncipe de Paus: Dagon

Seguindo a mesma linha, o consorte filisteu de Atargatis era Dagon, conhecido na tradição bíblica como um "demônio" que se opunha ao culto de Yahweh. Como a maioria dos outros deuses do Oriente Médio, Dagon era um metamorfo e podia se apresentar como serpente, cabra, touro, homem-peixe ou uma entidade semelhante a Jonas saindo da boca do Grande Peixe, o que lhe dava a aparência de um torso humano com cauda de peixe. Como Lúcifer, ele também representava o fogo fértil que descia para o abismo aquático, por isso carregava consigo os símbolos do cetro fálico e do caldeirão uterino como sinal de seu casamento sagrado.

Escritores bíblicos retratam Dagon e Yahweh como inimigos implacáveis, mas mitos mais antigos mostram que os seguidores de Yahweh, na verdade, teriam adotado muitos dos atributos de Dagon para o seu próprio deus. Fênix, "o da Fenícia", era outro nome de Dagon, e designava o deus imolado pelo fogo e regularmente ressuscitado. Na cidade fenícia de Tiro, ele era chamado de Melek, "o Rei". Na Bíblia, recebeu a alcunha de Molech, "Rei". Segundo a Bíblia, os israelitas "faziam seus filhos passarem pelo fogo para chegarem a Molech" (2 Reis 23:10), o que pode ser interpretado como o costume de sacrificar os primogênitos ao deus. Yahweh, por sua vez, também ordenou: "Apartarás para o Senhor todo que abrir a madre e todo primogênito dos animais que tiveres" (Êxodo 13:2).

Outro nome para Dagon-Fênix-Molech era Yamm. Sob essa alcunha, ele se tornou a Grande Serpente das Águas Inferiores, assassinada por Baal, seu alter ego, em uma eterna competição cíclica pelos favores da Deusa. Yamm provavelmente tem alguma relação com o deus hindu Yama, Senhor do Mundo Inferior, que se uniu à Deusa Mari como o ambissexo Yamamari, encarnado no Dalai Lama como o "Assassino do Rei da Morte."[1] O deus masculino-feminino do Oriente Médio era Mari-Yamm ou Meri-Yam, o mesmo nome atribuído à mãe de Jesus pelos primeiros cristãos.[2] Jeová adotou esse nome quando passou a ser venerado junto à Mari, Miriam ou Mariamne, a Deusa Marinha. Inclusive, alguns medalhões sagrados do século II a.C. retratavam Jeová com a cauda de uma serpente marinha, como a versão marinha de Dagon.[3]

As muitas facetas desse deus complexo fazem dele um símbolo muito apropriado para representar o príncipe de paus, pois simboliza tudo que é inesperado, surpreendente, imprevisível ou pouco convencional. Sua natureza dual — fogo acima, água abaixo — remete às ideias ancestrais sobre todos os deuses, até mesmo Yahweh, que eram vistos, simultaneamente, como bons e maus, luz e trevas, às vezes férteis, às vezes estéreis. O próprio Deus bíblico anunciou ser o criador do mal (Isaías 45:7), exatamente como todos os seus "colegas" contemporâneos, que "puniam" seus adoradores com "atos divinos" malignos ou prejudiciais.

Portanto, sempre que o príncipe de paus aparece em uma tiragem de cartas, ele está introduzindo um elemento de acaso ou mudança, que talvez possa parecer irracional, mas possui uma profunda consistência subjacente. Muitas vezes, é necessário certo conhecimento mítico para interpretar as aparentes irracionalidades do inconsciente — que, quando corretamente compreendidas, acabam se mostrando bastante lógicas.

A Rainha de Paus: Hel

A deusa mais apropriada do mundo antigo para desempenhar o papel de rainha do fogo no Tarô é a mesma que deu nome ao reino do fogo, o inferno: Mãe Hel — governante, no submundo, do caldeirão ardente da regeneração.

O caldeirão subterrâneo de Hel não era a câmara de tortura que se tornou na mitologia cristã posterior. Era, na verdade, um lugar de purificação e renascimento. Todos os mortos iam para lá a fim de serem purificados de suas memórias de vidas passadas e para serem reconstituídos no fogo sagrado de Hel. Como Pele, a Deusa Vulcânica das ilhas do Pacífico, Hel reunia as almas dos mortos sob montanhas de fogo. Até hoje, Helgafell, na Islândia, ainda é visto como o lar dos mortos pagãos.[1] Até Odin, o próprio pai celestial, foi enterrado ali, no "Monte de Hel".[2]

Templos-cavernas que recebiam o nome de *hellir* eram os purgatórios pagãos onde as almas passavam por um processo de purificação para um posterior renascimento ritualístico enquanto ainda estavam na Terra.[3] Dentro deles, fontes ou poços sagrados deram origem a lendas como a do Poço de Dame Holle, que teria dado à luz todas as crianças do mundo.[4] *Hella cunni* ou "parentes de Hel", por sua vez, eram fantasmas ancestrais que supostamente ascendiam da terra e cavalgavam nos ventos do Halloween. Esse nome foi corrompido e se transformou em Arlequim (Harlequin), o clássico Louco das peças medievais de mistério.[5]

O nome Hel tinha inúmeras variações: Holle, Helle, Halja, Holde, Hild, Hellenia, Nehellenia, Brunnhilde ("Hel Ardente") ou Matabrune, "Mãe Ardente".[6] Entre seus lugares sagrados estavam Helsinque, Heligoland, Helstadt, Holstein, Holderness, Holanda. Ela era a Hyl-demoer ou "Mãe Hel" para a qual os dinamarqueses rezavam nas suas árvores sagradas, conhecidas como árvores élficas ou árvores de Hel.[7]

Outra planta sagrada para Hel era o azevinho ("*holly*", em inglês), que levava seu nome, e era exibido especialmente na temporada de Yule, quando acreditava-se que o sol renascia de seu útero subterrâneo. As bagas de azevinho representavam gotas do sangue de Hel, enquanto as bagas brancas do visco representavam seu leite divino. O nome druídico para referir-se a ele era Guidhel, "o Guia para Hel". E foi esse mesmo Ramo Dourado que guiou muitos heróis — incluindo Eneias e Virgílio — com segurança pelas câmaras do submundo.[8]

Essas câmaras nem sempre eram flamejantes. Hel também governava a terra escura das sombras. Os fantasmas dos mortos eram frequentemente considerados sombras de suas antigas versões. Como Rainha das Sombras, Hel era às vezes chamada de Nifl (Nef-Hel), Deusa de Niflheim no interior da terra, mãe dos Niflungar ou dos Nibelungos, suas sombras ancestrais.[9] Nephele, a gêmea sombra de Hera, é um de seus cognatos gregos. Seu nome significava névoa e escuridão.[10] Além disso, a mesma Rainha das Sombras era conhecida pelos escritores bíblicos como Mãe dos Nefilins, antigos gigantes nascidos de um grande poder chamado Alma do Mundo Terreno.[11]

Seu consorte, a grande Serpente das Sombras, habitava com ela nas fundações da terra.

Hel não difere de qualquer outra manifestação subterrânea da Deusa: Néftis, Hécate, Perséfone, Eresh-kigal ou Kali, a Destruidora. Contudo, os fogos de Hel iluminavam o lugar que os romanos chamavam de *Infernus*, literalmente um forno na terra. Um provérbio bastante popular desse período dizia: "O forno é a mãe."[12]

No Tarô, como mais uma representação do poder feminino subterrâneo que governa o reino do fogo, a rainha de paus possui características ardentes: calor, iluminação, benevolência e domesticidade, embora denote o perigo de mudança súbita, podendo levar tanto para o caminho da destruição quanto da crueldade. Este arcano representa uma pessoa de paixões inflamadas e inteligência afiada, que possui a característica do fogo de morder a mão que a alimenta, a menos que seja tratado com o devido respeito.

O Rei de Paus:

Valraven

O Rei de Paus: Valraven

De acordo com os xamãs dos Chukchi, um deus chamado Grande Corvo foi o primeiro a revelar os segredos da magia aos homens, depois de conquistá-los ao sacrificar sua virilidade para a Deusa lunar da Morte.[1] Segundo os dinamarqueses, Valraven se tornou o rei de Hel e senhor do submundo, sendo às vezes conhecido como rei Morvran, o que significava "Corvo do Mar".[2] O corvo era seu animal totem e também a forma da alma que assumia se quisesse aparecer para seus seguidores.

Valraven pode ter sido o popular "passarinho me contou", um pássaro oracular que revelava segredos ocultos. Afinal, corvos eram animais sagrados em muitas mitologias indo-europeias e conhecidos por serem psicopompos ou portadores de mensagens do além. Além disso, na mitologia, as Valquírias podiam se transformar em corvos para consumir os corpos e as almas dos guerreiros mortos; o termo usado pelos escaldos para designar sangue derramado no campo de batalha era "bebida de corvo";[3] e Sigurd entendia a linguagem secreta desses pássaros, pois sua mãe era Brunnhilde ("Hel Ardente"), cujo outro nome era Krake, "Corvo".[4]

Certos ícones dos Mistérios Órficos mostravam um corvo pousado no ombro de um noviço enquanto ele entrava no templo, indicando a iminência de uma morte simbólica precedendo seu renascimento ritual.[5] "Corvo" era o nome dado a todos aqueles que se iniciavam nos Mistérios Mitraicos após alcançar a primeira das esferas celestiais, a da Deusa Lua. Após isso, ele se tornava um Noivo.[6] Contos de fadas sobre a princesa e o corvo mágico foram inspirados por tais tradições, e, na maioria das vezes, o corvo acabava sendo um homem disfarçado.

Como o pássaro Fênix, dizia-se que o corvo renascia do fogo. Logo, estava associado a este "elemento" e também à árvore sagrada, cuja madeira alguns alquimistas orientais consideravam como um quinto elemento.[7] O símbolo alquímico para a madeira era o mesmo trevo que agora aparece como o símbolo padrão do naipe das cartas.[8] Em versões antigas de baralhos de Tarô, os paus eram representados como varas de madeira ou bastões de madeira rústica, às vezes cheios de folhas agarradas a ele, como se estivessem prestes a ser acesas e usadas como tochas. Quando o símbolo alquímico substituiu a imagem do bastão, os baralhos modernos herdaram um símbolo mais parecido com um trevo (*shamrock*). Isso deriva da palavra *shamrakh*, em árabe, o trevo que representava a antiga Deusa Tríplice.

Dessa maneira, o rei de paus no Tarô representa uma pessoa poderosa, de natureza inflamável: enérgica, ativa, difícil de controlar, atraente, mas às vezes perigosa. Como Valraven, seria um portador de informações ocultas. Logo, estaria familiarizado com os segredos da terra e teria muito a ensinar. Assume a forma totêmica do corvo (o pássaro simbólico do destino), o emblema de trevo de seu naipe e o bastão da realeza. Todos esses símbolos remetiam a um poder numinoso, o que sugere tanto conhecimento mágico quanto conhecimento prático.

O NAIPE DE OUROS

O Ás de Ouros:

Recompensa

O Ás de Ouros: Recompensa

Um modelo natural que representa o pentáculo mágico (símbolo da carta de ouros) é a estrela de cinco pontas que, se o fruto for cortado transversalmente, pode ser encontrada no centro da maçã. Os ciganos chamavam o símbolo de Estrela do Conhecimento. Para os antigos gregos, ele era a revelação de Koré, a Deusa Virgem no coração da Terra (representada por sua mãe, Deméter). No Egito, por sua vez, simbolizava o espírito feminino regenerativo que reside no ventre da terra.[1] O hieróglifo egípcio de cinco pontas tornou-se o símbolo de Santa Ana, mãe da Virgem Maria — oriunda de Anna, a Deusa Avó pagã, mãe da virgem Mari.[2]

Os místicos cristãos alegavam que a Virgem Maria era uma reencarnação de Eva, a Deusa da Maçã, que, na Antiguidade, fora adorada como a alma da terra. Na Pérsia, era chamada de Hvov; na Anatólia, de Hebe ou Hebat; na Assíria, de Eveh; no Império Hitita, de Hawwa ou "Vida"; e, na Babilônia, de "Deusa da Árvore da Vida" ou "Senhora Divina do Éden".[3] A versão bíblica envolvendo Adão e a maçã distorceu um simbolismo mais antigo, que mostrava a Mãe de Todos os Seres Vivos dando vida ao primeiro homem com seu fruto mágico, enquanto sua serpente pairava na árvore atrás dela.[4] Os Evangelhos Gnósticos explicavam por que Adão chamou Eva de Mãe de Todos os Seres Vivos. Neles, ela lhe teria dado vida e enviado sua serpente para ensiná-lo sobre o conhecimento, desafiando Jeová, que pretendia manter Adão e seus descendentes na ignorância.[5]

Muitos mitos sugerem que a maçã de Eva, com seu pentáculo interno, não representava o pecado original, mas a dádiva original da vida. Idun, uma deusa nórdica, mantinha os deuses vivos ao lhes presentear com maçãs colhidas de seu jardim ocidental.[6] Da mesma forma, Morgana le Fay concedia vida eterna aos heróis celtas ao lhes entregar maçãs mágicas de Avalon. A Mãe Hera, por sua vez, preservava a vida dos deuses do Olimpo com frutos provenientes de sua macieira do Jardim das Hespérides, guardada por uma enorme serpente.

Os povos romani diziam que uma mulher podia restaurar a vida de um cadáver ao colocar uma maçã em sua boca, pois o fruto representava a "alma do coração". Acreditava-se que uma jovem cigana, semelhante a Circe, havia transformado seu amante morto em um porco e colocado uma maçã em sua boca para ressuscitá-lo, assim como os vikings faziam com o porco de Yule para garantir sua regeneração.[7] No entanto, a origem do porco sacrificial diz respeito ao deus Vishnu, encarnado em javali, que morria e renascia para salvar o mundo.[8] Os povos romani também usavam a maçã como símbolo do coração em assuntos amorosos. As jovens ciganas escolhiam seus amantes ao lhes atirarem uma maçã. E, quando um "casal ocultista" realizava um sacramento sexual, eles cortavam o fruto para revelar seu pentáculo e alimentavam um ao outro com ele, dizendo: "Eu sou o teu alimento. Tu és o meu. Nós somos o banquete."[9]

Assim, a recompensa do conhecimento implícita no pentáculo seria o conhecimento carnal, uma revelação do mistério da vida emanando da mulher e da terra. Para os ciganos, a terra (*artha*, em sânscrito) significava recompensa, fertilidade, abundância e riqueza, o que pode explicar por que o naipe de ouros foi associado ao dinheiro e às vezes é representado por moedas, denários ou diamantes. A palavra "diamante" significava literalmente "Deusa da Terra", de cujo ventre brotavam gemas e metais preciosos, tão ocultos em seu interior como o pentáculo dentro da maçã de Eva. No Tibete Tântrico, a Deusa da Terra ainda é chamada de Porca Diamante, por se tratar da consorte do javali sacrificial.[10]

Sendo assim, o ás de ouros significa criação e dádiva; o nascimento da riqueza material a partir da *mater*: Terra ou Eva. Os pitagóricos, por sua vez, consideravam o pentáculo um símbolo primordial de início, pois seus ângulos infinitos repetiam a letra do nascimento, *Alpha*. Alguns estudiosos o chamavam de Pentalfa, o emblema da criação.[11]

Abrindo o naipe de ouros, que simboliza posses e recompensas, o ás indica a presença de uma fortuna auspiciosa. Esta conexão com a maçã da Deusa também sugere conhecimento sexual, deplorado pelos escritores patriarcais como o presente "pecaminoso" de Eva para Adão. O ás representa as coisas mais desejadas pelos homens: oportunidades no âmbito financeiro, bases estáveis para a construção do futuro, segurança, propriedade e bens materiais — as recompensas do esforço prático no mundo.

O Dois de Ouros: Mudança

O dois de ouros é uma carta particularmente importante. Assim como os fabricantes modernos escolheram o ás de espadas (com seus símbolos ornamentados e ampliados) como marca registrada, os primeiros criadores do Tarô escolheram o dois de ouros para cumprir essa função. O termo "*deuce*" (dois) pode ter se originado da palavra *deus*, remetendo a Dusius, uma divindade gaulesa que Santo Agostinho chamava de "um íncubo lascivo".[1] Até os séculos XV e XVI, os demônios conhecidos por seduzirem mulheres ainda eram chamados de Dusii ou "*deuces*".[2] Pode ter havido uma conexão com as serpentes fálicas do "caduceu" hermético, que apareciam no dois de ouros engolindo as próprias caudas, enquanto seus corpos formavam o mesmo símbolo de infinito em lemniscata que aparecia duas vezes nos Arcanos Maiores. Dois círculos ou pentáculos interconectados pela figura serpenteante do oito às vezes eram representados em tons contrastantes de claro e escuro, yin e yang, como o misterioso emblema alquímico chamado "o Sol e a Lua ligados pelo Dragão".[3]

Flamel escreveu sobre tal emblema:

> Estas são as serpentes e dragões que os antigos egípcios pintavam na forma de um círculo, um mordendo a cauda do outro, para ensinar que ambos surgem de uma única coisa. Estes são os dragões que os velhos poetas representavam como guardiões incansáveis das maçãs douradas das donzelas hespérides... Estas são as duas serpentes enroladas no bastão do arauto e na vara de Mercúrio.[4]

As maçãs douradas, com seus místicos pentáculos internos, eram símbolos típicos do dom da vida da Mãe Terra. A presença do signo do infinito nesse ponto crucial do naipe de ouros sugeria um apelo à Mãe Terra — um pedido de "salvação". Como o símbolo do yin e yang, a linha infinita da figura oito das serpentes aludia à alternância eterna dos opostos nos ciclos da existência, regidos pela antiga Deusa. Enquanto a cruz cristã (e pagã) poderia representar uma ascensão direta ao céu, o oito envolvendo os pentáculos da vida e da morte simbolizava a existência dobrando-se sobre si mesma, a reencarnação sem começo nem fim — assim como a linha infinita criava a estrela de cinco pontas.

Nas religiões antigas, as serpentes guardavam esses mistérios gráficos, bem como os livros secretos que os descreviam. Dizia-se que o lendário Livro de Thoth original (frequentemente associado ao Tarô) era protegido por serpentes sob o mar.[5] Da mesma forma, na Índia, os Nagas ou "povo-serpente" guardavam "livros de ensinamentos secretos em palácios submersos".[6]

As interpretações do *deuce* guardado por serpentes focavam no conceito de Destino (*carma*) como uma alternativa à concepção cristã de uma simples escolha entre o bem e o mal. Logo, o dois de ouros representa ciclos e flutuações, fluidez, mudança perpétua. Sendo um naipe do signo da terra, refere-se ao mundo natural da matéria, no qual a transformação é a regra: a luz torna-se escuridão, a escuridão torna-se luz, o inverno torna-se verão, e vice-versa; juventude e velhice, morte e vida também são vistas como alternâncias do mesmo estado.

A mudança, portanto, era o significado fundamental do dois de ouros. Uma serpente fundindo-se com a outra, um pentáculo deslizando na direção oposta, sugeriam o ganho onde antes havia perda, ou vice-versa; dificuldade onde antes tudo era favorável, ou vice-versa; crescimento, alteração, novos rumos, novas ideias. Como a sabedoria atemporal do yantra do yin e yang, o dois de ouros insinua que os opostos são ilusões e que todas as coisas são, em última instância, diferentes formas da mesma essência. Esse conhecimento era a recompensa do buscador e o presente da esperança.

O Três de Ouros:

Trabalho

O Três de Ouros: Trabalho

Os trabalhos, ofícios e o labor qualificado são referências comuns do três de ouros, que prenunciava o progresso rumo ao sucesso comercial por meio do esforço e do aprendizado. Esta carta sugere uma conexão entre o simbolismo do Tarô e o da Maçonaria.[1] Na ilustração tradicional, podemos ver pedreiros (maçons) trabalhando em uma catedral gótica, um dos curiosos "Palácios da Rainha dos Céus", cuja estrutura medieval incorporava diversas figuras e símbolos pagãos.

A origem pagã de tais figuras e símbolos é sugerida nesta carta por um santuário rúnico. A figura central do Caldeirão de Gundestrup mostra Cernuno, o Deus Cornífero, em uma posição modificada de lótus, segurando seu torque e sua serpente. No Caldeirão, ele era acompanhado por um dos lobos lunares da morte, possivelmente Managarm, o "cão da lua", cuja imagem lembrava fortemente a de *Lupa*, uma loba sabina que, segundo a lenda, amamentou Rômulo e Remo, os fundadores de Roma.[2]

Os três pentáculos presentes no arcano, remetem ao número 15, há muito associado às três *Matronae* (Mães), ou à Deusa Tríplice, adorada em conjunto com Cernuno. Os celtas calculavam as idades da Donzela, da Mãe e da Anciã em múltiplos de 15. Na Terra, a primeira da trindade era representada por uma jovem de "15 invernos de idade, usando uma coroa de flores"; a segunda, com o dobro da idade, tinha "trinta invernos de idade, usando um diadema de ouro"; e a terceira, com o dobro da idade de sua versão anterior, ostentava "sessenta invernos de idade, e uma grinalda de ouro".[3] Logo, o 15 era um número mágico feminino, o que pode explicar por que foi atribuído ao arcano do Diabo (15), que frequentemente era retratado com seios femininos.

Os mitos mais antigos afirmavam que foi a Deusa Tríplice quem primeiro concedeu à humanidade o conhecimento das runas sagradas. Odin, o pai celestial, nada sabia sobre leitura e escrita até conquistar esse conhecimento feminino por meio de um ato de autoimolação. A Deusa que inventou as runas era a mesma que guardava as maçãs divinas da regeneração, com seus pentáculos ocultos no interior. Ela fez de Bragi, seu consorte, um mestre da poesia mágica ao gravar suas runas em sua língua. Como em muitas mitologias, a mitologia nórdica atribuía à mulher a invenção do alfabeto. Assim, quem escreve as runas sagradas na ilustração do três de ouros é uma mulher, enquanto o trabalho menos acadêmico é feito pelo homem.

Entre os símbolos secretos da carta estão a lua, a suástica, o triângulo, a Cruz de Wotan, a lemniscata, o *triskle* nórdico, a cruz grega, o símbolo alquímico da madeira e os sigilos de Mercúrio, Atena e Vesta. Do passado mítico também surgem monstros, deuses, guerreiros, marinheiros do navio-dragão e mães realizadoras de magia.

Logo, esse espaço de meditação ilustrado na carta pode muito bem referir-se aos símbolos do paganismo e às suas implicações filosóficas, que foram quase esquecidas.

Conclui-se que o três de ouros refere-se especialmente ao trabalho realizado em conjunto com outros: um esforço coletivo, uma parceria, na qual os componentes masculino e feminino funcionam harmoniosamente. A carta prevê, recomenda ou incentiva um esforço produtivo de trabalho em equipe.

O Quatro de Ouros:

Avareza

O Quatro de Ouros: Avareza

Enquanto o três de ouros implica em ganhos materiais como resultado de habilidades criativas, o quatro alerta contra o perigo de trabalhar visando apenas o lucro. O prazer do ofício pode ser facilmente esquecido sob a pressão do desejo excessivo por suas recompensas. Isso poderia significar a entrada em uma paisagem estéril, repleta de avareza, dominada pelo bastião do dinheiro — simultaneamente uma fortaleza e uma prisão.

É curioso que a palavra “dinheiro” tenha se originado de um aviso da Mãe divina. Juno, a Rainha dos Céus de Roma, possuía o epíteto de *Moneta*, “Admoestadora”, em seu aspecto legislador. Seu templo abrigava a casa da moeda romana, onde eram cunhadas moedas de prata e ouro, carregando a imagem e a bênção da Deusa — um costume que a Roma cristã copiaria posteriormente na fabricação de medalhas sagradas. Essas moedas eram chamadas *moneta*, em honra à Deusa, e, com o tempo, *moneta* tornou-se *money* (dinheiro, em inglês).[1]

O ouro era o metal preferido para o câmbio, não apenas porque as moedas fabricadas nos templos carregavam a bênção da Deusa, mas também porque sua incorruptibilidade sugeria a vida eterna. Tumbas e artefatos funerários ao redor do mundo demonstram que os povos antigos acreditavam que a carne humana poderia magicamente adquirir as qualidades do ouro, que não "morria" — ou seja, não enferruja, sofre corrosão, desintegra, mancha, apodrece ou se decompõe com o tempo. Assim, quando os brâmanes "renascidos" passavam por seu ritual de segundo nascimento, eram arrastados através de uma gigantesca *yoni* de ouro, simbolizando o renascimento a partir do ventre eterno da Terra (Kali-Tara).[2]

A mesma conexão de vida dada pela Mãe era atribuída à concha de cauri, frequentemente usada como moeda porque era universalmente desejada, devido à sua semelhança com os genitais femininos. Os romanos chamavam a concha de *matriculus*, "pequena matriz", um portal uterino investido de poderes milagrosos de fertilidade e cura.[3]

Em um nível psicológico mais profundo, o fenômeno da avareza pode estar ligado às conexões míticas entre riqueza e o desejo de controlar os poderes maternos de gerar, nutrir e curar. Mas, como esta carta sugere, a ganância é, em última instância, sempre estéril. A riqueza acumulada deve ser protegida, é claro; mas, no processo de protegê-la, o avarento corre o risco de se tornar seu prisioneiro e escravizado.

Este é o alerta do quatro de ouros. Suas interpretações incluem: acumulação excessiva, cobiça, egoísmo, suspeita, desconfiança e incapacidade de abrir mão de qualquer coisa ou de delegar autoridade. Além disso, representa bloqueios de pensamento e de ação que teriam surgido, naturalmente, da devoção excessiva ao acúmulo de riquezas materiais e das medidas que teriam sido tomadas para protegê-las.

O Cinco de Ouros: Pobreza

As imagens na carta do cinco de ouros geralmente mostram pessoas em farrapos, doentes e miseráveis em uma noite de inverno, do lado de fora de uma igreja, cuja janela iluminada sugeria conforto no interior — algo inacessível para os que estão de fora. Durante a Idade Média, os mendigos realmente se reuniam no exterior das igrejas, esperando que os mais abastados se sentissem inspirados a lhes dar alguma esmola ao entrar ou sair. Não era permitido que pedintes entrassem. Em uma noite de inverno, o calor da igreja era reservado para os que podiam pagar.

Assim, no meio do naipe do dinheiro, encontra-se uma questão ideológica vital, amargamente debatida no século XIV, quando os baralhos de Tarô começaram a se popularizar. Naquela época, a Igreja estava no auge da acumulação de riquezas. Os clérigos, como grupo, eram as pessoas mais ricas da Europa.[1] Alguns hereges se opunham a isso, citando os Evangelhos para discursar sobre o dever de doar os bens materiais aos pobres. Jesus afirmou que era mais fácil um camelo passar pelo buraco de uma agulha do que um rico entrar no Céu. Em seguida, ordenou que seus discípulos nada possuíssem, à maneira dos ascetas budistas, e dependessem somente da caridade para conquistar o pão de cada dia.

A resposta oficial do clero a essa crítica implícita foi negar a pobreza de Jesus e seus discípulos. A bula *Cum inter nonnullos*, do papa João XXII, declarou herética qualquer discussão ou crença na pobreza de Jesus.[2] Essas regras garantiam o direito dos sacerdotes à riqueza, numa época em que a Igreja parecia pouco inclinada a ajudar os pobres com seus próprios recursos, embora exortasse os leigos a serem caridosos.

Na Renânia, uma história popular destacava o ressentimento dos pobres, que acreditavam que sua Santa Mãe teria sido mais misericordiosa do que a Igreja dominada pelos homens que lhe usurparam a imagem. No conto, um mendigo faminto toca seu violino diante de uma estátua da Virgem, e ela lhe dá um de seus sapatos de ouro. Em seguida, o mendigo é capturado com o tesouro e sentenciado à morte. No entanto, enquanto é levado para a execução, ora novamente à Virgem. Então, ela o absolve publicamente ao lhe oferecer seu outro sapato. A vida do mendigo é salva, mas os sacerdotes tomam os dois sapatos de ouro e os trancam no cofre da igreja, "para que a Virgem não fosse novamente tentada a dá-los a algum mendigo sem um tostão que implorasse por sua ajuda".[3]

Portanto, o cinco de ouros é, às vezes, a carta da mendicância, pois sugere tempos difíceis, preocupações, pobreza, perda ou falta de conforto. A luta pela sobrevivência não encontraria ajuda nas instituições estabelecidas, nem mesmo naquelas que deveriam prestar assistência. Duras adversidades seriam recebidas com indiferença por amigos de ocasião. A insegurança poderia ser agravada pela falta de confiança, por erros de julgamento ou por restrições impostas. Uma carta desanimadora, esta carta oferece pouca esperança para o futuro. No entanto, assim como na história da Virgem da Renânia, a carta seguinte sugere uma espécie de resgate.

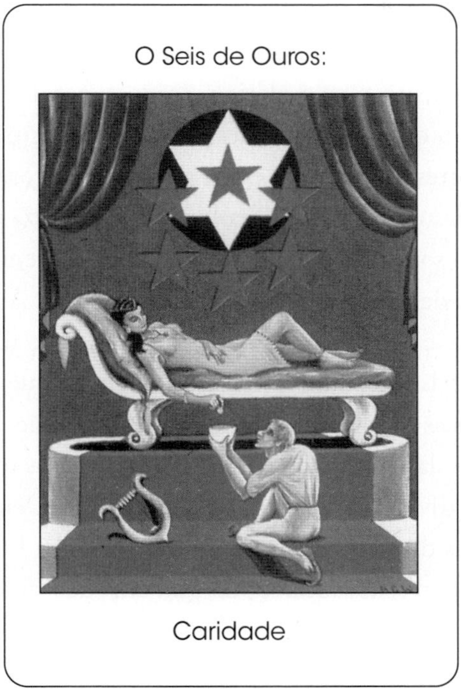

O Seis de Ouros: Caridade

Segundo os Evangelhos Gnósticos, a principal dispensadora de caridade não era o clérigo, mas a meretriz, que traçava seus antecedentes cristãos até a primeira "papisa", Maria Madalena, a amada de Jesus: "Não somos [meretrizes] compassivas somente para conosco, mas somos compassivas para com toda a raça humana."[1] Essa expressão filantrópica (literalmente de "amor aos homens") pode ter sido inspirada nas imagens pré-bíblicas das sacerdotisas da Deusa, e da própria Deusa, que teria declarado: "Uma meretriz compassiva sou eu."[2]

A palavra italiana para "puta", *carogna*, pode ter se originado através de caminhos linguísticos indo-europeus a partir do termo *karuna*, em sânscrito, a qualidade da bondade amorosa manifestada no ato de dar — assim como uma mãe dá tudo a seu filho. O dom outrora reverenciado das prostitutas sagradas, *charis*, *caritas* ou "graça" (representado pelo três de copas do Tarô) foi corrompido pelo conceito cristão de "caridade", que passou a significar dar dinheiro, e não amor.

No entanto, mesmo nessa versão impessoal do cuidado feminino, a cortesã muitas vezes superava o clérigo, como sugerido pelo seis de ouros em contraste com o quinto arcano deste naipe. Certas tradições populares afirmavam que cortesãs abastadas eram as mais generosas com os pobres, seja porque já haviam sentido as dificuldades da pobreza na pele e simpatizavam com os que sofriam, seja simplesmente por serem mulheres, com a tendência materna de se apiedarem dos desamparados. Ainda hoje, a figura da "prostituta doce e dona de um coração de ouro" é um dos arquétipos favoritos das fantasias masculinas, pois os homens frequentemente confundem as características do objeto de amor com as da mãe.

Os adoradores da Deusa no Oriente detestavam os teólogos que versavam sobre o amor divino, enquanto, ao contrário da Deusa, promulgavam os preceitos de suas divindades por meio da violência. Eles afirmavam que as leis dos deuses eram sem sentido, pois vinham "dos lábios daqueles que se odeiam e se ferem mutuamente".[3] A verdadeira religião, diziam, nada mais é do que a bondade. Nos tempos pré-cristãos, as meretrizes sagradas dos templos da Deusa enxergavam a bondade como *venia*, a graça de Vênus, ou *charis*, a graça das Três Cárites.[4]

A palavra homérica usada para ilustrar o ato de doar graciosamente era *philein*, "amor".[5] Isso também poderia significar hospitalidade ou o acolhimento de um hóspede no lar — algo que, desde os tempos mais antigos, era sagrado para a mãe do clã e para a antiga Deusa Héstia ou Vesta, cujo nome pode ter sido relacionado à palavra *veshya*, em sânscrito, que significava "prostituta sagrada".[6]

A caridade era vista como uma qualidade feminina, e até hoje é um substantivo exclusivamente feminino. Sob o emblema sexual do hexagrama no seis de ouros, ela é representada por uma cortesã sagrada recompensando um pobre menestrel que agradou seus ouvidos com música, da mesma forma que o mendigo da Renânia agradou os ouvidos da Virgem.

Outros significados relacionados à carta incluem patrocínio, presentes, filantropia, ganho material e ajuda de alguém favorecido pela fortuna.

A carta também alerta contra o gasto excessivo de recursos por uma generosidade mal direcionada. Embora fosse uma qualidade essencialmente positiva, a caridade não era conhecida por ser confiável ou estável, nem para quem dava nem para quem recebia — e um possível empobrecimento pode ser notado na carta seguinte.

O Sete de Ouros:

Fracasso

O Sete de Ouros: Fracasso

A ansiedade cultural presente na Europa medieval encontrou expressão no símbolo de *La Terre Gast* — a Terra Devastada —, resultado do fracasso dos cavaleiros em encontrar o Santo Graal. Os adoradores pagãos do princípio feminino há muito sustentavam que o abandono da Deusa e de seu cálice nutridor traria "uma paisagem de morte espiritual" e, possivelmente, a morte da própria natureza.[1] Os poetas bardos do *minnedienst*, a serviço da Deusa do Amor, alertavam sobre as terríveis consequências dessa maldição. Os cruzados já haviam encontrado uma verdadeira Terra Devastada: a *Arabia Deserta*, um país sem água e sem vida onde o Islã patriarcal havia rejeitado a antiga Mãe da Fertilidade da Arábia. Alguns temiam que o mesmo pudesse ocorrer na Europa cristianizada.

Os bardos contavam histórias sobre o estupro da Sacerdotisa Suprema e o roubo de seu Graal dourado, crimes que levaram diretamente ao murchar da grama, das árvores e das flores, ao esgotamento das águas e à ruína de terras antes férteis.[2] Assim como os místicos árabes ansiavam pela vinda do *Mahdi* (aquele enviado pela Lua) para restaurar a fertilidade de seu deserto, alguns europeus insistiam que, se o Cavaleiro Desejado não encontrasse e restaurasse o Graal, a Europa também se tornaria um deserto.

As lendas do Graal eram muitas. Algumas foram cristianizadas. Porém, tanto nas tradições pagãs quanto nas cristãs, esta grande busca sempre terminava em fracasso. O Graal nunca foi encontrado. O Cavaleiro Desejado nunca chegou aos "Castelos das Donzelas", onde mulheres deserdadas aguardavam um campeão que defendesse suas antigas leis do direito materno e restaurasse suas propriedades. Assim, o matriarcado pagão desmoronou. Os místicos do Graal foram morrendo. Eventualmente, a grande busca foi simplesmente esquecida. Esse é seu verdadeiro fracasso.

Os sete pentáculos presentes neste arcano sugerem a existência das Sete Irmãs ou dos Sete Sábios do folclore árabe, as sete sábias que profetizaram a vinda do *Mahdi*. Elas poderiam ser identificadas com as "Sete Mães do Mundo" ou Plêiades, deusas que julgavam as qualidades dos homens e regiam a alternância dos reis sagrados na Índia e na Grécia pré-helênica. Quando as Plêiades se retiravam, as Sete Irmãs anunciavam a morte do rei sagrado.[3] Em essência, anunciavam o seu fracasso — o mesmo fracasso que inevitavelmente acometia todo homem mortal.

Assim, esses sete pentagramas se associaram ao fracasso de todas as buscas. Não por acaso, o sete de ouros significa frustração, inércia, alienação e oportunidades perdidas. Pode ser interpretado como a Terra Devastada do espírito: esperanças enganadas, ansiedade generalizada e uma falta de recompensas que pode levar ao abandono de perspectiva. À medida que os mitos do Graal desvaneciam e perdiam a capacidade de inspirar, a carta do sete de ouros passou a insinuar desmotivação e tédio. Seria necessária uma nova perspectiva para que fosse possível superar bloqueios tão profundos.

O Oito de Ouros:

Aprendizado

O Oito de Ouros: Aprendizado

Após o fracasso dos cavaleiros na busca pelo Santo Graal, da qual as mulheres não participaram, a procura pelo esclarecimento místico poderia muito bem ter tomado uma nova direção rumo à sensibilidade feminina. Certas tradições gnósticas indicavam um impulso renovado e voltado à percepção feminina, em que se buscavam conceitos afirmadores ocultos nas psiques das mulheres. Como antídoto para o tédio e a alienação, a sociedade deveria ser forçada a voltar ao início e a reaprender a antiga sabedoria que apenas a Mãe poderia ensinar.

Dizia-se que tal sabedoria residia no "sangue sábio" das mulheres, que era capaz de criar a vida. Isso foi bastante simbolizado — às vezes até romanticamente — pela rosa e seus derivados cristianizados, como na rosácea vitral e no rosário.

O primeiro rosário a se ter notícia foi o *japamala* de Kali, a "capela de rosas", e sua flor oficial era a rosa vermelha da China.[1] Às vezes, recebia o nome de flor Kula. Quando uma menina menstruava pela primeira vez, dizia-se que a flor Kula havia desabrochado; a partir de então, ela estaria recém-conectada à unidade espiritual da família, às mães ancestrais e às antigas lealdades e responsabilidades tribais "centradas no sangue".[2] A rosa era o símbolo tanto do sangue uterino quanto do autoconhecimento feminino, de que os homens poderiam participar se fossem cuidadosamente ensinados. Os místicos da civilização clássica compartilhavam do mesmo simbolismo. A rosa era a Flor de Vênus, usada como emblema por suas sacerdotisas. Segundo a poeta Nóssis, um homem que nunca sentiu o amor da Deusa viveria eternamente na mais profunda ignorância, sem saber "quais flores são as rosas dela".[3]

Antes de ser adaptado ao culto da Virgem Maria, o rosário migrou para a Europa por meio dos místicos árabes, que "contavam suas contas" em conexão com o misterioso segredo da Rosa: "Não penso em nada além da Rosa; não desejo nada além da Rosa rubra (...) o amor da Rosa é suficiente."[4] Sob o Islã, a deusa árabe Al-Lat foi masculinizada e recebeu o nome de Alá. No entanto, suas características femininas foram atribuídas a Fátima, a suposta "filha" de Maomé — e, ainda assim, incongruentemente chamada de Mãe de Seu Pai, Útero do Sol, Criadora da Criação, Separadora da Luz e das Trevas, Destino, Noite, Lua, Essência do Ser e outros títulos da própria Deusa.[5] Ela personificava o jardim de rosas do paraíso, "o lugar de descanso de Alá".[6]

Na Europa, ao menos no início, o rosário foi totalmente dedicado a Maria, a "Rainha do Santíssimo Rosário".[7] Também o era a rosácea vitral nas fachadas do ocidente, "femininas", de uma igreja. O famoso vitral de Chartres, chamado *Rosa da França,* tinha "em seu centro a Virgem em sua majestade" e uma fonte de luz nas cores do arco-íris, como as "manifestações terrenas" de Maya-Kali.[8] Esta luz iridescente também era uma manifestação de Fátima. Logo, na carta, a rosácea vitral com oito medalhões em seu interior representa a lótus de oito pétalas, o *yantra* de Kali.[9]

Os oito pentáculos na rosácea vitral são uma sugestão da sabedoria interior que passa de mãe para filha — da Deusa da Rosa Vermelha para a Donzela do Lírio Branco. A noção de uma graça salvadora, oculta no saber feminino, teve seus defensores no período renascentista, marcado pelo desencanto das "salvações" masculinas, oficiais ou não. Aliás, por mais herético que fosse, alguns homens chegavam a alegar que eles próprios deveriam aprender com as mulheres.

Dessa maneira, o oito de ouros é uma carta de aprendizado, ou reaprendizado, de doutrinas secretas. Sugere a ampliação da compreensão para novas áreas, uma iniciação ou noviciado, uma busca por recompensas e conhecimento que não podem ser roubadas e a serenidade do verdadeiro esclarecimento.

O Nove de Ouros: Conquista

Os sábios tântricos sustentavam que o objetivo final do conhecimento centrado no feminino era a compreensão de Kali sob a forma de Maya-Shakti, "o lado feminino, materno e protetor do mundo do Ser Supremo, [que] representa a aceitação espontânea e amorosa da realidade tangível da vida (...) Ela é a alegria criativa da vida: em si estão contidas a beleza, a maravilha, o encanto e a sedução do mundo vivo."[1]

No mito budista, esse princípio divino se encarnou na Rainha Maya, que deu à luz Buda, o Iluminado, sob sua sagrada cerejeira. Ela foi fecundada pelo deus-elefante Ganesha, cujo nome significava "Senhor dos Exércitos".[2] Em outra encarnação, também foi mãe do mesmo deus, assim como sua contraparte ocidental, Maria, foi mãe do mesmo deus que a engravidou — segundo os teólogos cristãos. A cerejeira de Maya também entrou na tradição ocidental com o cântico natalino "Cherry Tree Carol", junto da forma canonizada de Buda (*Bodhisat*) como o apócrifo "São Josafá".[3]

Maya já tinha suas contrapartes ocidentais antes mesmo de suas características serem herdadas pela Virgem Maria. Sua representação mais antiga na mitologia clássica era Maia, mãe de Hermes, o Iluminado. Sua longevidade era demonstrada pela multiplicidade de formas. Às vezes, era uma das Musas; outras, uma das Plêiades. Além de virgem, também era incongruentemente conhecida como "a Avó" ou "a Criadora", assim como Kali-Maya era a Shakti do universo.[4] No Lácio pré-romano, era a esposa de Vulcano (ou Volcanus), deus primordial do fogo, um derivado do antigo deus cretense das montanhas de fogo, Velchanos.[5]

As versões nórdicas de Maya geralmente assumiam a forma da Rainha de Maio, chamada de May, Maj ou Mai: na Noruega, de Maerin; e, nas Ilhas Britânicas, de Maid Marian. Para os seguidores da religião feérica da França medieval, ela era A Donzela, ou *La Pucelle* — um título que costumava ser aplicado à integrante de um coven de bruxas, e que foi significativamente adotado por Joana d'Arc. Renovando sua virgindade e maternidade a cada ano, a Donzela de Maio representava a fertilidade cíclica da terra. E o florescimento de sua árvore sagrada era a promessa dos frutos futuros.

O arcano do nove de ouros exibe nove flores de cinco pétalas nesta árvore, remetendo à mística Árvore de Rosa-Maçã do paraíso oriental e suas conexões míticas com a Maçã-Eva e a Rosa-Maria — ambas sugerindo vínculos associados às múltiplas encarnações de Maya. Esta carta significa realizações e conquistas por meio do gestar; produtividade; sustento cuidadoso e cultivo da beleza por meio do aprendizado. O amor pela natureza é outra interpretação bastante popular. Independentemente do deus a quem desse à luz, a Deusa grávida sempre personificava a Natureza — especialmente a natureza humana, a verdadeira "mãe" dos deuses. Outros presságios favoráveis associados a essa carta envolvem bem-estar material e aumento de riqueza.

O Dez de Ouros: Proteção

Na Antiguidade, o pentáculo era considerado um dos mais importantes símbolos de proteção devido à sua construção em linha contínua e "sem barreiras" e por estar, desde o princípio, conectado ao poder protetor da Mãe. A linha ininterrupta que o construía era comparada ao fio ininterrupto da Deusa do Destino, cujo tear continuava tecendo a existência de cada indivíduo enquanto ela escolhesse preservar-lhe a vida. Assim, amuletos mágicos para afastar a morte eram, essencialmente, apelos à Deusa para que continuasse sua trama inquebrável do padrão da vida, como no encantamento eslavo: "No Oceano-mar, na ilha de Buyan, uma bela donzela tecia seda; ela nunca deixava de tecer: e o sangue cessou de fluir."[1]

Um dos detalhes ocultos na história de Homero sobre as viagens de Odisseu envolve o fato de a vida do herói ter sido preservada graças ao contínuo tecer de sua esposa, Penélope, cujo nome era, na verdade, um título da Deusa do Destino: "Aquela Cujo Olho Está Atrás da Teia." Os mitógrafos helênicos a transformaram no epítome da esposa fiel, afastando seus pretendentes ao desfazer o tear todas as noites, para que sua tapeçaria nunca fosse terminada e, assim, o fio nunca fosse cortado. Apenas à luz das tradições mais antigas é possível perceber que o fio que nunca cortava era o fio da vida encantada de Odisseu; dessa forma, ele pôde atravessar muitos perigos sem ser ferido. Em versões mais antigas da história, Penélope era, na verdade, uma deusa orgiástica. Deitava-se com todos os seus pretendentes, um por um; por fim, casou-se com Hermes e deu à luz a Pã, o Deus Cornífero.[2]

O fio vermelho é um símbolo universal da vida entrelaçada na rede da natureza. Na mais remota antiguidade, representava o vínculo do sangue materno, uma alma conectada tanto ao passado quanto ao futuro em decorrência do sangue proveniente do coração da mãe. Dessa maneira, muitos padrões de proteção estavam associados a Penélope e a outras figuras de deusas tecelãs, como Perséfone, que concebeu Dioniso enquanto estava sentada em sua caverna sagrada, tecendo os fios do universo; e Maria, que concebeu outro Salvador enquanto estava sentada em seu templo, fiando uma linha vermelho-sangue.[3]

Ao costurar um amuleto composto de uma estrela de cinco pontas, o objetivo envolvia a preservação da vida e remetia a um encanto cigano de cura chamado "medir o pentáculo". O paciente deveria ser colocado na postura do Homem Microcósmico, com os pés afastados e os braços esticados, na posição de um pentagrama. Então, o curandeiro esticava um fio contínuo (preferencialmente vermelho) de um pé até a mão oposta, e de cada pé até a cabeça, cruzando-o por sobre os braços, formando assim um pentáculo. Os ciganos acreditavam que a medição de diferentes seções do fio supostamente fornecia presságios sobre o curso ou a cura da doença. Depois, o fio deveria ser queimado, e o paciente tinha de inalar sua fumaça ou beber água misturada às suas cinzas.[4]

Sendo assim, o dez de ouros teria sido um encanto de poder inigualável, e, não por acaso, seu design aparecia ocasionalmente em mosaicos ou arte sacra, em especial no Oriente Médio. No Tarô, o dez de ouros significa proteção, principalmente no sentido de vantagens materiais: herança, propriedade ancestral, fundamentos do passado que garantem a segurança do presente. Por ser fiel à tradição da Deusa preservadora, a proteção implícita neste arcano não é autogerada, mas fruto do trabalho de outra pessoa. Logo, o padrão que mantinha a continuidade do fio da vida fora estabelecido havia muito tempo pela Penélope pré-homérica, quando os desígnios da Deusa ainda eram visíveis em todas as coisas.

A Princesa de Ouros: Nimue

Um dos principais usos da magia protetora do pentáculo envolvia invocações ocultas. Era uma crença quase universal de que o operador de tais magias devia permanecer dentro de um pentáculo previamente riscado para se defender de possíveis poderes demoníacos que porventura fossem invocados. Às vezes, em locais sagrados tanto para druidas quanto para outros ancestrais pagãos, este pentáculo de proteção era construído com pedras.

Na Antiguidade, esses lugares eram dedicados à Deusa Lunar do Destino, conhecida no início do período medieval como Diana Nemetona ou Diana Nemorênsis, rainha do *nemeton* (bosque da lua).[1] Outro nome grego para essa deusa era Nêmesis, a "perdição" dos deuses. Para os celtas pré-cristãos, ela era Nemhain, a imagem tanto da Virgem quanto da Anciã Portadora da Morte. E para os gauleses, era Nimue, rainha do bosque das fadas de Broceliande. Para o lendário Merlin, outrora um rei sagrado que, como todos os outros, se deitava com a Deusa na hora da passagem dele, ela era a Nêmesis ou Portadora da Morte.

Muitos escritores patriarcais impuseram interpretações enganosas à história da suposta traição que Nimue teria cometido contra o druida. Os romances arturianos cristianizados afirmavam que Nimue não era uma personificação divina do Destino, apenas uma cortesã mortal. Assim, com artimanhas femininas, teria conseguido extrair de Merlin seus segredos e depois voltado a própria magia contra ele. Nesta versão da história, Nimue o teria colocado em um transe de morte viva e o aprisionado em uma caverna de cristal no coração do bosque das fadas. Dizia-se que um dia ele despertaria e retornaria ao mundo — um último vestígio do mito original da reencarnação.

A caverna de cristal era um remanescente mítico do que os pagãos imaginavam como o coração do mundo, localizado dentro de sete esferas planetárias cristalinas, às vezes chamadas de "A Montanha de Sete Andares do Paraíso". Alguns contos de fadas eslavos interpretaram esse conceito de maneira literal, narrando histórias sobre uma montanha de vidro pertencente à rainha das fadas ou à Deusa da Lua. Por essa razão, os eslavos tinham o costume de enterrar garras de urso junto a seus mortos para ajudá-los a escalarem a escorregadia montanha de vidro na vida após a morte.[2] Uma montanha da Grã-Bretanha, no entanto, carregava o mesmo nome que a versão pré-arturiana de Merlin: *Ambrosius*. Antes do cristianismo, essa montanha era sede de um famoso colégio de druidesas.[3]

Logo, Nimue era a divindade das druidesas, outra versão de sua Deusa Tríplice, como demonstrado por alguns de seus nomes alternativos: Viviane, "Aquela Que Vive", Morgana le Fay, a Dama do Lago, a Dama Branca. Alguns também a chamavam de Rhiannon.[4] Seu emblema era um pentáculo.[5] E os mitos mais antigos diziam que foi Merlin que aprendeu sobre magia com ela — não o contrário.

Como musa e senhora da inspiração, Nimue representa o aprendizado. Assim, a carta da princesa de ouros significa, especificamente, aprendizado mágico, pois Nimue era a patrona de todos os bardos, videntes e estudiosos que se dedicavam ao estudo de seus antigos mistérios. Logo, esta carta pode ser interpretada como "a sabedoria das eras" ou a aparente sensação de novidade ao se deparar com algo conhecido há muito tempo. A princesa de ouros também significa concentração, desejo de aprender e aplicação aos estudos acadêmicos.

O Príncipe de Ouros:

Merlin

O Príncipe de Ouros: Merlin

A carta do príncipe de ouros indica uma pessoa no comando de forças internas e poderosas, naturalmente sugerindo a imagem de Merlin, o consorte de Nimue, talvez a figura mais misteriosa do ciclo de lendas arturianas. Como Heimdall, o anjo primitivo escandinavo da Última Trombeta, Merlin nasceu das nove irmãs do mar frio e foi lançado na praia pela nona onda.[1] O poema "Vita Merlini" identificou suas nove mães como as Morganas das Ilhas Afortunadas. Em poemas alemães, as nove místicas governavam Meidelant, a "Terra das Donzelas", de onde vieram muitos outros heróis dos romances.[2] O nome Merlin significa "criança do mar", embora, na falcoaria medieval, remeta a um tipo de falcão que só poderia ser manejado por uma dama.[3]

Merlin foi gerado por um deus, provavelmente o Dragão Vermelho, outrora adorado em Caerleon como consorte fálico da Deusa do Mar. A lenda dizia que, quando criança, Merlin foi condenado a ser sacrificado ao mesmo deus para que seu templo se mantivesse firme, segundo o antigo costume de mergulhar as fundações de qualquer estrutura sagrada no sangue de uma vítima sacrificial. Isso porque as pedras do grande templo de Vortigern, em Salisbury Plain, continuavam caindo durante sua construção. Portanto, dois astrólogos druidas declararam que a estrutura não poderia ser concluída a menos que fosse fundada no sangue de uma criança que não tivesse pai humano. Merlin era a escolha óbvia, mas foi salvo por seu dom de clarividência. Ele viu, sob o templo, um grande abismo onde o Dragão Vermelho do País de Gales lutava contra o Dragão Branco da Bretanha, perdia e era morto. Assim, Merlin profetizou a morte de Vortigern pelas mãos dos bretões. Após o cumprimento da profecia, o próprio mago completou a construção do templo que se tornaria Stonehenge, encaixando as pedras grandes em seus lugares com ajuda de suas canções mágicas.[4]

Embora se dissesse que Merlin passava os séculos sonhando em sua caverna de cristal, o folclore constantemente previa seu segundo advento, talvez para restaurar a antiga religião. Foram feitas diversas tentativas de cristianizar o velho mago, para que sua lenda não se tornasse um ponto de encontro para forças anticlericais. O mito de Merlin promovido pelos mosteiros dizia que havia sido gerado pelo Diabo em uma virgem humana, com o objetivo de torná-lo o Anticristo. No entanto, a castidade de sua mãe superou o poder do mal, e Merlin nasceu virtuoso. Robert de Borron chegou a afirmar que os poderes mágicos de Merlin teriam sido concedidos a ele por Deus.[5]

Ainda assim, o druida não pôde ser dissociado das imagens e símbolos do paganismo. Ele carregava um cajado de salgueiro e usava o chapéu cônico (ou ápex), que costumava coroar os sacerdotes pagãos e por fim tornou-se o traje padrão das bruxas.[6] Durante séculos, a literatura sobre Merlin foi usada como um meio oculto de crítica à Igreja. Aliás, o Concílio de Trento colocou tais obras no Índice de Livros Proibidos e queimou todas as cópias que pôde encontrar.[7]

Em contraste com essas políticas de censura, a carta de Merlin no Tarô representa a defesa da livre expressão e qualidades como verdade, honra, paciência e determinação. A especialidade de qualquer vidente famoso era a investigação das origens das coisas; logo, Merlin poderia ter investigado, por invocação, até mesmo o misterioso espírito que supostamente o havia gerado. Seu arcano, portanto, implica a necessidade de seguir pistas de maneira destemida, independentemente dos perigos que possa encontrar.

A Rainha de Ouros:

Erda

A Rainha de Ouros: Erda

A rainha do naipe de ouros, cujo elemento regente é a terra, só poderia ser Erda, deusa teutônica e Mãe Terra, divindade adorada por todos os povos primitivos como Doadora Universal da Vida e Musa Primordial. Como diziam os indígenas kagaba:

> A Mãe das Canções, a mãe de toda a nossa semente, nos gerou no começo. Ela é a mãe de todas as raças humanas e a mãe de todas as tribos. Ela é a mãe do trovão, a mãe dos rios, a mãe das árvores e de todos os tipos de coisas. Ela é a mãe das canções e das danças (...) a única mãe que temos.[1]

Essa Mãe foi a única divindade suprema conhecida pelos povos europeus durante milhares de anos.[2] Suas imagens remontam à Idade da Pedra, sendo as mais antigas tipificadas pelas famosas estatuetas da "Vênus de Willendorf", encontradas da Sibéria aos Pireneus, com suas cabeças e braços rudimentares, seios enormes e quadris largos. Elas não são apenas a arte sagrada mais antiga, mas as primeiras obras de arte de qualquer tipo conhecidas até hoje.[3]

Todas as mitologias admitem que essa figura materna existia desde o início da criação, sob centenas de nomes variantes. Ela era Erda, Eorth, Ertha, Edda, Hertha, Hretha, Nertha, Urth, Urd, Wurd, Wyrd ou Weird em várias regiões do norte da Europa.[4] Para os gregos, era Reia ou Gaia, "a de seios profundos, mãe universal, firmemente enraizada, a mais antiga das divindades".[5] Para os romanos, era Terra Firma, derivada de Tara ou Terah, que também gerou os terafins bíblicos (espíritos ancestrais).

Um senso de conexão com todas as formas de vida surgiu a partir da adoração primária da Grande Mãe, que, segundo as crenças mais antigas, tudo havia criado. Como diziam os indígenas, quando todas as criaturas passaram a existir, "foi exatamente como uma criança nascendo de sua mãe. O local de surgimento é o útero da terra".[6]

Um senso semelhante de conexão envolve a carta da rainha de ouros, cujas características tradicionais remetem às da imemorial Erda: generosidade, opulência, fertilidade transbordante, compaixão, conforto, apoio e abundância. Dizia-se que essa carta indicava uma personalidade calorosa e nutridora, como a de uma Musa, capaz de criar e inspirar criatividade. Outra interpretação frequentemente aplicada à rainha de ouros envolve "respostas às preces". Isso, é claro, diz respeito à orientação não cristã do Tarô, pois a teoria cristã se opunha intransigentemente à ideia de que a divindade que respondia às orações do povo fosse feminina, carnal, material, terrena. Ainda assim, os bardos do movimento romântico sempre invocavam a bênção de Erda sobre suas obras — nunca a de Deus.

O Rei de Ouros:

Baal

O Rei de Ouros: Baal

Entre os primeiros companheiros da Mãe Terra estavam os deuses das montanhas, coletivamente chamados de Baal, "Senhor", no antigo Oriente Médio. Seus verdadeiros nomes eram tabus e só podiam ser pronunciados por seus sacerdotes, que fingiam controlar os deuses pelo uso de seus nomes secretos. Daí a proibição bíblica contra tomar o nome do "Senhor" em vão (Deuteronômio 5:11).

Quando os homens desejavam comungar com um Baal da montanha, subiam ao cume de seu trono montanhoso e ali esperavam que o espírito do Senhor os concedesse visões, inspiração ou profecia. Dizia-se que leis foram transmitidas do topo de montanhas sagradas. Moisés, por exemplo, teria subido ao topo do Monte Sinai para encontrar seu Baal e conhecer sua vontade. Esse era um procedimento bastante comum, contudo, o Deus de Moisés não era o sincrético Jeová que viria a se tornar em escritos posteriores.

O Monte Sinai era sagrado para Sin, o Deus Lua, um filho da Rainha dos Céus (Nanna). Ele governava o que a Bíblia chamava de "a terra de Sinim" (Isaías 49:12), ou seja, a Terra da Montanha Lunar, uma forma mais antiga do nome Sião.[1] Sin foi associado ao deus vulcânico da montanha de Jebel al-Aqra, no norte da Síria, quando tribos quenitas ou cainitas migraram de lá para se estabelecer na terra de Midiã (Sinai).[2] Tendo trazido consigo sua divindade vulcânica (simbolizada por uma coluna de fogo à noite e uma coluna de fumaça durante o dia), os cainitas simplesmente declararam que se tratava do mesmo Baal do Sinai e passaram a adorar seu novo trono. Além disso, dizia-se que Moisés havia se casado com uma mulher das tribos midianitas e herdado o sacerdócio de Jetro, seu sogro e um dos servos de Sin (Êxodo 3:1).

Sendo assim, o rei de ouros refere-se a uma pessoa com características semelhantes às dos antigos deuses das montanhas: severa, inflexível, autoritária, intensa e tenaz. Suas boas qualidades tendem a ser terrenas, como confiabilidade, praticidade e estabilidade. Além disso, possui as características de um "diamante bruto", como as gemas enterradas nas rochas e conhecidas apenas pelos deuses primitivos, os chamados Senhores das Riquezas.

A sabedoria de Baal, assim como a dos outros companheiros da Mãe Terra, simboliza-se pelo "terceiro olho" da percepção: um reluzente pentáculo de conhecimento enterrado na montanha, assim como a estrela da Mãe de Todos os Seres Vivos se esconde na maçã do conhecimento. Naturalmente, supõe-se que, para alcançar o cume onde tal deus habita e para aprender o significado do pentáculo oculto, seja necessária uma escalada longa e difícil.

O NAIPE DE ESPADAS

O Ás de Espadas:

Catástrofe

O Ás de Espadas: Catástrofe

Como *Moksha*, uma das fases da vida segundo a filosofia tântrica, o naipe de espadas significava finitude e catástrofe: destruição, morte e destino final. Trata-se, portanto, de um dos naipes mais pagãos do Tarô. O paganismo não negava a morte e tampouco achava que ela poderia ser contornada; por outro lado, aconselhava sua aceitação, mesmo em suas formas mais feias ou cruéis, pois tanto morte quanto nascimento eram considerados manifestações do poder da Deusa.

Entre os celtas, a versão Anciã da Deusa Tríplice, detentora da morte, tinha o nome de Morgana, ou Morg-ana, a Anna da Morte, com variações: Morgana le Fay; Morgana, a Fada; Morgana, o Destino; Fata Morgana; Magog; Mugain; e Morgue la Faye.[1] Ela carregava heróis mortos para suas Ilhas Afortunadas (ou Avalon, a Terra das Maçãs), pois era a rainha do paraíso ocidental.[2] Contudo, ainda que as lendas arturianas cristianizadas alegassem que Morgana le Fay era apenas a irmã feiticeira do rei Arthur, "uma grande estudiosa de necromancia", ela também desempenhava o papel de Senhora da Morte: "Morgana, a Deusa, é seu nome, e nunca haverá homem qualquer, por mais nobre ou orgulhoso que seja, que ela não possa humilhar e domar".[3]

Morgana tinha uma relação direta com a decapitação anual dos reis sagrados; ela mediava o concurso alegórico entre Gawain e o Cavaleiro Verde, que, alternadamente, cortavam as cabeças um do outro no Ano-Novo — assim como Hórus e Set no Egito, ou como Njord e Frey na Escandinávia.[4] As primeiras tribos celtas costumavam preservar as cabeças ou crânios de líderes mortos e receber presságios delas. Daí as famosas cabeças do Homem Verde, que evoluíram para criaturas onipresentes esculpidas (quimeras e gárgulas) em antigas igrejas.

A cerimônia de cavalaria começou como uma modificação da antiga cerimônia de apoteose por meio da decapitação, cujo objetivo envolvia enviar um herói para o paraíso de Morgana. Logo, o toque da espada em cada um dos ombros representava simbolicamente que ela havia passado pelo pescoço do cavaleiro. Em um ritual semelhante, Ártemis Brauroniana recebia gotas de sangue que haviam sido extraídas do pescoço de um homem com a ajuda de uma espada, em vez de sua cabeça inteira, como era comum em eras anteriores.[5] Os citas, por sua vez, devotos de Ártemis, costumavam cravar uma espada na Mãe Terra e regá-la com sangue para representar um herói ou deus fálico.[6] Assim, como consorte da Deusa, ele se tornaria o Senhor da Morte.

Outro símbolo da soberania de Morgana sobre os mortos era seu espelho mágico, habitado pelas almas. Os povos antigos viam os espelhos com reverência, pois acreditavam que poderiam roubar a alma refletida nele — o mesmo destino que havia acometido Narciso. Um mito germânico dizia que, no Vale da Sombra da Morte, havia um salão encantado de espelhos onde a Deusa mantinha almas aprisionadas em seu vidro mágico. O lugar era chamado de Wisperthal (Vale dos Sussurros), devido à antiga crença de que os fantasmas perdiam as cordas vocais e só podiam se comunicar através de sussurros.[7]

Assim, Morgana aparecia sob diversos disfarces folclóricos em cenários misteriosos como o Wisperthal, às vezes simbolizando poder destrutivo, às vezes apenas como uma rainha angelical que levava seus heróis até uma terra mais acolhedora. Como usava os chifres da lua na cabeça e presidia o país lunar dos mortos (onde seus favorecidos se tornavam estrelas), ela também era considerada uma Rainha do Ar. Naturalmente, no Tarô, sua carta lidera o naipe da catástrofe, com seus símbolos de finitude e tragédia. Mas o ás de espadas também pode ser interpretado, em certos momentos, como o arcano da libertação — remetendo à liberdade das restrições, a uma nova leveza ou a uma espécie de salvação.

O Dois de Espadas:

Equilíbrio

O Dois de Espadas: Equilíbrio

A carta do dois de espadas coloca duas forças potencialmente perigosas uma contra a outra, com a esperança, talvez, de que se anulem mutuamente. Logo, a imagem tradicional deste arcano exibe uma Justiça vendada portando duas espadas que apontam para o mar e para a lua.

No início do período medieval, ainda existiam juízas e magistradas, conhecidas pelos cronistas cristãos como bruxas, o que remonta a sistemas pré-cristãos de *ius naturale* (lei natural) matriarcal que se baseavam no direito materno tribal.[1] Segundo Ulpiano, toda justiça deve ser fundada no "princípio da natureza feminina, que possui uma afinidade mais profunda com a *natura iustum* (aquilo que é justo por natureza) do que o sexo masculino, com sua maior suscetibilidade ao princípio da dominação". Místicos pitagóricos, por sua vez, afirmavam que a justiça e a equidade eram atributos inatos do princípio da natureza feminina.[2]

O conceito de equilíbrio nas áreas morais da vida envolvia raízes mais antigas baseadas na lei cármica da Deusa, que dizia, essencialmente, que toda ação produz uma reação correspondente: que atos benevolentes trazem benevolência ao seu autor e que atos malévolos no fim fazem seu perpetrador sofrer, ainda que sua punição possa ser adiada até outra vida. Esta foi a verdadeira origem da Regra de Ouro, que alguns chamavam de essência do cristianismo. A princípio, não era uma ideia cristã, tampouco judaica, mas derivada da lei da Deusa Maat no antigo Egito.[3] Ordenava-se que sábios tântricos fizessem aos outros o que gostariam que lhes fosse feito.[4] Daí a versão budista do preceito era "O que semeares, assim colherás", um ensinamento que foi transcrito para as Escrituras Cristãs 500 anos depois.[5]

A contrapartida negativa da Regra de Ouro era a severa lei da vingança compensatória. De acordo com ela, se um homem fizesse aos outros o que não gostaria que fosse feito a ele, receberia o mesmo em troca. De certa forma, os sistemas humanos de justiça foram fundados nessa suposta regra divina de que dois erros fazem um acerto: olho por olho, dente por dente, vida por vida. E ainda hoje o princípio antigo ainda opera em nosso próprio sistema legal. Acredita-se, por exemplo, que assassinos devam ser punidos com a morte, a menos que tenham sido oficialmente instruídos a matar, como ocorre em uma guerra.

Sendo assim, as interpretações do dois de espadas tendem a esbarrar nessas noções negativas de equilíbrio cármico. Um mal poderia neutralizar outro, assim como um corte cirúrgico poderia curar os efeitos de um corte acidental. O equilíbrio das forças opostas poderia levar ao impasse, a uma trégua temporária em meio ao conflito ou a um novo equilíbrio após ajustes difíceis. Além disso, a figura vendada também implica a correção vingativa de um erro com outro erro, devido à incapacidade de prever as consequências futuras.

O Três de Espadas:

Luto

O Três de Espadas: Luto

Os ditames da lei natural nem sempre são fáceis de aceitar. O budismo, por sua vez, alegorizou os princípios de atração e repulsão na figura de Kama-Mara, Amor e Morte, um "demônio" que tentou Buda e quase causou uma interrupção desastrosa em sua meditação sobre o Caminho do Meio.[1]

Espírito da morte e do luto, Mara teve inúmeras manifestações na iconografia religiosa do Oriente Médio: Mari (síria), Marah (hebraica), Moera (grega), Maura (celta), e assim por diante. Assim como as sacerdotisas orientais da morte, as dakinis, ela se tornou a *mater dolorosa* — a mãe lamentosa do templo, cuja função era realizar os hinos fúnebres que os gregos chamavam de *moirologhia* (Palavra dos

Destinos).[2] As elegias das sacerdotisas da morte também eram conhecidas como *houloi* (uivos). Segundo Heródoto, essa elegias tiveram origem nos templos líbios de Atena.[3] Em toda parte, esses lamentos fúnebres eram realizados por mulheres, e a tradição insistia que elas mesmas os haviam inventado.[4] Mesmo na patriarcal Jerusalém, eram as sacerdotisas que, todos os anos, lamentavam a morte do Salvador na "casa do Senhor" (Ezequiel 8:14).

As mulheres dos templos e seus lamentos formais fazem parte da interpretação tradicional do três de espadas que pode ser lida como uma carta de "lágrimas e aflição" associada a uma mulher sagrada ou ao ato de cantar.[5] Acreditava-se que os mortos só chegavam ao outro mundo se fossem "cantados", ou seja, ouvissem canções entoadas por meio de encantamentos femininos (*carmen*) — expressando uma dor formal, mas não necessariamente sincera. Até o século passado, os irlandeses preservaram o status profissional da carpideira, contratada para intensificar o funeral e apaziguar o espírito do falecido com altos lamentos e dramatizações ritualísticas de tristeza e sofrimento.

Como este é o naipe da morte, provavelmente, este "canto" é o lamento fúnebre; como se o equilíbrio de forças perigosas mostrado pelo dois de espadas acabasse pendendo para um dos lados e resultasse em tragédia. Contudo, o significado deste arcano não deve ser interpretado exclusivamente como luto decorrente de morte, mas por qualquer tipo de perda, qualquer decepção, qualquer razão para autopiedade. O sangue nas três espadas sugere uma destruição mútua engendrada por três fatores contribuintes. Algo que poderia resultar em tristeza e arrependimento. Além disso, também há um sentido de isolamento, solidão, aprisionamento ou reclusão em um ambiente psíquico que representa certa resistência a essa dor interna.

O Quatro de Espadas:

Isolamento

O Quatro de Espadas: Isolamento

Os eventos terríveis, de modo geral, estavam associados às Mulheres Fatais, que poderiam ser videntes, pitonisas, Mantes, Valas, magia, Stregae ou sibilas (um derivado do nome da deusa Cibele, que significava "Habitante da Caverna"). Entre as Mulheres Fatais mais famosas do mundo antigo estavam a Sibila de Cumas e a Pitonisa de Delfos, que viviam em cavernas sagradas e se comunicavam diretamente com o espírito oracular da terra.

O significado comum do quatro de espadas se assemelha ao caráter de uma sibila que decide se isolar a fim de atingir um propósito esotérico — talvez até mesmo pelo luto da carta anterior. O quatro invoca o signo terreno do quadrado; e era dentro da terra que o assento da sibila estabelecia uma conexão mágica entre ela e a Mãe do Destino. As profetisas geralmente se sentavam no chão de pernas cruzadas, aproximando-se da posição de lótus — sagrada para os iogues de Kali. Logo, as autoridades cristãs medievais passaram a afirmar que sentar-se de pernas cruzadas era uma forma de feitiçaria.[1]

Sentar-se ou tocar o chão era uma maneira consagrada de invocar a Mãe Terra.[2] Até mesmo Buda tocou a terra em seu isolamento prolongado, invocando o poder da Mãe para protegê-lo dos demônios. Nem mesmo O Iluminado era poderoso o suficiente para resistir às forças do mal sem a intervenção maternal da Deusa. Uma versão grega dessa ideia era o mito do gigante Anteu, filho da Mãe Terra, cuja força era irresistível apenas enquanto estivesse em contato com a substância de sua Mãe. Sendo assim, Héracles derrotou Anteu erguendo-o no ar e impedindo-o de tocar o solo que lhe dava poder.

A Deusa Terra frequentemente era caracterizada como um espírito do Abismo; por essa razão, o quatro de espadas a associa com "túmulos e caixões".[3] Isso é uma sugestão do lado sombrio da Deusa Terra, cujo espírito supostamente inspirava todos os oráculos. Sua Serpente Mortal vivia em seu ventre e falava secretamente com suas sacerdotisas. Aliás, Píton, a serpente profética de Delfos, consorte mística da Pitonisa, também era chamada de "primogênita da Mãe Terra".[4]

Logo, o quatro de espadas é uma carta de percepção gerada pelo isolamento, como a visão da sacerdotisa fatídica de Delfos. Às vezes, significa poderes proféticos invocados em segredo. Outros significados incluem o isolamento do exílio, prisão, convalescença, reclusão voluntária ou descanso e recuperação em meio às adversidades. O quatro de espadas também sugere que consultar-se com alguém com habilidades oraculistas pode acabar revelando um futuro bastante sombrio. No geral, a caverna na imagem do arcano significa isolamento, mas também poderia alertar para interações desagradáveis ou infelizes com outros em um momento futuro.

O Cinco de Espadas:

Derrota

O Cinco de Espadas: Derrota

Autodepreciação, resistência passiva e engolir sapos estão entre os principais significados do cinco de espadas, sugerindo os sacrifícios obrigatórios dos primeiros reis-deuses em seus esforços para obterem ou manterem poderes femininos como percepção, sabedoria, boa comunicação ou magia vitalícia. Um mito típico que remete a isso é o de Odin, crucificado na Árvore do Mundo, enquanto as três Nornas se sentavam à raiz da árvore, tecendo o fio de seu destino.

Ferido na lateral do corpo por um golpe de lança, Odin ficou pendurado na árvore por nove noites, o período tradicional de resguardo para mulheres em trabalho de parto, pois as habilidades e percepções que ele desejava eram, originalmente, propriedade exclusiva das mães.

Assim, ele desceu ao poço uterino de Hel, atravessando "todos os sete mundos inferiores".[1] Então, recebeu um gole do precioso hidromel vermelho da fonte feminina da sabedoria, ou do "sangue sábio" do Caldeirão no útero da terra. Ressuscitado (ou reencarnado como Balder, o filho-salvador), ele então compreendeu a magia das runas e da criação verbal, e "começou a ser fecundo e fértil, a crescer e a prosperar".[2]

Assim como a carta do Enforcado, o cinco de espadas indica uma derrota ou degradação assumida voluntariamente em busca de glória posterior, como um mártir busca o martírio para alcançar a apoteose (canonização ou deificação). Até o século XII d.C., por exemplo, os reis escandinavos eram regularmente sacrificados para aumentar a fertilidade da terra.[3] Aparentemente, eles se identificavam com o deus cujas mortes e ressurreições periódicas eram decretadas pelas Nornas, a trindade feminina original, infinitamente mais antiga que o pai-céu Odin.[4]

Da mesma forma, as três Marias (ou Moiras) ao pé da cruz de Jesus representavam os antigos sacrifícios de reis sagrados centrados na figura feminina. Assim também o fazia a tradição evangélica de que apenas as mulheres, lideradas por Maria, foram capazes de descobrir a ressurreição do pseudo-rei e anunciá-la a seus seguidores masculinos, que ignoravam a tradição sagrada de que este deveria ressuscitar. A Bíblia diz: "Pois ainda não tinham compreendido a Escritura, que era necessário ressuscitar ele dentre os mortos" (João 20:9).

Muitos reis sagrados do norte eram associados com o sol, cuja Paixão acontecia no solstício de inverno, o dia mais escuro do ano, quando a divindade solar devia morrer para ressuscitar em um novo ciclo de crescimento rumo às estações que traziam a vida — primavera e verão. O título do sol, "Luz do Mundo", também já foi usado para referir-se a Jesus.

A Ordem Hermética da Aurora Dourada chamou o cinco de espadas de "Senhor da Derrota".[5] Isso significava uma derrota decretada pelos Destinos, e, por isso, deveria ser aceita sem protesto. Até reis e deuses tinham que se curvar à vontade das Nornas. Logo, o cinco de espadas evoca um princípio outrora universalmente reconhecido: que, mesmo diante da morte, que chega na hora marcada para toda criatura viva, a virtude reside na resistência paciente e na coragem passiva. Além disso, é um lembrete de que os dias mais escuros do inverno são seguidos pelo aumento da luz e pelo início gradual de um novo ciclo.

O Seis de Espadas:

Passagem

O Seis de Espadas: Passagem

Entre as interpretações mais comuns do seis de espadas estão uma viagem por água, um período de ansiedade e uma passagem para um futuro escuro e desconhecido. Essas ideias relacionadas convergiam no antigo símbolo grego do rio Estige — o último rito de passagem e a jornada definitiva —, onde o barqueiro sem rosto, Caronte, transportava as almas dos mortos para o submundo. Caronte foi uma adição tardia ao mito, mas o Estige era mais antigo do que os próprios deuses.

Alguns diziam que as águas do Estige eram pretas. Outros, que eram da cor de sangue. Essas águas carregavam a mesma maldição do sangue menstrual, outrora representada pelo rosto da Górgona: dizia-se que o fluido do Estige podia transformar homens em pedra. O nome Estige, por sua vez, significa "petrificante", uma referência ao seu terrível tabu.[1] Ainda assim, ele também era chamado de Alfa, o rio do nascimento. Dizia-se que fluía da abertura genital da Mãe Terra, passando pelo santuário sagrado de Clitor. Os deuses gregos, nascidos d'Ela, faziam seus juramentos mais sagrados em nome do Estige, assim como um homem juraria qualquer voto absolutamente inquebrável pelo sangue materno que lhe deu a vida.[2]

Estige também era uma Deusa, a "Filha do Oceano", possivelmente derivada da primitiva Kali-Criadora, chamada "Filha do Oceano de Sangue". A Deusa Estige casou-se com Palas, um misterioso deus fálico, e deu à luz uma trindade sagrada conhecida como Poder, Força e Domínio.[3]

Uma forma egípcia dessa deusa era Háthor, também associada a um rio sagrado de sangue (o Nilo vermelho na época das cheias), que, segundo se dizia, brotava de uma vasta caverna sob as Montanhas da Lua. A crença arcaica era que Háthor-Esfinge, assim como Estige, carregava os mortos através de seis curvas no submundo uterino e lhes fazia renascer. O mito grego dizia que o rei Édipo pôs fim ao reinado de Háthor-Esfinge em Tebas, mas ela teria ido para o submundo assumir a guarda do portão sombrio. A Bíblia chamou seu rio de Gion, ou Geena, que significava o rio sagrado de Ge, outro nome para a Mãe Terra.[4]

A escura entrada para as nascentes de Geena, presidida pela temível Esfinge com seus enigmas misteriosos, oferecia um símbolo revelador dos medos humanos diante do futuro velado e incognoscível. Todo rito de passagem era uma travessia rumo ao desconhecido. Assim, os seis espadachins deste arcano do Tarô costumam ser interpretados como pessoas se afastando do perigo; logo, a passagem talvez não fosse tão perigosa quanto parecia. Na figura, a Esperança está à margem do rio Estige, segurando uma pequena luz. Às vezes esta carta é tida como um presságio de sucesso, embora não imediato. As dificuldades da jornada não podem ser evitadas. Elas precisam ser enfrentadas e resolvidas antes de concluir a passagem.

O Sete de Espadas:

Oposição

O Sete de Espadas: Oposição

A interpretação comum do sete de espadas diz respeito a uma oposição de forças implacavelmente hostis e difíceis de identificar ou de confrontar, a armadilhas que podem ser preparadas por inimigos ocultos. Calúnias poderiam ser ditas pelas costas. Poderes desconhecidos e impessoais, em um ambiente natural ou em um ambiente social, poderiam se alinhar para destruir o bem-estar futuro de alguém.

As dificuldades associadas a essa carta se assemelham a uma maldição de bruxa, considerada mais perigosa do que um perigo visível, pois pode causar danos em segredo. A imagem tradicional da bruxa que joga maldições era parecida com a Hag, ou Anciã, a deusa pagã da morte: uma mulher idosa, cujo "sangue sábio" era retido para acumular um poder mágico irresistível.[1]

A palavra *Hag*, no passado, significava "mulher sagrada". Também podia ser sinônimo de "fada".[2] As Hags eram o equivalente ocidental das dakinis indianas ou "Caminhantes do Céu", sacerdotisas anciãs que desempenhavam o papel fúnebre do anjo da morte.[3] Os escoceses usavam a palavra *caillech* para se referirem a mulheres idosas, que também era o nome de sua Deusa Pagã da Criação, a mãe da humanidade, possivelmente derivada da Kali indo-europeia.[4] Nas tradições pagãs europeias, as Hags eram governantes tribais ou "princesas" que se recusavam a aceitar o cristianismo e continuavam a servir sua Deusa, desafiando a Igreja, motivo pelo qual seu título acabou por tornar-se sinônimo de "bruxa".[5]

Acreditava-se que o demônio animal (também chamado "familiar") de uma bruxa a ajudava a jogar feitiços e maldições. No folclore popular, os gatos pretos assumiam esse papel, pois eram sagrados para a Deusa, desde a Escandinávia até o Egito. Por exemplo, a Rainha das Bruxas da Escócia era chamada "Mãe dos Mawkins", pois *mawkin* ou *malkin* era "gato" em escocês.[6] Shakespeare, por sua vez, teria nomeado o familiar de uma bruxa de *Greymalkin* ou *Grimalkin* (gato cinza), referenciando as macias flores de salgueiro (*pussy willow*) que eram sagradas para Hécate, a Rainha das Bruxas.

Além disso, acreditava-se que bruxas, Valquírias, fadas e outras versões dessas "Caminhantes do Céu" se transformavam em gatos, levando à ideia de que a verdadeira origem do *deamon* familiar era o animal totem, o alter ego materializado na forma de um bicho, como o *ba* egípcio. Os pagãos acreditavam que, ao vestir uma máscara de animal, era possível transformar-se neles. Daí vem a palavra "mascote", originada do provençal *masco*, que significava "bruxa vestindo uma máscara". *Mascoto*, por sua vez, significava "bruxaria" em geral.[7]

Assim, o sete de espadas é uma carta de *mascoto*, em que se encontra uma mascote, símbolos mágicos e a Anciã, cuja posição de lótus simbolizava "feitiçaria".[8] Os olhos de gato presentes tanto no rosto da mulher quanto no do gato indicam uma alma compartilhada. E as sete espadas apontadas para fora indicam hostilidade. Estar "na ponta da espada" sugere perigo, maldições, desentendimentos, dificuldades e restrições nos movimentos — exatamente tudo o que o sete de espadas representa.

O Oito de Espadas:

Desilusão

O Oito de Espadas: Desilusão

O oito de espadas indica uma crise na qual, de uma hora para outra, a convicção revela sua outra face e passa a ser reconhecida como um fanatismo destrutivo. Perda de fé, tumulto interior, desespero e depressão costumam ser citados como possíveis consequências. A sensação causada por esses tormentos poderia ser simbolizada pela jornada lendária do cavaleiro até o fim do mundo, Finisterra, em busca da passagem para o paraíso do pôr do sol — apenas para encontrar um deserto solitário e um mar frio e intransponível.

As sete espadas fincadas no solo sugerem as etapas de uma jornada inútil. A oitava, manchada de sangue, representa a desilusão do guerreiro cruzado, forçado a duvidar da causa pela qual matou, esperando receber a glória de um herói. Pela antiga *ius naturale* (lei natural), a sombra da morte pairava sobre o assassino. Os mitos gregos clássicos diziam que ele seria perseguido pelo *miasma*, a Maldição Materna da poluição espiritual, às vezes personificada como uma Fúria, na forma de um abutre preto, que seguia o cheiro da morte.

Na Escandinávia, o cavalo cinza simbolizava a morte.[1] Era a montaria de nuvens de Odin a caminho da Terra dos Mortos. Logo, o cavalo cinza no oito de espadas representa a morte da alma ou a ilusão, carregando o cavaleiro para seu encontro com a futilidade.

Outras consequências da desilusão indicada por esta carta envolvem más notícias, conflitos infrutíferos, censura e constrangimento, principalmente ao se descobrir que princípios e crenças, que antes se mostravam honrados, eram falsos. Este arcano também pode significar isolamento forçado em retaliação por atos cruéis, assim como um criminoso poderia ser preso por conta de seu crime.[2] De acordo com o oito de espadas, independentemente do esforço feito, como na jornada do cavaleiro ao fim do mundo, ele se provaria inútil, sendo nada além do resultado de uma decisão equivocada.

O Nove de Espadas:

Crueldade

O Nove de Espadas: Crueldade

Este arcano pode significar um destino cruel, sofrimento mental ou físico, ansiedade diante da possibilidade iminente de dor ou uma indiferença insensível ao sofrimento alheio. Outras manifestações extremas de crueldade envolvem ataques violentos e martírio. Contudo, numa interpretação menos literal da carta, ela pode se referir a decepções, preocupações, armadilhas ou falta de ajuda e conforto.

Durante o surgimento do Tarô na Europa, e por cinco séculos, a Inquisição foi o ápice da crueldade, uma vez que foi criada para capturar, torturar e destruir aqueles que ainda se agarravam à antiga fé — majoritariamente mulheres. Tais mulheres eram às vezes chamadas de druidesas; ou, segundo os gregos, dríades. Na Antiguidade, esses termos designavam as sacerdotisas do culto às árvores. Cada dríade tinha sua própria árvore, morada de seu espírito oracular. Um exemplo bíblico é Débora, profetisa e governante tribal que vivia sob uma árvore sagrada que fora batizada com seu nome (Juízes 4:5). Segundo Homero, a vida da dríade estava conectada à da sua árvore, podendo envelhecer junto dela e acumular grande sabedoria.[1] Os carvalhos, por sua longevidade, eram particularmente valorizados. Os espíritos das árvores também eram bastante conhecidos na Índia, onde sua magia fazia as árvores florescerem e frutificarem, pois, como se dizia, "as mulheres são vasos de fertilidade, com a vida em plena seiva e potenciais fontes de novos descendentes".[2]

Michael Psellus, um erudito do século XI, afirmou que as dríades ou druidesas eram mentes perenes em corpos terrenos, capazes de ler os pensamentos dos homens e de prever o futuro.[3] Naturalmente, os clérigos temiam mulheres creditadas com tais poderes. Então, os inquisidores se empenharam em capturá-las e matá-las, além de derrubar suas árvores — que o povo venerava como divinas.

Ainda assim, os espíritos pagãos das árvores apareceram misteriosamente até mesmo nas esculturas das igrejas, na forma de troncos de árvores com rostos humanos cercados de folhas.[4] Um exemplo disso é a "Deusa Negra" druídica da Gália, que foi assimilada à figura da Virgem Maria e venerada junto de seu filho divino na antiga cripta pré-cristã sob a catedral de Chartres, conhecida como Gruta dos Druidas.[5]

Apesar de todo esse sincretismo, as sacerdotisas dos cultos às árvores foram rotuladas como bruxas e exterminadas com extrema crueldade. Como o reinado de terror da Inquisição jamais poderá ser superado em desumanidade, nove inquisidores carregam as nove espadas da crueldade nesta carta. Outros significados associados a este arcano são: escândalo, miséria, ódio, negligência brutal, abandono e violência irracional.

O Dez de Espadas:

Ruína

O Dez de Espadas: Ruína

A última carta numerada do naipe de espadas é provavelmente o presságio mais terrível do baralho, razão pela qual os cartomantes tendem a considerá-la a carta da morte. O dez de espadas significa ruína, desolação, dor, o pior dos sofrimentos, o maior dos azares ou o mais terrível martírio.

Para a sociedade cristã, o modelo supremo de martírio era o sacrifício de Jesus a seu Pai celestial, que só perdoaria a humanidade caso o sangue de seu filho fosse derramado. No entanto, o paganismo celta também via a morte do salvador-herói nascido de uma virgem de maneira semelhante: Cú Chulainn, por exemplo, morreu amarrado a um pilar fálico sagrado, tendo sido perfurado por várias lâminas.

Ele foi retratado em um antigo templo de pedra em Knockmay, Galway, como um jovem deus amarrado a uma árvore e transpassado por flechas.[1] Na Gália, outras representações parecidas deram origem à lenda do martirizado São Sebastião, que nunca foi um verdadeiro santo cristão, mas apenas um nome usado para referenciar antigas imagens do deus moribundo.[2]

Assim como o salvador cristão, Cú Chulainn foi "gerado por um homem que não era um homem; e seu pai foi criado por sua mãe como uma criança, uma criança que morreu, mas não morreu".[3] A associação cristã do filho com o pai divino (nesse caso, o deus Lugh, patrono de Lugdunum ou Londres), e sua reencarnação através da mesma mãe divina, levou alguns eruditos irlandeses a insistirem que Cú Chulainn era um avatar de Cristo. Outros, em contrapartida, consideravam-no um Anticristo, porque sua alma havia entrado na mãe em forma de mosca, uma forma de fecundação muito comum no folclore celta.[4] A Bíblia afirmava que o demônio Belzebu era o "Senhor das Moscas", o que originalmente significava apenas que se tratava de um psicopompo, uma vez que as moscas eram vistas como almas.

O mito de Cú Chulainn tinha um elemento extra que o Evangelho de Jesus omitiu: a maldição lançada sobre o herói pelo aspecto Anciã da mesma Deusa Tríplice que antes lhe teria dado a vida e, agora, anunciava o momento de sua morte. Como "Rainha das Sombras", essa Anciã compunha a terceira deusa da trindade feminina irlandesa, composta por Ana, Badb e Macha. Essas três também apareciam como a Morrígan Tríplice ou as Três Feiticeiras de Mab (Mabd), que sentenciaram Cú Chulainn à morte.[5]

Às vezes, a Anciã era chamada de *Bean-Sidhe*, "mulher das sepulturas", que também recebia a alcunha de *Banshee*. Ela emergia do submundo através de um túmulo antigo e chamava os homens para a morte. Era impossível resistir à sua voz.[6] Seu chamado era temido, mas dizia-se que: "Quando a *Banshee* ama aqueles que invoca, seu canto é um murmúrio suave, anunciando, de fato, a proximidade da morte, mas com uma ternura capaz de confortar aquele destinado a morrer."[7] Outras tradições descreviam seu chamado como um grito estridente e aterrorizante. Na Bretanha, ela era conhecida como Bandrhude, uma "druida da perdição" ou da morte.[8]

Assim, foi a própria Deusa da Morte quem decretou o assassinato sacrificial de Cú Chulainn. De acordo com a filosofia pagã, trata-se da mesma divindade sombria que trazia a morte a todos os homens. Naturalmente, na carta do presságio mais sombrio do Tarô, ela surge junto ao herói moribundo, mostrando-se indiferente ao seu destino. No entanto, como seu outro aspecto era também a mãe do mesmo herói, uma insinuação de gravidez sob seu manto preto pode indicar esperança para o futuro. Assim, exatamente como os deuses mortos reencarnavam e ressurgiam, e o sol de cada ano voltava a brilhar com força após seu nadir do solstício de inverno, o dez de espadas também poderia sugerir o nascimento da esperança após os horrores do desespero.

A Princesa de Espadas:

Skuld

A Princesa de Espadas: Skuld

Levando em consideração o significado do naipe de espadas, a princesa de espadas teria de ser uma donzela ligada à morte. Skuld é um bom exemplo. Como a terceira das Nornas, ela representava o futuro, no qual a morte de cada homem espreitava além do véu. Segundo o *Völuspá*, o Livro do Juízo Final conhecido como A Revelação da Sacerdotisa, Skuld era a líder das Valquírias, cujo nome significava "aquelas que escolhem os mortos".[1]

As Valquírias estavam relacionadas às *walcyries* saxãs e às Valas, Vilas ou Wilis eslavas, sacerdotisas da morte que, segundo a crença, podiam tornar a morte fácil e agradável.[2] Seu dom era semelhante ao das dakinis tântricas, cujo poder podia abençoar os moribundos com *vilasa*, a "bem-aventurança celestial".[3] A imagem clássica das Valquírias mostrava-as cavalgando sobre as nuvens, montadas em cavalos pretos, transportando heróis mortos do campo de batalha para Valhalla. Elas escolhiam apenas aqueles que morriam bravamente. Além disso, as Valquírias eram psicopompas pagãs, sendo vistas, por vezes, como as "esposas celestiais" dos heróis, exatamente como as *houris* do Islã.[4]

Até o século X d.C., as Valquírias terrenas, ou Valas, eram sacerdotisas encarregadas de gerenciar os templos nórdicos e islandeses, até a Igreja passar a vê-las como inimigas implacáveis do cristianismo, taxando a magia da deusa Skuld como "bruxaria maléfica" (*skulduggery*).[5] No século XIV, as Valquírias foram equiparadas a bruxas.[6] Suas contrapartes do leste europeu, as Vilas, também passaram a ser vistas como bruxas.[7] Como estas eram frequentemente afogadas em ordálias de "prova d'água" ou "mergulho",[Q] as Vilas sobreviveram no folclore como almas de mulheres afogadas, habitando águas profundas. Nas noites de antigos festivais pagãos, elas subiam para dançar sob o luar. Onde dançavam, as colheitas cresciam mais abundantes e a grama ficava mais espessa, embora os homens temessem testemunhar sua magia de fertilidade.[8] Nos teatros modernos, elas ainda dançam, representando as Wilis em *Giselle*, um espetáculo de balé clássico. As Valquírias do norte também costumam aparecer nos palcos, especialmente nas óperas de Wagner.

Como líder das Valquírias, Skuld simbolizava uma pessoa perspicaz, vigilante e ativa, especialmente alguém usado como emissário. Como suas irmãs, ela era temida, pois propunha desafios rigorosos. Suas provas eram difíceis de superar, e seu formidável discernimento revelava fraquezas ocultas. Poucos homens eram heroicos o suficiente para enfrentar suas exigências, que podiam demandar nada menos que suas próprias vidas. Para merecer a atenção de uma Valquíria, o interessado teria que imitar o herói Ragnar Lodbrok, que compôs e cantou sua própria canção de morte ao dar seu último suspiro, declarando-se destemido: "As horas da vida deslizaram… eu caio; mas sorrindo hei de morrer."[9]

Dessa maneira, a princesa de espadas pode ser lida como uma mulher perspicaz, de julgamento afiado, espírito elevado e natureza valquírica, mas

[Q] Um julgamento bastante usado durante a Inquisição para identificar "bruxas". Era baseado na crença de que a água, elemento puro e divino, rejeitaria aquelas que tinham um pacto com o Diabo. [N. da T.]

que poderia se tornar perigosa aos olhos de quem não conseguisse enfrentar seus desafios. É uma figura "severa e poderosa". Seu cavalo preto era um símbolo folclórico comum de infortúnio. Dizia-se que sonhar com um desses animais significava tristeza, perda ou morte.[10] Essa crença descendia da imagem da Valquíria em seu cavalo preto, emergindo do turbilhão para julgar e receber as almas dos mortos. Assim como a princesa de espadas, Skuld era uma "donzela de batalha" — que poderia ser apaziguada, mas jamais conquistada.

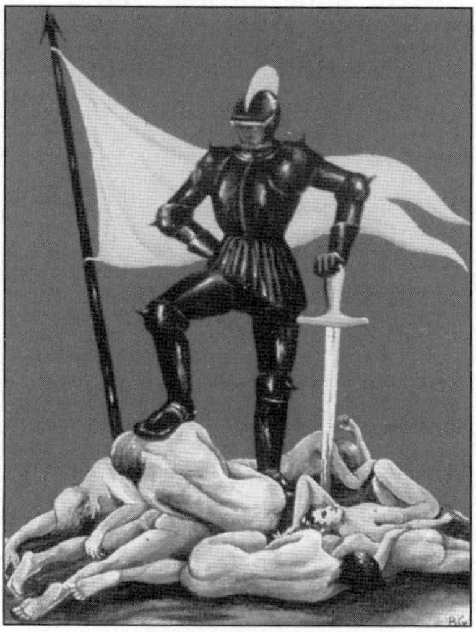

O Príncipe de Espadas:

Tyr

O Príncipe de Espadas: Tyr

Na mitologia nórdica, "Tyr" era sinônimo de guerra: o caminho costumeiro para o paraíso prometido por Skuld, das Valquírias. Ele era o deus das batalhas, a quem os guerreiros deveriam dirigir suas preces, sendo "sem dúvida o mais ousado e corajoso" de todos os deuses. Ele nunca foi chamado de Pacificador.[1]

Os romanos associavam Tyr com Marte, seu próprio deus da guerra. O dia sagrado de Marte era a terça-feira (*dies Martis*, em latim, *mardi*, em francês). Em inglês, contudo, "*Tuesday*" vem de *Tiw*, Tyr em inglês arcaico — logo, era "o Dia de Tiw".[2]

Nos tempos antigos, tanto Tyr quanto Marte eram considerados deuses supremos do céu, mas acabaram sendo destronados por Odin e Júpiter, respectivamente. Essas deidades mais velhas tornaram-se personificações do lado violento, vingativo e cruel da figura do Pai. Representavam a tempestade, o raio que cai inesperadamente e traz consigo a morte, os cultos das legiões e dos *berserkers*, e, às vezes, até mesmo a pestilência que seguia os rastros da guerra.

Versões indo-europeias mais antigas dessa incrível divindade incluíam Sama, um rei das tempestades vestido de preto, ou Samana, "O Nivelador", que ceifava todas as vidas como a figura da Morte com sua foice.[3] Ele era adorado no Samhain, a Festa dos Mortos celta, que deu origem ao Halloween. Ele também aparece na Bíblia como Sammael ou Samuel. Na Grã-Bretanha, por sua vez, sua contraparte feminina era chamada de Samoteia, a Deusa da Morte, um nome alternativo para Skadi ou Skuld.

O príncipe (ou cavaleiro) de espadas sempre foi visto como uma figura belicosa, "inclinada a dominar os outros e arrastá-los consigo como um vento tempestuoso".[4] Ele pode ser visto como um tirano carismático, como Hitler, capaz de proferir frases de ódio que, de alguma forma, exercem um apelo emocional sobre seus ouvintes em vez de inspirar repulsa. A crueldade, ou pelo menos o desprezo pelos sentimentos alheios, é uma característica bastante comum desse príncipe. A carta também pode representar uma força impessoal de grande poder destrutivo, como uma doença grave, um acidente, um desastre natural ou circunstâncias opressivas. O príncipe de espadas carrega a bandeira amarela da pestilência, sugerindo uma enfermidade devastadora. Outra interpretação refere-se a uma pessoa intimidadora, que se deleita em destruir a vida dos outros. Em suma, em quase todos os aspectos, o príncipe de espadas representa, assim como Tyr, o espírito da guerra.

A Rainha de Espadas:

Kali

A Rainha de Espadas: Kali

O aspecto destruidor deste arcano está tão enraizado que se manteve até mesmo nas versões modernas do naipe, em que a rainha de espadas do baralho convencional representa algo perigoso[R].[1] No mundo ocidental, as manifestações da Anciã-Destruidora despertavam apenas horror, contribuindo para o medo subconsciente dos homens em relação ao princípio feminino; pois o arquétipo da Mãe Terrível é tão poderoso que nem mesmo a religião patriarcal foi capaz de apagá-lo.

Kali Ma personificava uma das mais antigas e poderosas expressões desse arquétipo.[2] No entanto, os estudiosos ocidentais

[R] Em alguns jogos convencionais de baralho (como Bridge ou Hearts), a rainha de espadas é uma carta arriscada, que pode atrapalhar a jogada ou prejudicar o jogador. [N. da T.]

recusavam-se a reconhecer sua universalidade. O Museu de Londres, por exemplo, expôs sua estátua com uma descrição depreciativa, rotulando-a apenas como "Kali — Demônio Destruidor".[3] A *Encyclopedia Britannica*, por sua vez, lhe concedeu apenas um breve parágrafo, chamando-a de esposa de Shiva e "deusa da doença".[4]

Contudo, em sua terra natal, Kali não representava apenas destruição e doença, mas a terceira e última face da Tríplice Sagrada da Deusa Criadora, Preservadora e Destruidora, aquela que "dá... e tira". Seus devotos, inclusive, eram aconselhados a adorar seu lado sombrio. "Sua Deusa, amorosa Mãe no tempo, que lhe dá à luz e o ama na carne, também o destrói na carne. Se não a reconhecer como sua dilaceradora e devoradora, sua visão Dela estará incompleta."[5]

As imagens tradicionais de Kali a mostram agachada sobre o cadáver de seu amante Shiva, com quem seus devotos do sexo masculino deveriam se identificar. Ela exibe a mais horrenda de suas muitas faces, enquanto arranca e devora as entranhas do deus.[6] Suas mãos (às vezes quatro, mas nem sempre) seguram os símbolos dos elementos, representando não apenas a destruição da vida individual em seu devido tempo, mas do próprio universo — personificado por Shiva — quando o Dia do Juízo se aproximasse antes de uma nova criação.[7] Esse mito era uma visão dos ciclos infinitos da natureza, pois: "De uma maneira profunda, a vida e o nascimento estão sempre ligados à morte e à destruição."[8]

Os devotos de Kali reuniam-se para adorá-la nos terrenos das cremações, onde encontravam sua presença nas visões e nos odores da morte e aprendiam a amar até suas manifestações mais assustadoras. Isso pode explicar por que as "bruxas" medievais eram acusadas de realizarem seus encontros em cemitérios. Afinal, Kali Ma não era desconhecida pelos pagãos europeus. Os finlandeses a chamavam de Kalma, a assombração dos cemitérios, cujo nome significava "odor de cadáveres".[9] Além disso, sua figura influenciou divindades como Cerridwen, a Mãe dos celtas, devoradora de cadáveres; Deméter, que comeu Pélops; Ísis, representada como um abutre devorando Osíris; Astarte e Ishtar, ambas ligadas ao ato de comer os mortos. O poema épico "Beowulf" associava Kali a Eostre, a Mãe Terra saxônica, cujo nome inspirou o da Páscoa (*Easter*, em inglês). Dizia-se que a primeira morada de Eostre ficava onde as águas do Ganges desaguavam num mar desconhecido (oceano Índico).[10]

Enquanto os pensadores patriarcais da Índia tentavam substituir a trindade feminina de Kali por uma trindade masculina, a deusa nunca foi erradicada na Índia — ao contrário do Ocidente. As escrituras de Kali afirmavam que os membros da trindade masculina teriam nascido de uma pequena parte dela mesma, e, comparados a ela, existiam somente como uma pequena poça de água na pegada de uma vaca em relação ao vasto oceano. "Assim como é impossível para um buraco feito por um casco de vaca ter noção da profundidade insondável do oceano, também é impossível para Brahma e outros deuses compreenderem a natureza de Kali."[11]

Assim, o medo arquetípico do princípio feminino somou-se ao temor popular da rainha de espadas, que representa alguém semelhante a Kali: complexa, sutil, ágil, capaz de atos aparentemente cruéis, mas, em uma visão mais ampla, totalmente necessários. Tanto Kali quanto a rainha de espadas possuem um entendimento profundo de verdades assustadoras demais para serem encaradas pelo homem comum. E havia a verdade mais aterrorizante de todas, aquela que todos os homens conhecem, mas tentam ignorar: a morte inevitável que aguarda cada ser. Nesse sentido, a rainha de espadas simboliza o impensável, a expressão do indizível. Sua carta também significa separação, solidão, privação ou viuvez, pois Kali era sempre viúva, assim como era sempre noiva e sempre mãe. Ela era o Eterno Enigma Feminino.

O Rei de Espadas:

Yama

O Rei de Espadas: Yama

O nome Yama era a inversão das sílabas de Maya, o aspecto virginal, amável e gerador de vida de Kali. Portanto, Yama era uma outra encarnação de Shiva; dessa vez como "o Senhor da Morte". Sua aparência habitual era a de um deus-touro, usando uma máscara de touro e dançando sobre o cadáver do touro sacrificial — que representava a si mesmo "encarnado" na Terra. Yama, o Touro, renunciou à sua vida para tornar-se rei do mundo dos mortos: "Yama escolheu a morte, encontrando o caminho dela para muitos e guiando as almas dos mortos para um lugar de descanso."[1]

Os povos védicos afirmavam que, independentemente do costume funerário — fosse cremação ou sepultamento —, todos os mortos iam para Yama.[2] Às vezes, ele era benevolente. Outras vezes, um juiz severo, que determinava punições póstumas, semelhante ao vingativo Javé. De fato, Yama foi um dos protótipos de Javé. Os primeiros israelitas, cananeus e fenícios o adoravam sob o nome de Yamm, consorte de Mari (Astarte), a Deusa do Mar. O deus ambissexo resultante dessa união era chamado de Mari-Yam ou Meri-Yam.[3] Ainda hoje, essa mesma divindade é conhecida no Tibete como Yamamari.[4]

Javé, o demiurgo gnóstico, era descrito como tendo "um tom de pele azul-escuro",[5] assim como Yama. Isso porque os artistas hindus retratavam a maioria dos deuses associados a Shiva com a pele azul-escura, representando-os vestidos de céu noturno, ou seja, *digambara* ("cobertos pelo céu"), uma referência à sua sagrada nudez.[6] Esse costume indo-europeu também existia entre os pictos britânicos, que pintavam seus corpos nus de azul para cerimônias religiosas e proteção divina nas batalhas. O termo "sangue azul" também era um símbolo da imortalidade dos deuses gregos, concedida a eles pela Deusa-Mãe. Os alquimistas da Idade Média viam esse misterioso sangue azul como a quinta-essência (*quinta essentia*) — um elixir da vida derivado do sangue de Deus; mas do deus pagão, não do cristão.

Como todas as divindades sacrificiais, Yama alcançou a vida eterna ao se entregar à morte e compartilhar seu sangue com seus devotos. Como o touro sacrificado, ele serviu de modelo para o Touro Único criado pelo mitraísmo e pelo culto de Átis. Em Roma, os touros eram sacrificados sobre uma grade, permitindo que seu sangue jorrasse sobre os devotos reunidos abaixo. Assim, lavados no sangue do animal sacrificial, os pagãos recém-batizados eram declarados "renascidos para a eternidade", à semelhança do "Cordeiro" cristão.[7]

Posteriormente, os cristãos desenvolveram sua própria versão desse ritual, chamado *Taurobólio*, que continuou a ser "celebrado regularmente na Colina do Vaticano até o século IV d.C.".[8] Até hoje, os festivais tibetanos de expiação ainda preservam uma figura semelhante a Yama, intitulada "Santo Rei da Religião", que veste uma máscara de touro e esfaqueia sua própria efígie humana, fingindo extrair suas entranhas para administrá-las como sacramento aos devotos.[9]

Como rei de espadas, Yama exibe os símbolos masculino e feminino da espada e do lótus, juntamente com o símbolo do infinito em forma de oito, representando a união entre eles. Esse rei pode ser lido como um juiz poderoso, uma autoridade divina, a personificação da disciplina e da ordem ou, até mesmo, como o antigo rei do submundo. Em sua versão demoníaca, ele também pode ser perigoso, desumano ou perverso.

Embora Yama fosse frequentemente considerado tão aterrorizante quanto as versões ocidentais do Rei do Inferno, suas escrituras sugeriam uma filosofia gnóstica peculiar, que poderia resumir os ensinamentos dos símbolos do Tarô e as revelações finais das religiões não ortodoxas da Europa — algumas das quais compreendiam que o homem criara Deus à sua própria imagem: "Não se aterrorize, não estremeça, não tema o Senhor da Morte. Seu corpo é da natureza do vazio, e este Senhor do Juízo e suas Fúrias também são vazios: eles são apenas suas próprias alucinações."[10]

Assim como a própria Morte, Yama sempre tinha a última palavra.

NOTAS

As referências foram mantidas em inglês para preservar a paginação original.

O TARÔ SAGRADO

1. Moakley, Gertrude. The Tarot Cards Painted by Bembo. Nova York: New York Public Library, 1966, p. 35.
2. Moakley, Gertrude. The Tarot Cards Painted by Bembo. Nova York: New York Public Library, 1966, p. 98.
3. Cavendish, Richard. The Tarot. Nova York: Harper & Row, 1975, p. 17.
4. Kaplan, Stuart R. The Encyclopedia of Tarot. Nova York: U. S. Games Systems Inc., 1978, p. 24.
5. Hargrave, Catherine Perry. A History of Playing Cards. Nova York: Dover Publications, 1966, p. 101.
6. Cavendish, Richard. The Tarot. Nova York: Harper & Row, 1975, p. 11, 15.
7. Douglas, Alfred. The Tarot. Nova York: Taplinger Publishing Co., 1972, p. 20.
8. Hargrave, Catherine Perry. A History of Playing Cards. Nova York: Dover Publications, 1966, p. 224.
9. Hargrave, Catherine Perry. A History of Playing Cards. Nova York: Dover Publications, 1966, p. 27.
10. Bardo Thodol (Tibetan Book of the Dead). Londres: Oxford University Press, 1927, p. 3.
11. Dumézil, Georges. Archaic Roman Religion. 2 vols. Chicago, 111.: University of Chicago Press, 1970, p. 572-73.
12. Dumézil, Georges. Archaic Roman Religion. 2 vols. Chicago, 111.: University of Chicago Press, 1970, p. 386, 393.
13. Potter, Stephen, and Sargent, Laurens. Pedigree. Nova York: Taplinger Publishing Co., 1974, p. 49.
14. Dumézil, Georges. Archaic Roman Religion. 2 vols. Chicago, 111.: University of Chicago Press, 1970, p. 231; Kaplan, Stuart R. The Encyclopedia of Tarot. Nova York: U. S. Games Systems Inc., 1978, p. 2.

15. Dumézil, Georges. Archaic Roman Religion. 2 vols. Chicago, 111.: University of Chicago Press, 1970, p. 572.
16. Funk, Wilfred. Word Origins and Their Romantic Stories. Nova York: Bell Publishing Co., 1978, p. 54.
17. Moakley, Gertrude. The Tarot Cards Painted by Bembo. Nova York: New York Public Library, 1966, p. 55.
18. Hargrave, Catherine Perry. A History of Playing Cards. Nova York: Dover Publications, 1966, p. 27.
19. Zimmer, Heinrich. Myths and Symbols in Indian Art and Civilization. Princeton, N. J.: Bollingen/Princeton, 1946, p. 127.
20. Tuchman, Barbara. A Distant Mirror. Nova York: Alfred A. Knopf, 1978, p. 104, 109.
21. Coulton, G. G. Inquisition and Liberty. Boston, Mass.: Beacon Press, 1959, p. 202.
22. Mâle, Emile. The Gothic Image. Nova York: Harper & Row, 1958, p. 270.
23. Ashe, Geoffrey. The Virgin. Londres: Routledge & Kegan Paul, 1976, p. 203, 236.
24. Bullough, Vern L. The Subordinate Sex. Chicago: University of Illinois Press, 1973, p. 169-70.
25. Wilkins, Eithne. The Rose-Garden Game. Londres: Victor Gollancz Ltd., 1969, p. 193.
26. Montagu, Ashley. Touching. Nova York: Columbia University Press, 1971, p. 273.
27. Tuchman, Barbara. A Distant Mirror. Nova York: Alfred A. Knopf, 1978, p. 224.
28. Lea, Henry Charles. The Inquisition of the Middle Ages. Nova York: Citadel Press, 1954. Nova York: Macmillan, 1961 (unabridged version), p. 21.
29. Coulton, G. G. Inquisition and Liberty. Boston, Mass.: Beacon Press, 1959, p. 44.
30. Lea, Henry Charles. The Inquisition of the Middle Ages. Nova York: Citadel Press, 1954. Nova York: Macmillan, 1961 (unabridged version), p. 599.
31. Coulton, G. G. Inquisition and Liberty. Boston, Mass.: Beacon Press, 1959, p. 38, 61.
32. Lea (integral), 489.
33. Borchardt, Frank. German Antiquity in Renaissance Myth. Baltimore, Md.: Johns Hopkins Press, 1971, p. 272.

34. Reinach, Salomon. Orpheus. Nova York: Horace Liveright, Inc., 1930, p. 294.
35. Lea, Henry Charles. The Inquisition of the Middle Ages. Nova York: Citadel Press, 1954. Nova York: Macmillan, 1961 (unabridged version), p. 656-60.
36. Spinka, Matthew. A History of Christianity in the Balkans. Archon Books, 1968, p. 34.
37. Briffault, Robert. The Mothers. 3 vols. Nova York: Macmillan, 1927, vol. 3, p. 487-88; Smith, Homer. Man and His Gods. Boston, Mass.: Little, Brown & Co., 1952, p. 256-57.
38. Ravensdale, T., and Morgan, J. The Psychology of Witchcraft. Nova York: Arco Publishing, 1974, p. 105.
39. Campbell, Joseph. The Masks of God: Creative Mythology. Nova York: Viking Press, 1970, p. 390, 629.
40. Coulton, G. G. Inquisition and Liberty. Boston, Mass.: Beacon Press, 1959, p. 20.
41. Smith, Homer. Man and His Gods. Boston, Mass.: Little, Brown & Co., 1952, p. 292-93.
42. Lea, Henry Charles. The Inquisition of the Middle Ages. Nova York: Citadel Press, 1954. Nova York: Macmillan, 1961 (unabridged version), p. 60.
43. Oxenstierna, Eric. The Norsemen. Greenwich, Conn.: Nova York Graphic Society, 1965, p. 68-9.
44. Borchardt, Frank. German Antiquity in Renaissance Myth. Baltimore, Md.: Johns Hopkins Press, 1971, p. 290.
45. Coulton, G. G. Inquisition and Liberty. Boston, Mass.: Beacon Press, 1959, p. 27.
46. Dreifus, Claudia., ed. Seizing Our Bodies. Nova York: Vintage Books, 1978, p. 4.
47. Smith, John Holland. The Death of Classical Paganism. Nova York: Charles Scribner's Sons, 1976, p. 238-41.
48. Borchardt, Frank. German Antiquity in Renaissance Myth. Baltimore, Md.: Johns Hopkins Press, 1971, p. 282.
49. Leland, Charles Godfrey. Gypsy Sorcery and Fortune Telling. Nova York: University Books, 1962, p. 142.
50. Wilkins, Eithne. The Rose-Garden Game. Londres: Victor Gollancz Ltd., 1969, p. 81.
51. Cavendish, Richard. The Tarot. Nova York: Harper & Row, 1975, p. 16.

52. Keightley, Thomas. The World Guide to Gnomes, Fairies, Elves and Other Little People. Nova York: Avenel Books, 1978, p. 81.
53. Waite, Arthur Edward. The Occult Sciences. Secaucus, N. J.: University Books Inc., 1974, p. 131.
54. Coulton, G. G. Inquisition and Liberty. Boston, Mass.: Beacon Press, 1959, p. 305-6.
55. Smith, Homer. Man and His Gods. Boston, Mass.: Little, Brown & Co., 1952, p. 253.
56. Coulton, G. G. Inquisition and Liberty. Boston, Mass.: Beacon Press, 1959, p. 123.
57. Hazlitt, W. Carew. Faiths and Folklore of the British Isles. 2 vols. Nova York: Benjamin Blom, 1965, p. 89.
58. Leland, Charles Godfrey. Gypsy Sorcery and Fortune Telling. Nova York: University Books, 1962, p. 65.
59. Tatz, Mark, and Kent, Jody. Rebirth. Nova York: Anchor Press/Doubleday, 1977, p. 19, 32.
60. Hargrave, Catherine Perry. A History of Playing Cards. Nova York: Dover Publications, 1966, p. 247.
61. Hazlitt, W. Carew. Faiths and Folklore of the British Isles. 2 vols. Nova York: Benjamin Blom, 1965, p. 460.
62. Funk, Wilfred. Word Origins and Their Romantic Stories. Nova York: Bell Publishing Co., 1978, p. 320.
63. Trigg, Elwood B. Gypsy Demons and Divinities. Secaucus, N. J.: Citadel Press, 1973, p. 4-8, 47.
64. Mahanirvana Tantra. Nova York: Dover Publications Inc., 1972, p. 146.
65. Elworthy, Frederick. The Evil Eye. Nova York: Julian Press Inc., 1958, p. 194.
66. Lawson, John Cuthbert. Modern Greek Folklore and Ancient Greek Religion. Nova York: University Books, Inc., 1964, p. 226.
67. Waddell, L. Austine. Tibetan Buddhism. Nova York: Dover Publications Inc., 1972, p. 467, 471.
68. Lehner, Ernst. Symbols, Signs and Signets. Nova York: Dover Publications Inc., 1969, p. 60.
69. Avalon, Arthur. Shakti and Shakta. Nova York: Dover Publications Inc., 1978, p. 173.
70. Waddell, L. Austine. Tibetan Buddhism. Nova York: Dover Publications Inc., 1972, p. 468-69.

71. Vetter, George B. Magic and Religion. Nova York: Philosophical Library, 1973, p. 256.
72. Bardo Thodol (Tibetan Book of the Dead). Londres: Oxford University Press, 1927, p. 207.
73. Hawkins, Gerald S. Stonehenge Decoded. Nova York: Dell Publishing Co., Inc., 1965, p. 140.
74. Briffault, Robert. The Mothers. 3 vols. Nova York: Macmillan, 1927, vol. 2, p. 602.
75. Phillips, Guy Ragland. Brigantia. Londres: Routledge & Kegan Paul, 1976, p. 160.
76. Smith, Homer. Man and His Gods. Boston, Mass.: Little, Brown & Co., 1952, p. 201.
77. Turville-Petre, E. O. G. Myth And Religion of the North. Nova York: Holt, Rinehart & Winston, 1964, p. 227.
78. O'Flaherty, Wendy Doniger. Hindu Myths. Middlesex, Inglaterra: Penguin Books Ltd., 1975, p. 49, 344.
79. Tatz, Mark, and Kent, Jody. Rebirth. Nova York: Anchor Press/Doubleday, 1977, p. 18.
80. Keightley, Thomas. The World Guide to Gnomes, Fairies, Elves and Other Little People. Nova York: Avenel Books, 1978, p. 20.
81. Derlon, Pierre. Secrets of the Gypsies. Nova York: Ballantine Books, 1977, p. 217-21.
82. Derlon, Pierre. Secrets of the Gypsies. Nova York: Ballantine Books, 1977, p. 144, 159.
83. Trigg, Elwood B. Gypsy Demons and Divinities. Secaucus, N. J.: Citadel Press, 1973, p. 184.
84. Neumann, Erich. The Great Mother: An Analysis of the Archetype. Princeton, N. J.: Princeton University Press, 1963, p. 152.
85. Esty, Katharine. The Gypsies, Wanderers in Time. Nova York: Meredith Press, 1969, p. 79.
86. Derlon, Pierre. Secrets of the Gypsies. Nova York: Ballantine Books, 1977, p. 210.
87. Leland, Charles Godfrey. Gypsy Sorcery and Fortune Telling. Nova York: University Books, 1962, p. 107.
88. Trigg, Elwood B. Gypsy Demons and Divinities. Secaucus, N. J.: Citadel Press, 1973, p. 137.

89. Derlon, Pierre. Secrets of the Gypsies. Nova York: Ballantine Books, 1977, p. 132, 135.
90. Rawson, Philip. Tantra - The Indian Cult of Ecstasy. Nova York: Bounty Books/ Crown Publishers, 1973, p. 112.
91. Mahanirvana Tantra. Nova York: Dover Publications Inc., 1972, p. 295-96.
92. Trigg, Elwood B. Gypsy Demons and Divinities. Secaucus, N. J.: Citadel Press, 1973, p. 186, 203.
93. Trigg, Elwood B. Gypsy Demons and Divinities. Secaucus, N. J.: Citadel Press, 1973, p. 47.
94. Douglas, Alfred. The Tarot. Nova York: Taplinger Publishing Co., 1972, p. 43.
95. Bardo Thodol (Tibetan Book of the Dead). Londres: Oxford University Press, 1927, p. 3.
96. Summers, Montague. The Geography of Witchcraft. Nova York: University Books, 1958, p. 488-91.
97. Groome, Francis Hindes. Gypsy Folk Tales. Londres: Herbert Jenkins, 1963, p. iv, xi.
98. Trigg, Elwood B. Gypsy Demons and Divinities. Secaucus, N. J.: Citadel Press, 1973, p. 11, 202.
99. Papus. The Tarot of the Bohemians. Nova York: Arcanum Books, 1958, p. 32 et seq.
100. Shirley, Ralph. Occultists and Mystics of All Ages. Nova York: University Books Inc., 1972, p. 31-32.
101. Douglas, Alfred. The Tarot. Nova York: Taplinger Publishing Co., 1972, p. 24.
102. Hargrave, Catherine Perry. A History of Playing Cards. Nova York: Dover Publications, 1966, p. 160.
103. Leland, Charles Godfrey. Gypsy Sorcery and Fortune Telling. Nova York: University Books, 1962, p. 211.
104. Papus. The Tarot of the Bohemians. Nova York: Arcanum Books, 1958, p. 9.

ELEMENTAIS

1. Campbell, Joseph. The Mythic Image. Princeton, N. J.: Princeton University Press, 1974, p. 90.
2. Lindsay, Jack. The Origins of Astrology. Nova York: Barnes & Noble, Inc., 1971, p. 20-21.
3. Cumont, Franz. Astrology and Religion among the Greeks and Romans. Nova York: Dover Publications Inc., 1960, p. 68.

4. Agrippa, Henry Cornelius. The Philosophy of Natural Magic. Secaucus, N. J.: University Books, 1974, p. 43.
5. d'Alviella, Count Goblet. The Migration of Symbols. Nova York: University Books, 1956, p. 240.
6. Waddell, L. Austine. Tibetan Buddhism. Nova York: Dover Publications Inc., 1972, p. 484.
7. Mahanirvana Tantra. Nova York: Dover Publications Inc., 1972, p. 262-63.
8. Avalon, Arthur. Shakti and Shakta. Nova York: Dover Publications Inc., 1978, p. 229, 233.
9. Rawson, Philip. Tantra - The Indian Cult of Ecstasy. Nova York: Bounty Books/ Crown Publishers, 1973, p. 70.
10. Book of the Dead. Nova York: Bell Publishing Co., p. 273.
11. Lindsay, Jack. The Origins of Astrology. Nova York: Barnes & Noble, Inc., 1971, p. 75, 116, 120.
12. Augstein, Rudolf. Jesus Son of Man. Nova York: Urizen Books, 1977, p. 209.
13. Campbell, Joseph. The Masks of God: Occidental Mythology. Nova York: Viking Press, 1964, p. 181; Agrippa, Henry Cornelius. The Philosophy of Natural Magic. Secaucus, N. J.: University Books, 1974, p. 43, 49.
14. Cavendish, Richard. The Powers of Evil. Nova York: G. P. Putnam's Sons, 1975, p. 71.
15. Encyclopedia Britannica. 1970 edition, p. s.v. "Welsh Literature."
16. Gaster, Theodor. Myth, Legend and Custom in the Old Testament. Nova York: Harper & Row, 1969, p. 787.
17. Turville-Petre, E. O. G. Myth And Religion of the North. Nova York: Holt, Rinehart & Winston, 1964, p. 276.
18. Budge, Sir E. A. Wallis. Gods of the Egyptians. 2 vols. Nova York: Dover Publications Inc., 1969, vol. 2, p. 103.
19. Rawson, Philip. Erotic Art of the East. Nova York: G. P. Putnam's Sons, 1968, p. 57.
20. Dumézil, Georges. Archaic Roman Religion. 2 vols. Chicago, 111.: University of Chicago Press, 1970, p. 319.
21. Neumann, Erich. The Great Mother: An Analysis of the Archetype. Princeton, N. J.: Princeton University Press, 1963, p. 312.
22. Waddell, L. Austine. Tibetan Buddhism. Nova York: Dover Publications Inc., 1972, p. 258.

23. Rawson, Philip. Tantra - The Indian Cult of Ecstasy. Nova York: Bounty Books/ Crown Publishers, 1973, p. 75.
24. Malory, Sir Thomas. Le Morte d'Arthur. 2 vols. Londres: J. M. Dent & Sons Ltd., 1961, vol. 1, p. 377.
25. Gelling, Peter, and Davidson, Hilda Ellis. The Chariot of the Sun. Nova York: Frederick A. Praeger, 1969, p. 150.
26. Davidson, H. R. Ellis. Pagan Scandinavia. Nova York: Frederick A. Praeger, 1967, p. 112.
27. Hollander, Lee M. The Skalds. Ann Arbor, Mich.; University of Michigan Press, 1968, p. 26; Turville-Petre, E. O. G. Myth And Religion of the North. Nova York: Holt, Rinehart & Winston, 1964, p. 178.
28. Graves, Robert. The Greek Myths. 2 vols. Nova York: Penguin Books Inc., 1955, vol. 1, p. 377. Graves, Robert. The Greek Myths. 2 vols. Nova York: Penguin Books Inc., 1955, vol. 2, p. 25.
29. Dumézil, Georges. Archaic Roman Religion. 2 vols. Chicago, 111.: University of Chicago Press, 1970, p. 289.
30. Huson, Paul. The Devil's Picturebook. Nova York: G. P. Putnam's Sons, 1971, p. 138.
31. Leland, Charles Godfrey. Gypsy Sorcery and Fortune Telling. Nova York: University Books, 1962, p. 99.
32. Campbell, Joseph. The Masks of God: Primitive Mythology. Nova York: Viking Press, 1959, p. 430.
33. Potter, Stephen, and Sargent, Laurens. Pedigree. Nova York: Taplinger Publishing Co., 1974, p. 28.
34. Fodor, Nandor. The Search for the Beloved. Nova York: University Books Inc., 1949, p. 290; Larousse Encyclopedia of Mythology. Londres: Hamlyn Publishing Group Ltd., 1968, p. 359.
35. Vermaseren, Maarten J. Cybele and Attis. Londres: Thames & Hudson, 1977, p. 10, 49.
36. Tacitus. Complete Works. Nova York: Modern Library, 1942, p. 728.
37. Lederer, Wolfgang. The Fear of Women. Nova York: Harcourt Brace Jovanovich, 1968, p. 22-24.
38. Hauswirth, Frieda. Purdah: The Status of Indian Women. Nova York: Vanguard Press, 1932, p. 21.
39. Campbell, Joseph. The Masks of God: Primitive Mythology. Nova York: Viking Press, 1959, p. 240, 314.

40. de Riencourt, Amaury. Sex and Power in History. Nova York: Dell Publishing Co., 1974, p. 23.
41. Robbins, Rossell Hope. Encyclopedia of Witchcraft and Demonology. Nova York: Crown Publishers, 1959, p. 133.
42. Lindsay, Jack. The Origins of Astrology. Nova York: Barnes & Noble, Inc., 1971, p. 122; Wedeck, Harry E. A Treasury of Witchcraft. Secaucus, N. J.: Citadel Press, 1975, p. 236.
43. Bardo Thodol (Tibetan Book of the Dead). Londres: Oxford University Press, 1927, p. 15-16; Agrippa, Henry Cornelius. The Philosophy of Natural Magic. Secaucus, N. J.: University Books, 1974, p. 57.
44. Hays, H. R. In the Beginnings. Nova York: G. P. Putnam's Sons, 1963, p. 223.
45. Funk, Wilfred. Word Origins and Their Romantic Stories. Nova York: Bell Publishing Co., 1978, p. 301.
46. Tatz, Mark, and Kent, Jody. Rebirth. Nova York: Anchor Press/Doubleday, 1977, p. 140.
47. Douglas, Alfred. The Tarot. Nova York: Taplinger Publishing Co., 1972, p. 37.
48. Budge, Sir E. A. Wallis. Egyptian Magic. Nova York: Dover Publications Inc., 1971, p. 89.
49. Waddell, L. Austine. Tibetan Buddhism. Nova York: Dover Publications Inc., 1972, p. 81.
50. Lethaby, W. R. Architecture, Mysticism and Myth. Nova York: George Braziller, 1975, p. 74-75.
51. Neumann, Erich. The Great Mother: An Analysis of the Archetype. Princeton, N. J.: Princeton University Press, 1963, p. 267, 295-96.
52. Baring-Gould, Sabine. Curious Myths of the Middle Ages. Nova York: University Books, 1967, p. 539.
53. Lethaby, W. R. Architecture, Mysticism and Myth. Nova York: George Braziller, 1975, p. 125.
54. Lindsay, Jack. The Origins of Astrology. Nova York: Barnes & Noble, Inc., 1971, p. 137.
55. Jung, Carl Gustav. Psychology and Religion. New Haven: Yale University Press, 1938, p. 109.
56. Bardo Thodol (Tibetan Book of the Dead). Londres: Oxford University Press, 1927, p. 11.
57. Budge, Sir E. A. Wallis. Gods of the Egyptians. 2 vols. Nova York: Dover Publications Inc., 1969, vol. 1, p. 286.

58. Book of the Dead. Nova York: Bell Publishing Co., p. 623.
59. Moakley, Gertrude. The Tarot Cards Painted by Bembo. Nova York: New York Public Library, 1966, p. 46.
60. Menen, Aubrey. The Mystics. Nova York: Dial Press, 1974, p. 93.
61. Pagels, Elaine. The Gnostic Gospels. Nova York: Random House, 1979, p. 37.
62. Guignebert, Charles. Ancient, Medieval and Modern Christianity. Nova York: University Books, 1961, p. 367-68.
63. Jung, Emma, and von Franz, Marie-Louise. The Grail Legend. Nova York: G. P. Putnam's Sons, 1970, p. 137, 204.
64. Coulton, G. G. Inquisition and Liberty. Boston, Mass.: Beacon Press, 1959, p. 18-20.

AS RODAS DA VIDA

1. Encyclopedia Britannica. 1970 edition, p. s.v. "Numerals."
2. Keightley, Thomas. The World Guide to Gnomes, Fairies, Elves and Other Little People. Nova York: Avenel Books, 1978, p. 438.
3. Avalon, Arthur. Shakti and Shakta. Nova York: Dover Publications Inc., 1978, p. 164.
4. Assyrian and Babylonian Literature: Selected Translations. Nova York: D. Appleton & Co., 1901, p. 420.
5. O'Flaherty, Wendy Doniger. Hindu Myths. Middlesex, Inglaterra: Penguin Books Ltd., 1975, p. 148; Larousse Encyclopedia of Mythology. Londres: Hamlyn Publishing Group Ltd., 1968, p. 371.
6. Douglas, Alfred. The Tarot. Nova York: Taplinger Publishing Co., 1972, (frontispício).
7. Cavendish, Richard. The Tarot. Nova York: Harper & Row, 1975, p. 97.
8. Jung, Carl Gustav. Man and His Symbols. Nova York: Doubleday & Co., 1964, p. 42.
9. Smith, Homer. Man and His Gods. Boston, Mass.: Little, Brown & Co., 1952, p. 487-88.
10. Cavendish, Richard. The Tarot. Nova York: Harper & Row, 1975, p. 15, 73.
11. Wedeck, Harry E. A Treasury of Witchcraft. Secaucus, N. J.: Citadel Press, 1975, p. 155.
12. Gettings, Fred. The Book of Tarot. Londres: Triune Books, 1973, p. 87.
13. Tuchman, Barbara. A Distant Mirror. Nova York: Alfred A. Knopf, 1978, p. 41.

14. Scot, Reginald. Discoverie of Witchcraft. Yorkshire, Inglaterra: Rowman & Littlefield, 1973, p. 348; Mâle, Emile. The Gothic Image. Nova York: Harper & Row, 1958, p. 235.
15. Wilkins, Eithne. The Rose-Garden Game. Londres: Victor Gollancz Ltd., 1969, p. 44.
16. Campbell, Joseph. The Masks of God: Primitive Mythology. Nova York: Viking Press, 1959, p. 293-94.
17. Bardo Thodol (Tibetan Book of the Dead). Londres: Oxford University Press, 1927, p. xvii, 53, 188.
18. Rose, H. J. Religion in Greece and Rome. Nova York: Harper & Bros., 1959, p. 292.
19. Bardo Thodol (Tibetan Book of the Dead). Londres: Oxford University Press, 1927, p. xvi.
20. Angus, S. The Mystery-Religions. Nova York: Dover Publications Inc., 1975, p. 151-54, 202.
21. Bardo Thodol (Tibetan Book of the Dead). Londres: Oxford University Press, 1927, p. 234.
22. Waite, Arthur Edward. The Occult Sciences. Secaucus, N. J.: University Books Inc., 1974, p. 195.
23. Waddell, L. Austine. Tibetan Buddhism. Nova York: Dover Publications Inc., 1972, p. 226.
24. Bardo Thodol (Tibetan Book of the Dead). Londres: Oxford University Press, 1927, (frontispício).
25. Waddell, L. Austine. Tibetan Buddhism. Nova York: Dover Publications Inc., 1972, p. 109.
26. Graves, Robert. The Greek Myths. 2 vols. Nova York: Penguin Books Inc., 1955, vol. 2, p. 404.
27. Legge, Francis. Forerunners and Rivals of Christianity. 2 vols. Nova York: University Books Inc., 1964, vol. 1, p. 133.
28. Angus, S. The Mystery-Religions. Nova York: Dover Publications Inc., 1975, p. 154.
29. Campbell, Joseph. The Mythic Image. Princeton, N. J.: Princeton University Press, 1974, p. 388-90.
30. Huson, Paul. The Devil's Picturebook. Nova York: G. P. Putnam's Sons, 1971, p. 71, 147.

31. Campbell, Joseph. The Mythic Image. Princeton, N. J.: Princeton University Press, 1974, p. 391.
32. Dumézil, Georges. Archaic Roman Religion. 2 vols. Chicago, 111.: University of Chicago Press, 1970, p. 116.
33. Goodrich, Norma Lorre. Medieval Myths. Nova York: New American Library, 1977, p. 157.
34. Mabinogion. Londres: Everyman's Library, J. M. Dent & Sons, 1970, p. 243.
35. Goodrich, Norma Lorre. Medieval Myths. Nova York: New American Library, 1977, p. 67.
36. Loomis, Roger S. and Laura H. Medieval Romances. Nova York: Modern Library, 1957, p. 315-19.
37. Pagels, Elaine. The Gnostic Gospels. Nova York: Random House, 1979, p. 57-58.
38. Smith, Homer. Man and His Gods. Boston, Mass.: Little, Brown & Co., 1952, p. 228.
39. Doane, T. W. Bible Myths and Their Parallels in Other Religions. Nova York: University Books, 1971, p. 436.
40. Angus, S. The Mystery-Religions. Nova York: Dover Publications Inc., 1975, p. 280.
41. Campbell, Joseph. The Masks of God: Occidental Mythology. Nova York: Viking Press, 1964, p. 455.
42. Mâle, Emile. The Gothic Image. Nova York: Harper & Row, 1958, p. 355.
43. de Camp, L. Sprague. The Ancient Engineers. Nova York: Ballantine Books, 1960, p. 264.
44. Smith, John Holland. The Death of Classical Paganism. Nova York: Charles Scribner's Sons, 1976, p. 4.
45. Goodrich, Norma Lorre. Medieval Myths. Nova York: New American Library, 1977, p. 96.
46. Angus, S. The Mystery-Religions. Nova York: Dover Publications Inc., 1975, p. vii.
47. Phillips, Guy Ragland. Brigantia. Londres: Routledge & Kegan Paul, 1976, p. 152.

O YONI YANTRA

1. Simons, G. L. Sex and Superstition. Nova York: Harper & Row, 1973, p. 141.
2. Briffault, Robert. The Mothers. 3 vols. Nova York: Macmillan, 1927, vol. 3, p. 494.

3. Campbell, Joseph. The Masks of God: Occidental Mythology. Nova York: Viking Press, 1964, p. 509.
4. Smith, Homer. Man and His Gods. Boston, Mass.: Little, Brown & Co., 1952, p. 250; Cavendish, Richard. The Powers of Evil. Nova York: G. P. Putnam's Sons, 1975, p. 27.
5. Russell, J. B. Witchcraft in the Middle Ages. Ithaca, N.Y.: Cornell University Press, 1972, p. 284.
6. Smith, John Holland. Constantine The Great. Nova York: Charles Scribner's Sons, 1971, p. 287.
7. Mahanirvana Tantra. Nova York: Dover Publications Inc., 1972, p. 127; Silberer, Herbert. Hidden Symbolism of Alchemy and the Occult Arts. Nova York: Dover Publications, 1971, p. 170.
8. Avalon, Arthur. Shakti and Shakta. Nova York: Dover Publications Inc., 1978, p. 428.
9. Book of the Dead. Nova York: Bell Publishing Co., p. 204.
10. Larousse Encyclopedia of Mythology. Londres: Hamlyn Publishing Group Ltd., 1968, p. 37.
11. Koch, Rudolf. The Book of Signs. Nova York: Dover Publications Inc., 1955, p. 8-9, 54.
12. Lederer, Wolfgang. The Fear of Women. Nova York: Harcourt Brace Jovanovich, 1968, p. 141.
13. Trigg, Elwood B. Gypsy Demons and Divinities. Secaucus, N. J.: Citadel Press, 1973, p. 48-49.
14. Elworthy, Frederick. The Evil Eye. Nova York: Julian Press Inc., 1958, p. 407.
15. Dumézil, Georges. Archaic Roman Religion. 2 vols. Chicago, 111.: University of Chicago Press, 1970, p. 94.
16. Cavendish, Richard. The Powers of Evil. Nova York: G. P. Putnam's Sons, 1975, p. 51.
17. Leland, Charles Godfrey. Gypsy Sorcery and Fortune Telling. Nova York: University Books, 1962, p. 67; Larousse Encyclopedia of Mythology. Londres: Hamlyn Publishing Group Ltd., 1968, p. 293.
18. James, E. O. The Ancient Gods. Nova York: G. P. Putnam's Sons, 1960, p. 135.
19. Rawson, Philip. The Art of Tantra. Greenwich, Conn.: Nova York Graphic Society, 1973, p. 74.
20. Jung, Carl Gustav. Man and His Symbols. Nova York: Doubleday & Co., 1964, p. 240.

21. Encyclopedia Britannica. 1970 edition, p. s.v. "Magen David."
22. Silberer, Herbert. Hidden Symbolism of Alchemy and the Occult Arts. Nova York: Dover Publications, 1971, p. 197; Encyclopedia Britannica. 1970 edition, p. s.v. "Cabala."
23. Lederer, Wolfgang. The Fear of Women. Nova York: Harcourt Brace Jovanovich, 1968, p. 186-88.
24. Cavendish, Richard. The Tarot. Nova York: Harper & Row, 1975, p. 30, 142.
25. Mahanirvana Tantra. Nova York: Dover Publications Inc., 1972, p. xxiv.
26. Brasch, R. How Did Sex Begin?. Nova York: David McKay Co., 1973, p. 70.
27. Shah, Idris. The Sufis. Londres: Octagon Press, 1964, p. 380.
28. Rawson, Philip. Tantra - The Indian Cult of Ecstasy. Nova York: Bounty Books/ Crown Publishers, 1973, p. 32.
29. Tatz, Mark, and Kent, Jody. Rebirth. Nova York: Anchor Press/Doubleday, 1977, p. 128-29.
30. Briffault, Robert. The Mothers. 3 vols. Nova York: Macmillan, 1927, vol. 2, p. 444.
31. Bullough, Vern L. The Subordinate Sex. Chicago: University of Illinois Press, 1973, p. 105.
32. Campbell, Joseph. The Masks of God: Creative Mythology. Nova York: Viking Press, 1970, p. 159.
33. Pagels, Elaine. The Gnostic Gospels. Nova York: Random House, 1979, p. 57.
34. Malvern, Marjorie. Venus in Sackcloth. Carbondale, Ill.: Southern Illinois University Press, 1975, p. 43.
35. Legge, Francis. Forerunners and Rivals of Christianity. 2 vols. Nova York: University Books Inc., 1964, vol. 2, p. 69.
36. Malvern, Marjorie. Venus in Sackcloth. Carbondale, Ill.: Southern Illinois University Press, 1975, p. 53.
37. Larousse Encyclopedia of Mythology. Londres: Hamlyn Publishing Group Ltd., 1968, p. 371.
38. Knight, Richard Payne. A Discourse on the Worship of Priapus. Secaucus, N. J.: University Books Inc., 1974, p. 173.
39. Guerber, H. A. Legends of the Middle Ages. Nova York: American Book Co., 1924, p. 238.
40. Knight, Richard Payne. A Discourse on the Worship of Priapus. Secaucus, N. J.: University Books Inc., 1974, p. 236.

41. Haining, Peter. Witchcraft and Black Magic. Nova York: Grosset & Dunlap, 1972, p. 77.
42. Rawson, Philip. Tantra - The Indian Cult of Ecstasy. Nova York: Bounty Books/ Crown Publishers, 1973, p. 78.
43. Wilkins, Eithne. The Rose-Garden Game. Londres: Victor Gollancz Ltd., 1969, p. 122.
44. Baring-Gould, Sabine. Curious Myths of the Middle Ages. Nova York: University Books, 1967, p. 652.
45. Harding, M. Esther. Woman's Mysteries, Ancient and Modern. Nova York: G. P. Putnam's Sons, 1971, p. 41.
46. Briffault, Robert. The Mothers. 3 vols. Nova York: Macmillan, 1927, p. 80-81.
47. Campbell, Joseph. The Masks of God: Occidental Mythology. Nova York: Viking Press, 1964, p. 445-46.
48. Encyclopedia Britannica. 1970 edition, p. s.v. "Templars."
49. Douglas, Alfred. The Tarot. Nova York: Taplinger Publishing Co., 1972, p. 21.
50. Knight, Richard Payne. A Discourse on the Worship of Priapus. Secaucus, N. J.: University Books Inc., 1974, p. 193.
51. Campbell, Joseph. The Masks of God: Creative Mythology. Nova York: Viking Press, 1970, p. 168.
52. Reinach, Salomon. Orpheus. Nova York: Horace Liveright, Inc., 1930, p. 310.
53. Russell, J. B. Witchcraft in the Middle Ages. Ithaca, N.Y.: Cornell University Press, 1972, p. 197.
54. Encyclopedia Britannica. 1970 edition, p. s.v. "Templars."
55. Coulton, G. G. Inquisition and Liberty. Boston, Mass.: Beacon Press, 1959, p. 245.
56. Robbins, Rossell Hope. Encyclopedia of Witchcraft and Demonology. Nova York: Crown Publishers, 1959, p. 208.
57. Knight, Richard Payne. A Discourse on the Worship of Priapus. Secaucus, N. J.: University Books Inc., 1974, p. 186, 202.

0 - O LOUCO

1. Gettings, Fred. The Book of Tarot. Londres: Triune Books, 1973, p. 111.
2. Larousse Encyclopedia of Mythology. Londres: Hamlyn Publishing Group Ltd., 1968, p. 213.
3. Cavendish, Richard. The Tarot. Nova York: Harper & Row, 1975, p. 62.

4. Rose, H. J. Religion in Greece and Rome. Nova York: Harper & Bros., 1959, p. 209.
5. Knight, Richard Payne. A Discourse on the Worship of Priapus. Secaucus, N. J.: University Books Inc., 1974, p. 78.
6. Davidson, H. R. Ellis. Pagan Scandinavia. Nova York: Frederick A. Praeger, 1967, p. 134.
7. Campbell, Joseph. The Masks of God: Oriental Mythology. Nova York: Viking Press, 1962, p. 73.
8. Silberer, Herbert. Hidden Symbolism of Alchemy and the Occult Arts. Nova York: Dover Publications, 1971, p. 87.
9. Waddell, L. Austine. Tibetan Buddhism. Nova York: Dover Publications Inc., 1972, p. 483.
10. Hazlitt, W. Carew. Faiths and Folklore of the British Isles. 2 vols. Nova York: Benjamin Blom, 1965, p. 548.
11. Graves, Robert. The Greek Myths. 2 vols. Nova York: Penguin Books Inc., 1955, vol. 1, p. 66-67.
12. Shah, Idris. The Sufis. Londres: Octagon Press, 1964, p. 223-24.
13. Cavendish, Richard. The Tarot. Nova York: Harper & Row, 1975, p. 66.
14. Frazer, Sir James. The Golden Bough. Nova York: Macmillan, 1922, p. 146.
15. de Lys, Claudia. The Giant Book of Superstitions. Secaucus, N. J.: Citadel Press, 1979, p. 360.
16. Campbell, Joseph. The Mythic Image. Princeton, N. J.: Princeton University Press, 1974, p. 245.
17. Cavendish, Richard. The Tarot. Nova York: Harper & Row, 1975, p. 64.
18. Waddell, L. Austine. Tibetan Buddhism. Nova York: Dover Publications Inc., 1972, p. 113.
19. Tatz, Mark, and Kent, Jody. Rebirth. Nova York: Anchor Press/Doubleday, 1977, p. 23.
20. Gettings, Fred. The Book of Tarot. Londres: Triune Books, 1973, p. 111.
21. Cavendish, Richard. The Tarot. Nova York: Harper & Row, 1975, p. 66.
22. Bardo Thodol (Tibetan Book of the Dead). Londres: Oxford University Press, 1927, p. 234.

1 – O MAGO

1. Gettings, Fred. The Book of Tarot. Londres: Triune Books, 1973, p. 29.
2. Cavendish, Richard. The Tarot. Nova York: Harper & Row, 1975, p. 68.
3. Gettings, Fred. The Book of Tarot. Londres: Triune Books, 1973, p. 26.

4. Shah, Idris. The Sufis. Londres: Octagon Press, 1964, p. 196.
5. Shumaker, Wayne. The Occult Sciences in the Renaissance. Berkeley: University of California Press, 1972, p. 232, 242-43.
6. Maspero, Gaston. Popular Stories of Ancient Egypt. Nova York: University Books, 1967, p. 118.
7. Budge, A.T., 196-98.
8. Angus, S. The Mystery-Religions. Nova York: Dover Publications Inc., 1975, p. 99, 243.
9. Angus, S. The Mystery-Religions. Nova York: Dover Publications Inc., 1975, p. 102, 110, 112.
10. Campbell, Joseph. The Masks of God: Creative Mythology. Nova York: Viking Press, 1970, p. 154.
11. Encyclopedia Britannica. 1970 edition, p. s.v. "Hermes."
12. Graves, Robert. The Greek Myths. 2 vols. Nova York: Penguin Books Inc., 1955, vol. 1, p. 66-67.
13. Summers, Montague. The Vampire, His Kith and Kin. Nova York: University Books Inc., 1960, p. 154-57.

2 – A PAPISA

1. Cavendish, Richard. The Tarot. Nova York: Harper & Row, 1975, p. 15, 73.
2. Pagels, Elaine. The Gnostic Gospels. Nova York: Random House, 1979, p. 22, 64.
3. Malvern, Marjorie. Venus in Sackcloth. Carbondale, Ill.: Southern Illinois University Press, 1975, p. 47-49.
4. de Voragine, Jacobus. The Golden Legend. Nova York: Longmans, Green & Co., 1941, p. 355-57.
5. Pagels, Elaine. The Gnostic Gospels. Nova York: Random House, 1979, p. 64-65.
6. Malvern, Marjorie. Venus in Sackcloth. Carbondale, Ill.: Southern Illinois University Press, 1975, p. 60.
7. Encyclopedia Britannica. 1970 edition, p. s.v "Women in Religious Orders."
8. Larousse Encyclopedia of Mythology. Londres: Hamlyn Publishing Group Ltd., 1968, p. 311.
9. Brasch, R. How Did Sex Begin?. Nova York: David McKay Co., 1973, p. 25.
10. Briffault, Robert. The Mothers. 3 vols. Nova York: Macmillan, 1927, vol. 3, p. 2.
11. Lehner, Ernst. Symbols, Signs and Signets. Nova York: Dover Publications Inc., 1969, p. 89.

12. Huson, Paul. The Devil's Picturebook. Nova York: G. P. Putnam's Sons, 1971, p. 148.
13. Morris, Joan. The Lady Was a Bishop. Nova York: Macmillan, 1973, p. 19, 71,142.
14. Morris, Joan. The Lady Was a Bishop. Nova York: Macmillan, 1973, p. 157; Bullough, Vern L. The Subordinate Sex. Chicago: University of Illinois Press, 1973, p. 191.
15. Bullough, Vern L. The Subordinate Sex. Chicago: University of Illinois Press, 1973, p. 163.
16. Gettings, Fred. The Book of Tarot. Londres: Triune Books, 1973, p. 33.
17. Chamberlin, E. R. The Bad Popes. Nova York: Dial Press, 1969, p. 25.
18. Baring-Gould, Sabine. Curious Myths of the Middle Ages. Nova York: University Books, 1967, p. 172-73.
19. Durrell, Lawrence. Pope Joan. Londres: Derek Verschoyle, 1954, p. 11.
20. Baring-Gould, Sabine. Curious Myths of the Middle Ages. Nova York: University Books, 1967, p. 173.
21. Chamberlin, E. R. The Bad Popes. Nova York: Dial Press, 1969, p. 25.
22. Encyclopedia Britannica. 1970 edition, p. s.v. "Papacy."
23. Durrell, Lawrence. Pope Joan. Londres: Derek Verschoyle, 1954, p. 8-9.
24. Simons, G. L. Sex and Superstition. Nova York: Harper & Row, 1973, p. 116.
25. Moakley, Gertrude. The Tarot Cards Painted by Bembo. Nova York: New York Public Library, 1966, p. 72-73.
26. Gettings, Fred. The Book of Tarot. Londres: Triune Books, 1973, p. 33.
27. Shumaker, Wayne. The Occult Sciences in the Renaissance. Berkeley: University of California Press, 1972, p. 183.
28. Collins, Joseph B. Christian Mysticism in the Elizabethan Age. Nova York: Octagon Books, 1971, p. 54, 220.
29. Graves, Robert. The Greek Myths. 2 vols. Nova York: Penguin Books Inc., 1955, p. 203.
30. Legge, Francis. Forerunners and Rivals of Christianity. 2 vols. Nova York: University Books Inc., 1964, p. 2, 69.
31. Attwater, Donald. The Penguin Dictionary of Saints. Baltimore, Md.: Penguin Books Inc., 1965, p. 312.
32. Brewster, H. Pomeroy. Saints and Festivals of the Christian Church. Nova York: Frederick A. Stokes Co., 1904, p. 440.

33. Rose, H. J. Religion in Greece and Rome. Nova York: Harper & Bros., 1959, p. 250.
34. Waddell, L. Austine. Tibetan Buddhism. Nova York: Dover Publications Inc., 1972, p. 114.

3 – A IMPERATRIZ

1. Campbell, Joseph. The Mythic Image. Princeton, N. J.: Princeton University Press, 1974, p. 388.
2. Bachofen, J. J. Myth, Religion and Mother-Right. Princeton, N. J.: Princeton University Press, 1967, p. 192.
3. Summers, Montague. The Vampire, His Kith and Kin. Nova York: University Books Inc., 1960, p. 226.
4. Gettings, Fred. The Book of Tarot. Londres: Triune Books, 1973, p. 33.
5. Budge, Sir E. A. Wallis. Gods of the Egyptians. 2 vols. Nova York: Dover Publications Inc., 1969, vol. 1, p. 423.
6. Larousse Encyclopedia of Mythology. Londres: Hamlyn Publishing Group Ltd., 1968, p. 202.
7. Elworthy, Frederick. The Evil Eye. Nova York: Julian Press Inc., 1958, p. 105.
8. James, E. O. The Ancient Gods. Nova York: G. P. Putnam's Sons, 1960, p. 198.
9. Graves, Robert. The White Goddess. Nova York: Vintage Books, 1958, p. 159.
10. Potter, Stephen, and Sargent, Laurens. Pedigree. Nova York: Taplinger Publishing Co., 1974, p. 185.
11. Smith, Homer. Man and His Gods. Boston, Mass.: Little, Brown & Co., 1952, p. 127.
12. Lawson, John Cuthbert. Modern Greek Folklore and Ancient Greek Religion. Nova York: University Books, Inc., 1964, p. 577.
13. Angus, S. The Mystery-Religions. Nova York: Dover Publications Inc., 1975, p. 97.
14. Lawson, John Cuthbert. Modern Greek Folklore and Ancient Greek Religion. Nova York: University Books, Inc., 1964, p. 563.
15. Angus, S. The Mystery-Religions. Nova York: Dover Publications Inc., 1975, p. 116.
16. Larousse Encyclopedia of Mythology. Londres: Hamlyn Publishing Group Ltd., 1968, p. 208.
17. Encyclopedia Britannica. 1970 edition, p. s.v. "Demeter."
18. Lawson, John Cuthbert. Modern Greek Folklore and Ancient Greek Religion. Nova York: University Books, Inc., 1964, p. 79.

19. Encyclopedia Britannica. 1970 edition, p. s.v. "Demeter."
20. Graves, Robert. The White Goddess. Nova York: Vintage Books, 1958, p. 159.
21. Cavendish, Richard. The Tarot. Nova York: Harper & Row, 1975, p. 79.
22. Kaplan, Stuart R. The Encyclopedia of Tarot. Nova York: U. S. Games Systems Inc., 1978, p. 155.

4 – O IMPERADOR

1. Larousse Encyclopedia of Mythology. Londres: Hamlyn Publishing Group Ltd., 1968, p. 371.
2. O'Flaherty, Wendy Doniger. Hindu Myths. Middlesex, Inglaterra: Penguin Books Ltd., 1975, p. 34.
3. Graves, Robert. The Greek Myths. 2 vols. Nova York: Penguin Books Inc., 1955, vol. 1, p. 73.
4. Cumont, Franz. The Mysteries of Mithra. Nova York: Dover Publications Inc., 1956, p. 95.
5. Campbell, Joseph. The Masks of God: Oriental Mythology. Nova York: Viking Press, 1962, p. 202.
6. Assyrian and Babylonian Literature: Selected Translations. Nova York: D. Appleton & Co., 1901, p. 420.
7. O'Flaherty, Wendy Doniger. Hindu Myths. Middlesex, Inglaterra: Penguin Books Ltd., 1975, p. 130.
8. Cavendish, Richard. The Tarot. Nova York: Harper & Row, 1975, p. 80.
9. Kaplan, Stuart R. The Encyclopedia of Tarot. Nova York: U. S. Games Systems Inc., 1978, p. 45.
10. Tuchman, Barbara. A Distant Mirror. Nova York: Alfred A. Knopf, 1978, p. 41.
11. Campbell, Joseph. The Masks of God: Occidental Mythology. Nova York: Viking Press, 1964, p. 334.
12. Gaster, Theodor. Myth, Legend and Custom in the Old Testament. Nova York: Harper & Row, 1969, p. 769.
13. Gettings, Fred. The Book of Tarot. Londres: Triune Books, 1973, p. 41; Cavendish, Richard. The Tarot. Nova York: Harper & Row, 1975, p. 81.
14. Cumont, Franz. The Mysteries of Mithra. Nova York: Dover Publications Inc., 1956, p. 128.
15. Gettings, Fred. The Book of Tarot. Londres: Triune Books, 1973, p. 41.

5 – O PAPA

1. Cavendish, Richard. The Tarot. Nova York: Harper & Row, 1975, p. 85.
2. Gettings, Fred. The Book of Tarot. Londres: Triune Books, 1973, p. 43.
3. Kaplan, Stuart R. The Encyclopedia of Tarot. Nova York: U. S. Games Systems Inc., 1978, p. 155.
4. Cavendish, Richard. The Tarot. Nova York: Harper & Row, 1975, p. 82.
5. Guerber, H. A. Legends of the Rhine. Nova York: A. S. Barnes & Co., 1895, p. 206-7.
6. Gettings, Fred. The Book of Tarot. Londres: Triune Books, 1973, p. 45.
7. Waite, Arthur Edward. The Book of Ceremonial Magic. Nova York: Bell Publishing Co., 1969, p. 275.
8. Budge, Sir E. A. Wallis. Amulets and Talismans. Nova York: University Books Inc., 1968, p. 50.
9. Frazer, Sir James. The Golden Bough. Nova York: Macmillan, 1922, p. 61.
10. Huson, Paul. The Devil's Picturebook. Nova York: G. P. Putnam's Sons, 1971, p. 155.
11. Cumont, Franz. The Mysteries of Mithra. Nova York: Dover Publications Inc., 1956, p. 105, 165.
12. Smith, Homer. Man and His Gods. Boston, Mass.: Little, Brown & Co., 1952, p. 130, 252.
13. Reinach, Salomon. Orpheus. Nova York: Horace Liveright, Inc., 1930, p. 240.
14. Brewster, H. Pomeroy. Saints and Festivals of the Christian Church. Nova York: Frederick A. Stokes Co., 1904, p. 5.
15. Attwater, Donald. The Penguin Dictionary of Saints. Baltimore, Md.: Penguin Books Inc., 1965, p. 45.
16. Attwater, Donald. The Penguin Dictionary of Saints. Baltimore, Md.: Penguin Books Inc., 1965, p. 275.
17. Smith, Homer. Man and His Gods. Boston, Mass.: Little, Brown & Co., 1952, p. 102.
18. Dumézil, Georges. Archaic Roman Religion. 2 vols. Chicago, 111.: University of Chicago Press, 1970, p. 323, 583.
19. Douglas, Alfred. The Tarot. Nova York: Taplinger Publishing Co., 1972, p. 64.
20. Cavendish, Richard. The Tarot. Nova York: Harper & Row, 1975, p. 83.
21. Scott, George Ryley. Phallic Worship. Westport, Conn.: Associated Booksellers, p. 254.
22. Cavendish, Richard. The Tarot. Nova York: Harper & Row, 1975, p. 83.

23. Woods, William. A History of the Devil. Nova York: G. P. Putnam's Sons, 1974, p. 89.
24. Gaster, Theodor. Myth, Legend and Custom in the Old Testament. Nova York: Harper & Row, 1969, p. 771.
25. White, Andrew D. A History of the Warfare of Science with Theology in Christendom. 2 vols. Nova York: George Braziller, 1955, vol. 1, p. 386

6 – OS ENAMORADOS

1. Waddell, L. Austine. Tibetan Buddhism. Nova York: Dover Publications Inc., 1972, p. 116.
2. Kaplan, Stuart R. The Encyclopedia of Tarot. Nova York: U. S. Games Systems Inc., 1978, p. 113.
3. Avalon, Arthur. Shakti and Shakta. Nova York: Dover Publications Inc., 1978, p. 172.
4. Waddell, L. Austine. Tibetan Buddhism. Nova York: Dover Publications Inc., 1972, p. 117.
5. Avalon, Arthur. Shakti and Shakta. Nova York: Dover Publications Inc., 1978, p. 466.
6. Campbell, Joseph. The Mythic Image. Princeton, N. J.: Princeton University Press, 1974, p. 388.
7. Eliade, Mircea. Shamanism. Princeton, N. J.: Bollingen Series, 1964, p. 78.
8. Briffault, Robert. The Mothers. 3 vols. Nova York: Macmillan, 1927, vol. 3, p. 20.
9. O'Flaherty, Wendy Doniger. Hindu Myths. Middlesex, Inglaterra: Penguin Books Ltd., 1975, p. 34.
10. Budge, Sir E. A. Wallis. Egyptian Language. Nova York: Dover Publications Inc., 1977, p. 57-58.
11. Baring-Gould, Sabine. Curious Myths of the Middle Ages. Nova York: University Books, 1967, p. 652.
12. Campbell, Joseph. The Masks of God: Creative Mythology. Nova York: Viking Press, 1970, p. 181-82.
13. Briffault, Robert. The Mothers. 3 vols. Nova York: Macmillan, 1927, vol. 3, p. 490, 494.
14. Hughes, Robert. Heaven and Hell in Western Art. Nova York: Stein & Day, 1968, p. 203.

15. Bullough, Vern L. The Subordinate Sex. Chicago: University of Illinois Press, 1973, p. 113.
16. Lederer, Wolfgang. The Fear of Women. Nova York: Harcourt Brace Jovanovich, 1968, p. 162.
17. Fielding, W. J. Strange Customs of Courtship and Marriage. Nova York: Garden City Co., 1942, p. 82, 114.
18. Briffault, Robert. The Mothers. 3 vols. Nova York: Macmillan, 1927, vol. 3, p. 248.
19. Encyclopedia Britannica. 1970 edition, p. s.v. "Marriage."
20. Rose, H. J. Religion in Greece and Rome. Nova York: Harper & Bros., 1959, p. 144.
21. Guerber, H. A. Legends of the Middle Ages. Nova York: American Book Co., 1924, p. 240.
22. Derlon, Pierre. Secrets of the Gypsies. Nova York: Ballantine Books, 1977, p. 134; Bowness, Charles. Romany Magic. Nova York: Samuel Weiser Inc., 1973, p. 25; Trigg, Elwood B. Gypsy Demons and Divinities. Secaucus, N. J.: Citadel Press, 1973, p. 88.
23. Gettings, Fred. The Book of Tarot. Londres: Triune Books, 1973, p. 49.
24. Douglas, Alfred. The Tarot. Nova York: Taplinger Publishing Co., 1972, p. 67; Campbell, Joseph. Myths To Live By. Nova York: Viking Press, 1972, p. 86.
25. Baring-Gould, Sabine. Curious Myths of the Middle Ages. Nova York: University Books, 1967, p. 169.
26. Goodrich, Norma Lorre. Medieval Myths. Nova York: New American Library, 1977, p. 18, 65, 69.
27. Tatz, Mark, and Kent, Jody. Rebirth. Nova York: Anchor Press/Doubleday, 1977, p. 140.
28. Funk, Wilfred. Word Origins and Their Romantic Stories. Nova York: Bell Publishing Co., 1978, p. 301.

7 – A CARRUAGEM

1. Gettings, Fred. The Book of Tarot. Londres: Triune Books, 1973, p. 52.
2. Douglas, Alfred. The Tarot. Nova York: Taplinger Publishing Co., 1972, p. 70.
3. Elisofon, Eliot, and Watts, Alan. Erotic Spirituality. Nova York: Macmillan, 1971, p. 79.
4. Encyclopedia Britannica. 1970 edition, p. s.v. "Juggernaut."

5. Dumézil, Georges. Archaic Roman Religion. 2 vols. Chicago, 111.: University of Chicago Press, 1970, p. 566.
6. Cavendish, Richard. The Tarot. Nova York: Harper & Row, 1975, p. 90.
7. Larousse Encyclopedia of Mythology. Londres: Hamlyn Publishing Group Ltd., 1968, p. 342, 369.
8. Epic of Gilgamesh. Harmondsworth, Inglaterra: Penguin Books Ltd., 1960, p. 27.
9. Turville-Petre, E. O. G. Myth And Religion of the North. Nova York: Holt, Rinehart & Winston, 1964, p. 163.
10. Oxenstierna, Eric. The Norsemen. Greenwich, Conn.: Nova York Graphic Society, 1965, p. 214-16.
11. Dumézil, Georges. Archaic Roman Religion. 2 vols. Chicago, 111.: University of Chicago Press, 1970, p. 17.
12. Lindsay, Jack. The Origins of Astrology. Nova York: Barnes & Noble, Inc., 1971, p. 125.
13. Mahanirvana Tantra. Nova York: Dover Publications Inc., 1972, p. cxli.
14. Menen, Aubrey. The Mystics. Nova York: Dial Press, 1974, p. 70.
15. Mahanirvana Tantra. Nova York: Dover Publications Inc., 1972, p. cxii.
16. Jung, Carl Gustav. Man and His Symbols. Nova York: Doubleday & Co., 1964, p. 174.
17. Budge, Sir E. A. Wallis. Egyptian Language. Nova York: Dover Publications Inc., 1977,vol. 1, p. 125.
18. Rawson, Philip. Tantra - The Indian Cult of Ecstasy. Nova York: Bounty Books/ Crown Publishers, 1973, p. 193.
19. Moakley, Gertrude. The Tarot Cards Painted by Bembo. Nova York: New York Public Library, 1966, p. 44.

8 – A JUSTIÇA

1. Cavendish, Richard. The Tarot. Nova York: Harper & Row, 1975, p. 104.
2. von Franz, Marie-Louise. Time, Rhythm and Repose. Nova York: Thames & Hudson, 1978, p. 23.
3. Budge, Sir E. A. Wallis. Egyptian Language. Nova York: Dover Publications Inc., 1977, p. 68.
4. Larousse Encyclopedia of Mythology. Londres: Hamlyn Publishing Group Ltd., 1968, p. 41.
5. Lindsay, Jack. The Origins of Astrology. Nova York: Barnes & Noble, Inc., 1971, p. 277.

6. Graves, Robert. The Greek Myths. 2 vols. Nova York: Penguin Books Inc., 1955, vol. 2, p. 341-42.
7. Knight, Richard Payne. The Symbolical Language of Ancient Art and Mythology. Nova York: J. W. Bouton, 1892, p. 156.
8. Cavendish, Richard. The Tarot. Nova York: Harper & Row, 1975, p. 105.
9. Larousse Encyclopedia of Mythology. Londres: Hamlyn Publishing Group Ltd., 1968, p. 84.
10. Gettings, Fred. The Book of Tarot. Londres: Triune Books, 1973, p. 55.
11. Pagels, Elaine. The Gnostic Gospels. Nova York: Random House, 1979, p. 22, 49, 64-65.
12. Malvern, Marjorie. Venus in Sackcloth. Carbondale, Ill.: Southern Illinois University Press, 1975, p. 39, 47.
13. Pagels, Elaine. The Gnostic Gospels. Nova York: Random House, 1979, p. 55-56.
14. Malvern, Marjorie. Venus in Sackcloth. Carbondale, Ill.: Southern Illinois University Press, 1975, p. 82.
15. Larousse Encyclopedia of Mythology. Londres: Hamlyn Publishing Group Ltd., 1968, p. 54; Assyrian and Babylonian Literature: Selected Translations. Nova York: D. Appleton & Co., 1901, p. 287.
16. Larousse Encyclopedia of Mythology. Londres: Hamlyn Publishing Group Ltd., 1968, p. 86.
17. Graves, Robert. The Greek Myths. 2 vols. Nova York: Penguin Books Inc., 1955, vol. 1, p. 125.
18. Wainwright, F. T. Scandinavian England. Sussex, England: Phillimore & Co., Ltd., 1975, p. 97.
19. Moakley, Gertrude. The Tarot Cards Painted by Bembo. Nova York: New York Public Library, 1966, p. 111.

9 – O EREMITA

1. Avalon, Arthur. Shakti and Shakta. Nova York: Dover Publications Inc., 1978, p. xliii.
2. Legge, Francis. Forerunners and Rivals of Christianity. 2 vols. Nova York: University Books Inc., 1964, vol. 1, p. 133.
3. Cavendish, Richard. The Tarot. Nova York: Harper & Row, 1975, p. 99.
4. Silberer, Herbert. Hidden Symbolism of Alchemy and the Occult Arts. Nova York: Dover Publications, 1971, p. 244.

5. Douglas, Alfred. The Tarot. Nova York: Taplinger Publishing Co., 1972, p. 76.
6. Augstein, Rudolf. Jesus Son of Man. Nova York: Urizen Books, 1977, p. 108.
7. Edwardes, Allen. The Jewel in the Lotus. Nova York: Lancer Books, 1965, p. 111-12.
8. Cavendish, Richard. The Tarot. Nova York: Harper & Row, 1975, p. 100.
9. Baring-Gould, Sabine. Curious Myths of the Middle Ages. Nova York: University Books, 1967, p. 92.
10. Baring-Gould, Sabine. Curious Myths of the Middle Ages. Nova York: University Books, 1967, p. 226.
11. Wilkins, Eithne. The Rose-Garden Game. Londres: Victor Gollancz Ltd., 1969, p. 40.
12. Graves, Robert. The White Goddess. Nova York: Vintage Books, 1958, p. 394-95.
13. Bardo Thodol (Tibetan Book of the Dead). Londres: Oxford University Press, 1927, p. 204.

10 – A RODA DA FORTUNA

1. Graves, Robert. The Greek Myths. 2 vols. Nova York: Penguin Books Inc., 1955, vol. 1, p. 126.
2. Cumont, Franz. The Mysteries of Mithra. Nova York: Dover Publications Inc., 1956, p. 111.
3. Elworthy, Frederick. The Evil Eye. Nova York: Julian Press Inc., 1958, p. 195.
4. Cumont, Franz. The Mysteries of Mithra. Nova York: Dover Publications Inc., 1956, p. 95-97.
5. Rose, H. J. Religion in Greece and Rome. Nova York: Harper & Bros., 1959, p. 228.
6. Lawson, John Cuthbert. Modern Greek Folklore and Ancient Greek Religion. Nova York: University Books, Inc., 1964, p. 13.
7. Larousse Encyclopedia of Mythology. Londres: Hamlyn Publishing Group Ltd., 1968, p. 29.
8. Budge, Sir E. A. Wallis. Gods of the Egyptians. 2 vols. Nova York: Dover Publications Inc., 1969, vol. 2, p. 50.
9. Budge, Sir E. A. Wallis. Egyptian Language. Nova York: Dover Publications Inc., 1977, p. 57.
10. Case, Paul Foster. The Tarot. Richmond, Va.: Maccy Publishing Co., 1947, p. 123.
11. Elworthy, Frederick. The Evil Eye. Nova York: Julian Press Inc., 1958, p. 183, 194.
12. Norman, Dorothy. The Hero. Nova York: World Publishing Co., 1969, p. 123.

13. Moakley, Gertrude. The Tarot Cards Painted by Bembo. Nova York: New York Public Library, 1966, p. 86.
14. Mâle, Emile. The Gothic Image. Nova York: Harper & Row, 1958, p. 95.
15. von Franz, Marie-Louise. Time, Rhythm and Repose. Nova York: Thames & Hudson, 1978, p. 13.
16. Cavendish, Richard. The Tarot. Nova York: Harper & Row, 1975, p. 103.
17. Huson, Paul. The Devil's Picturebook. Nova York: G. P. Putnam's Sons, 1971, p. 115.
18. Mâle, Emile. The Gothic Image. Nova York: Harper & Row, 1958, p. 95-97, 395.
19. Lehner, Ernst. Symbols, Signs and Signets. Nova York: Dover Publications Inc., 1969, p. 60.
20. Moakley, Gertrude. The Tarot Cards Painted by Bembo. Nova York: New York Public Library, 1966, p. 87.
21. Briffault, Robert. The Mothers. 3 vols. Nova York: Macmillan, 1927, vol. 3, p. 366.
22. Spence, Lewis. The History and Origins of Druidism. Nova York: Samuel Weiser Inc., 1971, p. 152-153, 65.
23. Butler, Bill. Dictionary of the Tarot. Nova York: Schocken Books, 1975, p. 147.
24. Avalon, Arthur. Shakti and Shakta. Nova York: Dover Publications Inc., 1978, p. 40.
25. Hazlitt, W. Carew. Faiths and Folklore of the British Isles. 2 vols. Nova York: Benjamin Blom, 1965, p. 346.
26. de Riencourt, Amaury. Sex and Power in History. Nova York: Dell Publishing Co., 1974, p. 261.
27. Douglas, Alfred. The Tarot. Nova York: Taplinger Publishing Co., 1972, p. 45.
28. Douglas, Alfred. The Tarot. Nova York: Taplinger Publishing Co., 1972, p. 40.

11 – A FORÇA

1. Branston, Brian. Gods of the North. Londres: Thames & Hudson, 1955, p. 87.
2. Hollander, Lee M. The Skalds. Ann Arbor, Mich.; University of Michigan Press, 1968, p. 32.
3. Huson, Paul. The Devil's Picturebook. Nova York: G. P. Putnam's Sons, 1971, p. 177.
4. Massa, Aldo. The Phoenicians. Genebra: Editions Minerva, 1977, p. 104; Ashe, Geoffrey. The Virgin. Londres: Routledge & Kegan Paul, 1976, p. 30.

5. Gettings, Fred. The Book of Tarot. Londres: Triune Books, 1973, p. 66.
6. Bardo Thodol (Tibetan Book of the Dead). Londres: Oxford University Press, 1927, p. 147.
7. Gray, John. Near Eastern Mythology. Londres: Hamlyn Publishing Group Ltd., 1963, p. 80.
8. Larousse Encyclopedia of Mythology. Londres: Hamlyn Publishing Group Ltd., 1968, p. 37; Budge, Sir E. A. Wallis. Gods of the Egyptians. 2 vols. Nova York: Dover Publications Inc., 1969, vol. 1, p. 451.
9. Ashe, Geoffrey. The Virgin. Londres: Routledge & Kegan Paul, 1976, p. 31, 59.
10. Budge, Sir E. A. Wallis. Dwellers on the Nile. Nova York: Dover Publications Inc., 1977, p. 34.
11. Graves, Robert. The White Goddess. Nova York: Vintage Books, 1958, p. 405; Briffault, Robert. The Mothers. 3 vols. Nova York: Macmillan, 1927, vol. 3, p. 110.
12. Knight, Richard Payne. The Symbolical Language of Ancient Art and Mythology. Nova York: J. W. Bouton, 1892, p. 130.
13. Budge, Sir E. A. Wallis. Gods of the Egyptians. 2 vols. Nova York: Dover Publications Inc., 1969, vol. 2, p. 253.
14. Graves, Robert. The White Goddess. Nova York: Vintage Books, 1958, p. 245; Graves, Robert. The Greek Myths. 2 vols. Nova York: Penguin Books Inc., 1955, vol. 1, p. 244.
15. Budge, Sir E. A. Wallis. Gods of the Egyptians. 2 vols. Nova York: Dover Publications Inc., 1969, vol. 1, p. 459.
16. Cavendish, Richard. The Tarot. Nova York: Harper & Row, 1975, p. 105.
17. Kaplan, Stuart R. The Encyclopedia of Tarot. Nova York: U. S. Games Systems Inc., 1978, p. 272.
18. Encyclopedia Britannica. 1970 edition, p. s.v. "Illuminated Manuscripts."
19. Larousse Encyclopedia of Mythology. Londres: Hamlyn Publishing Group Ltd., 1968, p. 77.
20. Cavendish, Richard. The Tarot. Nova York: Harper & Row, 1975, p. 98; Kaplan, Stuart R. The Encyclopedia of Tarot. Nova York: U. S. Games Systems Inc., 1978, p. 38.

12 – O ENFORCADO

1. Douglas, Alfred. The Tarot. Nova York: Taplinger Publishing Co., 1972, p. 85.
2. Branston, Brian. Gods of the North. Londres: Thames & Hudson, 1955, p. 114.

3. Frazer, Sir James. The Golden Bough. Nova York: Macmillan, 1922, p. 412.
4. Oxenstierna, Eric. The Norsemen. Greenwich, Conn.: Nova York Graphic Society, 1965, p. 223.
5. Butler, Bill. Dictionary of the Tarot. Nova York: Schocken Books, 1975, p. 154.
6. Moakley, Gertrude. The Tarot Cards Painted by Bembo. Nova York: New York Public Library, 1966, p. 95.
7. Budge, Sir E. A. Wallis. Egyptian Language. Nova York: Dover Publications Inc., 1977, p. 44.
8. Book of the Dead. Nova York: Bell Publishing Co., p. 410.
9. Ross, Nancy Wilson. Three Ways of Asian Wisdom. Nova York: Simon & Schuster, 1966, p. 32; Menen, Aubrey. The Mystics. Nova York: Dial Press, 1974, p. 70.
10. Mahanirvana Tantra. Nova York: Dover Publications Inc., 1972, p. xix.
11. Pagels, 74.
12. Jung, Emma, and von Franz, Marie-Louise. The Grail Legend. Nova York: G. P. Putnam's Sons, 1970, p. 100.
13. Zimmer, Heinrich. Myths and Symbols in Indian Art and Civilization. Princeton, N. J.: Bollingen/Princeton, 1946, p. 205.

13 – A MORTE

1. Cavendish, Richard. The Tarot. Nova York: Harper & Row, 1975, p. 110.
2. Gettings, Fred. The Book of Tarot. Londres: Triune Books, 1973, p. 75.
3. Guerber, H. A. Legends of the Middle Ages. Nova York: American Book Co., 1924, p. 119.
4. Encyclopedia Britannica. 1970 edition, p. s.v. "Scythians."
5. Graves, Robert. The White Goddess. Nova York: Vintage Books, 1958, p. 225.
6. Steenstrup, Johannes C. H. R. The Medieval Popular Ballad. Seattle, Wash.: University of Washington Press, 1968, p. 149.
7. Waddell, L. Austine. Tibetan Buddhism. Nova York: Dover Publications Inc., 1972, p. 524-25.
8. Shah, Idris. The Sufis. Londres: Octagon Press, 1964, p. 208, 210, 218.
9. Rose, H. J. Religion in Greece and Rome. Nova York: Harper & Bros., 1959, p. 283.
10. Pagels, Elaine. The Gnostic Gospels. Nova York: Random House, 1979, p. 90.
11. Tennant, F. R. The Sources of the Doctrines of the Fall and Original Sin. Nova York:, p. 189, 207.

12. Smith, Homer. Man and His Gods. Boston, Mass.: Little, Brown & Co., 1952, p. 234, 238.

13. Mumford, Lewis. Interpretations and Forecasts. Nova York: Harcourt Brace Jovanovich, 1973, p. 255.

14. Lindsay, Jack. The Ancient World. Nova York: G. P. Putnam's Sons, 1968, p. 207-8.

15. Avalon, Arthur. Shakti and Shakta. Nova York: Dover Publications Inc., 1978, p. 137-38.

16. von Franz, Marie-Louise. Time, Rhythm and Repose. Nova York: Thames & Hudson, 1978, p. 28.

17. Kaplan, Stuart R. The Encyclopedia of Tarot. Nova York: U. S. Games Systems Inc., 1978, p. 148-50.

14 – A TEMPERANÇA

1. Silberer, Herbert. Hidden Symbolism of Alchemy and the Occult Arts. Nova York: Dover Publications, 1971, p. 352.

2. Larousse Encyclopedia of Mythology. Londres: Hamlyn Publishing Group Ltd., 1968, p. 49.

3. Tatz, Mark, and Kent, Jody. Rebirth. Nova York: Anchor Press/Doubleday, 1977, p. 140.

4. Zimmer, Heinrich. Myths and Symbols in Indian Art and Civilization. Princeton, N. J.: Bollingen/Princeton, 1946, p. 34.

5. Neumann, Erich. The Great Mother: An Analysis of the Archetype. Princeton, N. J.: Princeton University Press, 1963, p. 267.

6. Assyrian and Babylonian Literature: Selected Translations. Nova York: D. Appleton & Co., 1901, p. 249.

7. Elworthy, Frederick. The Evil Eye. Nova York: Julian Press Inc., 1958, p. 187, 301.

8. Budge, Sir E. A. Wallis. Egyptian Magic. Nova York: Dover Publications Inc., 1971, p. 60.

9. Budge, Sir E. A. Wallis. Egyptian Language. Nova York: Dover Publications Inc., 1977, p. 84.

10. Budge, Sir E. A. Wallis. Dwellers on the Nile. Nova York: Dover Publications Inc., 1977, p. 218; Briffault, Robert. The Mothers. 3 vols. Nova York: Macmillan, 1927, vol. 3, p. 314.

11. Gettings, Fred. The Book of Tarot. Londres: Triune Books, 1973, p. 79.

12. Gettings, Fred. The Book of Tarot. Londres: Triune Books, 1973, p. 78.
13. Funk, Wilfred. Word Origins and Their Romantic Stories. Nova York: Bell Publishing Co., 1978, p. 301.
14. Gettings, Fred. The Book of Tarot. Londres: Triune Books, 1973, p. 49.

15 – O DIABO

1. Larousse Encyclopedia of Mythology. Londres: Hamlyn Publishing Group Ltd., 1968, p. 323.
2. Larousse Encyclopedia of Mythology. Londres: Hamlyn Publishing Group Ltd., 1968, p. 317.
3. Elworthy, Frederick. The Evil Eye. Nova York: Julian Press Inc., 1958, p. 384.
4. Campbell, Joseph. The Mythic Image. Princeton, N. J.: Princeton University Press, 1974, p. 388.
5. Rose, H. J. Religion in Greece and Rome. Nova York: Harper & Bros., 1959, p. 240.
6. Briffault, Robert. The Mothers. 3 vols. Nova York: Macmillan, 1927, vol. 2, p. 564.
7. Wedeck, Harry E. A Treasury of Witchcraft. Secaucus, N. J.: Citadel Press, 1975, p. 95, 155.
8. Campbell, Joseph. The Masks of God: Occidental Mythology. Nova York: Viking Press, 1964, p. 513.
9. Scot, Reginald. Discoverie of Witchcraft. Yorkshire, Inglaterra: Rowman & Littlefield, 1973, p. 323-25.
10. Spence, Lewis. The History and Origins of Druidism. Nova York: Samuel Weiser Inc., 1971, p. 95.
11. Ashe, Geoffrey. The Virgin. Londres: Routledge & Kegan Paul, 1976, p. 15.
12. Book of the Dead. Nova York: Bell Publishing Co., p. 544-45.
13. O'Flaherty, Wendy Doniger. Hindu Myths. Middlesex, Inglaterra: Penguin Books Ltd., 1975, p. 274.
14. Campbell, Joseph. The Masks of God: Oriental Mythology. Nova York: Viking Press, 1962, p. 183.
15. Budge, Sir E. A. Wallis. Gods of the Egyptians. 2 vols. Nova York: Dover Publications Inc., 1969, vol. 1, p. 24.
16. O'Flaherty, Wendy Doniger. Hindu Myths. Middlesex, Inglaterra: Penguin Books Ltd., 1975, p. 348.
17. Graves, Robert. The White Goddess. Nova York: Vintage Books, 1958, p. 367.

18. Campbell, Joseph. The Mythic Image. Princeton, N. J.: Princeton University Press, 1974, p. 294; Enslin, Morton Scott. Christian Beginnings. Nova York: Harper & Bros., 1938, p. 91.
19. Robinson, J. M., genl. ed. The Nag Hammadi Library in English. San Francisco: Harper & Row, 1977, p. 174.
20. Robinson, J. M., genl. ed. The Nag Hammadi Library in English. San Francisco: Harper & Row, 1977, p. 175.
21. de Givry, Grillot. Witchcraft, Magic and Alchemy. Nova York: Dover Publications Inc., 1971, p. 49.
22. Potter, Stephen, and Sargent, Laurens. Pedigree. Nova York: Taplinger Publishing Co., 1974, p. 176.
23. Cavendish, Richard. The Tarot. Nova York: Harper & Row, 1975, p. 118.
24. Rawson, Philip. Erotic Art of the East. Nova York: G. P. Putnam's Sons, 1968, p. 25.
25. Kramer, Heinrich, and Sprenger, James. Malleus Maleficarum. Nova York: Dover Publications Inc., 1971, p. 167.

16 – A TORRE

1. Tuchman, Barbara. A Distant Mirror. Nova York: Alfred A. Knopf, 1978, p. 41.
2. Borchardt, Frank. German Antiquity in Renaissance Myth. Baltimore, Md.: Johns Hopkins Press, 1971, p. 69.
3. Gettings, Fred. The Book of Tarot. Londres: Triune Books, 1973, p. 87.
4. O'Flaherty, Wendy Doniger. Hindu Myths. Middlesex, Inglaterra: Penguin Books Ltd., 1975, p. 130.
5. Cavendish, Richard. The Tarot. Nova York: Harper & Row, 1975, p. 123.
6. Rawson, Philip. Erotic Art of the East. Nova York: G. P. Putnam's Sons, 1968, p. 57.
7. Legge, Francis. Forerunners and Rivals of Christianity. 2 vols. Nova York: University Books Inc., 1964, vol. 2, p. 239.
8. Douglas, Alfred. The Tarot. Nova York: Taplinger Publishing Co., 1972, p. 100.
9. White, Andrew D. A History of the Warfare of Science with Theology in Christendom. 2 vols. Nova York: George Braziller, 1955, vol. 1, p. 367.
10. White, Andrew D. A History of the Warfare of Science with Theology in Christendom. 2 vols. Nova York: George Braziller, 1955, vol. 1, p. 364-66.
11. Mâle, Emile. The Gothic Image. Nova York: Harper & Row, 1958, p. 271.

12. Attwater, Donald. The Penguin Dictionary of Saints. Baltimore, Md.: Penguin Books Inc., 1965, p. 57.
13. Jung, Emma, and von Franz, Marie-Louise. The Grail Legend. Nova York: G. P. Putnam's Sons, 1970, p. 121.
14. Neumann, Erich. The Great Mother: An Analysis of the Archetype. Princeton, N. J.: Princeton University Press, 1963, p. 311.
15. Campbell, Joseph. The Masks of God: Creative Mythology. Nova York: Viking Press, 1970, p. 5.
16. Kaplan, Stuart R. The Encyclopedia of Tarot. Nova York: U. S. Games Systems Inc., 1978, p. 149.

17 – A ESTRELA

1. Cavendish, Richard. The Tarot. Nova York: Harper & Row, 1975, p. 125.
2. Budge, Sir E. A. Wallis. Gods of the Egyptians. 2 vols. Nova York: Dover Publications Inc., 1969, vol. 2, p. 103.
3. Book of the Dead. Nova York: Bell Publishing Co., p. 297.
4. Lindsay, Jack. The Origins of Astrology. Nova York: Barnes & Noble, Inc., 1971, p. 184, 327.
5. Smith, Homer. Man and His Gods. Boston, Mass.: Little, Brown & Co., 1952, p. 201.
6. Briffault, Robert. The Mothers. 3 vols. Nova York: Macmillan, 1927, vol. 1, p. 377.
7. Graves, Robert. The Greek Myths. 2 vols. Nova York: Penguin Books Inc., 1955, vol. 2, p. 405.
8. Knight, Richard Payne. The Symbolical Language of Ancient Art and Mythology. Nova York: J. W. Bouton, 1892, p. 48.
9. Graves, Robert. The White Goddess. Nova York: Vintage Books, 1958, p. 124.
10. Larousse Encyclopedia of Mythology. Londres: Hamlyn Publishing Group Ltd., 1968, p. 348.
11. O'Flaherty, Wendy Doniger. Hindu Myths. Middlesex, Inglaterra: Penguin Books Ltd., 1975, p. 346.
12. Tannahill, Reay. Flesh and Blood: A History of the Cannibal Complex. Nova York: Stein & Day, 1975, p. 82.
13. Waddell, L. Austine. Tibetan Buddhism. Nova York: Dover Publications Inc., 1972, p. 509-10.
14. Gettings, Fred. The Book of Tarot. Londres: Triune Books, 1973, p. 91.

15. Graves, Robert. The Greek Myths. 2 vols. Nova York: Penguin Books Inc., 1955, vol. 1, p. 86.
16. Larousse Encyclopedia of Mythology. Londres: Hamlyn Publishing Group Ltd., 1968, p. 226.
17. Elworthy, Frederick. The Evil Eye. Nova York: Julian Press Inc., 1958, p. 424.
18. Massa, Aldo. The Phoenicians. Genebra: Editions Minerva, 1977, p. 101.

18 – A LUA

1. Douglas, Alfred. The Tarot. Nova York: Taplinger Publishing Co., 1972, p. 107.
2. Budge, Sir E. A. Wallis. Gods of the Egyptians. 2 vols. Nova York: Dover Publications Inc., 1969, vol. 2, p. 34.
3. Briffault, Robert. The Mothers. 3 vols. Nova York: Macmillan, 1927, vol. 2, p. 599; Cumont, Franz., Astrology and Religion among the Greeks and Romans. Nova York: Dover Publications Inc., 1960, p. 19, 69.
4. Briffault, Robert. The Mothers. 3 vols. Nova York: Macmillan, 1927, vol. 3, p. 78.
5. Knight, Richard Payne. The Symbolical Language of Ancient Art and Mythology. Nova York: J. W. Bouton, 1892, p. 99.
6. Hallet, Jean-Pierre. Pygmy Kitabu. Nova York: Random House, 1973, p. 115, 152.
7. Briffault, Robert. The Mothers. 3 vols. Nova York: Macmillan, 1927, vol. 2, p. 670; Briffault, Robert. The Mothers. 3 vols. Nova York: Macmillan, 1927, vol. 3, p. 76.
8. Briffault, Robert. The Mothers. 3 vols. Nova York: Macmillan, 1927, vol. 2, p. 601; Campbell, Joseph. Myths To Live By. Nova York: Viking Press, 1972, p. 43.
9. Cumont, Franz., Astrology and Religion among the Greeks and Romans. Nova York: Dover Publications Inc., 1960, p. 107.
10. de Lys, Claudia. The Giant Book of Superstitions. Secaucus, N. J.: Citadel Press, 1979, p. 458.
11. Harding, M. Esther. Woman's Mysteries, Ancient and Modern. Nova York: G. P. Putnam's Sons, 1971, p. 100.
12. Malvern, Marjorie. Venus in Sackcloth. Carbondale, Ill.: Southern Illinois University Press, 1975, p. 121.
13. Hazlitt, W. Carew. Faiths and Folklore of the British Isles. 2 vols. Nova York: Benjamin Blom, 1965, p. 191.

14. Briffault, Robert. The Mothers. 3 vols. Nova York: Macmillan, 1927, vol. 2, p. 587-89.
15. Summers, Montague. The Vampire, His Kith and Kin. Nova York: University Books Inc., 1960, p. 238.
16. Avalon, Arthur. Shakti and Shakta. Nova York: Dover Publications Inc., 1978, p. 423.
17. Briffault, Robert. The Mothers. 3 vols. Nova York: Macmillan, 1927, vol. 3, p. 132.
18. Cumont, Franz., Astrology and Religion among the Greeks and Romans. Nova York: Dover Publications Inc., 1960, p. 96, 107.
19. Gettings, Fred. The Book of Tarot. Londres: Triune Books, 1973, p. 91.
20. Lindsay, Jack. The Origins of Astrology. Nova York: Barnes & Noble, Inc., 1971, p. 222.
21. Douglas, Alfred. The Tarot. Nova York: Taplinger Publishing Co., 1972, p. 105.
22. Gettings, Fred. The Book of Tarot. Londres: Triune Books, 1973, p. 95.
23. Turville-Petre, E. O. G. Myth And Religion of the North. Nova York: Holt, Rinehart & Winston, 1964, p. 76.
24. Larousse Encyclopedia of Mythology. Londres: Hamlyn Publishing Group Ltd., 1968, p. 213, 305.
25. Spence, Lewis. The History and Origins of Druidism. Nova York: Samuel Weiser Inc., 1971, p. 126, 158.
26. Davidson, H. R. Ellis. Pagan Scandinavia. Nova York: Frederick A. Praeger, 1967, p. 34.
27. Eliade, Mircea. Shamanism. Princeton, N. J.: Bollingen Series, 1964, p. 327.
28. Zimmer, Heinrich. Myths and Symbols in Indian Art and Civilization. Princeton, N. J.: Bollingen/Princeton, 1946, p. 60.
29. Cumont, Franz., Astrology and Religion among the Greeks and Romans. Nova York: Dover Publications Inc., 1960, p. 186; Agrippa, Henry Cornelius. The Philosophy of Natural Magic. Secaucus, N. J.: University Books, 1974, p. 217.
30. Briffault, Robert. The Mothers. 3 vols. Nova York: Macmillan, 1927, vol. 2, p. 605.
31. Douglas, Alfred. The Tarot. Nova York: Taplinger Publishing Co., 1972, p. 106.
32. Budge, Sir E. A. Wallis. Gods of the Egyptians. 2 vols. Nova York: Dover Publications Inc., 1969, vol. 1, p. 19.

33. Lethaby, W. R. Architecture, Mysticism and Myth. Nova York: George Braziller, 1975, p. 193-94.

34. O'Flaherty, Wendy Doniger. Hindu Myths. Middlesex, Inglaterra: Penguin Books Ltd., 1975, p. 352.

35. Robertson, J. M. Pagan Christs. Nova York: University Books Inc., 1967, p. 115.

36. Sturluson, Snorri. The Prose Edda. Berkeley: University of California Press, 1954, p. 39.

37. Book of the Dead. Nova York: Bell Publishing Co., p. 182.

38. Mahanirvana Tantra. Nova York: Dover Publications Inc., 1972, p. 113.

39. Graves, Robert. The White Goddess. Nova York: Vintage Books, 1958, p. 406-7.

40. Graves, Robert. The Greek Myths. 2 vols. Nova York: Penguin Books Inc., 1955, vol. 2, p. 385.

41. Gettings, Fred. The Book of Tarot. Londres: Triune Books, 1973, p. 95.

42. Campbell, Joseph. The Mythic Image. Princeton, N. J.: Princeton University Press, 1974, p. 149.

43. Gifford, Edward S., Jr. The Evil Eye. Nova York: Macmillan, 1958, p. 31.

19 – O SOL

1. Branston, Brian. Gods of the North. Londres: Thames & Hudson, 1955, p. 290; Sturluson, Snorri. The Prose Edda. Berkeley: University of California Press, 1954, p. 92.

2. Legge, Francis. Forerunners and Rivals of Christianity. 2 vols. Nova York: University Books Inc., 1964, vol. 2, p. 63.

3. Cavendish, Richard. The Tarot. Nova York: Harper & Row, 1975, p. 135.

4. Gettings, Fred. The Book of Tarot. Londres: Triune Books, 1973, p. 100.

5. Knight, Richard Payne. The Symbolical Language of Ancient Art and Mythology. Nova York: J. W. Bouton, 1892, p. 98; Baring-Gould, Sabine. Curious Myths of the Middle Ages. Nova York: University Books, 1967, p. 286.

6. Graves, Robert. The White Goddess. Nova York: Vintage Books, 1958, p. 309.

7. Hawkins, Gerald S. Stonehenge Decoded. Nova York: Dell Publishing Co., Inc., 1965, p. 139-40.

8. Graves, Robert. The White Goddess. Nova York: Vintage Books, 1958, p. 310.

9. Hitching, Francis. Earth Magic. Nova York: Pocket Books Inc., 1978, p. 213.

10. Graves, Robert. The White Goddess. Nova York: Vintage Books, 1958, p. 144.

11. Baring-Gould, Sabine. Curious Myths of the Middle Ages. Nova York: University Books, 1967, p. 201.

12. Wilkins, Eithne. The Rose-Garden Game. Londres: Victor Gollancz Ltd., 1969, p. 119.

13. Baring-Gould, Sabine. Curious Myths of the Middle Ages. Nova York: University Books, 1967, p. 539-40.

14. Gettings, Fred. The Book of Tarot. Londres: Triune Books, 1973, p. 100.

15. Mahanirvana Tantra. Nova York: Dover Publications Inc., 1972, p. xl.

16. Cavendish, Richard. The Tarot. Nova York: Harper & Row, 1975, p. 133.

17. Douglas, Alfred. The Tarot. Nova York: Taplinger Publishing Co., 1972, p. 109.

20 – O JULGAMENTO

1. Smith, Homer. Man and His Gods. Boston, Mass.: Little, Brown & Co., 1952, p. 176.

2. Pfeifer, Charles F. The Dead Sea Scrolls and the Bible. Nova York: Weathervane Books, 1969, p. 133.

3. Black, Matthew. The Scrolls and Christian Origins. Nova York: Charles Scribner's Sons, 1961, p. 3.

4. O'Flaherty, Wendy Doniger. Hindu Myths. Middlesex, Inglaterra: Penguin Books Ltd., 1975, p. 339,349.

5. Barrett, C. K. The New Testament Background. Nova York: Harper & Row, 1961, p. 97.

6. Smith, Homer. Man and His Gods. Boston, Mass.: Little, Brown & Co., 1952, p. 129-30.

7. Turville-Petre, E. O. G. Myth And Religion of the North. Nova York: Holt, Rinehart & Winston, 1964, p. 147-48, 150, 154.

8. Encyclopedia Britannica. 1970 edition, p. s.v. "Dalai Lama."

9. Turville-Petre, E. O. G. Myth And Religion of the North. Nova York: Holt, Rinehart & Winston, 1964, p. 164, 284.

10. Mahanirvana Tantra. Nova York: Dover Publications Inc., 1972, p. 49-50, 295-96.

11. Douglas, Alfred. The Tarot. Nova York: Taplinger Publishing Co., 1972, p. 112; Campbell, Joseph. Myths To Live By. Nova York: Viking Press, 1972, p. 136.

21 – O MUNDO

1. Gettings, Fred. The Book of Tarot. Londres: Triune Books, 1973, p. 109.

2. Bardo Thodol (Tibetan Book of the Dead). Londres: Oxford University Press, 1927, p. xxxv.
3. Campbell, Joseph. The Masks of God: Creative Mythology. Nova York: Viking Press, 1970, p. 488.
4. Mahanirvana Tantra. Nova York: Dover Publications Inc., 1972, p. xxxi.
5. Zimmer, Heinrich. Myths and Symbols in Indian Art and Civilization. Princeton, N. J.: Bollingen/Princeton, 1946, p. 25, 178.
6. Avalon, Arthur. Shakti and Shakta. Nova York: Dover Publications Inc., 1978, p. 27, 31.
7. Campbell, Joseph. The Masks of God: Creative Mythology. Nova York: Viking Press, 1970, p. 347.
8. Shirley, Ralph. Occultists and Mystics of All Ages. Nova York: University Books Inc., 1972, p. 42.
9. Collins, Joseph B. Christian Mysticism in the Elizabethan Age. Nova York: Octagon Books, 1971, p. 113.
10. Encyclopedia Britannica. 1970 edition, p. s.v. "Plotinus."
11. Angus, S. The Mystery-Religions. Nova York: Dover Publications Inc., 1975, p. 71.
12. Budge, Sir E. A. Wallis. Gods of the Egyptians. 2 vols. Nova York: Dover Publications Inc., 1969, vol. 1, p. 519.
13. Angus, S. The Mystery-Religions. Nova York: Dover Publications Inc., 1975, p. 71, 119, 240.
14. Shirley, Ralph. Occultists and Mystics of All Ages. Nova York: University Books Inc., 1972, p. 46.
15. Agrippa, Henry Cornelius. The Philosophy of Natural Magic. Secaucus, N. J.: University Books, 1974, p. 65.
16. Douglas, Alfred. The Tarot. Nova York: Taplinger Publishing Co., 1972, p. 113.
17. Waddell, L. Austine. Tibetan Buddhism. Nova York: Dover Publications Inc., 1972, p. 359, 435.
18. Graves, Robert. The White Goddess. Nova York: Vintage Books, 1958, p. 64.
19. Menen, Aubrey. The Mystics. Nova York: Dial Press, 1974, p. 149.
20. Douglas, Alfred. The Tarot. Nova York: Taplinger Publishing Co., 1972, p. 114.
21. Neumann, Erich. The Great Mother: An Analysis of the Archetype. Princeton, N. J.: Princeton University Press, 1963, p. 233.

O NAIPE DE COPAS

O ÁS DE COPAS: AMOR

1. Briffault, Robert. The Mothers. 3 vols. Nova York: Macmillan, 1927, vol. 3, p. 494.
2. Jung, Emma, and von Franz, Marie-Louise. The Grail Legend. Nova York: G. P. Putnam's Sons, 1970, p. 75, 114, 121.
3. Neumann, Erich. Amor and Psyche. Nova York: Harper & Row, 1956, p. 6.
4. Campbell, Joseph. The Masks of God: Creative Mythology. Nova York: Viking Press, 1970, p. 13.
5. Erman, Adolf. The Literature of the Ancient Egyptians. Nova York: Benjamin Blom Inc., 1971, p. 252.

O DOIS DE COPAS: ROMANCE

1. Turville-Petre, E. O. G. Myth And Religion of the North. Nova York: Holt, Rinehart & Winston, 1964, p. 76.
2. Guerber, H. A. Legends of the Middle Ages. Nova York: American Book Co., 1924, p. 26.
3. Smith, Homer. Man and His Gods. Boston, Mass.: Little, Brown & Co., 1952, p. 266; Hughes, Robert. Heaven and Hell in Western Art. Nova York: Stein & Day, 1968, p. 211.
4. Shah, Idris. The Sufis. Londres: Octagon Press, 1964, p. 121.
5. Campbell, Joseph. The Masks of God: Creative Mythology. Nova York: Viking Press, 1970, p. 44.
6. Silberer, Herbert. Hidden Symbolism of Alchemy and the Occult Arts. Nova York: Dover Publications, 1971, p. 212.
7. Shah, Idris. The Sufis. Londres: Octagon Press, 1964, p. 98; Wilkins, Eithne. The Rose-Garden Game. Londres: Victor Gollancz Ltd., 1969, p. 128.
8. Loomis, Roger S. and Laura H. Medieval Romances. Nova York: Modern Library, 1957, p. 251, 276.

O TRÊS DE COPAS: GRAÇA

1. Dumézil, Georges. Archaic Roman Religion. 2 vols. Chicago, 111.: University of Chicago Press, 1970, p. 166.
2. Graves, Robert. The Greek Myths. 2 vols. Nova York: Penguin Books Inc., 1955, vol. 1, p. 53-55.

3. Elisofon, Eliot, and Watts, Alan. Erotic Spirituality. Nova York: Macmillan, 1971, p. 118.
4. Lindsay, Jack. The Origins of Astrology. Nova York: Barnes & Noble, Inc., 1971, p. 391.
5. Pagels, Elaine. The Gnostic Gospels. Nova York: Random House, 1979, p. 50.
6. Larousse Encyclopedia of Mythology. Londres: Hamlyn Publishing Group Ltd., 1968, p. 132, 138.
7. Guerber, H. A. Legends of the Middle Ages. Nova York: American Book Co., 1924, p. 267.

O QUATRO DE COPAS: DECLÍNIO

1. Neumann, Erich. Amor and Psyche. Nova York: Harper & Row, 1956, p. 87.
2. Briffault, Robert. The Mothers. 3 vols. Nova York: Macmillan, 1927, vol. 3, p. 94.
3. Neumann, Erich. Amor and Psyche. Nova York: Harper & Row, 1956, p. 31.
4. Angus, S. The Mystery-Religions. Nova York: Dover Publications Inc., 1975, p. 251.
5. Reinach, Salomon. Orpheus. Nova York: Horace Liveright, Inc., 1930, p. 77.
6. Harrison, Jane Ellen. Epilegomena to the Study of Greek Religion. Nova York: University Books, 1962, p. 174.
7. Graves, Robert. The White Goddess. Nova York: Vintage Books, 1958, p. 75.

O CINCO DE COPAS: ARREPENDIMENTO

1. Budge, Sir E. A. Wallis. Egyptian Language. Nova York: Dover Publications Inc., 1977, p. 75.
2. Douglas, Alfred. The Tarot. Nova York: Taplinger Publishing Co., 1972, p. 174.

O SEIS DE COPAS: INFÂNCIA

1. Mahanirvana Tantra. Nova York: Dover Publications Inc., 1972, p. xvii-xviii.
2. Tennant, F. R. The Sources of the Doctrines of the Fall and Original Sin. Nova York: Schocken Books, 1968, p. 134.
3. Turville-Petre, E. O. G. Myth And Religion of the North. Nova York: Holt, Rinehart & Winston, 1964, p. 144, 231.
4. Cavendish, Richard. The Tarot. Nova York: Harper & Row, 1975, p. 134.
5. Larousse Encyclopedia of Mythology. Londres: Hamlyn Publishing Group Ltd., 1968, p. 83.

6. Larousse Encyclopedia of Mythology. Londres: Hamlyn Publishing Group Ltd., 1968, p. 85.
7. Larousse Encyclopedia of Mythology. Londres: Hamlyn Publishing Group Ltd., 1968, p. 170.

O SETE DE COPAS: SONHO

1. Graves, Robert. The Greek Myths. 2 vols. Nova York: Penguin Books Inc., 1955, vol. 1, p. 55; Graves, Robert. The Greek Myths. 2 vols. Nova York: Penguin Books Inc., 1955, vol. 2, p. 401.
2. Avalon, Arthur. Shakti and Shakta. Nova York: Dover Publications Inc., 1978, p. 164; Campbell, Joseph. The Masks of God: Oriental Mythology. Nova York: Viking Press, 1962, p. 202-3.
3. Rawson, Philip. Erotic Art of the East. Nova York: G. P. Putnam's Sons, 1968, p. 255.
4. Ross, Nancy Wilson. Three Ways of Asian Wisdom. Nova York: Simon & Schuster, 1966, p. 141.
5. Malory, Sir Thomas. Le Morte d'Arthur. 2 vols. Londres: J. M. Dent & Sons Ltd., 1961, vol. 1, p. xxi.
6. Baring-Gould, Sabine. Curious Myths of the Middle Ages. Nova York: University Books, 1967, p. 620; Briffault, Robert. The Mothers. 3 vols. Nova York: Macmillan, 1927, vol. 3, p. 451.
7. Pepper, Elizabeth, and Wilcock, John. Magical and Mystical Sites. Nova York: Harper & Row, 1977, p. 258.
8. Larousse Encyclopedia of Mythology. Londres: Hamlyn Publishing Group Ltd., 1968, p. 208.
9. Leland, Charles Godfrey. Gypsy Sorcery and Fortune Telling. Nova York: University Books, 1962, p. 206.
10. Douglas, Alfred. The Tarot. Nova York: Taplinger Publishing Co., 1972, p. 176.

O OITO DE COPAS: PERDA

1. Graves, Robert. The Greek Myths. 2 vols. Nova York: Penguin Books Inc., 1955, vol. 1, p. 115.
2. Graves, Robert. The White Goddess. Nova York: Vintage Books, 1958, p. 230, 392.
3. Merivale, Patricia. Pan the GoatGod. Cambridge, Mass.: Harvard University Press, 1969, p. 64, 72, 119.

O NOVE DE COPAS: FELICIDADE

1. Wilkins, Eithne. The Rose-Garden Game. Londres: Victor Gollancz Ltd., 1969, p. 128.
2. Spence, Lewis. The History and Origins of Druidism. Nova York: Samuel Weiser Inc., 1971, p. 78.
3. Piggott, Stuart. The Druids. Nova York: Frederick A. Praeger, 1968, p. 72.

O DEZ DE COPAS: SALVAÇÃO

1. Guerber, H. A. Legends of the Middle Ages. Nova York: American Book Co., 1924, p. 185, 200.
2. Mabinogion. Londres: Everyman's Library, J. M. Dent & Sons, 1970, p. 243.
3. Goodrich, Norma Lorre. Medieval Myths. Nova York: New American Library, 1977, p. 64.
4. Goodrich, Norma Lorre. Medieval Myths. Nova York: New American Library, 1977, p. 81.
5. Tuchman, Barbara. A Distant Mirror. Nova York: Alfred A. Knopf, 1978, p. 177.

A PRINCESA DE COPAS: ELAINE

1. Malory, Sir Thomas. Le Morte d'Arthur. 2 vols. Londres: J. M. Dent & Sons Ltd., 1961, vol. 2, p. 130.
2. Campbell, Joseph. The Masks of God: Creative Mythology. Nova York: Viking Press, 1970, p. 535-36.
3. Larousse Encyclopedia of Mythology. Londres: Hamlyn Publishing Group Ltd., 1968, p. 234; Cavendish, Richard. Visions of Heaven and Hell. Nova York: Harmony Books, 1977, p. 49.
4. Loomis, Roger S. and Laura H. Medieval Romances. Nova York: Modern Library, 1957, p. 209-11.
5. Jung, Emma, and von Franz, Marie-Louise. The Grail Legend. Nova York: G. P. Putnam's Sons, 1970, p. 114, 181.
6. Russell, J. B. Witchcraft in the Middle Ages. Ithaca, Nova York: Cornell University Press, 1972, p. 69.
7. Keightley, Thomas. The World Guide to Gnomes, Fairies, Elves and Other Little People. Nova York: Avenel Books, 1978, p. 295.

O PRÍNCIPE DE COPAS: GALAHAD

1. Malory, Sir Thomas. Le Morte d'Arthur. 2 vols. Londres: J. M. Dent & Sons Ltd., 1961, vol. 1, p. 91; Malory, Sir Thomas. Le Morte d'Arthur. 2 vols. Londres:
   J. M. Dent & Sons Ltd., 1961, vol. 2, p. 171.
2. Malory, Sir Thomas. Le Morte d'Arthur. 2 vols. Londres: J. M. Dent & Sons Ltd., 1961, vol. 2, p. 199, 268.
3. Graves, Robert. The Greek Myths. 2 vols. Nova York: Penguin Books Inc., 1955, vol. 2, p. 136.
4. Frazer, Sir James. The Golden Bough. Nova York: Macmillan, 1922, p. 387.

A RAINHA DE COPAS: VIRGINAL

1. Larousse Encyclopedia of Mythology. Londres: Hamlyn Publishing Group Ltd., 1968, p. 333.
2. Briffault, Robert. The Mothers. 3 vols. Nova York: Macmillan, 1927, vol. 2, p. 391-96.
3. Guerber, H. A. Legends of the Middle Ages. Nova York: American Book Co., 1924, p. 115.
4. Neumann, Erich. The Great Mother: An Analysis of the Archetype. Princeton, N. J.: Princeton University Press, 1963, p. 152.
5. Jung, Carl Gustav. Man and His Symbols. Nova York: Doubleday & Co., 1964, p. 189.
6. de Riencourt, Amaury. Sex and Power in History. Nova York: Dell Publishing Co., 1974, p. 250-51.

O REI DE COPAS: DEWI

1. Attwater, Donald. The Penguin Dictionary of Saints. Baltimore, Md.: Penguin Books Inc., 1965, p. 102-3.
2. Brewster, H. Pomeroy. Saints and Festivals of the Christian Church. Nova York: Frederick A. Stokes Co., 1904, p. 121.
3. Spence, Lewis. The History and Origins of Druidism. Nova York: Samuel Weiser Inc., 1971, p. 158.
4. Rees, Alwyn and Brinley. Celtic Heritage. Nova York: Grove Press Inc., 1961, p. 47.
5. Baring-Gould, Sabine. Curious Myths of the Middle Ages. Nova York: University Books, 1967, p. 619.

6. Guerber, H. A. Legends of the Middle Ages. Nova York: American Book Co., 1924, p. 182-83.

O NAIPE DE PAUS

O ÁS DE PAUS: PODER

1. O'Flaherty, Wendy Doniger. Hindu Myths. Middlesex, Inglaterra: Penguin Books Ltd., 1975, p. 348.
2. Graves, Robert. The White Goddess. Nova York: Vintage Books, 1958, p. 367.
3. Assyrian and Babylonian Literature: Selected Translations. Nova York: D. Appleton & Co., 1901, p. 4.
4. O'Flaherty, Wendy Doniger. Hindu Myths. Middlesex, Inglaterra: Penguin Books Ltd., 1975, p. 274, 131.
5. Encyclopedia Britannica. 1970 edition, p. s.v. "Precession of the Equinoxes."
6. Hitching, Francis. Earth Magic. Nova York: Pocket Books Inc., 1978, p. 242.
7. Brandon, S, G. F. Religion in Ancient History. Nova York: Charles Scribner's Sons, 1969, p. 360.
8. Graves, Robert. The Greek Myths. 2 vols. Nova York: Penguin Books Inc., 1955, vol. 1, p. 27.

O DOIS DE PAUS: ALIANÇA

1. Hays, H. R. In the Beginnings. Nova York: G. P. Putnam's Sons, 1963, p. 339.
2. Graves, Robert. The Greek Myths. 2 vols. Nova York: Penguin Books Inc., 1955, vol. 1, p. 55-57.
3. Baring-Gould, Sabine. Curious Myths of the Middle Ages. Nova York: University Books, 1967, p. 57.
4. Graves, Robert. The Greek Myths. 2 vols. Nova York: Penguin Books Inc., 1955, vol. 1, p. 113.
5. Groome, Francis Hindes. Gypsy Folk Tales. Londres: Herbert Jenkins, 1963, p. 131-32.

O TRÊS DE PAUS: DESTINO

1. Campbell, Joseph. The Masks of God: Creative Mythology. Nova York: Viking Press, 1970, p. 121-22; Goodrich, Norma Lorre. Medieval Myths. Nova York: New American Library, 1977, p. 32.
2. Waddell, L. Austine. Tibetan Buddhism. Nova York: Dover Publications Inc., 1972, p. 169.
3. Avalon, Arthur. Shakti and Shakta. Nova York: Dover Publications Inc., 1978, p. 328-29.

4. Rawson, Philip. Erotic Art of the East. Nova York: G. P. Putnam's Sons, 1968, p. 160; Mahanirvana Tantra. Nova York: Dover Publications Inc., 1972, p. xxxiv.
5. Wedeck, Harry E. A Treasury of Witchcraft. Secaucus, N. J.: Citadel Press, 1975, p. 66.
6. Graves, Robert. The White Goddess. Nova York: Vintage Books, 1958, p. 61.
7. Goodrich, Norma Lorre. Medieval Myths. Nova York: New American Library, 1977, p. 65.
8. Silberer, Herbert. Hidden Symbolism of Alchemy and the Occult Arts. Nova York: Dover Publications, 1971, p. 280.
9. Budge, Sir E. A. Wallis. Egyptian Magic. Nova York: Dover Publications Inc., 1971, p. 121.
10. Book of the Dead. Nova York: Bell Publishing Co., p. 205.
11. Graves, Robert. The Greek Myths. 2 vols. Nova York: Penguin Books Inc., 1955, vol. 1, p. 52.
12. Malvern, Marjorie. Venus in Sackcloth. Carbondale, Ill.: Southern Illinois University Press, 1975, p. 39.
13. Ashe, Geoffrey. The Virgin. Londres: Routledge & Kegan Paul, 1976, p. 76, 135.
14. Briffault, Robert. The Mothers. 3 vols. Nova York: Macmillan, 1927, vol. 2, p. 625.
15. Hazlitt, W. Carew. Faiths and Folklore of the British Isles. 2 vols. Nova York: Benjamin Blom, 1965, p. 379.
16. Briffault, Robert. The Mothers. 3 vols. Nova York: Macmillan, 1927, vol. 3, p. 160; Trigg, Elwood B. Gypsy Demons and Divinities. Secaucus, N. J.: Citadel Press, 1973, p. 80.

O QUATRO DE PAUS: SUCESSO

1. Book of the Dead. Nova York: Bell Publishing Co., p. 427.
2. Briffault, Robert. The Mothers. 3 vols. Nova York: Macmillan, 1927, vol. 1, p. 374.
3. de Riencourt, Amaury. Sex and Power in History. Nova York: Dell Publishing Co., 1974, p. 187.
4. Angus, S. The Mystery-Religions. Nova York: Dover Publications Inc., 1975, p. 183.
5. Daly, Mary. Beyond God the Father. Boston, Mass.: Beacon Press, 1973, p. 99.
6. Mabinogion. Londres: Everyman's Library, J. M. Dent & Sons, 1970, p. 90.

7. Briffault, Robert. The Mothers. 3 vols. Nova York: Macmillan, 1927, vol. 3, p. 406.

8. Larousse Encyclopedia of Mythology. Londres: Hamlyn Publishing Group Ltd., 1968, p. 335.

9. Hollander, Lee M. The Skalds. Ann Arbor, Mich.; University of Michigan Press, 1968, p. 39.

10. Turville-Petre, E. O. G. Myth And Religion of the North. Nova York: Holt, Rinehart & Winston, 1964, p. 187.

11. Lawson, John Cuthbert. Modern Greek Folklore and Ancient Greek Religion. Nova York: University Books, Inc., 1964, p. 563, 586.

12. Graves, Robert. The Greek Myths. 2 vols. Nova York: Penguin Books Inc., 1955, vol. 2, p. 277.

13. Groome, Francis Hindes. Gypsy Folk Tales. Londres: Herbert Jenkins, 1963, p. xviii, xvii.

O CINCO DE PAUS: IMPASSE

1. Larousse Encyclopedia of Mythology. Londres: Hamlyn Publishing Group Ltd., 1968, p. 335.

2. Wilkins, Eithne. The Rose-Garden Game. Londres: Victor Gollancz Ltd., 1969, p. 113-14, 124.

3. Wilkins, Eithne. The Rose-Garden Game. Londres: Victor Gollancz Ltd., 1969, p. 106-8.

4. Tatz, Mark, and Kent, Jody. Rebirth. Nova York: Anchor Press/Doubleday, 1977, p. 84.

5. Wilkins, Eithne. The Rose-Garden Game. Londres: Victor Gollancz Ltd., 1969, p. 81.

6. Frazer, Sir James. The Golden Bough. Nova York: Macmillan, 1922, p. 671.

O SEIS DE PAUS: GLÓRIA

1. Waddell, L. Austine. Tibetan Buddhism. Nova York: Dover Publications Inc., 1972, p. 497.

2. Bardo Thodol (Tibetan Book of the Dead). Londres: Oxford University Press, 1927, p. 70.

3. Graves, Robert. The Greek Myths. 2 vols. Nova York: Penguin Books Inc., 1955, vol. 2, p. 202.

4. Lindsay, Jack. The Origins of Astrology. Nova York: Barnes & Noble, Inc., 1971, p. 333.
5. Smith, Homer. Man and His Gods. Boston, Mass.: Little, Brown & Co., 1952, p. 183.
6. Knight, Richard Payne. The Symbolical Language of Ancient Art and Mythology. Nova York: J. W. Bouton, 1892, p. 98.
7. Smith, Homer. Man and His Gods. Boston, Mass.: Little, Brown & Co., 1952, p. 135-36.
8. Campbell, Joseph. The Masks of God: Oriental Mythology. Nova York: Viking Press, 1962, p. 73.

O SETE DE PAUS: DESAFIO

1. Graves, Robert. The Greek Myths. 2 vols. Nova York: Penguin Books Inc., 1955, vol. 1, p. 114.
2. Encyclopedia Britannica. 1970 edition, p. s.v. "Damocles."
3. Frazer, Sir James. The Golden Bough. Nova York: Macmillan, 1922, p. 328.

O OITO DE PAUS: QUEDA

1. Graves, Robert. The Greek Myths. 2 vols. Nova York: Penguin Books Inc., 1955, vol. 1, p. 254-55.
2. Graves, Robert. The Greek Myths. 2 vols. Nova York: Penguin Books Inc., 1955, vol. 1, p. 239.
3. Budge, Sir E. A. Wallis. Dwellers on the Nile. Nova York: Dover Publications Inc., 1977, p. 276.
4. Budge, Sir E. A. Wallis. Gods of the Egyptians. 2 vols. Nova York: Dover Publications Inc., 1969, vol. 2, p. 158.
5. Lindsay, Jack. The Origins of Astrology. Nova York: Barnes & Noble, Inc., 1971, p. 191-92.

O NOVE DE PAUS: DEFESA

1. Budge, Sir E. A. Wallis. Gods of the Egyptians. 2 vols. Nova York: Dover Publications Inc., 1969, vol. 1, p. 504.
2. Larousse Encyclopedia of Mythology. Londres: Hamlyn Publishing Group Ltd., 1968, p. 63.
3. Edwardes, Allen. The Jewel in the Lotus. Nova York: Lancer Books, 1965, p. 23.

4. Budge, Sir E. A. Wallis. Egyptian Magic. Nova York: Dover Publications Inc., 1971, p. 84; Book of the Dead. Nova York: Bell Publishing Co., p. 145, 194, 205.
5. James, E. O. The Ancient Gods. Nova York: G. P. Putnam's Sons, 1960, p. 135-39.
6. Douglas, Alfred. The Tarot. Nova York: Taplinger Publishing Co., 1972, p. 168.
7. Kaplan, Stuart R. The Encyclopedia of Tarot. Nova York: U. S. Games Systems Inc., 1978, p. 333.

O DEZ DE PAUS: OPRESSÃO

1. Albright, William Powell. Yahweh and the Gods of Canaan. Nova York: Doubleday & Co., 1968, p. 232.
2. Lindsay, Jack. The Origins of Astrology. Nova York: Barnes & Noble, Inc., 1971, p. 24, 29.
3. Douglas, Alfred. The Tarot. Nova York: Taplinger Publishing Co., 1972, p. 169.

A PRINCESA DE PAUS: ATARGATIS

1. Potter, Stephen, and Sargent, Laurens. Pedigree. Nova York: Taplinger Publishing Co., 1974, p. 180.
2. Assyrian and Babylonian Literature: Selected Translations. Nova York: D. Appleton & Co., 1901, p. 338-39.
3. Chagnon, Napoleon A. Yanomamo: The Fierce People. Nova York: Holt, Rinehart & Winston, 1968, p. 47.
4. Neumann, Erich. The Great Mother: An Analysis of the Archetype. Princeton, N. J.: Princeton University Press, 1963, p. 174.
5. Rawson, Philip. Erotic Art of the East. Nova York: G. P. Putnam's Sons, 1968, p. 260.
6. Farb, Peter. Word Play. Nova York: Alfred A. Knopf, 1974, p. 93.
7. Spence, Lewis. The History and Origins of Druidism. Nova York: Samuel Weiser Inc., 1971, p. 95-96.
8. Stone, Merlin. When God Was a Woman. Nova York: Dial Press, 1976, p. 164.

O PRÍNCIPE DE PAUS: DAGON

1. Waddell, L. Austine. Tibetan Buddhism. Nova York: Dover Publications Inc., 1972, p. 364.
2. Ashe, Geoffrey. The Virgin. Londres: Routledge & Kegan Paul, 1976, p. 48.

3. Campbell, Joseph. The Mythic Image. Princeton, N. J.: Princeton University Press, 1974, p. 294.

A RAINHA DE PAUS: HEL

1. Turville-Petre, E. O. G. Myth And Religion of the North. Nova York: Holt, Rinehart & Winston, 1964, p. 55.
2. Johnson, Walter. Folk-Memory. Nova York: Arno Press, 1980, p. 165.
3. Wainwright, F. T. Scandinavian England. Sussex, Inglaterra: Phillimore & Co., Ltd., 1975, p. 113.
4. Rank, Otto. The Myth of the Birth of the Hero. Nova York: Vintage Books, 1959, p. 73.
5. Potter, Stephen, and Sargent, Laurens. Pedigree. Nova York: Taplinger Publishing Co., 1974, p. 52, 73.
6. Oxenstierna, Eric. The Norsemen. Greenwich, Conn.: Nova York Graphic Society, 1965, p. 191; Baring-Gould, Sabine. Curious Myths of the Middle Ages. Nova York: University Books, 1967, p. 579.
7. Keightley, Thomas. The World Guide to Gnomes, Fairies, Elves and Other Little People. Nova York: Avenel Books, 1978, p. 93.
8. Frazer, Sir James. The Golden Bough. Nova York: Macmillan, 1922, p. 3.
9. Turville-Petre, E. O. G. Myth And Religion of the North. Nova York: Holt, Rinehart & Winston, 1964, p. 202.
10. Graves, Robert. The Greek Myths. 2 vols. Nova York: Penguin Books Inc., 1955, vol. 1, p. 229.
11. Campbell, Joseph. The Masks of God: Occidental Mythology. Nova York: Viking Press, 1964, p. 398.
12. Neumann, Erich. The Great Mother: An Analysis of the Archetype. Princeton, N. J.: Princeton University Press, 1963, p. 286.

O REI DE PAUS: VALRAVEN

1. Hays, H. R. In the Beginnings. Nova York: G. P. Putnam's Sons, 1963, p. 412.
2. Graves, Robert. The White Goddess. Nova York: Vintage Books, 1958, p. 87.
3. Turville-Petre, E. O. G. Myth And Religion of the North. Nova York: Holt, Rinehart & Winston, 1964, p. 58.
4. Guerber, H. A. Legends of the Middle Ages. Nova York: American Book Co., 1924, p. 274-75.

5. Campbell, Joseph. The Mythic Image. Princeton, N. J.: Princeton University Press, 1974, p. 389.
6. Rose, H. J. Religion in Greece and Rome. Nova York: Harper & Bros., 1959, p. 289.
7. Lethaby, W. R. Architecture, Mysticism and Myth. Nova York: George Braziller, 1975, p. 244-45.
8. Koch, Rudolf. The Book of Signs. Nova York: Dover Publications Inc., 1955, p. 74.

O NAIPE DE OUROS

O ÁS DE OUROS: RECOMPENSA

1. Budge, Sir E. A. Wallis. Egyptian Language. Nova York: Dover Publications Inc., 1977, p. 75.
2. Brewster, H. Pomeroy. Saints and Festivals of the Christian Church. Nova York: Frederick A. Stokes Co., 1904, p. 343.
3. Hooke, S. H. Middle Eastern Mythology. Harmondsworth, Inglaterra: Penguin Books Ltd., 1963, p. 112; d'Alviella, Count Goblet. The Migration of Symbols. Nova York: University Books, 1956, p. 153; Campbell, Joseph. The Masks of God: Occidental Mythology. Nova York: Viking Press, 1964, p. 210.
4. d'Alviella, Count Goblet. The Migration of Symbols. Nova York: University Books, 1956, p. 166-67; Graves, Robert. The Greek Myths. 2 vols. Nova York: Penguin Books Inc., 1955, vol. 2, p. 277; Lindsay, Jack. The Origins of Astrology. Nova York: Barnes & Noble, Inc., 1971, p. 54.
5. Pagels, Elaine. The Gnostic Gospels. Nova York: Random House, 1979, p. 30-31.
6. Turville-Petre, E. O. G. Myth And Religion of the North. Nova York: Holt, Rinehart & Winston, 1964, p. 187.
7. Groome, Francis Hindes. Gypsy Folk Tales. Londres: Herbert Jenkins, 1963, p. 18, 28.
8. O'Flaherty, Wendy Doniger. Hindu Myths. Middlesex, Inglaterra: Penguin Books Ltd., 1975, p. 196.
9. Groome, Francis Hindes. Gypsy Folk Tales. Londres: Herbert Jenkins, 1963, p. xviii; Derlon, Pierre. Secrets of the Gypsies. Nova York: Ballantine Books, 1977, p. 157.
10. Waddell, L. Austine. Tibetan Buddhism. Nova York: Dover Publications Inc., 1972, p. 245.

11. Koch, Rudolf. The Book of Signs. Nova York: Dover Publications Inc., 1955, p. 6; Hornung, Clarence P. Hornung's Handbook of Designs and Devices. Nova York: Dover Publications Inc., 1959, p. 212.

O DOIS DE OUROS: MUDANÇA

1. Hazlitt, W. Carew. Faiths and Folklore of the British Isles. 2 vols. Nova York: Benjamin Blom, 1965, p. 176.
2. Kramer, Heinrich, and Sprenger, James. Malleus Maleficarum. Nova York: Dover Publications Inc., 1971, p. 25.
3. de Givry, Grillot. Witchcraft, Magic and Alchemy. Nova York: Dover Publications Inc., 1971, (frontispício).
4. Silberer, Herbert. Hidden Symbolism of Alchemy and the Occult Arts. Nova York: Dover Publications, 1971, p. 128-29.
5. Maspero, Gaston. Popular Stories of Ancient Egypt. Nova York: University Books, 1967, p. 123-25.
6. Tatz, Mark, and Kent, Jody. Rebirth. Nova York: Anchor Press/Doubleday, 1977, p. 79.

O TRÊS DE OUROS: TRABALHO

1. Cavendish, Richard. The Tarot. Nova York: Harper & Row, 1975, p. 168.
2. Larousse Encyclopedia of Mythology. Londres: Hamlyn Publishing Group Ltd., 1968, p. 220, 224.
3. Malory, Sir Thomas. Le Morte d'Arthur. 2 vols. Londres: J. M. Dent & Sons Ltd., 1961, vol. 1, p. 115.

O QUATRO DE OUROS: AVAREZA

1. Larousse Encyclopedia of Mythology. Londres: Hamlyn Publishing Group Ltd., 1968, p. 204.
2. Frazer, Sir James. The Golden Bough. Nova York: Macmillan, 1922, p. 229.
3. Briffault, Robert. The Mothers. 3 vols. Nova York: Macmillan, 1927, vol. 3, p. 276.

O CINCO DE OUROS: POBREZA

1. Coulton, G. G. Inquisition and Liberty. Boston, Mass.: Beacon Press, 1959, p. 42.
2. Lea, Henry Charles. The Inquisition of the Middle Ages. Nova York: Citadel Press, 1954. Nova York: Macmillan, 1961 (unabridged version), p. 599.
3. Guerber, H. A. Legends of the Rhine. Nova York: A. S. Barnes & Co., 1895, p. 255.

O SEIS DE OUROS: CARIDADE

1. Malvern, Marjorie. Venus in Sackcloth. Carbondale, Ill.: Southern Illinois University Press, 1975, p. 49.
2. Briffault, Robert. The Mothers. 3 vols. Nova York: Macmillan, 1927, vol. 3, p. 169.
3. Avalon, Arthur. Shakti and Shakta. Nova York: Dover Publications Inc., 1978, p. 175.
4. Dumézil, Georges. Archaic Roman Religion. 2 vols. Chicago, 111.: University of Chicago Press, 1970, p. 94.
5. Lindsay, Jack. The Ancient World. Nova York: G. P. Putnam's Sons, 1968, p. 33.
6. Mahanirvana Tantra. Nova York: Dover Publications Inc., 1972, p. 328.

O SETE DE OUROS: FRACASSO

1. Campbell, Joseph. The Masks of God: Creative Mythology. Nova York: Viking Press, 1970, p. 388, 394.
2. Jung, Emma, and von Franz, Marie-Louise. The Grail Legend. Nova York: G. P. Putnam's Sons, 1970, p. 75, 202.
3. Graves, Robert. The White Goddess. Nova York: Vintage Books, 1958, p. 194.

O OITO DE OUROS: APRENDIZADO

1. Avalon, Arthur. Shakti and Shakta. Nova York: Dover Publications Inc., 1978, p. 203; Shah, Idris. The Sufis. Londres: Octagon Press, 1964, p. 389.
2. Mahanirvana Tantra. Nova York: Dover Publications Inc., 1972, p. 88.
3. Wilkins, Eithne. The Rose-Garden Game. Londres: Victor Gollancz Ltd., 1969, p. 110.
4. Shah, Idris. The Sufis. Londres: Octagon Press, 1964, p. 108.
5. Lederer, Wolfgang. The Fear of Women. Nova York: Harcourt Brace Jovanovich, 1968, p. 181.
6. Campbell, Joseph. The Masks of God: Occidental Mythology. Nova York: Viking Press, 1964, p. 445.
7. Wilkins, Eithne. The Rose-Garden Game. Londres: Victor Gollancz Ltd., 1969, p. 42.
8. Campbell, Joseph. The Mythic Image. Princeton, N. J.: Princeton University Press, 1974, p. 235.
9. Mahanirvana Tantra. Nova York: Dover Publications Inc., 1972, p. 360.

O NOVE DE OUROS: CONQUISTA

1. Lederer, Wolfgang. The Fear of Women. Nova York: Harcourt Brace Jovanovich, 1968, p. 137.
2. Campbell, Joseph. The Masks of God: Oriental Mythology. Nova York: Viking Press, 1962, p. 307.
3. Smith, Homer. Man and His Gods. Boston, Mass.: Little, Brown & Co., 1952, p. 227.
4. Briffault, Robert. The Mothers. 3 vols. Nova York: Macmillan, 1927, vol. 2, p. 447-48. Graves, Robert. The White Goddess. Nova York: Vintage Books, 1958, p. 179.
5. Rose, H. J. Religion in Greece and Rome. Nova York: Harper & Bros., 1959, p. 229.

O DEZ DE OUROS: PROTEÇÃO

1. Wedeck, Harry E. A Treasury of Witchcraft. Secaucus, N. J.: Citadel Press, 1975, p. 50.
2. Graves, Robert. The Greek Myths. 2 vols. Nova York: Penguin Books Inc., 1955, vol. 2, p. 374-75, 404.
3. Campbell, Joseph. The Masks of God: Primitive Mythology. Nova York: Viking Press, 1959, p. 101; Ashe, Geoffrey. The Virgin. Londres: Routledge & Kegan Paul, 1976, p. 201.
4. Gifford, Edward S., Jr. The Evil Eye. Nova York: Macmillan, 1958, p. 87-88.

A PRINCESA DE OUROS: NIMUE

1. Piggott, Stuart. The Druids. Nova York: Frederick A. Praeger, 1968, p. 72.
2. Baring-Gould, Sabine. Curious Myths of the Middle Ages. Nova York: University Books, 1967, p. 539.
3. Spence, Lewis. The History and Origins of Druidism. Nova York: Samuel Weiser Inc., 1971, p. 57.
4. Graves, Robert. The White Goddess. Nova York: Vintage Books, 1958, p. 491-92.
5. Loomis, Roger S. and Laura H. Medieval Romances. Nova York: Modern Library, 1957, p. 107, 324-42.

O PRÍNCIPE DE OUROS: MERLIN

1. Turville-Petre, E. O. G. Myth And Religion of the North. Nova York: Holt, Rinehart & Winston, 1964, p. 147-48.
2. Rees, Alwyn and Brinley. Celtic Heritage. Nova York: Grove Press Inc., 1961, p. 193, 293.
3. Potter, Stephen, and Sargent, Laurens. Pedigree. Nova York: Taplinger Publishing Co., 1974, p. 89.
4. Guerber, H. A. Legends of the Middle Ages. Nova York: American Book Co., 1924, p. 205-8.
5. Encyclopedia Britannica. 1970 edition, p. s.v. "Merlin."
6. Rose, H. J. Religion in Greece and Rome. Nova York: Harper & Bros., 1959, p. 209.
7. Jung, Emma, and von Franz, Marie-Louise. The Grail Legend. Nova York: G. P. Putnam's Sons, 1970, p. 367.

A RAINHA DE OUROS: ERDA

1. Neumann, Erich. The Great Mother: An Analysis of the Archetype. Princeton, N. J.: Princeton University Press, 1963, p. 85.
2. Graves, Robert. The Greek Myths. 2 vols. Nova York: Penguin Books Inc., 1955, vol. 1, p. 11.
3. Neumann, Erich. The Great Mother: An Analysis of the Archetype. Princeton, N. J.: Princeton University Press, 1963, p. 94.
4. Campbell, Joseph. The Masks of God: Creative Mythology. Nova York: Viking Press, 1970, p. 121; Turville-Petre, E. O. G. Myth And Religion of the North. Nova York: Holt, Rinehart & Winston, 1964, p. 150.
5. Larousse Encyclopedia of Mythology. Londres: Hamlyn Publishing Group Ltd., 1968, p. 89.
6. Campbell, Joseph. The Masks of God: Primitive Mythology. Nova York: Viking Press, 1959, p. 240.

O REI DE OUROS: BAAL

1. Briffault, Robert. The Mothers. 3 vols. Nova York: Macmillan, 1927, vol. 3, p. 106.
2. Gray, John. Near Eastern Mythology. Londres: Hamlyn Publishing Group Ltd., 1963, p. 108.

O NAIPE DE ESPADAS

O ÁS DE ESPADAS: CATÁSTROFE

1. Keightley, Thomas. The World Guide to Gnomes, Fairies, Elves and Other Little People. Nova York: Avenel Books, 1978, p. 45.
2. Guerber, H. A. Legends of the Middle Ages. Nova York: American Book Co., 1924, p. 138.
3. Loomis, Roger S. and Laura H. Medieval Romances. Nova York: Modern Library, 1957, p. 387; Malory, Sir Thomas. Le Morte d'Arthur. 2 vols. Londres: J. M. Dent & Sons Ltd., 1961, vol. 1, p. 8.
4. Loomis, Roger S. and Laura H. Medieval Romances. Nova York: Modern Library, 1957, p. 342.
5. Graves, Robert. The Greek Myths. 2 vols. Nova York: Penguin Books Inc., 1955, vol. 2, p. 76.
6. Goodrich, Norma Lorre. Medieval Myths. Nova York: New American Library, 1977, p. 217.
7. Guerber, H. A. Legends of the Rhine. Nova York: A. S. Barnes & Co., 1895, p. 219.

O DOIS DE ESPADAS: EQUILÍBRIO

1. Wainwright, F. T. Scandinavian England. Sussex, Inglaterra: Phillimore & Co., Ltd., 1975, p. 97.
2. Bachofen, J. J. Myth, Religion and Mother-Right. Princeton, N. J.: Princeton University Press, 1967, p. 186, 189.
3. Erman, Adolf. The Literature of the Ancient Egyptians. Nova York: Benjamin Blom Inc., 1971, p. 121.
4. Avalon, Arthur. Shakti and Shakta. Nova York: Dover Publications Inc., 1978, p. 93.
5. Bardo Thodol (Tibetan Book of the Dead). Londres: Oxford University Press, 1927, p. 236.

O TRÊS DE ESPADAS: LUTO

1. Campbell, Joseph. The Masks of God: Oriental Mythology. Nova York: Viking Press, 1962, p. 272.
2. Rose, H. J. Religion in Greece and Rome. Nova York: Harper & Bros., 1959, p. 40.
3. Herodotus. The Histories. Nova York: D. Appleton & Co., 1899, p. 270.

4. Lederer, Wolfgang. The Fear of Women. Nova York: Harcourt Brace Jovanovich, 1968, p. 126-27.

5. Cavendish, Richard. The Tarot. Nova York: Harper & Row, 1975, p. 165.

O QUATRO DE ESPADAS: ISOLAMENTO

1. Agrippa, Henry Cornelius. The Philosophy of Natural Magic. Secaucus, N. J.: University Books, 1974, p. 159.

2. Larousse Encyclopedia of Mythology. Londres: Hamlyn Publishing Group Ltd., 1968, p. 208.

3. Cavendish, Richard. The Tarot. Nova York: Harper & Row, 1975, p. 165.

4. Graves, Robert. The Greek Myths. 2 vols. Nova York: Penguin Books Inc., 1955, vol. 1, p. 80.

O CINCO DE ESPADAS: DERROTA

1. Baring-Gould, Sabine. Curious Myths of the Middle Ages. Nova York: University Books, 1967, p. 247.

2. Turville-Petre, E. O. G. Myth And Religion of the North. Nova York: Holt, Rinehart & Winston, 1964, p. 42, 48, 115.

3. Turville-Petre, E. O. G. Myth And Religion of the North. Nova York: Holt, Rinehart & Winston, 1964, p. 40, 46.

4. Branston, Brian. Gods of the North. Londres: Thames & Hudson, 1955, p. 208.

5. Cavendish, Richard. The Tarot. Nova York: Harper & Row, 1975, p. 165.

O SEIS DE ESPADAS: PASSAGEM

1. Harrison, Jane Ellen. Epilegomena to the Study of Greek Religion. Nova York: University Books, 1962, p. 73.

2. Graves, Robert. The White Goddess. Nova York: Vintage Books, 1958, p. 405-7.

3. Harrison, Jane Ellen. Epilegomena to the Study of Greek Religion. Nova York: University Books, 1962, p. 72-73.

4. Hallet, Jean-Pierre. Pygmy Kitabu. Nova York: Random House, 1973, p. 401.

O SETE DE ESPADAS: OPOSIÇÃO

1. Gifford, Edward S., Jr. The Evil Eye. Nova York: Macmillan, 1958, p. 26.

2. Scot, Reginald. Discoverie of Witchcraft. Yorkshire, Inglaterra: Rowman & Littlefield, 1973, p. 550.

3. Tatz, Mark, and Kent, Jody. Rebirth. Nova York: Anchor Press/Doubleday, 1977, p. 148; Waddell, L. Austine. Tibetan Buddhism. Nova York: Dover Publications Inc., 1972, p. 129.
4. Rees, Alwyn and Brinley. Celtic Heritage. Nova York: Grove Press Inc., 1961, p. 41; Frazer, Sir James. The Golden Bough. Nova York: Macmillan, 1922, p. 467.
5. Keightley, Thomas. The World Guide to Gnomes, Fairies, Elves and Other Little People. Nova York: Avenel Books, 1978, p. 431-32.
6. Potter, Stephen, and Sargent, Laurens. Pedigree. Nova York: Taplinger Publishing Co., 1974, p. 71.
7. de Lys, Claudia. The Giant Book of Superstitions. Secaucus, N. J.: Citadel Press, 1979, p. 94.
8. Agrippa, Henry Cornelius. The Philosophy of Natural Magic. Secaucus, N. J.: University Books, 1974, p. 159.

O OITO DE ESPADAS: DESILUSÃO

1. Turville-Petre, E. O. G. Myth And Religion of the North. Nova York: Holt, Rinehart & Winston, 1964, p. 48.
2. Douglas, Alfred. The Tarot. Nova York: Taplinger Publishing Co., 1972, p. 187.

O NOVE DE ESPADAS: CRUELDADE

1. Keightley, Thomas. The World Guide to Gnomes, Fairies, Elves and Other Little People. Nova York: Avenel Books, 1978, p. 446.
2. Zimmer, Heinrich. Myths and Symbols in Indian Art and Civilization. Princeton, N. J.: Bollingen/Princeton, 1946, p. 69.
3. Scot, Reginald. Discoverie of Witchcraft. Yorkshire, Inglaterra: Rowman & Littlefield, 1973, p. 417.
4. Knight, Richard Payne. A Discourse on the Worship of Priapus. Secaucus, N. J.: University Books Inc., 1974, p. 221, 229.
5. Derlon, Pierre. Secrets of the Gypsies. Nova York: Ballantine Books, 1977, p. 210.

O DEZ DE ESPADAS: RUÍNA

1. Spence, Lewis. The History and Origins of Druidism. Nova York: Samuel Weiser Inc., 1971, p. 85.

2. Attwater, Donald. The Penguin Dictionary of Saints. Baltimore, Md.: Penguin Books Inc., 1965, p. 304.
3. Rees, Alwyn and Brinley. Celtic Heritage. Nova York: Grove Press Inc., 1961, p. 235.
4. Spence, Lewis. The History and Origins of Druidism. Nova York: Samuel Weiser Inc., 1971, p. 95-96.
5. Larousse Encyclopedia of Mythology. Londres: Hamlyn Publishing Group Ltd., 1968, p. 233.
6. Goodrich, Norma Lorre. Medieval Myths. Nova York: New American Library, 1977, p. 177, 192.
7. Pepper, Elizabeth, and Wilcock, John. Magical and Mystical Sites. Nova York: Harper & Row, 1977, p. 275.
8. Baring-Gould, Sabine. Curious Myths of the Middle Ages. Nova York: University Books, 1967, p. 493.

A PRINCESA DE ESPADAS: SKULD

1. Branston, Brian. Gods of the North. Londres: Thames & Hudson, 1955, p. 184-85.
2. Woods, William. A History of the Devil. Nova York: G. P. Putnam's Sons, 1974, p. 156; Larousse Encyclopedia of Mythology. Londres: Hamlyn Publishing Group Ltd., 1968, p. 293.
3. Avalon, Arthur. Shakti and Shakta. Nova York: Dover Publications Inc., 1978, p. 199.
4. Eliade, Mircea. Shamanism. Princeton, N. J.: Bollingen Series, 1964, p. 381-82.
5. Turville-Petre, E. O. G. Myth And Religion of the North. Nova York: Holt, Rinehart & Winston, 1964, p. 227, 261.
6. Branston, Brian. Gods of the North. Londres: Thames & Hudson, 1955, p. 191.
7. Leland, Charles Godfrey. Gypsy Sorcery and Fortune Telling. Nova York: University Books, 1962, p. 143.
8. Larousse Encyclopedia of Mythology. Londres: Hamlyn Publishing Group Ltd., 1968, p. 292-93.
9. Guerber, H. A. Legends of the Middle Ages. Nova York: American Book Co., 1924, p. 266.
10. Hazlitt, W. Carew. Faiths and Folklore of the British Isles. 2 vols. Nova York: Benjamin Blom, 1965, p. 191.

O PRÍNCIPE DE ESPADAS: TYR

1. Branston, Brian. Gods of the North. Londres: Thames & Hudson, 1955, p. 135.
2. Branston, Brian. Gods of the North. Londres: Thames & Hudson, 1955, p. 109, 136.
3. Frazer, Sir James. The Golden Bough. Nova York: Macmillan, 1922, p. 78; Larousse Encyclopedia of Mythology. Londres: Hamlyn Publishing Group Ltd., 1968, p. 346.
4. Cavendish, Richard. The Tarot. Nova York: Harper & Row, 1975, p. 166.

A RAINHA DE ESPADAS: KALI

1. Cavendish, Richard. The Tarot. Nova York: Harper & Row, 1975, p. 166.
2. Neumann, Erich. The Great Mother: An Analysis of the Archetype. Princeton, N. J.: Princeton University Press, 1963, p. 149-53.
3. Wilson, Colin. The Outsider. Boston, Mass.: Houghton Mifflin Co., 1956, p. 257.
4. Encyclopedia Britannica. 1970 edition, p. s.v. "Kali."
5. Rawson, Philip. Tantra - The Indian Cult of Ecstasy. Nova York: Bounty Books/ Crown Publishers, 1973, p. 112.
6. Neumann, Erich. The Great Mother: An Analysis of the Archetype. Princeton, N. J.: Princeton University Press, 1963, p. pl. 66.
7. Mahanirvana Tantra. Nova York: Dover Publications Inc., 1972, p. 49-50, 295-96.
8. Neumann, Erich. The Great Mother: An Analysis of the Archetype. Princeton, N. J.: Princeton University Press, 1963, p. 153.
9. Larousse Encyclopedia of Mythology. Londres: Hamlyn Publishing Group Ltd., 1968, p. 306.
10. Goodrich, Norma Lorre. Medieval Myths. Nova York: New American Library, 1977, p. 18.
11. Rawson, Philip. Tantra - The Indian Cult of Ecstasy. Nova York: Bounty Books/ Crown Publishers, 1973, p. 184.

O REI DE ESPADAS: YAMA

1. Rees, Alwyn and Brinley. Celtic Heritage. Nova York: Grove Press Inc., 1961, p. 108.
2. Dumézil, Georges. Archaic Roman Religion. 2 vols. Chicago, 111.: University of Chicago Press, 1970, p. 63.

3. Ashe, Geoffrey. The Virgin. Londres: Routledge & Kegan Paul, 1976, p. 48.
4. Waddell, L. Austine. Tibetan Buddhism. Nova York: Dover Publications Inc., 1972, p. 364.
5. Lindsay, Jack. The Origins of Astrology. Nova York: Barnes & Noble, Inc., 1971, p. 137.
6. Campbell, Joseph. The Masks of God: Oriental Mythology. Nova York: Viking Press, 1962, p. 219.
7. Angus, S. The Mystery-Religions. Nova York: Dover Publications Inc., 1975, p. 239.
8. Clodd, Edward. Magic in Names and in Other Things. Londres: Chapman & Hall, Ltd., 1920, p. 79.
9. Waddell, L. Austine. Tibetan Buddhism. Nova York: Dover Publications Inc., 1972, p. 531.
10. Campbell, Joseph. The Mythic Image. Princeton, N. J.: Princeton University Press, 1974, p. 408-9.

Impressão e Acabamento:
BARTIRA GRÁFICA